KB251978

# 영혼을 생기나게 하는 영성

—풍성한 영적 만족과 균형 잡힌 영성을 위하여

# 영혼을 생기나게 하는 영성

Satisfy Your Soul - Restoring the heart of christian spirituality

브루스 디마레스트 지음

김석원 옮김

쉴 만한 물가

# 영혼을 생기나게 하는 영성


초판 1쇄 발행 : 2004년  6월  25일
초판 2쇄 발행 : 2007년  9월  15일

저 자 : 브루스 디마레스트
역 자 : 김 석 원
발행인 : 이 원 우 / 발행처 : **쉴만한물가**
주 소 : (413-756) 경기도 파주시 교하읍 문발리 535-13호 파주출판도시
전 화 : (031)955-4421 / 팩 스 : (031)955-4432
E-mail : quietwater23@hanmail.net
등록번호 : 제18-99호

공급처 : 미스바출판유통
전 화 : (031)955-4433 / 팩 스 : (080)300-9191

Copyright © 2004 **쉴만한물가**   Printed in Korea
값 16,000원

ISBN 978-89-90072-08-5  03230

# 목차

# 서문

일반적으로 기독교 영성 운동은 상당한 혼란과 논란을 동시에 일으키는 주제다. 다양한 '이름'을 가진 영성 운동들이 출현하고 있지만, 이중에는 성경의 관점에서 전혀 기독교적이라고 할 수 없는 것도 포함되어 있다. 기독교 영성이라는 이름표를 사용하려면 최소한 성경의 하나님을 확실히 증언하고, 예수님을 닮아가도록 도와주는 내용을 가져야 한다. 그러나 최근 유행하는 일부 영성 운동은 위의 기준에서 볼 때 전혀 기독교적이지 않다. 이들은 하나님과 무관한 영성 운동으로서, 현대의 영적 문맹 상태를 그대로 반영하고 있을 뿐이다.

예를 들어 현대 기독교인은 다양한 명상과 사색 방법들을 접하고 있다. 이 중에는 참선(參禪)의 방법을 기독교 신앙의 본질을 회복하는 방법처럼 설명하는 경우도 많다. 그러나 이것을 바로 분별할 수 있는 사람이 우리 중에 몇이나 될까? 일단 영성이란 단어가 들어가면, 현대인들은 무작정 관심을 보이는 경향이 있다. 그러나 이런 영성 운동은 성도를 하나님 앞에 겸손한 자세로 나아 갈 수 있도록, 영이신 그리스도께 자신을 맡기도록 돕는 기능을 하고 있는가? 혹시 이들은 영성이란 이름으로 이기적인 '자기개발'을 가르치고 있는 것은 아닌지?

이러한 혼란 속에서, 우리는 제대로 도움이 될 만한 영성 운동과 방법론은 무엇인지를 확인해 볼 필요가 있다. 동시에 현재 유행하는 영성 운동들의 내용과 근거를 잘 파악해 볼 필요가 있다.

아마도 여러분은 마음속 가장 깊은 곳에서 느끼는 갈증, 다시 말해 영적으로 어떤 필요를 느끼고 있기 때문에 이 책을 펴보게 되었을 것이다. 여러분이 깊은 영적 갈증을 느끼든지 아니면 가벼운 호기심 정도만을 가지고 있든지 간에, 어떻게 해야 할지를 모르는 상태인 것만은 분명하다. 지금 여러분이 내 생각이나 표현을 통해 이 문제에 대한 답을 찾는 입장이라는 점을 볼 때, 나의 개인적 배경을 어느 정도 먼저 이해하는 것은 이 책을 잘 활용하는 데 반드시 필요할 것이다.

나는 그 동안 복음주의적인 교회에서 자라났다. 지난 35년간 나름대로 강한 믿음을 가지고 지도자 역할을 해 왔던 여자와 결혼해서 살았다. 우리 부부는 세 아이를 키웠고 세 아이는 이제 청년이 되어 이들 모두 결혼해서 바람직한 신앙 생활을 하고 있다.

나는 성경에 단단히 뿌리박은 신앙 생활을 추구했기 때문에, 복음주의적 신앙교육으로 유명한 휘튼 대학(Wheaton College)에 진학했고, 본격적인 신학교육은 트리니티 신학대학원(Trinity Evangelical Divinity School)에서 받았다. 그 후에는 영국 맨체스터 대학(University of

Manchester)으로 건너 가, 성경신학과 역사신학에 관한 논문으로 박사 학위를 받았다. 그때 3년 간 나의 멘토로 수고해 주신 분이 바로 20세기의 대표적인 복음주의 성서신학자 브루스(F.F. Bruce) 박사였다.

계속해서 그리스도의 제자로 살기 원했던 나는, 이후 유명한 선교단체 두 곳에서 10년 동안 사역을 했다. 하나는 SIM의 서부아프리카 지부였고, 다른 하나는 국제복음주의 학생연맹(IFES, 한국IVF의 국제 네트워크)의 유럽 지부였다. 나는 국제복음주의 학생연맹에서 신학담당 총무로 일하면서 동시에 프랑스, 레바논, 이집트의 대학생 모임 조직을 도왔다. 그 후에는 미국, 캐나다, 서인도 제도, 중동, 아시아 등지의 다양한 신학교들을 돌며 가르치는 특권을 누리기도 했다.

교회 사역에 있어서 나는 미국 복음주의 장로교회(EPC)의 안수 목사다(이 교단에서는 설교 장로라고도 부른다). 나는 교단총회의 신학연구 위원회 위원이자, 교단 잡지인 〈Reflection〉에 고정 기고자로 활동하면서 교회의 다양한 사역들에 자문을 해 왔다.

무엇보다도 지난 25년 동안 나의 가장 중요한 소명은 미국 콜로라도에 있는 덴버 신학교(Denver Seminary)에서 조직신학, 기독교 영성, 멘토링에 대해 강의하는 일이었다.

지금까지 나는 기독교 신학과 영성에 대한 10여 권의 책과 다양한 논문을 발표했다.

그러나 이런 경력말고도 여러분이 반드시 알아야 할 사실이 있다. 나는 진심으로 전통적 기독교 신앙의 기본 교리를 따라왔다는 사실이다. 여기에는 다음과 같은 핵심 교리들이 포함된다.

삼위일체이신 하나님;

영감으로 쓰여진 성경에 대한 진리성과 권위 인정;

아담을 통한 인류의 타락;

성육신 하신 하나님의 아들의 완전한 인성과 완전한 신성;

그리스도의 십자가를 통한 대속의 죽음;

죽음에서 영광스럽게 부활하신 구주의 부활과 승천;

그리스도를 믿음으로만 얻는 은혜의 구원;

모든 시대를 통해 구원 받은 자들의 모임인 교회;

의의 심판을 위해 오실 그리스도의 역사적 재림;

하나님의 법을 계속 복종하지 않는 불의한 사람들에 대한 영원한 심판.

우리 주위에는 다양한 색깔을 가진 기독교인들이 있다. 여러분은 내가 신학적으로 어떤 색깔을 가진 사람인지 궁금한가? 여기서 나는 2차 세계 대전 이전에 일어났던 스페인내전의 일화를 인용하고 싶다. 당시 공산주의를 따르던 좌파들은 우파의 프랑코 군대와 전쟁을 벌이고 있었다. 이때 한 여성 게릴라가 프랑코군에게 포로가 되어 취조를 받게 되었다. "당신은 우파냐 좌파냐?"라는 취조자의 질문에 그녀는 아주 단호하게 답했다. "나는 아주 극단적인 중도파다." 내 신학적 입장을 말한다면, 이 여자 게릴라처럼 전통적 기독교 신앙의 극단적인 중도파에 속한다고 말하고 싶다. 이것을 다르게 표현하면 나는 신학적으로 보수적인지 자유주의적인지를 따지는 데는 별로 관심이 없다. 하나님 아래서 내가 지금까지 해온 교직생활과 저술은 모두 비성경적인 공격으로부터 성경적 기독교를 보호하고, 사람들을 복음으로 가르치고 훈련시키는 일이었다.

물론 최근에 일고 있는 성경에 대한 신학적 논쟁을 보면, 이 문제를 다루는 데 좀더 조심할 필요가 있다는 사실에는 공감한다. 그러나 교회가 역동성과 생명력을 잃어 가는 주 원인은 (성경의 권위를 약화시키는 데서 뿐만 아니라) 우리에게 생명을 주시고 그리스도를 인격적으로 닮아 가도록 돕는 성령의 역할에 무관심하기 때문이기도 하다. 우리는 바울이 말한 대로 "만일 우리가 성령으로 살면 또한 성령으로 행할지니"(갈 5:25)란 명령을 심각하게 받아들여야 한다.

지난 50년간 덴버신학교 이사회장과 학장을 역임하면서 눈부신 지도력을 발휘했던 버논 그라운드 박사(Dr. Vernon Grounds)는 이제는 우리 학교 학풍으로 자리잡게 된 학교 정신 선언문을 제정한 분이다. 그는 선언문에서 "우리 학교는 무분별한 자유주의 다시 말해 근본에 대한 확신이 결여된 사고의 자유를 반대한다. 동시에 우리는 경직된 보수주의, 즉 생각의 자유가 없는 보수 신앙도 반대한다. 우리가 원하는 것은 살아 있는 복음주의, 성경에서 제한하는 범위 내에서 사고의 자유를 누리며 가지는 확신이다." 선언문을 읽을 때마다 나는 진심으로 선언문 내용을 공감하게 된다.

지금까지 나의 배경과 입장에 대해 간단히 소개하면서, 내가 가진 개인적인 신념들이 무엇인지를 여러분께 전달하고자 했다. 교육배경, 소속단체, 사역내용을 통해 나는 항상 복음주의 중도파로 표현되는 전통 기독교에 뿌리를 가진 사람이다. 나는 항상 새롭게 하시는 성경이 오늘날 그의 백성들을 새로운 방법으로 이끄신다고 확신하면서도, 나는 "일심으로 서서 한 뜻으로 복음의 신앙을 위하여 협력"하길 원하는 마음에서 여러분과 공감대를 가질 수 있기를 바란다(빌 1:27).

이 책에서 내가 초점을 맞추고자 하는 내용은 (특정 신학계의 입장보다는) 생명을 새롭게 하는 복음의 능력이다. 복음은 굳어있는 정보가 아니라 역동적인 메시지다. 이를 통해 우리는 하나님과 보다 깊이 만날 수 있고, 우리의 마음, 정신, 육체 모두를 이 세상에 하나님의 계획을 드러내는 사역을 위해 준비하게 된다. 우리가 하나님을 따르고, "하나님의 자녀"(요 1:12)로 자라고 "세상의 빛"(마 5:14)이 우리 안에 비추는 한, 복음의 역사는 계속된다.

여러분 중 특히 하늘에 계신 아버지와 자녀로서 살기 원하는 사람은 이 책을 읽어가면서 어떻게 하나님과 더 가까이, 더 깊이, 더 오래 같이 할 수 있는 지를 배울 수 있을 것이다. 하나님 안에서 살아가는 성도가 누릴 수 있는 만족이 무엇이며, 이를 막는 영적 장애물과 함정에 대해서도 더 많은 이해를 할 수 있을 것이다.

하나님 안에서의 보다 풍성한 삶을 살아갈 수 있도록 도와줄 방법을 찾아 나서는 이 여정에 당신이 나와 함께 떠나길 원한다.

# 1. 자기발견과 변화로 인도하는 길

Path to Discovery and Transformation

"여호와여 내가 주께 대한 소문을 듣고 놀랐나이다

여호와여 주는 주의 일을 이 수년 내에 부흥케 하옵소서

이 수년 내에 나타내시옵소서

진노 중에라도 긍휼을 잊지 마옵소서"

(하박국 3:2)

영성은 정의의 범위가 너무 넓기 때문에, 악용 당할 가능성이 크다. 우리는 정통 신앙과 성서적으로 바람직한 구원관을 지키기 위해서 뿐만 아니라 개인의 영성 경험을 더 깊이 있게 자기 것으로 삼기 위해서도, 영성에 대한 분명한 신학적 정의가 필요하다.

— 마크 맥민(Mark R. McMinn)[1]

성경은 처음부터 끝까지 하나님을 인간과 역사 속에 관여하는 살아있는 분으로 묘사한다. 이것을 좀더 신학적으로 표현하면 성경은 하나님께서 참다운 지혜와 사랑으로 항상 예지적으로 움직이시는 분임을 보여준다. 쉽게 표현하면 하나님은 항상 우리보다 한 발자국 먼저 움직이는 분이라는 것이다. 하나님은 우리 속에 잠자던 영을 깨우셔서 당신께 나가도록 인도하시면서, 동시에 개인의 영적 욕구도 채우신다. 신학자들은

이러한 하나님의 역사를 은혜라고 표현한다. 은혜란 우리의 삶에 있어서 계속적으로 역사하시는 하나님을 묘사하는 단어다.

그러나 현대 복음주의 교회들은 은혜를 한쪽으로만 치우쳐 생각하는 경향이 있다. 우리 죄를 자신의 피값으로 치르신 그리스도의 무한한 자비에만 초점을 맞추는 것이다. 그리스도의 대속 사역은 은혜의 시작 단계에 불과하지만, 복음주의 교회들은 여기에만 집중해서 전도와 선교 같은 개종 작업에만 신경을 쓰는 결과를 낳았다. 이와 함께 복음주의 교회들은 각자의 입장에서 성경 지식을 성도들에게 전달하는 데 무척 애를 쓴다. 물론 이 과정은 '구원 받은' 사람을 하나님의 말씀에 익숙해지도록 만들어주기 때문에, 이들의 영적 성장을 돕는데 아주 중요한 요소임에는 틀림없다.

그러나 이들에게 하나님과 동행하고 있는지 물으면, 솔직하고 분명한 대답을 듣기가 힘들 때가 많다. "하나님과 동행하고 있는가?"란 질문은 본질적으로 상대의 영적 상태, 다시 말해 하나님과 깊고 성숙한 관계, 이에 어울리는 거룩한 인격을 만드는 구체적인 방법을 가지고 있는 지를 묻는 것이다. 그러나 이 부분에서 교회는 초신자들을 매우 혼란스럽게 만든다. 어떤 성도들은 여기에 이렇게 답한다. **우리 죄의 값은 예수님이 모두 지불하시고, 우리를 변화시키시는 것은 성령님의 책임이라면, 이제는 그저 성경 읽고 교회 가는 것으로 우리의 책임을 다한 것이 아닌가?** 그러나 많은 성도들은 이런 식의 답에 만족하지 못하고 있으며, 도리어 자신이 하나님을 제대로 알고 있는지 의심까지 생긴다. 주일마다 어떤 교회를 가야할지를 방황하는 사람들이 가지는 이런 회의감에 빠지면, 자기도 모르는 사이에 '구원 받지 못한' 사람들과 별반 차이가 없어져버리기 쉽다.

복음주의는 그 동안 어떤 것이 죄인지, 왜 거룩하게 사는 것이 필요한지 같은 문제들에 대해 열심히 가르쳐 왔다. 그러나 동시에 아무도 눈치 채지 못하게 우리의 마음 중심으로 내려와 부정적인 영향력을 발하는 죄의 뿌리를 다루는 법에 대해서는 별로 이야기한 적이 없다. 영적 갈증을 어떻게 해결할 것인지를 고민하는 사람들도, "구원의 우물에서 물을 기를 수 있도록" 하나님의 영을 직접 경험하는 방법에 대해서는 잘 모르고 있다(사 12:3). 교회에 처음 온 사람들, 일단 영접한 사람은 그리스도를 닮아가는 영적 인격으로 자랄 수 있는 '자질'을 가지고 있다고 배운다. 그러나 이들의 삶에서 이러한 자질이 실제로 구현되는 방법에 대해서는 얼마나 가르쳐 왔는가?

이런 문제의 근원은 성경을 더 알면 자동적으로 영적 성장이 되는 것처럼 기대하는 태도에서 나온다. 실제로 성도는 힘들고 실망스런 상황, 유혹의 외적 환경을 계속 경험하게 될 뿐만 아니라, 하나님에 대한 잘못된 반응과 반항도 계속하며 산다. 그러면서도 이런 모습들이 신앙 생활에는 절대적인 영향을 미칠 수 없는 척한다. 그러나 (이런 상황이 계속되면) 한때 믿음으로 이해한 성경 내용들이 과연 사실인지 회의에 빠지기도 한다. 기독교 신앙이 실제로 우리 영혼에 성장과 행복을 가져다 줄 수 있는 지도 의문을 가지게 된다.

실제로 나는 신학교 교수로, 주일학교 교사로 일하면서 이런 질문을 던지는 사람을 많이 만났다.

## 균형 맞추기

우리가 정말 필요한 것은 구원 그 이후에도 삶 전체를 통해 영적 성장을 하는 것이다. 우리는 영혼 구원의 방법뿐만 아니라, 지속적인 영적 성장의 방법을 이해하는 균형이 필요하다. 실제로 그 동안 우리는 위의 두 영역을 균형있게 다루지 못했다. 나는 이 문제를 풀기 위해 기독교 역사적 전통에 관심을 돌리려고 한다. 우리가 영적으로 하나님 안에서 자라면서 만족을 얻고, 성령님의 도우심을 내적으로 잘 받아들이게 하는 방법에 대해 신앙 선배들로부터 배우려는 것이다.

오순절 사건 이래, 구원은 성도의 영혼 속에서 역사하는 하나님과 평생 동안 계속되는 협력과정의 출발점에 불과하다는 사실을 교회는 계속 가르쳐 왔다. 역사적으로 많은 교회와 개인들이 하나님의 은혜에 나름대로 적극적으로 반응해 오면서, 성도들을 내적으로 양육하는 효과적인 영적 훈련 방법을 개발시켜 왔다. 이러한 훈련 방법은 **영성 훈련**(Spiritual Formation)이라고 알려져 왔으며, 현대에 와서는 제자훈련의 형태로 재등장하기도 했다.

영성 훈련은 교회가 오래 전부터 해 왔던 사역이며, 성도의 인격과 삶이 그리스도를 닮아가도록 '훈련' 시키고 '다듬어' 가는 데 초점을 맞춰 왔다. 이러한 훈련은 주로 거룩함, 성결함, 긍휼함, 신실함, 복종과 같은 덕목을 기르는데 목표를 두어 왔다. 어거스틴(Augustine, d. 430) 같은 교부들은 그리스도를 닮아가고 하나님과 교제하는 과정이 점진적이라고 가르쳤다. 이러한 과정을 '여정' 혹은 '진전' 이라는 개념을 이용해서 설명하면서, 교부들은 기독교인이 성령의 열매를 삶에서 구체적인 증거로 가지게 되는, 보다 근본적이고 계속적인 변화를 경험하게 될 것이라고 설명한다. '거듭남'이라고 불리는 구원 사건은 단지 새로운 여정의 출발점, 시작에 불과한 것이다.

현대 교회의 분위기와는 달리, 신앙 선배들은 회개와 거듭남이 신앙의 출발점에 불과하다고 생각했다. 이들은 신앙인이란 계속적인 과정을 통해 만들어진다고 이해했다. 이 속에서 성령님은 사랑의 주 예수님과 함께 성도가 개인적으로 보다 깊은 관계를 만들어 가면서, 전생애에 걸쳐 점진적인 회복과 갱신을 경험하게 된다는 것이다. 여기서 교회는 개인의 삶에 아주 적극적으로 영향을 미친다. 성도는 교회를 통해 바른 교리를 배울 뿐 아니라, 하나님을 경험하고 실제로 따라갈 수 있는 여러 가지 훈련과 방법까지 배운다. 이를 통해 성도는 그리스도의 인격을 따라 양육되어, 겸손함, 인내, 복종 같은 열매를 맺게 된다는 것이다. 그러나 오늘날 교회에서 영성 훈련의 가장 중요한 목표로 놓는 것은 복음을 용감하고 효과적으로 설명할 수 있는 전도자를 만드는 것과 같다. 그러나 영성 훈련의 목표는 성도를 그리스도의 인격을 닮도록 하며, 내적으로 변화되는 삶을 살아가도록 하는 것이어야 한다. 물론 성도가 현재의 삶을 완벽하게 살 수 있다고 말하고자 하는 것은 아니다. (우리의 내부를 변화시키는 하나님의 역사가 끝나는 시점은 주님이 영광 중에 재림하실 그 날, 그분 앞에서 우리가 최종적으로 완벽하게 되는 때까지 기다려야 한다.) 그럼에도 불구하고 내적 변화라는 엄청난 과정은 구원과 함께 시작되지만, 바른 양육과 지도가 반드시 뒤따라야 한다.

나의 경우, 적어도 나는 예수를 믿고 별로 믿음이 성숙하지 않았을 때만 해도 영적 성장을 다르게 이해하고 있었다. 게다가 나는 이전부터 알고 있던 영적 성장 방법 외에 다른 방법이 있다는 것을 전혀 모르고 자랐다. 1980년대 중반쯤 살면서 처음으로 나의 내부를 변화시키는 하나님의 손길을 느끼기 시작했을 때, 나는 한편으로는 놀라면서도 거북한 느낌을 피할 수 없었다. 그러나 그때부터 나는 잔잔하지만 완전한 변화를 경험하기 시작한 것이었다.

### 거북한 새 출발

내 인생과 사역은 적어도 표면적으로는 매우 '성공적'으로 보였다. 나는 많은 신학생들과 연구생들의 글 속에서 내 강의와 신앙에 대한 강력한 지지의 목소리와 계속되는 찬사를 발견할 수 있었다. 국내외에서 나를 강사로 초청하는 부탁을 받으면서, 나는 뭔가 잘되고 있다는 생각, 행복한 삶을 살고 있다는 느낌에 빠졌다.

지금 와서 돌아보면, 나는 복음주의 학문 세계가 만든 규격품이었다. 나는 하나님의 은혜를 구원 받은 순간에 경험한 어떤 것으로 제한하고, 이를 통해 하늘에 계신 하나님과 같이 할 미래가 결정되었다고 생각했다. 당시 내가 이해하는 하나님의 계속적인 은혜란 상당히 추상적인 개념이었다. 나는 '구원 받았고' 그것으로 충분했다. 그 후로는 내가 알아서 신앙인답게 열심히 노력하고, 좋은 성적을 따고, 나를 지켜보는 세상에서 내 능력을 증명해 보여야한다고 생각했다. 그러한 내 모습은 미국 성공회 성도이자 저명한 상담치료자, 저술가인 로버트 존슨(Robert Johnson)의 표현과 아주 비슷하다. 존슨은 "보통 미국인의 생활은 목적의식, 거창한 작업계획, 줄줄이 이어지는 마감일 앞에서의 부담감, 돈을 벌어야 한다는 욕심, 사람들에게 인정받아야 한다는 강박관념"[2]이라고 말했다.

이런 사고방식의 지배를 똑같이 받고 있었던 나도 하는 일들을 다 완성해야 만족할 수 있었다. 덕분에 일 때문에 시간에 쫓겨서 하나님과 개인적으로 같이 할 시간을 희생시키는 상황도 감수해야 했다. ("하나님과 개인적으로 같이 하는 시간"이란 매일 특정 시간을 따로 내서 묵상하는 시간을 의미한다. 여기서는 성경의 용례처럼 하나님과 같이 하는 계속적인 영적 성장 과정을 통털어 가르치는 것은 아니다.) 이때까지 나는 기독교 신앙을 주로 논리적인 개념으로 이해했고, 지적 분석을 통해 판단했다. (그 정도가 너무 심한 편이었다고 기억된다.) 그러나 나는 삼위일치의 신비나 속죄에 대한 신학 이론들을 멋지게 설명할 수는 있어도, 매일 실제적으로 하나님과 관계를 맺는 데에는 별로 효과적이지 못했다. 결국 하나님과의 관계라는 내가 무지했던 영역은 성경 지식의 양으로 때워버렸다. 그러나 나는 하나님께서 그의 자녀들에게 알려주신 하나님과의 관계하는 법은 몰랐던 것이다. 내가 속했던 복음주의적 분위기와 교육은 항상 경험적인 내용을 신앙과 삶의 기준으로 삼는 것은 곤란하다고 가르쳐 왔기 때문에, 나 역시 당연히 그렇다고 생각했던 것이다. 나는 감동이나 감각적인 작용에 부차적인 의미만을 부여했다.

기독교에 대한 이런 접근법은 나의 삶뿐만 아니라 사역까지 지배했다. 1980년 후반 의외의 사건을 통해 새로운 가능성을 발견하기 전까지, 나는 입장을 바꿀 필요를 전혀 느끼지 못했다. 그러나 내가 만났다는 새로운 가능성은 아주 오래 전부터 존재했던 것이었다.

## 의외의 하나님

한 번은 내가 출석하던 장로교회에서는 덴버 노회의 영성 사역팀을 초청해서, 8주 동안 기독교 영성에 대한 강좌를 마련한 적이 있었다. 우리 귀에 익숙한 복음성가를 멋있게 각색하고, 신선한 열정으로 기도 시간을 인도한 사역팀은 교인들 사이에서 즉시 큰 반응을 일으켰다. 강의 시간은 이런 류의 사역에 지적 거부감을 보이던 교인에게까지 하나님에 대한 사랑과 의외의 신선한 감동을 선사했다. 그러나 나는 솔직히 말해서 이들의 표현방법이 너무 감각적이라는 인상을 받았고, 드러내지는 않았지만 거북하게 느껴졌다.

주일 저녁, 아내 엘시는 이번 강좌가 이전에는 한번도 생각해 본 적 없었던 영적 생활의 측면들을 살펴봄으로써 자신에게 상당히 많은 도전이 되었다고 말했다. "그 사람들은 하나님에 대해서 설명하는 데 그치지 않고, 우리가 실제로 무엇을 해야 할지까지 가르쳐 주었다니까요. 우리의 마음과 실생활에서 하나님을 실제로 어떻게 경험할 수 있는지 설명하더라고요. 이를 통해 우리의 영혼을 새롭게 하는 방법 말이에요. 학교 학기가 다 끝나면, 당신도 이 강좌에 꼭 참여해 봐요."

나는 바로 아내의 제안을 정중하게 사양했다. "나한테는 그런 것이 필요하지 않아요. 내 삶과 사역에는 전혀 문제가 없는데……."

그러나 사실 엘시의 행복한 표정과 신선한 열정을 보면서 나는 그 정체가 궁금해졌다. 학기가 끝나자 나도 그 과정에 참여했다.

과연 거기엔 다른 무엇인가가 있었다. 처음 참여하면서는 너무 관심이 있는 척하지 않으려고 노력했지만, 이들의 강의는 그 동안 갈급했던 나의 마음에 실제로 도움을 주는 내용이었다. 나도 살아 계신 하나님과 보다 깊은 관계를 가지길 원하고 있었다! 하나님의 존재를 알고, 내 삶에서 역사하시는 그분의 손길을 느끼고 싶었던 것이다!

강좌는 성경을 살펴보는 데서 머물지 않고, 과거와 현대의 기독교 영성 위인들을 소개했다. 나는 이중 몇몇에 대해서만 대강 알고 있었고, 아예 처음 듣는 이름도 있었다. 그러나 이들은 모두 성경을 근거한 영적 진리를 가르치고 있었다. 토마스 아 캠피스(Thomas a Kempis, d. 1471), 십자가의 존(John, d. 1591), 헨리 나우웬(Henri Nouwen, d. 1966) 등 이들의 영적 지혜가 내 마음에 영향을 미치기 시작했다. 이들의 글을 보면서 확신과 영혼이 풍성해지는 것을 느낄 수 있었다. 무엇보다도 이들은 하나님을 보다 깊이 신뢰할 수 있도록 계속 나를 인도했다. 나는 오랜만에 피부에 와 닿는 내적 성장을 느낄 수 있었다. 이들의 강의에서는 낯설은 내용도 포함되어 있었지만 결국 전반적으로 만족스러웠고, 나를 변화시켰음을 인정하지 않을 수 없었다.

당시 내 안에서는 무슨 일이 일어났던 것일까? 내 삶에 주입된 힘 혹은 적어도 새로운 길을 열어준 그 빛의 정체는? 주일에 예배를 마치고 집으로 돌아오면서, 나는 같은 질문을 자신에게 계속 던지고 있었다. 곰곰이 생각해 볼수록 상황은 점점 뚜렷해져 갔다. 지금까지 나는 신학을 잘 다듬는 데 정신이 팔려있었다. 나는 예수님의 신성, 구원, 종말론, 기타 등등의 신학적 문제에 대해서는 내 입장을 분명하게 정리해 왔다. 그러나 내적인 문제, 정서적인 동기나 마음의 상태에 관해서는 그렇게 뚜렷한 답을 가지지 못했던 것이 사실이었다.

내가 강좌를 통해 발견한 사실은 하나님과 직관적으로 관계하는 법이었다. 다시 말해 내 머리뿐만 아니라 마음도 진리를 향해 문을 여는 방법을 배운 것이다. 성경은 우리의 내적 사람도 하나님이 창조하신 것을 분별할 능력을 가지고 있다고 가르친다(전 3:11, 요 1:9). 바울도 로마에 사는 교인들에게 보낸 편지에서 하나님의 말씀을 아직 모르는 이방인들도 직관적으로 그분의 존재와 인격에 대해 기본적인 인식을 가졌다고 말했다(롬 1:19, 2:14-15).

내가 가진 문제는 가슴으로 하나님을 아는 것, 하나님과의 관계가 매일 성장하는 방법이었다. 내 안의 사람과 하나님이 관계하는 문제, 그 분을 신뢰하는 문제, 성령님을 통한 영적 분별력과 이를 통해 내 안에서부터 보다 분명한 좌표를 발견하고 변화하는 문제 등은 내가 다루기 힘들어 하는 문제였다. 나는 이런 질문들을 아직도 내가 품고 있으며, 질문을 재기하는 것 자체에 저항감을 가지고 있다는 사실에 놀랐다. 그렇다면 정말 하나님은 어떤 분인가? 나는 내 가장 깊은 속의 생각과 느낌을 그분께 솔직하게 드러낼 수 있을까? 나를 성숙케 하시는 하나님은 내가 매일 경험하는 고통과 압력 앞에서 내 행동을 어떻게 바꾸실 수 있을까?

당시 영성 사역팀은 우리에게 찬양과 예배에 대해 더 유연한 태도를 가지고, 자기의 열심과 감정을 있는 대로 드러내라고 권했지만, 나에게는 쉽게 적용될 수 있는 이야기가 아니었다.

진정한 삶의 변화, 혹은 삶의 본질을 조금이라도 깨닫는 것은 우리가 영적으로 그리스도 안에 있을 때만이 생긴다. 그리스도 안에서만이 자신의 진짜 인간성뿐만 아니라, 하나님이 만들어 주실 새로운 인격의 정체도 드러난다. 나는 지금까지 몸과 마음을 모두 하나님을 위해 헌신했다고 생각했다. 이제 나에게 던져진 질문은 내가 아무리 오랫동안 신앙생

활을 했다 하더라도 과연 마음의 가장 깊은 곳까지 하나님께 드렸던가
하는 것이었다.

## 더 깊이

강좌가 더 진행되면서, 나는 하나님께서 나의 나태해진 마음을 새롭게
만드시는 기쁨을 더많이 경험할 수 있었다. 당시 나는 실존적 위기에 있
지는 않았지만, 그래도 보다 큰 영적 체험, 성경에서 약속하는 성령님과
내 영이 계속적으로 하나가 되는 경험을 간절히 원하고 있었다. 그리스
도 안의 한 형제 자매들에 의해 진행된 강의를 통해 나는 마음 깊은 곳에
서부터 울려나오는 소리, 내 영혼의 음성을 들을 수 있었다. "나는 하나
님을 알기 원합니다."

우리 교회를 방문한 영성 훈련팀의 사역을 통해 지금이 바로 하나님의
카이로스(kairos) 즉, 삶의 변화와 구원의 기회임을 깨닫게 되었다. 처음
에 가졌던 거북함은 사라지고, 나는 이제 지금까지 알고 있었던 무엇보
다도 강력한 내적 생명력을 느끼기 시작했다.

그 후, 몇 년 간 나는 기독교 영성운동 지도자들과 정기적인 대화의 기
회를 이어나갔다. 나는 나같이 오래 신앙생활을 한 사람은 새로 배울 것
이 없다는 듯한 태도를 포기하기 시작했다. 나는 학생의 자리로 들어가,
기독교 영성 훈련의 방법과 원칙에 대해 배우는 기회를 가졌다. 이를 통
해 낯선 새로운 영성 생활방법을 배웠다. 성경과 기독교 고전 속에서 나
는 이 방법들의 역사적 배경을 확인할 수 있었다. 그렇다면 그 동안 나는
이런 것들을 놓치고 혹은 무시해 왔을까? **혼자 있는 시간, 하나님의 존재
와 본질에 대한 묵상, 영성 일기 쓰기**와 같은 방법들이 여기에 속한다. 이

제 내 안에는 항상 주위에서 같이 거하시고 역사하시는 하나님에 대한 인식이 새롭게 자라기 시작했다. 지금까지 머리로만 알고 있던 하나님의 약속의 의미가 구체적으로 드러나면서, 이제 내 존재의 중심에까지 영향을 미치기 시작한 것이다.

친구들은 나에게 보다 적극적으로 개인 영성훈련을 받아보도록 격려했고, 덕분에 나는 계속해서 다양한 기독교 캠프장에서 열렸던 영성 세미나에 참석했다. 신학교 교수인 나에겐 이런 기초 과정들은 초라해지는 경험이기도 했다. 그러나 이 과정은 도전적인 해방감과 새로운 능력을 깊이 경험하게 했다.


## 과거와 연결

몇 년 전, 나는 교수 안식년을 이용해서 미국 뉴멕시코주 패코스에 있는 베네딕트파 수도원에서 열린 6주 간의 영성 합숙훈련 프로그램에 등록했다. 이 영성훈련센터는 영적 생활 습관을 개발하고, 이웃에게도 주님 안에서 자랄 수 있도록 돕는 법을 가르치는 영성 훈련과정을 제공하고 있었다.

아마도 이전의 나였다면 가톨릭 계열의 베네딕트파 수도원 같은 곳이 편하게 느껴질 리가 없었다. 나 역시 16세기 종교개혁자들이 교황의 권위, 믿음, 공로에 의한 칭의 문제, 마리아 숭배, 성자의 이름으로 기도하는 것 같은 문제로 가톨릭 교회와 심각하게 부딪혔다는 사실을 잘 알고 있다. 이 때문에 대부분의 복음주의자들이 그렇듯이 나도 중세 교회로부터 조금도 영적으로 배워보려고 하지 않았었다. 그러나 가톨릭 영성운동과 관련된 역동적이고 멋진 신앙인들을 알게 된 후부터는, 그 동안 내가 실수를 했다는 사실을 깨닫게 되었다. 종교개혁자들이나 이들을 따르는 나 같은 복음주의자들은, 그 동안 중세 가톨릭교회에 관련된 것이라면 무조건 반대하는 자세를 보인다. 덕분에 가톨릭의 교리적, 교회론적 문제점과 한때 묶어서 이들이 제공하는 많은 영적 지혜와 우수한 방법론까지 외면해 왔던 것이다.

내가 뉴멕시코주의 수도원에 들어갔다고 해서, 원래의 신학적 입장을 버리거나 포기한 것은 아니었다. 하나님은 내가 속한 전통이 가르쳐 온 진리에 무게를 두면서도, 보다 오래된 전통들로부터도 바람직한 신앙적 지혜와 방법은 배우기를 원하셨다. 하나님은 내가 '정교'(orthodoxy, 올바른 교리)뿐만 아니라 '정감'(Orthopathy, 올바른 감정)과 '정행'(Orthoparxy, 올바른 행동)의 균형을 맞추기 위해서, 현재와 과거의 지혜들을 잘 결합시켜 사용하도록 인도하셨다. 여기서 나는 성장하는 건강한 영적 생활은 항상 세 가지 흐름의 균형을 맞춰야 한다는 사실을 역사를 통해 알게 되었다. 행동뿐만 아니라 지성과 가슴도 바뀌는, 보다 균형 잡힌 성장을 통해 그리스도를 믿기는 하지만 자라지 않는 자기 기만적이고 파국적인 함정에서 벗어날 수 있다. 야고보의 표현을 빌리면, 말씀을 "듣고도 행하지 않는 사람"은 자신을 속이는 사람이다(약 1:22-25).

내가 만난 가톨릭 계열의 영성 그룹 친구들도 변화의 조짐을 보이고 있었다. 이들은 복음주의적인 신앙을 받아들이는 데 장애 역할을 하던 가톨릭 교리의 비중을 줄이기 시작했다. 이들은 중요한 이슈(특히 교리적 문제)에 있어서 복음주의 쪽으로 더 가까워지고 있는 것이다. 이것은 내가 영성 훈련이나 영적 성장에 대한 이해에서 이들에게 더 기울어지게 된 것과 맥을 같이 한다. 이들을 처음 만난 후 8년이 지난 지금에 와서는,

나는 이들의 입장에 더 전향적인 자세를 취하게 되었다. 하나님에 대한 감동을 더 깊게 하고, 더 기쁘게 복종할 수 있는 이들의 방법론과 나의 말씀 중심의 신앙이 결합한 것이다.

뉴멕시코주의 상그레 데 크리스토(Sangre de Cristo, '그리스도의 피') 산맥의 상징인 백향목과 새 깃털이 장식된 환영 팻말을 지나, 나는 패코스 베네딕트파 수도원에서 봉사하는 40여 명과 함께 했다. 여기에는 가톨릭 은사주의자들, 성공회 영성파, 그리고 나 같은 비국교회 전통에 속한 복음주의 신교도들이 거의 비슷하게 삼등분씩 차지하고 있었다. 놀랍게도 여기에 온 사람들 중에는 와튼 대학, 베델 신학교, 달라스 신학교, 풀러 신학교 같은 핵심적인 복음주의 학교 출신과 네비게이토 같은 건실한 선교단체 출신들 그리고 미국 곳곳에 있는 (개신교) 기독교 상담 사역 관계자들이 많이 있었다. 이러한 공통분모 외에도 한 가지 중요한 공통점이 발견되었는데, 그것은 우리 모두가 교회의 오랜 지혜와 다시 접속되기를 희망하고 있었다는 점이었다. 우리 중에는 수십 년의 목회 경험을 가진 사람도 있었지만, 모두가 그리스도와 더 깊이 연결되는 경험을 원하는 마음에서는 똑같았다. '이와 함께' 우리는 다른 이들도 거룩한 삶으로 인도해 줄 수 있는 방법을 배우길 원했던 것이다.

이 프로그램은 지금까지 내가 참석했던 캠프 프로그램과는 전혀 색다른 경험이었다.

나는 패코스에 머무르는 동안, 아침 성찬식, 오후 기도시간, 저녁 이렇게 하루 세 번씩 예배를 드리면서, 하나님과 동행하는 법을 훈련했다. 매일같이 영적 생활에 대한 핵심을 쪼개는 강의를 통해 나는 많은 도전과 감동을 받았다. 소그룹 활동시간에는 각자의 삶을 기도와 함께 형제들과 나누는 일을 했다. 좀 불안한 면도 있었지만, 영적으로 매우 편안한 경험이었다.

우리는 주마다 두 시간씩 개인별 영적 자문을 받았다. 여기서 말하는 영적 자문이란 영적 상담가와 만나 같이 기도하고 자문을 구해서 실천 방향을 정하는 것이다. 이들은 하나님의 역사 과정에서 생겨나는 우리의 약점, 갈급함, 반항을 지적해 내는 은사를 가진 사람들로, 기도, 독서, 실생활의 변화에 필요한 방법을 조언했다. 지금까지 나는 항상 동행하셨던 하나님을, 이제 나는 파란 하늘과 바위산을 따라 조용히 걸어가면서도 느끼게 된 것이다.

6주의 과정이 끝날 즈음, 가톨릭, 성공회 교도, 오순절파, 복음주의자 모두는 자신의 영성과 삶을 변화시킨 진정한 경험을 했노라고 고백했다.

한 성공회 주교는 자신의 교구에서 발생된 엄청난 문제들의 답을 찾았다고 말했다. 그는 묵상을 통해, 주님으로부터 필요한 지혜를 얻었으며, 문제 상황을 다루는 방법도 깨닫게 되었다고 고백했다. 30년 목회경력을 가진 한 교역자는 눈물을 터뜨리면서, 오랫동안 자기 인생을 괴롭혔던 문제의 정체를 깨닫고 완전한 답까지 얻었노라고 말했다. 한 기독교 상담가는 그 동안 너무 심리학적 이론에 의지해서 사역을 했다는 사실을 성령님께서 깨닫게 하셨다고 말했다. 그녀는 자신의 필요와 문제의 영적 원인들을 깨닫게 되면서, 상담 사역에 보다 영적인 대안을 제시해야겠다고 결심했다. 교회 집사였던 어떤 사람은 상처받은 사람들의 영적, 정서적 필요를 돌봐야하겠다는 보다 강한 소명감을 가지게 되었다고 고백했다.

패코스의 영적 훈련은 나에게도 영향을 미쳤다. 내게 미친 영향력은 다른 이들의 경우보다 더 폭넓고 깊은 것이었다. 나는 영성의 내용 즉,

역사적으로 내려온 풍성한 영적 지혜들을 깨닫게 된 것이다. 이것은 나에게 새로운 활력을 주게 되었다.

## 풍성한 유산을 가진 기독교 영성

패코스의 6주간의 경험 이후, 나는 영성수도원 생활이 내 영적 성장과정에 결정적인 영향을 미치게 된 원인을 생각해 보았다. 장소 자체도 인상적이었지만, 단순히 장소탓은 아닌 것 같았다. 진짜 원인은 6주 동안 내가 성경의 진리에서 나온 오랜 영적 전통, 시각, 훈련방법, 지혜들을 깊이 경험한 데서 찾을 수 있었다.

나는 거기서 엄청난 영성의 세계를 접하고, 이를 통해 하나님과의 만남을 경험하고 훈련 받았던 것이다. 내가 발견한 사실을 정리하면 이렇다.

첫째로 눈길을 끈 것은 **그리스도 중심의 정통 교리**였다. 패코스에서는 모든 프로그램이 요약된 중심 주제를 항상 반영하며 진행되었다. 바로 "그리스도는 죽으시고, 부활하시고, 다시 오신다"는 고백이다.

그곳에서 머물렀던 몇 주간 나는 성찬을 통한 공동체의식과 살아있는 복음을 경험하면서 영적으로 많은 도전을 받았다. 이를 통해 나는 기독교 신앙과 예배가 지난 2천 년 동안 표현해 왔던 것과 하나가 되었다. 미국에만 해도 복음주의적 개신 교단의 수는 엄청나게 많다. (미국 내 침례교단만도 약 275개나 된다!) 그러나 이러한 현상조차도 기독교의 오랜 역사에서 볼 때는 아주 최근에 등장한 사건에 불과하다.

이 모든 것의 중심에는 예배가 자리했고, 예배의 중심에는 우리와 계속적으로 함께 하시는 그리스도가 자리하고 있다.

둘째로 배운 것은 개인은 공동체의 일부로서 그리스도의 몸을 다른 이들과 같이 구성하고 있다는 의식이다. 미국 문화의 경우, 아주 개인주의적이다. 복음주의적 배경을 가진 사람들은 말씀과 봉사를 가장 중심으로 신앙생활을 한다. 패코스 수도원은 초대 교회의 특징이었던 하나된 공동체의 정신에 비중을 많이 두고 실천하고 있었다. 이것이 왜 중요한 것일까? 하나님은 우리를 한 몸에 붙어있는 지체로 만드셨다. 인간은 혼자서는 하나님을 제대로 알 수가 없다. 우리는 그리스도의 몸 안에서 그 분을 경험한다. 하나님은 항상 자신을 드러내기 위해서 믿음의 자녀 안에서 역사하실 뿐만 아니라 이들을 통해서도 역사하신다. 수도원에서 같이 지냈던 사람들은 서로를 통해 역사하시는 하나님께 놀랄 만큼 마음을 활짝 열고 서로를 받아들였다. 이들은 같이 웃고 울고, 서로의 본이 되려고 노력하면서 서로 권면하며 죄를 고백하기도 했다. 이들은 그리스도 안에서 서로를 깊이 사랑했던 것이다.

나는 이렇게 자문할 수밖에 없었다. 그 동안 나는 다른 사람 속에 계신 그리스도를 경험할 수 있을 만큼 남에게 가까이 다가간 적이 있는가? 나는 복음주의자라고 자처하면서도 다른 사람에게, 아니 내가 잘못을 저지른 사람에게조차 죄를 고백한 적이 얼마나 될까? 상대가 아파하거나 진심으로 기뻐할 때, 선뜻 다가가서 같이 슬퍼하거나 기뻐한 적이 얼마나 되는가?

신앙 선배들의 영성을 통해 나는 공동체가 서로에게 다가갈수록 각 개인도 그리스도에게 더 가까워진다는 사실을 배울 수 있었다.

기독교 영성의 역사적 유산으로부터 배운 세 번째 교훈은 영성 훈련의 생활화이다. 나 같은 개신교들은 영적으로 훈련이 부족한 편이다. 문제가 많았던 중세 교회에 반발하던 종교 개혁자들은 영적 성숙을 위해 영성 훈련을 활용하지 않았다. 당시 신부, 수도사, 수녀들에 의해 행해졌던 영성 훈련에 대해 종교 개혁자들은 하나님께 '공로'를 인정 받으려는 노력이라고 이해했다. 그러나 일반적으로 영성 훈련은 하나님이 인간을 완전히 새롭게 만드시는 은혜의 효과적인 전달 도구로 이해되어져 왔다. 복음주의자인 리차드 포스터(Richard Foster)는 이렇게 말한다.

> 영성 훈련은…… 하나님이 우리 안에서 역사하시고 바꾸시는 장으로 우리를 인도한다. ……이것은 하나님의 은혜의 도구다…… 하나님은 영적 생활을 훈련시켜 우리를 축복 받을 만한 모습으로 준비될 수 있도록, (영성 훈련이란) 도구를 주셨다.[3]

넷째로 나는 영적 지도자의 주 역할에 대해 새로운 관점을 가지게 되었다. 지금까지 나는 지도자란 "좋은 가르침을 제공하는 사람"으로 이해하고 있었다. 그러나 교회의 역사적 전통은 지도자란 하나님의 존재 앞에서 다른 이들을 인도하는 사람을 의미했다. 나는 패코스의 일일예배들을 통하여 그 의미를 뚜렷하게 이해할 수 있었다. 패스코의 예배 인도자들은 참석자들을 즐겁게 하거나 감정적인 반응을 끌어내기 위해서는 일부러 애쓰지 않았다. 이들은 특별한 배려의 분위기 속에서 자연스럽게 하나님께 가까이 나아가도록 이끌었다. 이를 위해 단순하고 아름다운 옛

기도문을 이용하고, 하나님에 대한 경외감, 두려움, 사랑에 대해 편안하게 가르쳤다. 지금까지 경험한 어떤 예배도 이런 수준의 경외감, 은혜, 하나님과 연합을 경험하도록 해 주지 않았다. 성령님의 영감으로 만들어지고 2천 년 동안 쓰여진 기도문들의 도움으로 나는 놀라운 경험을 했던 것이다.

다섯째로 나는 성령님의 역할과 역사를 존중하는 균형 잡힌 자세를 배웠다. 나는 교회를 다니면서도 성령의 역사와 은사들을 제대로 사용하는 방법에 대한 실제적인 모델을 본 적이 거의 없었다. 나는 일부 오순절파 교인들이 만든 물의에 너무 놀란 나머지, 반대로 치우쳐서 성령님이 마음속에서 행하시는 엄청난 역사를 무시하며 살았다.

패코스에서 좋은 시간을 보내는 동안, 나는 신약성경의 카리스마타(charismata, 성령의 은사)에 대한 건강한 모델을 발견할 수 있었다. 이곳 사람들은 로마서 12:6-8, 고린도전서 12:28-31; 14장, 에베소서 4:7-13에서 설명되는 성령의 은사들을 예수 그리스도의 아름다운 인격으로 성숙해 갈 수 있도록 보호 받고 있었고, 서로에게 은혜로서 사용하고 있었다. 나는 이곳에서 성령이 인도하시는 방법으로 지혜, 능력, 사랑이 사용되는 예들을 목격할 수 있었다. 이런 모습은 요즘 교회에서는 찾아보기 힘들다. 훈련기간 중 한 형제는 이웃의 구체적인 필요를 채워주라는 성경 구절을 인용했다. 비전을 구하던 한 자매는 자신이 속한 공동체에 방향을 제시한 말씀을 우리와 나누었다. 신앙인은 성령님을 무시하거나 두려워 해서는 곤란하다. 우리는 보혜사 성령님께서 우리를 그리스도의 형상으로 다듬어 주시도록 자신을 내어드려야 한다. 그렇게 할 때 성령님은 우리를 통해 이웃까지도 축복할 수 있도록 생수의 강을 넘쳐 흐르게 할 것이다. 성령의 은사를 성실히 사용하는 신앙인은 이론으로만 아니라 실제로도 근본적으로 하나님을 따르는 사람이 될 수 있다.

마지막으로 나는 기독교 영성의 역사적 유산, 특히 역사에 등장했던 영성 지도자들을 만나는 특권을 누렸다. 개신교들은 종종 클레르보의 버나드(Bernard of Clairvaux, d. 1582), 아시시의 프란시스(Francis of Assisi, d. 1226), 아빌라의 테레사(Teresa of Avila, d. 1582), 로렌스 수사(Brother Lawrence, d. 1691)과 같은 신앙 선배들의 교훈을 거의 무시하며 살았다. 우리는 일세기에 살았던 사도 바울과 16세기에 살았던 존 칼빈(John Calvin, d. 1564)의 중간 시대의 신앙인들은 마치 엉터리 위선자처럼 취급했다. 나는 패스코 수도원에서 오랫동안 교부, 광야의 예언자, 순교자, 중세학자, 균형잡힌 기독교 신비주의자들이 설교한 그리스도 중심적인 말씀을 배우는 기쁨을 누렸다.

물론 이 중에는 성경보다는 전통에 근거한 어색한 가르침이나 의식들도 많이 있다. 그러나 모든 기독교 교파는 나름대로 맹점을 가지고 있지 않은가? 그 동안 내가 가졌던 선입견과 오해를 극복하게 되자, 나는 즉시 이들로부터 배척할 것보다는 배울 것을 더 많이 발견할 수 있었다.

기독교 영성훈련의 방법론과 장점을 배우면서, 나는 40년 동안의 신앙생활 중 가장 극적인 변화를 경험하게 되었다. 구원 받은 자녀로서 나와 항상 같이 하셨던 그리스도를, 이제 더 직접적으로 경험할 수 있게 된 것이다. 나는 이제 주님께서 구원 받은 나에게 주신 초대장의 의미를 제대로 이해하게 되었다. "볼지어다 내가 문 밖에 서서 두드리노니, 누구든지 내 음성을 듣고 문을 열면 내가 그에게로 들어가 그로 더불어 먹고 그는 나로 더불어 먹으리라"(계 3:20).

## 성령의 열매를 확인하라

앞에서 설명했던 것처럼 나는 그리스도와의 인격적인 만남을 피부로 경험하면서, 실제로 경험하는 방법도 발견하기 시작했다. 덕분에 그 동안 무슨 뜻인지 모르고 읽던 어거스틴의 의도를 알게 되었다. 4세기에 살았던 교부로 기독교 신앙의 거성, 어거스틴은 지금은 모두의 필독서가 되어 버린 자서전 「고백록」에서 이렇게 말한다.

나는 인도자이신 주님과 함께 내 자아의 가장 깊은 속으로 들어갔습니다. 내가 이렇게 할 수 있었던 것은 당신이 도와주신 덕분입니다. 나는 영혼의 눈으로 세상의 어떤 빛과도 다른 영원한 빛을 보며, 그 속으로 들어갔습니다…… 진리를 아는 사람이란 바로 이 빛을 경험한 사람이며, 영생을 깨달은 사람입니다. 이 빛을 경험하게 하는 것은 바로 사랑입니다.[4]

한때 비기독교 철학자였던 어거스틴는 마음속에서 자꾸 떠오르던 의문들도 모두 하나님께서 주신 영감임을 깨달았다. 세상적으로 방황하고 타락해 있던 어거스틴에게 하나님께서는 가슴 속 깊이 자리했던 의문에 말씀으로 답해주시며 깨달음의 빛을 비추셨다. 어거스틴은 하나님을 전혀 모르고 있었던 과거에도 하나님께서는 항상 자기와 동행하셨음 알고 놀랐다. 이러한 하나님을 보며 경외와 기쁨의 탄성을 올리던 어거스틴의 모습은 다음 구절 속에서 잘 드러난다. "주님, 당신은 내 마음의 빛이며, 내 영혼의 떡이십니다."[5] 적어도 어거스틴의 눈에는 말씀의 떡이 그 동안 씨름하던 영적 의문에 답을 주셨고, 그뿐만 아니라 질문도 성령님이 심어 놓았음을 깨달았다.

　나 역시 오랫동안 마음속에 있던 의문과 갈증을 느끼고 있었다. 나는 이런 느낌을 무시하던지 (신앙인들은 답을 모두 가지고 있는 것처럼 항상 말하지 않는가?) 아니면 불필요한 질문처럼 취급해 버렸다. (우리는 하나님과 단절된 느낌이나 거리감은 문제가 될 수 없다고 배워왔다. 왜냐하면 신앙은 느낌에 이끌려 다녀서는 안되기 때문이다.) 이제 나는 인간의 갈증과 의문을 있는 그대로 받아들이는 것이 얼마나 중요한지, 성령님께서는 이런 질문을 어떻게 활용하시는지, 이런 상황을 영성 훈련을 통해 어떻게 대처하는지, 하나님에 대한 보다 영적이고 친밀한 이해의 방법은 무엇인지, 그리고 궁극적으로는 하나님의 품속에서 평화와 안식을 얻는 것이 얼마나 행복한 지를 깨닫게 되었다.

　패코스에서 시간을 보낸 이후, 나는 이제 막 발견하기 시작한 영적 만족감을 다른 신앙인들은 어디서 얻고 있는지 궁금해졌다. 시간이 지나고 내가 신학교에 복귀했을 때 학생들은 "교수님 같은 복음주의 신학자가 가톨릭 수도원에서 뭘 배우실 게 있다고 가셨습니까?"라고 질문했다. 그러나 겉으로 나의 행동을 의아해 하는 사람도, 영적 성장 방법에 대한 호기심은 다들 마찬가지였다. 이들은 속으로 "이런 색다른 영성 훈련을 통해 그리스도를 만나도 괜찮겠습니까?"라고 질문하는 것이었다. 곧 내가 발견했던 것을 듣기 위해 몇몇 학생들은 나를 조용히 찾아왔다.

　기독교 영성에 관심을 가지게 된 나는, 학생들과 함께 영성 훈련 모임을 만들고, 기독교 영성 관련 과목을 준비해서, 내가 발견한 지혜와 은혜를 나누려고 노력했다. 그리스도를 색다르게 경험한 뒤부터, 나의 학문 방향 역시 변하기 시작했다. 나는 더 이상 학생들에게 하나님에 대하여 가르치는 것으로 만족할 수 없었다. 나는 이들이 삶 속에서 하나님의 존재와 손길을 마음으로도 경험할 수 있도록 돕고 싶었다.

곧 내 강좌에도 새로운 생동감이 느껴지기 시작했다.

평신도 사역 과목을 선택과목으로 듣던 제이라는 젊은 직장인은 신학교 생활을 맛보기 위해 내 과목들을 시험삼아 등록했다. 결국 그는 즐겁다는 표정으로 나에게 이렇게 말했다. "나는 신학교가 개인의 영성을 죽이는 곳이라고 들어왔습니다. 그러나 지금 내가 경험하는 것이 신학교의 진짜 모습이라면, 정말 나에게 필요한 곳이라고 생각합니다!" 한 목회자 후보생은 그 동안 하나님께서 함께 하심을 거의 경험하지 못했기 때문에 지쳐버렸다고 고백했다. 그러나 내 과목을 수강한 뒤, 이 친구는 사역의 중심을 영성 훈련에 두고 있는 목회자로 서게 되었다.

이들이 하나님을 향해 제대로 가고 있다는 것을 어떻게 확신할 수 있을까? 예수님은 무엇이 옳고 그른지 분별하는 아주 간단하면서도 지혜로운 검사법을 알려주셨다. "그들의 열매로 그들을 알지라"(마 7:20을 16절과 비교해서 보라). 상대의 영적 상태를 파악하려면, 상대의 삶이 실제로 얼마나 변화했는지를 보면 안다. 성령님의 은혜와 열매를 통해, 성도가 얼마나 그리스도와 함께 하는 지가 주변 사람에게 드러나게 된다. 나역시 몇 년간 영성 훈련 사역을 계속하면서, 조금이나마 남아있던 의문들도 해결되었다. 직장 동료들은 내가 너무 변해서 이상하다고 말했다. 친구들의 말을 빌자면, 나는 "학교에서 가장 영적으로 변화된 사람"으로 보였기 때문에, 원인이 무엇인지 다들 너무 궁금했다는 것이다.

아마도 내 인생에서 처음으로 내 모습이 정말 그렇다고 느껴졌다.

## 조심해야 할 이유들

나는 발견한 내용을 다른 사람들과 나누고는 싶었지만, 막상 영성 훈련의 풍성한 유산을 소개하는 책을 쓰는 것은 꺼리고 있었다. 먼저 내가 우려하던 바에 대해 조금 설명 할 필요가 있겠다. 현대 사회에서 영성이란 단어는 코에 걸면 코걸이 귀에 걸면 귀걸이로 쓰이는 말이다. 이 단어는 아프리카 부두교에서부터 일본식 참선에 이르기까지 다양한 분야에 적용되고 있다. 그러나 영혼을 자극하는 활동이라고 모두 하나님께로 나온 것은 아니다.

현대 사회는 문화적으로 영성이란 단어를 '과잉'으로 사용하고 있기에, 그리스도인들은 이 단어를 사용하는데 조심할 필요가 있다. 어떤 경험이 하나님으로부터 온 것이고 어떤 것이 엉터리로 인도하는 길인지 분별할 수 있을까? 일반적으로 이 점에 대해 많이 혼란스러워 하는 사람들이 많기 때문에, 나는 먼저 기독교 영성과 비기독교 영성을 비교하는 일부터 해야 될 것 같다. 기독교 영성이 추구하는 바는 **우리의 내적 인격과 외적 행위를 성령님의 도우심과 협력으로 협력하여 변화시켜 나가는 것, 그리고 이를 통해 조금씩 그리스도 예수님의 형상으로 점진적으로 닮아가는 것이다.**

우리 주위를 보면 요가나 다양한 명상법, 전생투사(전생의 삶을 보여주는 방법: 역주) 같은 것들을 너무 흔하게 접할 수 있다. 그렇다면 이런 것은 아예 비슷한 것도 사전에 거부하여 문제의 뿌리부터 뽑아버리는 것이 더 좋지 않을까? 그냥 단순하게 성경 읽고, 기도하고, 교회 출석하는 것으로 충분하지 않을까? 하나님을 느낄 수 있도록 마음의 문을 '열어

준다'는 영성 훈련들을 신뢰할 수 있을까? 영성 훈련이 신앙인 모두에게 필요한 이유는 사실 우리 복음주의자들이 인정하기 싫어하는 사실에서 출발한다. 우리는 성경을 읽어도 마음에 와 닿지 않고, 나의 삶에 아무런 효과를 만들어내지 못하는 경우가 반드시 있다. 기도할 때도 무엇을 기도해야 할지도 모르겠고, 혼자서 중얼거리는 소리처럼 느껴질 때가 종종 생긴다. 교회 생활 역시 너무 익숙해져서 생명력을 못 느낄 때가 있다.

일꾼에게는 다양한 도구가 필요하듯, 우리도 이용 가능한 모든 방법을 다 이용할 필요가 있다. 그렇게 할 때, 살아 계신 하나님과 동행하고, 그분의 인도하심을 분별하고 좇을 수 있게 된다. 하나님을 아는 것은 하나님에 대한 정보를 정리하는 것 이상의 의미를 가진다. 우리는 살아 계신 인격적인 하나님께 마음을 여는 방법을 배워야 한다. 우리는 하나님을 온몸으로 느끼고 교감할 수 있어야 한다.

신앙인이라면 신학적 '오류'나 잘못된 교리에 빠지지 않도록 조심해야 한다. 그러나 자칫 과거의 신학적 하자를 거부한다는 명목으로 자칫 영적 성장의 중요한 자원을 매장시킬 수 있다. 우리는 영적 선배들로부터 하나님과의 동행하는 삶에 대해 배울 필요가 있다. 거룩한 교부, 중세 성자, 종교개혁자, 청교도, 오순절파 같이 다양한 배경을 가진 사람들부터 교훈을 얻을 수 있어야 한다. 이들의 오류에 대한 과잉반응은 결국 우리만 손해를 보게 만든다. 나는 복음주의 영성 운동이 현대 복음주의 운동이 가진 가장 시급한 문제인 '균형 회복'의 중요한 부분을 차지할 것이라고 확신한다. 이를 통해 복음주의의 성경적, 역사적, 신학적, 영적 균형이 다시 회복되어야 한다.

미국 네비케이토 출판사(NavPress)가 펴낸 영성 훈련 시리즈 중 하나인 이 책은 다음과 같은 목적으로 쓰였다. 여러분이 영성 운동의 어떤 면이 성경적으로 합당한지를 분별하도록 도와주는 것이다. 이를 위해서는 무엇이 정말 배워야 할 것인지 판단하는데 도움이 되는 성경적, 신학적, 역사적 참고 자료들을 먼저 따져볼 필요가 있다.

나는 하나님에 대해 보다 깊이 이해하고 경험할 수 있도록 여러분을 돕길 원한다. 각 장 마다 여러분이 혼자서나 친구들과 함께 새롭게 배운 바들을 직접 적용할 수 있도록 돕는 란을 마지막 부분에 달아놓았다.

이 책을 시작하면서 나는 여러분이 모두가 "오직 우리 주 곧 구주 예수 그리스도의 은혜와 저를 아는 지식에서 자라가길" 진심으로 바란다(벧후 3:18).

## 직접 해보기

지금까지 읽은 내용을 개인적으로 적용해 볼 때, 여러분은 진정한 성장을 경험할 수 있다. 이장에서는 먼저 영적 궁금증과 갈증을 숨기지 않고 진심으로 하나님을 찾을 때, 우리는 성장할 수 있다고 강조했다. 그렇다면 여러분은 무엇에 대해 궁금증과 내적 갈증을 가지고 있는가? 언제 하나님이 가깝다고 느껴지는가? 언제 하나님과 거리감을 느끼거나 혼자만 동떨어져 있다는 느껴지는가? 영적 깨달음의 과정은 우리가 지금 알고 있는 것보다 더 많이 배울 것이 있다고 인정할 때만이 시작될 수 있다.

1. 자신의 영적 상태를 묘사해 보자.

각자의 신앙 생활을 돌아보면서, 가장 좋았던 때와 나빴던 때를 생각해 보자. 여러분이 신앙적으로 용기와 행복을 느꼈을 때, 영적 문제에 무관심하게 되거나 냉소적이 되어버리는 상황에 대해서도 생각해 보자.

- 영적으로 좋았던 시절을 어떻게 묘사할 수 있는가? 성경공부를 하면서 느끼는 논리적, 지적 만족감이었나? 아니면 직감적으로 감동하며 느꼈던 만족이었나?
- 이러한 사건 중에서 당신의 삶에 가장 큰 영향을 미친 사건은?
- 당신이 미래에 경험할 구원의 가장 깊은 영적 경험이 무엇인가에 대해서도 생각해 보자.

2. 자신의 영적 성장 과정을 도표로 그려보자.

- 수평선은 자신의 영적 만족과 성숙도를, 수직선은 시간을 표시하면서 각자의 영적 발전 상태를 그래프로 그려보자.

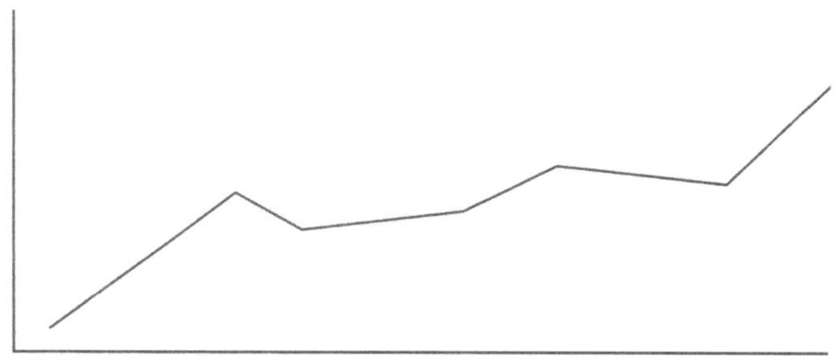

이 도표는 8장에서 다시 한번 사용하게 될 것이다.

3. 각자의 걱정과 희망에 대해서 서로 나누어보자.

- 현재 당신과 하나님과의 관계는 어떠한가?
- 현재 삶 속에서 하나님의 존재를 현실로 경험하고 있는가?
- 당신과 하나님간의 관계에 문제가 있다면, 당신 쪽에서 주님을 실망시킨 이유들을 구체적으로 파악하고 있는가?
- 하나님께서 당신을 실망시킨 적이 있는가?

4. 이러한 문제들을 가지고 주님과 솔직하게 대화하는 기도 시간을 가져보자.

- 신뢰 할만한 친구나 목회자에게 여러분의 영적 상태에 대하여 이야기를 나눌 수도 있다.

### 읽으면 도움이 될 책들


Collins, Ken J. Soul Care: Deliverance and Renewal Through the Christian Life( Wheaton, Ill.: Victor, 1995).

Downey, Michael. Understanding Christian Spirituality(New York: Paulist, 1997),「오늘의 기독교 영성이해」(은성, 2001).

Houston, James. The Transforming Friendship(Oxford: Lion, 1989),「기도: 하나님과의 우정」(IVP, 1998).

Lovelace, Richard F. Renewal as a Way of Life(Downers Grove, Ill: InterVarsity, 1985).

# 2. 영적 갈급함

Spiritual Hunger

"하나님이여 사슴이 시냇물을 찾기에 갈급함같이
내 영혼이 주를 찾기에 갈급하니이다
내 영혼이 하나님 곧 생존하시는 하나님을 갈망하나니
내가 어느 때에 나아가서 하나님 앞에 뵈올꼬"

(시편 42:1-2)

인간은 하나님과 하나가 되고자 하는 마음의 욕구를 가장 깊이 간직하고 있다. 이 땅에 존재하게 된 그 순간부터, 인간은 인생의 원래 목적을 이루려는 강력한 열망을 가진다. "하나님을 보다 분명히 볼수록, 더 깊이 사랑하게 되고, 더 가까이 따르게 된다." 우리는 하나님을 위해 만들어진 존재이기 때문에, 그 이하의 어떤 것으로도 우리를 만족시킬 수 없다.

– 브레넌 매닝(Brennan Manning)[1]

현대인들은 기성 종교에는 '무관심' 하지만, 영성에 대해서는 '진지함'을 가지고 있다. 종교에 관심이 없는 사람들도, 생활 속에서 받은 상처를 치유하고 내적 만족을 얻기 위해 다양한 캠프, 세미나와 '영적 지도자'에게 찾아가고 있다.

미국 포닉스에 사는 한 부동산 중개업자는 주말 동안 갑자기 전화기를 꺼버리고 잠적했는데, 알고 보니 다른 40여 명의 직장인들과 같이 드럼을 치며 진흙 속에서 뒹구는 ‘자연친화’ 주말 캠프에 들어갔다는 것이다. 어느 학교에서는 교장선생님과 교사들이 켈트족의 영성을 배우는 주말 캠프에 참석하여, 시를 노래하고 춤을 추면서 드루이(Druidic)교(고대 캘트종교)에서 하던 봄 제사를 드렸다고 한다. 이런 모습들은 사람들이 가진 영적 세계에 대한 관심을 잘 보여준다.

미국 캘리포니아주에서 발간되는 한 신문은 “콜로라도의 외딴 곳에서 경험하는 영적 재충전”이라는 제목하에, 콜로라도주에만 일반인들의 영적 재충전을 위한 영성캠프장과 수도원이 수십 개나 세워져 있다고 보도한 적이 있다. 미국의 시사주간지, 〈뉴스워크〉 지에서도 그 동안 판매에서 수위를 차지했던 성이나 자기개발에 관한 책보다, 이제는 명상, 기도, 영성에 관한 책들이 더 인기를 끌고 있다고 보도한 적이 있다.[2] 클릭 한 번으로 수많은 정보를 얻을 수 있는 인터넷에서도, 수많은 사람들이 최신 영적 〈구루〉(guru, 지도자, 교주)나 바티칸 교황 관련 사이트를 열심히 이용하고 있다.

조지 갤롭(George Gallop)은 “20세기가 인간 밖에 존재하는 공간에 집착하던 세기였다면, 21세기는 인간 안의 공간에도 관심을 보이는 시대가 될 것이다”[3]라고 전망한다. 저명한 교회사가인 마틴 마티(Martin Marty)는 “최근 다시 일어나는 영성에 대한 인기는 그 동안의 무관심에 대한 복수처럼 보인다”[4]라고 평한다.

## 영적 현상을 좇아다니는 사람들

거대한 쇼핑센터에서 사고 싶은 것을 마음대로 사고, 150개 채널 케이블 TV를 즐기고, 라스베가스행 주말 휴가로 상징되는 '아메리칸 드림'은 그 동안 중산층의 이상형이었다. 그러나 지금까지의 결과를 봐서는 이런 것들은 인간의 내적 공허함을 채워주지 못하는 것은 분명하다. 집안을 더 많은 물건으로 채울수록 영적 공허함은 더 심해졌다. 하비 콕스(Harvey Cox)는 "수도승처럼 사는 것"을 원하는 사람은 적어도, "새로운 깨달음을 찾아 헤매는" 사람이라고 지적한다.[5]

불안 속에 살고 있는 많은 사람들은 본능적으로 영적 차원에서 삶의 의미에 대한 답을 찾으려고 한다. 이 모든 것의 뿌리에는 인간이 본능적으로 느끼는 인생의 영적인 차원과 초월자를 만나고 싶어하는 욕구가 깔려있다. 하나님은 사람들에게 나름대로 다시금 관심거리가 된 것이다.

기독교 신학은 모든 사람이 느끼는 영적 갈급함을 하나님의 형상(Imago Dei)이라는 개념으로 설명한다. 인간은 하나님의 형상을 따라 창조되었지만, 타락을 통해 영적으로 깊은 상처를 입어, 오직 삼위일체이신 하나님을 통해서만이 다시 회복할 수 있게 되었다. 그러나 기성 교회에 환멸을 느낀 많은 사람들은 영적 욕구를 충족하기 위해 동양의 고전 종교들, 오컬트 혹은 자기 맘대로 만들어진 뉴에이지 의식에 모여들고 있다. 1980년대를 주름잡았던 유피(yuppie)적 '문화 사냥꾼'(1960 – 70년대 반전, 성해방 무드를 타고 비서구적, 반권위주의적인 것이면 아무 것이나 닥치는 대로 따라했던 사람들 – 역주)들이 자리했던 자리에 이제는 영성 혼합주의자들이 들어 서 있다, 새로운 천 년을 맞이하여 세계는 아무거나 다 받아들여야 한다고 주장하고 다니고 있다.

'창조자'가 남긴 영적인 자취는 도처에 깔려있다. 최근 미국에는 집집마다 신당이나 제단을 설치하는 것이 유행이다. 미국의 가정잡지 〈하우스 엔 가든〉(House & Garden)지가 조사한 최근 설문에 따르면, 응답자의 82%가 집안에 "조용하게 명상 혹은 영적 사색을 할 수 있는 장소"를 만들고 싶다는 의지를 밝혔다.[6] 사람들은 창고, 옥탑방, 비워두었던 벽난로방 등을 사용하여 실내 명상 공간을 만든다. 실내에 설치하는 신당이나 제단은 어떤 조각형상들, 꽃, 향, 초, 베개나 방석 등으로 꾸며져 있다. 사람들은 명상 공간을 이용해서 신적 존재와 접촉하고, 이를 통해 매일같이 반복되는 거칠고 메마른 현실 속에서도 평화와 행복을 자연스럽게 경험하기를 원한다.

인간은 본능적으로 하나님과 만나게 되면 삶의 의미를 확실히 깨닫게 될 것이라고 기대한다. 기독교적 유산을 가진 서구인들도 현재의 외적 성취에 만족하지 않고, 그 이상의 의미를 찾으려고 애를 쓰고 있다.

일부 서구인들은 현재 세계적으로 강력하게 세력을 확대하고 있는 이슬람을 받아들이기도 한다. 1997년 4월, 미국 ABC TV의 시사 프로그램인 〈나이트 라인〉(Night line)에서는 고학력의 배경을 가진 한 백인 사업가가 이슬람으로 개종한 사연을 보도했다(일반적으로 미국에서는 저학력 빈민층이 이슬람교로 개종하는 경향이 많다 – 역주). 프로그램은 사우디 아라비아의 메카주변 언덕에서 이 남자와 인터뷰를 했는데, 언덕 아래는 약 2백만 명의 이슬람 순례자들이 하얀 두루마기를 걸치고 이슬람의 중심 모스크인 '카바'(Ka'abah)를 방문하는 의식인 '하지'(Haji)를 치르고 있었다. 그는 대다수의 이슬람교도들과는 전혀 다른 외모를 가지고 있었지만, 카메라를 향해 확신에 찬 목소리로 이렇게 말했다. "우리는 삶을 변화시키는 하나님의 존재를 경험하기 위해서 메카로 왔습니다."

이와 함께 서구 사회에서는 불교, 힌두교 같은 다양한 아프리카, 아시아 고대종교를 찾는 사람도 급속도로 늘고 있다.

미국의 경우, 아메리카 인디안 영성의 인기가 폭발적인 증가세를 보이고 있으며, 특히 자연에 대한 경외감을 가진 사람들에게 큰 호소력을 발휘하고 있다. 이들은 서구적 물질주의가 창조세계와 신과의 관계를 무시해 왔다고 비판한다. 아메리카 인디안 종교를 찾는 사람들은 주문, 예식, 명상 등을 통해 물질세계 이면에 있는 영적 의미를 찾고 있는 것이다.

## 고대 종교의 부활

종교에 대한 인기와 함께, 과거에 존재했던 이방 종교가 원래 모습이나 새로운 모습으로 단장해서 부활하는 예도 많아지고 있다.

최근 들어 가이아(Gaia) 숭배(지구를 모든 생명의 어머니로 보고 신격화하는 뉴에이지 종교 역주)와 기독교 전래 이전에 유럽에 존재했던 위카(Wiccan)교와 드로이드(Diuid)교 등이 부활하는 것을 볼 때, 이러한 경향이 강화되고 있는 듯하다. 가이아란 모성을 가진 여신으로서 지구를 상징하는 헬라어 단어다. 가이아 숭배자들은 지구라는 혹성이 하나의 커다란 생명체라고 믿는다. 이들은 모든 형태의 생명(나무, 돌, 강, 사람)은 땅으로부터 창조되었을 뿐만 아니라 서로 연결되어 있다고 가르친다. 가이아 숭배는 살아있는 생명체인 지구의 일부인 인간에게 다시 가이아에서 나온 신성을 회복시키는 데 초점을 맞춘다. 유명 여가수 올리비아 뉴튼존의 앨범 '가이아' 는 이러한 사상을 찬양하는 내용을 담고 있다. 위카교(wicca)는 하나님을 어머니로 숭배하면서, '선한 마술' 이 개인에게 특별한 능력을 준다고 가르친다. 선한 마술이란 기존 마술의 악한 요소를 제거한 것을 의미한다. 위카교의 인기는 드로이드교와 비슷한 배경에서 나왔다. 이들은 남성이나 여성적 특성을 가진 자연신을 숭배한다. 이런 종교를 믿는 사람들은 고대로부터 내려온 예식, 주문, 부적을 사용하여 '신비의 최면' 이나 자기 신격화 등을 통해 (초월적인) 영적 생명력과 다시 접해질 수 있다고 가르친다.

대체의학은 장점도 많이 있지만, 비기독교적 신비주의적 의식으로 사람들을 인도하는 경향이 있다. 예를 들어 요가선생들은 근육이나 골절 환자들에게 요가라는 기술을 이용하는 것 이상의 영적 깨달음을 추구하도록 몰아가는 경향이 있다. (영적 활동으로서의 요가는 '신과 하나되는 경험' 을 추구한다.) 요가를 영적 차원에서 사용하는 사람들은 요가를 통해 개인이 '차크라' (Chakra)라고 불리는 심령 에너지에 접속할 수 있으며, 이를 통해 개인의 영혼이 창조자의 에너지에 다시 연결되면 진정한 자기 발견을 할 수 있다고 가르친다.

주위에 보면 전혀 말도 안 되는 심령술사들도 등장하고 있다. 영적인 깨달음을 추구하는 사람이라면 뉴에이지 심령술에 관한 책을 안 들쳐본 사람이 거의 없다. 사람들은 이런 책들이 인간의 참다운 정체성과 영적인 방향감을 발견하도록 도와준다고 생각한다. 유명 작가인 앨리스 베일리는 최면치료, 교감치유법, 심령상담 같은 것을 통해 우리가 영적으로 진보할 수 있다고 주장한다. 미국 할리우드의 유명 심령술사 마리엔 윌리암슨이나 베일리 같은 뉴에이지 전도사들은 곧 엄청난 영적 각성의 시대가 도래할 것이라고 설교하면서, 이를 위해서 얼마 이상의 영혼들이 전통 종교의 사슬에서 벗어나 개인적인 득도 즉, 완전한 자아를 찾아야 한다고 주장한다.

여기서 우리는 다음과 같은 결론을 내릴 수 있다. 현대인들의 영성에 관한 관심은 개인을 신격화시키는 데 목적이 있다는 것이다.

사람들은 자신이 '신'임을 발견하기 위해서 말 그대로 땅 끝까지 갈 각오가 되어 있다. 미국 덴버시에서 발행되는 한 신문은 최근 "신성을 찾아서"라는 제목으로 전면을 할애하는 기사를 실은 적이 있다. 이 신문은 한때 여행사에서 일했던 사무직원이 자칭 '지구 침술사'가 되어 전세계를 돌아다니며 신성한 지역을 사진으로 찍는 이야기를 적고 있었다. 이 사진사는 이집트의 피라미드, 영국의 스톤헨지, 인디아 암릿사르에 있는 황금사원 같은 곳을 찾아다니며 이렇게 주장한다. "신성한 유적지마다 주변을 보호하고 영기를 발하는 신비한 능력을 발견할 수 있다…… 이들 지역은 인간과 지구와 생명의 본질을 이어주는 역할을 한다." 그는 자신의 영적 사명은 "이들 유적지에서 발견되는 영적 표현을 사람들이 이해할 수 있도록 해석해 냄"으로서 사람들이 '영적으로 변화'할 수 있도록 돕는 것이라고 주장한다.[7] '신적 자각' 단계에 이르기 위해 수많은 신비주의자들이 세계 도처에서 순례의 행진을 계속하고 있다.

엄청난 수의 구도자들이 '신성한 유적지'를 찾아다니는 것 뿐만 아니라, 큰 돈을 써가며 아메리카 원주민의 천막부터 '신접 세미나' 같은 다양한 행사를 찾아다니고 있다. 이런 행사의 주최측은 인간에게 "보다 영적으로 높은 차원의 존재" 혹은 다른 차원의 에너지와 교통하게 만드는 영적 경험을 시켜준다고 장담한다. 한 뉴에이지 활동가는 이렇게 말한다. "극적인 영적 진보를 원하는 사람은 신접(Channeling)이 반드시 필요하다." 매년 미국에서만 4백만 명 이상의 관광객들이 그랜드 캐년 남쪽에서 수백 킬로나 떨어진 세도나나 아리조나의 작은 마을에서 사는 심령술사와 무당들을 찾아간다. 지역 상공회의소의 후원으로 실시된 한 조사에 따르면, 세도나 시에 오는 방문자의 65%는 영적 경험을 위해 이곳을 찾았다고 답했다. 덕분에 세도나는 "채널이 1500여 개나 되면서도, 텔레비전 방송국은 하나도 없는 유일한 도시"라는 명성을 얻고 있다(신접을 하게 해주는 무당들의 활동과 텔레비전 방송망을 모두 '채널링' (Channeling)이라고 하는 것을 빗대어, 지역의 활발한 무당활동을 풍자한 표현 – 역주).

그러나 영적 세계에 대한 사람들의 관심은 새로운 현상이 아니다. 인류는 이 땅에 나타난 이후 항상 영적 세계에 관심이 많았다. 인간이 살아 있는 한, 삶의 의미와 개인적인 만족을 추구하는 노력은 계속될 것이다. 잘 알려진 교부 어거스틴도 기독교인이 되기 전에는 이런 영적 갈급함을 느꼈다고 고백한다. "나는 사랑할 어떤 대상을 찾고 있었다. 나는 사랑과 사랑에 빠진 것이라고 말할 수 있었다. 내적 양식의 부족으로 인해 느끼고 있는 나의 갈급함은 하나님이 아니고선 채울 수 없는 것이었다."[8]

## 갈급한 교회

그 동안 교회들은 괴상한 영적 활동이나 영적 훈련에 관심을 보이는 사람들을 철저하게 비웃어 왔다. 그러나 보다 솔직하게 우리 자신을 돌아보면 교회 안에도 심각한 수준의 영적 갈증이 느껴지고 있다.

기독교 외에는 아무것도 쳐다보지도 않는 신실한 신앙인들도 영적인 경험과 초월자를 인격적으로 만나고 싶어하는 욕구를 강하게 드러내기도 한다. 왜 그럴까?

많은 성도들은 하나님을 기쁘게 하기 위해 정결하고 바른 삶을 살려고 노력하지만 자주 실패한다. 좋은 신앙 생활을 위한 '지속적인 노력'에도 불구하고, 하나님과의 관계에 있어서 감동, 친밀감, 따뜻함 같은 것을 별로 느끼지 못하고 있다고 호소하는 성도들을 자주 만난다. 열심히 교회에서 봉사하고, 매주 설교를 받아 적고, 십일조를 챙겨 내면서도 "이것이 기독교의 전부란 말인가? 내 생활과 교회에서 역사하신다는 하나님은 왜 이렇게 찾아보기가 힘든가? 우주의 주재자이신 하나님을 알면서 같이 따라와야 할 만족감을 느끼지 못하고 사는 이유는 무엇일까?"라고 자문할 때가 발생한다.

당신은 어떤가? 당신은 영적으로 공허하고, 뭔가 메마른 삶, 수많은 질문의 늪 속에서 헤매는 삶을 살고 있지는 않은가? 그렇다 해도 당신이 이상한 것이 아니다. 오랫동안 존경 받던 신앙의 선배들도 하나님에 대해 영적으로 깊은 뭔가를 느끼지 못했던 적이 있었다고 털어놓고 있다. 가톨릭 신부인 헨리 나우웬은 자신의 책에서 이렇게 썼다. "인생이 경험하는 영적 위기는 다음과 같은 식으로 표현될 수 있다. 우리는 주소지를 가지고 있으면서도 막상 그 곳을 찾을 수 없는 상태에 있다. 신앙인들은 자신이 속한 곳을 이미 알면서도, 갈 곳이 없는 사람처럼 수많은 곳을 기웃거리며 방황하고 있다."[9]

성경에 대해서 박식하고, 신학적으로도 바른 이해를 가졌지만, 솔직하게 자신을 돌아보면 진정한 기쁨, 화평, 능력이 결여된 신앙생활을 하는 사람이 많다. 모든 인간의 마음속에는 하나님을 느끼고 싶고, 하나님과 다시 연결되고 싶은 갈급함이 항상 존재한다. 우리가 정말 진실을 있는 그대로 받아들일 용기만 있다면, 바른 교리를 붙들고 있지만 하나님과의 교제가 상실된 신앙인들이 존재하고 있음을 주위에서 쉽게 발견할 수 있을 것이다. 유명한 설교자 토저(A. W. Tozer)는 "수많은 신자들이 비신자들이 하나님을 대하는 방식으로 그 분을 대하고 있다. 이들의 신앙은 이상형을 그리고 추상적인 이론을 추종하는 삶을 살고 있다"[10]라고 지적한다.

이러한 문제는 우리가 너무 바쁘게 사는 나머지 하나님을 경험할 틈을 없애버리는 현실 때문에 발생한다. 바쁘게 만드는 원인 중에는 교회 일도 포함된다. 보수적인 신앙배경을 가진 사람 중 교회를 떠난 경우에 대한 최근 조사에 따르면, 이들은 교회 프로그램에 열심히 참여하면서도 내적으로 심각한 갈증을 느꼈던 것으로 나타난다.[11]

내가 아는 한 목사는 목회학 박사까지 딴 유능한 사역자였지만, 엄청난 내적 갈급함으로 목말라 하고 있었다. "신학교를 마칠 때 쯤, 내 영적 생활은 가장 밑바닥에 떨어져 있었다. 신학교 때부터 겨울잠에 들어간 내 기도 생활은, 처음 부임한 교회에서도 더 악화되어만 갔다." 한 선교단체 임원도 "따로 걱정해야 할 만큼 영적으로 아주 처참한 상태에 있는 그런 선교사들을 많이 본다"라고 털어놓고 있다.

복음을 끼고 사는 목회자나 선교사도 영적 갈급함으로 씨름하고 있다면, 일반 성도들의 경우야 오죽할까? 우리는 그리스도 안에서 서로에게 자신에 대하여 솔직할 필요가 있다. 우리는 하나님에 대해서는 자유롭게 말하면서도, 우리를 변화시키고 능력을 주시는 하나님의 존재에 대해서는 침묵하고 있다. 보수 신앙은 바른 교리를 변호하고, 불신자들을 전도하는 데 큰 공로를 쌓아왔다. 그러나 영적으로 성숙한 제자를 만드는 데에는 얼마나 성공적이었는가? 달라스 윌라드(Dallas Willard) 같은 많은 복음주의 지도자들은 현대 교회는 성도들을 그리스도의 형상으로 만드는 데 더 많은 노력을 기울여야 한다고 지적한다. "기독교인들이 주로 듣는 내용들, 다시말해 성도들에 일반적으로 요구되는 기준들이 개인적인 영적 발전에는 별로 도움이 되지 않고 있다."[12]

신앙인들 중에는 외적인 경건성과 내적인 만족감 사이에서 갈등하는 사람들이 많다. 어떤 성도들은 내적 만족을 찾기 위해 방황하다가, 참선 같은 비기독교적 방법을 이용하거나 아예 종교를 바꾸는 경우까지 있다. 미국의 경우만 보더라도, 기독교인 중 백만 명 정도가 불교의 영적 훈련 방법을 시도해 보는 것으로 나타났다. 1997년 통계를 보면 약 2천여 개의 '상가스'(Sanghas)라고 불려지는 불교계 영적 구도자 모임이 있는 것으로 나타났다. 그러나 이 그룹에 속한 많은 사람들, 특히 상당수의 전문인들은 기독교와 계속 관계를 맺고 있다는 것이다. 왜 불교에 심취하는 신앙인이 생기게 된 것일까? "사람들은 불교가 기독교를 대신할 설득력있는 대안이라고 생각한다. 이렇게 생각하는 이유는 불교를 주로 일상생활에 도움이 된다고 느껴지는 특정한 영적 훈련 방법으로 이해하고 있기 때문이다."[13] 미국의 대표적인 불교도 중에는 잘 알려진 시카고 불스팀 농구코치 필 잭슨도 포함되어 있다. 그는 사실 근본주의적 신앙 가정에서 자라난 사람이다. 오늘날 그는 자신을 '선종 기독교도'(Zen Christian)라고 주장한다.

교회 내부에 존재하는 영적 갈급함은 하나님을 만나고 궁극적인 목적

의식과 화평을 누리고, 사랑을 받고 싶어하는 신앙인들의 본능적 욕구 때문에 나온 것이다. 기타 종교들도 비슷한 것을 추구하는 것처럼 보이지만, 실제로는 기독교와는 근본적으로 다르다. 무엇보다도 **자신을 신격화시키거나 신이 되려고 하지 않는다.** 인간은 신이 될 수 없음을 신앙인들은 잘 알고 있다.

진정한 기독교 영성은 먼저 타락한 자아, 하나님과 분리된 인간은 죄에 묶여 있으며, 영적 깨달음이나 생명을 전혀 경험할 수 없다고 가르친다. 참다운 영적 성장이란 먼저 우리의 근원이신 하나님과 다시 연결되는 것 이상을 요구한다. 역설적으로 인간은 자신의 실제 상황을 자꾸 잊어버리기 때문에, 외부로부터 우리를 이끌고 도와줄 분이 필요하다. 기독교의 하나님은 행동과 의지에서 인간에게 종속되지도 지배되지도 않는다. 오직 살아계신 하나님만이 우리 안의 깊은 갈증을 해소시킬 수 있으며, 우리의 마음속에 하나님에 대한 열망과 갈증을 심어 놓으신 분도 바로 하나님이시다.

하나님께서 우리 마음속에 심으신 영적 갈증은, 우리가 하나님을 배반하고 떠나갔을 때부터 인류의 영혼 속에 남겨진 상처를 치료 받기 원하는 마음이기도 하다. 인간은 다시 온전히 회복되기를 원하고 있다.

## 목을 축이기 원하는 마음

앞에서 지적했듯이 그 동안 복음주의자들은 바른 교리를 가르치면 사람의 마음과 생활을 바꿀 수 있다는 확신을 가지고 말씀 사역에 집중해 왔다. 그러나 이런 노력들이 전인적인 성숙을 원하고, 몇 가지 공로를 인정 받는 것보다 본질적으로 하나님께 인정 받길 원하는 인간의 욕구를 소홀히 다루고 있지는 않았는가?

많은 사람들이 영적으로 방황하며 교회를 떠나는 상황을 볼 때, 진정한 영적 성장과 변화의 방법을 하루 빨리 찾아내야 할 필요가 있다. 이를 위해 우리가 먼저 풀어야 할 숙제는 무엇보다도 인간의 영적인 욕구가 무엇인가 하는 것이다.

성경은 인간이 비물질적인 영혼 혹은 심령과 이를 담고 있는 물질적인 육체로 이루어진 것으로 묘사한다. 하나님의 형상대로 만들어진 인간은 지성, 의지, 감정, 윤리, 관계, 기능의 모든 면에서 엄청난 가능성을 가지고 있다. 신앙 생활을 시작한 사람은 하나님께서 만들어주신 모든 부분에서 골고루 자랄 때만이 영적으로도 제대로 자랄 수 있다. 예수 그리스도는 모든 면에서 하나님 아버지와 완벽하게 연결된 삶을 우리에게 모범으로 보여주셨다. 하나님과 제대로 연결된 삶을 살고 싶은 그리스도인은, 그리스도가 보여주신 것같이 정신, 의지, 감정, 인격, 관계, 행위에서 모두 성숙해 가야 한다. 여기서 어느 하나라도 제대로 자라지 못하면 참다운 영적 성장이 이루어지기 힘들다.

바른 영적 성장을 경험하지 못하는 영혼은 다양한 각도에서 어려움을 겪게 된다.

첫째, 하나님의 말씀과 세상이라는 피조물을 이해하는데 인간의 지성을 제대로 사용하지 않거나, 하나님에 대한 바른 개념을 가지는 것만이

영적 만족을 가져다 줄 수 있다고 생각할 때, 지적인 면에서 영적 장애가 나타난다.

성장하는 신앙인은 성경 안의 진리와 인간의 경험을 넓게 배우기 위해서 하나님이 주신 지성을 사용할 필요가 있다. 그러나 미국의 경우에는 심각한 반지성주의 문화가 지배하고 있다. 최근의 한 교육학 연구에 따르면, 미국의 고등학생들은 세계에서 아홉번째 학업능력을 보이고 있는 것으로 나타났다. 미국은 유럽 선진국들뿐 아니라, 러시아, 싱가폴, 인도보다 뒤진 것으로 나타났다. 이러한 지적 마비상태는 미국(그리고 미국 교회의 영향을 크게 받고 있는 한국) 교회 사이에서도 발견할 수 있다. 그러나 다음과 같은 예수님의 명령이 한 곳에만 아니라 공관복음서 모두에 기록되어 강조되고 있음을 기억할 필요가 있다. "네 마음을…… 다해 주 너의 하나님을 사랑하라"(막 12:30, 마 22:37, 눅 10:27). 우리는 기독교적 지성을 회복해야 할 필요가 절실하다(엡 4:23, 벧전 1:13). 기독교적 지성을 사용하지 않는 신앙인은 영적으로 진리를 어떻게 하면 지혜롭고 성숙하게 적용할 수 있는 지를 알 수 없다(잠 23:23, 골 1:9).

보수적인 신앙일수록 지성을 불신하면서도 성경 교리를 배워야 성숙한 신앙생활을 할 수 있다고 강조하는 것을 보면 아이러니가 아닐 수 없다. 이런 신앙은 자랄 수 없으며, 그 증거는 주위에서 쉽게 목격할 수 있다. 그러나 신앙을 논리적인 명제들을 모아놓은 것처럼 취급하기 시작하면, 인간은 영적으로 죽어간다.

음식을 상상하는 것만 가지고는 허기진 배를 채울 수 없는 것처럼, 진리를 지적으로 이해하는 것만으로는 영적 욕구를 채우고 자라날 수 없다. 인간은 영적으로 하나님과 직접 만나고, 씨름하고 함께 하면서, 전인적으로 경험한 하나님에 대한 지식을 갈구한다. 여기서 전인적인 경험이란 지적, 육체적, 영적 경험을 모두 포괄한다. 우리는 전인적으로 하나님을 원하도록 창조된 것이다.

오랫동안 열심히 성경 공부를 한 많은 신앙인들은 계속되는 내적 공허함의 이유를 궁금해 한다. 이런 고민을 하다보면 결국 독백처럼 이런 생각 자체가 문제라는 결론 외에는 답을 찾지 못하는 경우도 허다하다. 그러나 이런 답으로 만족하는 사람은 없다. 여전히 마음 한쪽 편에서는 공허함이 남아있기 때문이다. 이런 현상이 발생하는 가장 큰 이유는 지금까지 우리가 하나님을 주로 지적으로 이해하여 왔기 때문이다. 불행히도 신앙을 지적으로만 접근하게 되면, 하나님과 우리의 간격을 더 멀게 하는 결과를 가져온다. 이런 신앙에서는 하나님은 일련의 명제로 전락하고, 영적 소망이나 열정도 점점 잦아들고 만다.

둘째, 인간은 의지적인 면에서 내적 상처를 입을 수 있다. 이런 사람은 내면 세계가 점점 취약해져 가고, 지금은 아무리 열심히 한다 해도 계속 자리를 지킬 능력을 잃어간다. 영적인 결심을 할 때마다, 우리 내부의 가장 깊은 속까지 영향을 받게 된다. 이를 통해 하나님의 마음, 지성, 의지가 우리 안에서 실현되기 시작한다. 그러나 하나님과의 더 깊은 감성적 관계를 경험하기 원하는 사람은, 외적인 행동을 바꾸는 결심 이상이 필요하다. 행동을 변화시키려는 결심을 했다고 해서, 반드시 우리의 마음도 그렇게 되는 것은 아니기 때문이다. 어쨌든 성숙한 신앙인은 자신의 의지와 하나님의 의지를 조율할 수 있는 능력을 가져야 한다.

셋째, 인간의 영혼은 감성적인 면에서 영적 마비 상태에 빠질 수 있다. 이런 사태는 우리가 동정, 연민, 슬픔 같은 감정을 하나님이 원하시는 방법으로 다듬어내지 못했을 때, 다시 말해 감정 조절에 실패하면 이런 문제가 발생한다. 성숙한 신앙은 감정적으로도 깊이 반응할 수 있는 능력이 필요하다. 예수님이 느끼신 것을 공감할 수 없는 신앙인, 다시 말해 잃어버린 영혼을 불쌍히 여기고, 교만한 자에게 분노하고, 가난하고 병든 자에게 긍휼을 보이지 못하는 신앙인은 껍데기로 전락할 수 있다. 찬양이나 예배나 회개 속에서 감정적이 될 수 없는 신앙인, 하나님에 대한 열정이 막혀버린 신앙인은 영적으로 더 이상 성장할 수 없다.

다른 각도에서 보면, 영혼은 분노, 질투, 욕심, 과민반응 등의 지배를 받게 되면 감정적인 상처를 입게 될 수 있다. 그 동안 우리는 자기 감정에 솔직한 것이 좋다고 배워왔다. 자신의 감정을 인정하고 파악하는 것, 느끼는 감정들을 부인하지 않고 사는 것은 사실 정신적으로나 정서적으로 바람직하다. 그러나 자신의 감정에 솔직한 것과 그런 감정들이 말과 행동을 제멋대로 지배하도록 만드는 것은 다르다.

먼저 짚고 넘어가야 할 사실이 있다. 우리가 속해 있는 문화는 현실을 파악하는 진정한 기준이 바로 감각이라고 가르쳐 왔다. 그러나 신앙인이라면 감정적인 경험에만 매달려 사는 것은 위험하다는 사실을 알고 있을 것이다. 영적으로 성숙한 신앙의 가장 중요한 조건은 먼저 자기 감성을 성경의 기준에 맞춰 조절할 수 있어야 한다.

넷째, 지혜의 하나님께서 주신 명령을 지키지 못하고, 양심에 어긋나게 사는 사람은 윤리적인 면에서 영적 상처를 입는다(딤전 4:2). 반대로 그리스도를 닮는 삶이란 규칙을 철저히 지키는 것이라고 가르치는 율법주의에 빠져도 문제다.

건강하고 성숙한 신앙인은 성경에 있는 하나님의 지혜로운 명령에 귀를 기울일 필요가 있다. 그 동안 율법주의로 인해 너무 많은 신앙인들이 어려움을 겪은 것이 사실이다. 아직도 인간이 만든 규칙을 문자적으로 지킴으로써 하나님을 기쁘게 할 수 있다는 잘못된 믿음에 눌려 사는 영혼들이 많이 있다. 성공회 출신의 복음주의 신학자 맥그래스(Alister MacGrath)는 이런 율법주의는 "복음주의가 만든 어두운 그림자"[14]라고 말한다. 영적인 삶을 살기 위해서는 하나님을 너무 사랑해서, 하나님과의 친밀함 속에서 경험하는 사랑을 조금이라도 잃어버릴까 하는 걱정 때문에 하나님의 명령에 복종하는 태도를 가지는 것이 가장 중요하다. 그렇게 될 때만이 율법은 짐으로 느껴지지 않게 되고, 도리어 부담에서 벗어나는 길이자 하나님과의 동행하는 만족감을 준다.

다섯째, 하나님과 이웃과의 관계를 잘 개발하지 못하면, 관계적인 면에서 영적인 상처를 입게 된다. 어거스틴은 자신의 경험을 바탕으로 하나님과 깊은 관계를 누리는 것이 어떤 것인지 이렇게 설명한다. "나의 주님, 나의 하나님이시여, 당신만이 내가 사랑할 대상입니다. 당신만이 내가 따를 대상입니다. 당신만이 내가 추구할 대상입니다. 당신만이 내가 섬길 대상입니다."[15]

인간은 이웃과 멀어질 때에 자신에게 취해버리고, 영적으로 죽어가기 시작한다. 서구 기독교는 자기 파괴적인 개인주의의 지배를 받아왔다. 이런 분위기 속에서 개인의 영적 성장은 자기 도취주의의 함정에 빠지기가 쉽다. (자기 도취적인 신앙인은 자기 필요와 욕구에 따라 하나님을 다룰 뿐, 그리스도의 모습으로 자신을 바꾸고 변화하려고 하지 않는다.) 그러나 하나님은 건강한 관계가 반드시 필요하도록 인간을 만드셨다. 우리가 하나님과 영적으로 연결되기 위해서는, 무엇보다도 하나님과의 관계 그리고 이웃과의 관계를 잘 가꾸어야 한다. 영적인 사람이 되려면 하나님과 이웃을 사랑으로 관계할 수 있는 능력을 가지는 것이 가장 중요하다.

마지막으로, 인간은 영적으로 하나님과 이웃에게 마땅히 해야 할 봉사를 하지 않을 때에 기능적인 면에서 상처를 입게 된다. 동시에 일의 규모나 절제가 없는 지나친 행동주의에 빠져 있을 때도 영적인 상처를 입게 된다.

많은 신앙인들은 하나님을 위해 자신이 이룬 성과에 따라 자기 가치를 매길 수 있다고 생각하는 '성취주의'의 병에 걸려 있다. 시간을 들여서 뭔가를 할 때만이 영적으로 성숙한 사람이 될 수 있다고 자신을 세뇌시키는 것이다. 이런 사고방식에서 나오는 행위도 문제를 만들 수 있지만, 이보다 더 심각한 문제는 개인의 인격 즉, 존재에 대해 무관심해 진다는 것이다.

하나님은 인간을 생산기계로 만드신 것이 아니다. 이런 말은 흔하게 하는 이야기지만 우리는 인간을 그 자체로 중요하게 대하기 보다는 만들어내는 성과로 평가한다. 문제는 일로 인해 육체적으로나 감정적으로 지쳐버리면, 우리 안에는 하나님을 담아낼 수 있는 공간이 줄어든다는 사실이다. 브레넌 매닝은 「아바의 자녀들」(Abba's Child)이라는 제목의 베스트셀러에서, **관계에 대한 배려가 결여된 열심**은 '공로주의적 이단'이라고 비판했다.[16] 영적인 사람이 되려면 언제 어디서나 이웃을 섬길 뿐만 아니라, 성령 하나님께서 우리의 몸과 영혼의 재충전을 할 수 있도록 쉬어야 할 때를 아는 능력을 가져야 한다.

## 자신부터 파악하자

이제 복음주의자들은 인간이 영적 존재라는 사실을 인정해야 한다. 그럴 때만이 우리 주위에서 지성주의, 감정주의, 율법주의, 개인주의, 성취주의가 만들어 내는 문제를 제대로 파악할 수 있다. 인간의 필요에 대한 균형있는 이해를 가지고 있지 못할 때, 영적 성장과 성숙은 힘들게 된다.

맥그라스는 복음주의자들이 가진 문제를 이렇게 지적한다. "복음주의, 특히 미국적 복음주의의 영향을 받은 현대 교회들은 큰 문제에 직면하고 있다. 복음주의는 예수 그리스도를 구주이자 주님으로 전도하는 데는 성공적이었지만, 하나님과의 영적 관계를 이어나가고 성숙한 모델을 제시하는 데는 실패했다." [17]

캐나다 신학자 존 스태카우스(John Stakhouse)도 현대 복음주의자의 부족한 영적 훈련상태를 이렇게 지적한다. "미국 기독교 내부에서도 불만이 커지고 있다. 교회는 진취적인 신앙보다는 가까스로 연명하는 신앙을 성도들에게 강요하고 있다. 우리가 놓치고 있는 것이 무엇인지 자문해 볼 필요가 있다." [18]

## 내적 성장에 대한 반작용

실제로 많은 신앙인들이 답답한 마음을 드러내기 시작하고 있다. 그동안 진리에 기초한 건강한 영성 성장방법을 통해, 사람들은 영적 필요를 채우기 위해 노력해 왔다. 그러나 기본적인 성경 공부, 교회 출석, 예배 이외의 제시된 답이 있는가? 내적 성장을 원하는 사람에게 현실적으로 어디서 어떻게 도움을 주고 있는가? 그리스도 안에서 영적인 성장으로 인도하는 신뢰 할만한 조언을 어디서 얻을 수 있을까?

불행히도 이런데 도움이 될 만한 신선한 아이디어들이 우리 앞에서 차단되어 있다. 사람은 모두 자기 경험을 자신이 속한 문화적 종교적 배경이라는 '안경'을 끼고 해석한다. 인간은 자신의 사고능력을 동원하여, 살면서 접하는 엄청난 양의 정보를 정리하는 데 많은 노력을 기울이고 있다.

새로운 경험이나 사상은 먼저 자기 안경을 통해 걸러진다. 이 과정에서 새로운 것, 다른 것에 대한 조심이나 저항이 발생한다. 기존의 사고나 가치관에 조화하기 힘든 것이 나타나면, 바로 거부하거나 반발한다. 그러나 우리에게 도움이 될 수 있는 것조차 낯설다는 이유만으로도 거부하는 상황이 발생한다. 어떤 때는 새롭고 도전적인 생각에 대해 사람들은 분노로서 반응하기까지 한다.

예를 들어 한 상담목회자가 제프라는 청년에게 바른 자화상을 가지도록 도와야 하는 입장에 섰다. 자존감의 이상이 있는 사람은, 문제가 있을 때마다 항상 다른 사람의 탓으로 돌리고 자신의 책임에 대해서 생각하지 않는다. 제프도 자신의 모습을 제대로 보고 받아들이기를 거부하고 있었다. 자신을 미성숙하고 무책임하다고 인정하기란 쉬운 일이 아니다. 제프 역시 자화상에다 '무책임' 이란 단어를 포함시키고 싶지 않았다. 그는 자신은 제대로 일을 처리했지만 다른 사람 때문에 문제가 생겼다고 생각하는 '안경'을 통해, 자신의 내적 자아를 방어하고 변화하고픈 동기를 포기하고 있었다.

그러나 상담자는 이런 모습이 남에게 책임을 돌리는 무책임한 상황임을 제프에게 설명해 주어야 했다. 이런 현실을 인정하기 싫었던 제프는 일단은 변명을 늘어놓았고, 결국엔 화까지 내면서 자신을 변호했다. 제프가 화를 낸 이유는 그 동안 익숙해 있던 자아상이 공격을 받자 두려움을 느꼈기 때문이다.

이것만 가지고는 사람들이 성장과정에서 가지게 되는 영적 문제를 제대로 설명할 수가 없다. 많은 사람들이 교리나 영적인 면에서, 익숙하지 않은 내용을 만나면 먼저 불안감부터 느낀다. 새로운 도전이라는 거북스런 상황들을 통해서만이 영적 성장이 이루어진다는 사실에도 불구하고, 사람들은 이런 경험을 별로 좋아하지 않는다! 사실 누구나 아주 강하게 도전을 받지 않는 이상, 새로운 사상을 접한다고 변화되는 것은 아니다. 인간은 새로운 것을 만나면 무조건 거부라는 보호막 아래 숨어서 자신의 원래 입장을 변호한다. 원래의 입장이라는 것이 우리를 위험하게 만드는 것이어도 마찬가지다.

사람은 하나님과의 새로운 만남을 갈망하고 새로운 생명력을 누리고 싶어하면서도, 새롭다는 것 자체에는 내적인 거부감을 가질 수 있다. 우리가 다른 종류의 기독교가 가르치는 교훈을 접할 때 느끼는 불안감도 바로 이 때문이다. 우리는 새로운 것들을 먼저 우리의 기존의 사고방식, 우리에게 익숙한 신학적 표현 방법을 가지고 해석해 보려고 하지만, 쉽게 되지 않는다. 성경, 기도, 거룩한 삶의 구체적인 방법을 다룰 때도 상황은 마찬가지다. 기존의 사고방식에 지배되는 상황에서, 우리는 새로운 것에 대해 거부의 반응부터 보인다. 마음의 문을 닫는 것이다.

루이스(C. S. Lewis, d. 1963)는 아타나시우스(Athanasius)의 고전 「하나님의 말씀의 성육신」(The Incanation of the Word of God)의 영역

판 서문에서, 우리가 지금까지 지적한 문제, 다시 말해 선입견 때문에 마음의 문이 닫혀지는 문제를 잘 지적하고 있다. 루이스는 "시대마다 지배적인 방법론이 따로 있다. 이들 방법론은 각각 독특한 방향으로 진리의 특징과 문제점을 효과적으로 설명한다. 이 때문에 내가 속한 시대가 가진 전형적인 문제를 개선하기 위해서는 다양한 책이 필요하다"라고 했다. 루이스는 우리가 각 시대의 지혜를 대표하는 최고 지성에 골고루 귀를 기울여서, 우리가 가진 문화적 제약 때문에 생기는 문제를 잘 극복하고 바른 길로 계속 나가도록 도움을 얻으라고 충고한다. 루이스도 새로운 영역을 개척하고 새로운 가능성을 찾는 사람은 항상 위험을 무릅쓰기 마련이라고 지적한다. 새로운 시각이나 방법론은 항상 오해되고 거부되기 쉽기 때문이다.

루이스가 "그래도 당신이 새로운 것을 말하기 시작하면 상당히 재미있는 경험을 하게 될 것이다. 존 번연을 인용하면 가톨릭에 빠졌다고 오해받을 수 있고, 아퀴나스를 인용하면 이성주의적 범신론자 취급을 받을 수 있기 때문이다" [19]라고 말하는 것을 보면, 그도 우리와 비슷한 경험을 했던 것 같다.

이쯤해서 우리는 영성 문제, 그리스도 안에서 영적 성장의 문제로 되돌아 갈 필요가 있다. 신앙인들은 나름대로 영적 경험과 성장에 대해서 이미 각자의 의견을 가지고 있다. 많은 개신교도들이 16세기 이전에 쓰여진 영성 관계 서적에 대해서는 관심이 전혀 없다. 어떤 사람들은 성공회의 「일반 예배 기도문」 과 같이 명문화된 예배 서식서에 거부감을 가지고 있다.

그러나 주변을 둘러보면 많은 사람들이 그리스도 안에서 계속 성장하기 위해, 오랫동안 교회 내부에서 전해 내려온 하나님과의 대화법에 눈을 돌리고, 우리의 선입견을 극복해야 한다고 느끼기 시작하고 있다. 찰스 험멜(Charles Hummel)은 영적 성장을 위해서는 성령의 모든 역사에 대해 열린 마음과 받아들이려는 사고가 반드시 필요하다고 우리에게 경고하면서, 이어 "우리가 하나님께서 의외의 방법으로 역사하실 수 있음을 받아들이지 않고, 오랫동안 홀대받거나 오해되어 온 성경적 진실에 대해 눈을 뜨지 않으면, 성령님이 붙이신 불을 꺼버리는 실수를 하게 될 것이다"[20]라고 지적한다.

익숙하지 않은 것들에 대해 마음의 문을 열지 않는 사람은 하나님을 자신의 관점과 방법으로 가두어 버리는 실수에 빠지게 된다. 이것은 하나님께서 자신의 형상대로 우리를 만드시는 작업을 방해하고, 반대로 하나님을 내 형상대로 만드는 데로 나가게 만든다. 교부 어거스틴은 이렇게 기도했다. "주님, 참된 종은 자신의 삶을 당신의 응답대로 만들어 가는 사람이지, 자기 바램대로 당신의 응답을 만들어 가는 사람이 아닌 것을 압니다."[21] 이 기도가 우리의 마음속에서도 고백될 수 있기를 바란다.

나는 우리가 모두가 베뢰아 사람처럼 "매일마다 성경을 상고하면서 바울과 실라가 진실로 진리를 가르쳤는지 확인할 수 있기"를 바란다(행 17:11). 이 책에서 나는 여러분에게 낯설지도 모르는 영적 성장의 방법들을 살펴볼 것이다. 동시에 여기서 소개된 영적 훈련들의 성경적 근거도 찾아 볼 것이다. 여러분도 성경을 가지고 이를 직접 확인하기 바란다.

## 자신감을 가지고 미래를 준비하라

오늘날 급속히 커져가는 영성에 대한 관심을 보면서, 많은 사람들은 하나님께서 이제 당신의 백성들에게 오셔서 부흥을 시작하시는 새로운 시대가 열렸다고 생각한다.

구약시대에도 엘리야(왕상 18-21장), 히스기야(왕하 18:1-7, 대하 29-31), 요시아(왕하 22-23, 대하 34-35) 그리고 요나를 통해 이루어진 니느웨의 영적 대부흥이 등장한다. 신약시대에도 오순절 예루살렘에서 시작된 대부흥이 폭발적인 속도로 로마 제국의 많은 지역으로 퍼진 적이 있다(행 2; 4:4; 5:14; 6:7). 사도행전과 서신서들은 하나님 나라가 확장되는 사건을 흥미롭게 펼치고 있다.

이후에도 하나님은 클레르보의 버나드, 아시시의 프란시스, 십자가의 존 등을 통해 새로운 영적 부흥을 계속 주셨다. 16세기 유럽의 종교개혁자들이 던진 영적 충격은, 이후 서구 문명의 방향을 바꾸어 놓았다. 미국과 영국에서 2차에 걸쳐 일어난 영적 대각성(1730년대, 1790년대) 운동과 20세기 초의 웨일즈 대각성 운동은 수많은 사람들에게 엄청난 축복을 가져다 주었다. 1960년대부터 시작된 로마 가톨릭과 개신교 주류교회 내부의 오순절 운동 역시 많은 이들에게 큰 영향을 미쳤다.

그 동안 유대-그리스도교 역사를 통해 영적 생명수들이 유유하게 흘러나왔다. 여기서 생명의 근원이신 하나님이 바로 성령님이다. 역사적으로 이러한 흐름은 자주 방해를 받고, 끊겨지기도 했다. 그러나 하나님은 열방을 다시 축복하기 위한 부흥을 약속하셨다. 시편 104:30에서 시편기자는 "주의 영을 보내어 저희를 창조하사 지면을 새롭게 하시나이다"라고 선포한다. 우리는 곧 유대인까지도 그리스도를 믿고 하나님 나라에 들어가게 되는 부흥의 시대가 올 것임을 알고 있다(겔 37:1-14, 롬11:24). 바울도 확신을 가지고 "모든 이스라엘이 구원을 얻을 것"이라고 선언하고 있다(롬 11:26).

그러나 현재 일고 있는 기독교 영성에 대한 관심이 사람들 사이에서 실제적인 변화와 믿음의 부흥을 가져오고 있다고 말할 수 있는가? 하나님의 백성들을 부흥시키고, 수많은 사람들을 하나님 나라로 불러올 새로운 영적 대각성의 전야에 서 있다고 말할 수 있는가? 겉으로 보기에는 성령님은 영적인 능력과 만족을 줄 영적 보고로 우리를 인도하시면서, 대각성의 시간을 준비하고 계시는 듯하다.

이어지는 장에서 나는 기독교 영성에서 등장하는 문제들을 검토하고, 현재 상황이 과연 기독교적이라고 말할 수 있는지, 우리의 영적 갈급함을 채우고 성숙한 삶으로 이어주는 도구인지를 따져 볼 것이다. 여러분도 이 책을 그냥 읽지만 말고, '직접 해보기'를 통해 직접 참여하도록 부탁한다. 이와 함께 다른 책들도 읽고 다양한 훈련과정과 캠프도 참여해 보고, 이 분야의 인재들과 이야기를 나누면서 많은 도전을 받기 바란다. 우리는 시편기자의 초청에 적극적으로 응할 필요가 있다. "너희는 여호와의 선하심을 맛보아 알지어다 그에게 피하는 자는 복이 있도다"(시 34:8).

## 직접 해보기

1. 자신의 영적 상태를 파악해 보자.

신학자들은 낯선 가르침이 등장했을 때 어디서부터 어떻게 검증해야

할 지를, 다양한 의견, 교리, 신조들을 살펴서 조언해 줄 수 있는 사람들이다. 예를 들어 오순절 계열 교회에서 자라난 사람들은 예언과 방언의 은사를 강조할 때가 많다. 사람은 자신의 배경에 의해 새로운 정보를 받아들이는 방향이 크게 영향을 받는다. 기독교 영성에 관해서도 여러분은 각자가 가진 배경에 따라, 나름대로의 확고한 입장이나 의견을 가지고 있을 수 있다.

앞에서 나온 「내적 성장에 대한 반작용」 부분을 다시 읽어본 뒤 다음의 문제를 생각해 보자.

- 여러분은 지금까지 읽은 내용 중 어떤 부분이 거북하게 느껴지는가? 여러분이 가지는 의문의 성경적 근거는 무엇인가?

- 기독교 영성에 대한 설명 중 어떤 부분이 귀에 거슬렸는가? 그렇게 거북하거나 외면하게 된 이유를 생각해 보자. 여러분이 속한 문화적 혹은 교단적 '안경(배경)'과 거슬리는 내용들 사이에 관련이 있는가?

- 신앙 문제를 다루는 데 있어서 안경의 역할을 하는 여러분의 경험, 선입견, 세계관이 무엇인지 생각해 보자. 여러분의 안경은 새로운 신학이나 영성 운동을 접할 때마다 어떤 반응을 일으키는가? 주님 앞에서 기도하는 마음으로 생각해보자.

- 여러분이 현재 따르고 있는 종류의 기독교 영성을 냉철하게 돌아보면 어떤 느낌이 오는가? (예를 들어 여러분은 "기도에 의지하기보다는 하나님을 위해 열심히 봉사하는 것이 더 편하게 느낄 수" 있다. 반대로 "기도를 통해 하나님께서 알아서 처리하시도록 맡기는 것이 더 편하게 느낄 수도" 있다. 여러분이 둘 중 어디에 속했는가에 따라 자신의 영적

성향이 드러나고 있는 것이다. 여기에는 하나님께서 변화시키길 원하는 약점도 같이 포함되어 있기 마련이다.)

## 2. '목적이 있는' 대화

여러분의 친구, 이웃, 직장 동료와 영성에 대해서 이야기를 나누어보자. 이야기를 풀어나가기 위해 최근 들어 커진 영성에 일반적 관심에 대해서 언급하며 관심을 끌어 보는 것도 좋은 방법이다.

만일 비그리스도인과 대화를 하게 되는 경우, 적어도 이 시점에서는 이들을 전도하기 위해서 대화를 하는 것은 곤란하다. 일단 이들의 영적 필요와 갈급함을 파악하는데 초점을 맞춰보자. 그리스도인과 대화하는 경우, 하나님과의 개인적인 관계에 대해서 보다 솔직히 대화해 보자.

하나님은 대화하는 상대의 마음도 알고 파악하시는 분이시기에, 우리는 먼저 성령님의 인도를 구할 필요가 있다. 여러분 각자가 익숙한 방법으로 대화를 풀어가되, 이를 위해서는 다음 질문을 이용하는 것도 도움이 될 수 있다.

- 자신의 삶에 뭔가 더 필요하다고 생각해 본 적이 있는가?
- 기도, 기적, 사후에 대해서 어떻게 생각하는가?
- 인간을 창조하시고 사랑하시는 왕이신 하나님을 믿는가?
- 자신의 내적 필요를 어떻게 채우는가? 당신은 하나님께 가까이 나가는 데 도움이 되는 기도, 묵상, 침묵 같은 영적 습관을 가지고 있는가?
- 하나님께서 나의 영적 필요를 채울 수 있다고 믿는가?
- 그렇지 않다면, 그렇게 믿지 못하게 만드는 원인은 무엇인가?

- 주변 사람들이 가진 영적 욕구나 갈급해 하는 문제가 무엇이라고 생각하는가? 비그리스도인에게는 어떤 영적 갈급함을 발견하는가? 그리스도인들의 경우 영적 갈급함은 무엇인가?
- 위의 문제를 당신 자신부터 적용한다면, 어떤 대답을 할 수 있는가?

## 읽으면 도움이 될 책들

Jones, Peter. Spirit Wars: Pagan Revival in Christia America(Mukilteo, Wash.: Winepress, 1987),「교회와 사탄의 마지막 영적 전쟁」(진흥, 2001).

Manning, Brennan. Abba's Child: The Cry of the Heart for Intimate Belonging(Colorado Spring: NavPress, 1994).

McGrath, Alister. Spirituality in an Age of Change(Grand Rapids. Zondervan, 1994).

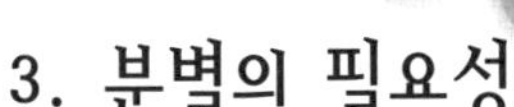

# 3. 분별의 필요성

The Need for Discernment

"사랑하는 자들아 영을 다 믿지 말고
오직 영들이 하나님께 속하였나 시험하라
많은 거짓 선지자가 세상에 나왔음이니라"

(요한일서 4:1)

여러분은 신학적으로 한치의 오차도 없이 바르게 서야 하지만 동시에 영적으로도 하나님과의 소통이 원활하도록 대화의 통로가 깨끗이 청소되어 있어야 한다.

– 토저(A. W. Tozer)[1]

영성이라는 단어는 사랑이라는 단어와 비슷한 점이 많다. 영성에는 긍정적인 의미와 그렇지 않은 의미로 다양하게 쓰일 수 있다. 영성의 표현 방법도 정말 유익하고 완전한 변화를 가져올 수도 있지만 파괴적인 결과를 낳을 수도 있다.

어떤 사람은 한자리에서 몇 시간 동안 무아지경에 빠지는 명상법 같은 것으로 영적 깨달음을 얻으려고 한다. 일부에서는 외부와 완전히 단절해서 살면서 영적인 지혜를 터득하려고 한다.

복음주의자들은 캠프나 세미나, 혹은 '프로미스 키퍼'(Promise Keepers, 남성의 영적 회복을 위해 조직된 미국의 복음주의 운동 – 역주) 집회 같은 거대한 규모의 컨퍼런스처럼 많은 사람들이 한 자리에서 극적인 경험을 체험하는 것을 보고 영적 부흥이라고 생각하는 경향이 있다. 그러나 큰 행사 이외의 남겨진 시간들, 특히 반복되는 일과로 이루어진 생활 속에서 무엇을 해야할 지에 대해서는 분명하지 않다. '영적 부흥'에는 충격적이고 사건적인 요소가 포함될 수 있다. 그러나 사건이 터지고 난 후, 남는 공허함과 씨름하다 보면, 다음 '사건'이 터질 때까지는 멍한 상태로 남아있는 경우도 많다.

이 장에서 진정한 기독교 영성과 하나님과의 보다 차원 높은 만남에 갈증을 느끼는 사람들이 흔히 빠지는 여러 가지 비신앙적 영성운동의 차이점을 살펴보려고 한다.

### '영성'의 정의와 잘못 사용된 경우들

앞장에서 보았듯이 영성이란 단어를 잘못 사용하는 경우가 많기 때문에 조심스럽게 접근하는 것이 필요하다. 사실 영성이라는 단어는 기독교뿐만 아니라 무당이나 무신론적 인본주의자, 뉴에이지 추종자, 신비주의 종교가들도 사용하는 단어다. 이 중에는 하나님이라는 단어를 전혀 사용하지 않고도 영성에 대해서 말하는 사람도 있다. 이런 식의 불분명한 정의는 사람들 사이에서 영성이 무엇인지에 대해 더 헷갈리게 만든다.

상식적으로 영적이라는 단어는 육체와 물질과 반대되는 비물질적 요소, 주로 영혼과 관계된 무엇인가를 가르칠 때 사용된다. 이러한 정의에 따르면, 영적이란 생각, 의지, 느낌과 관계된 인간의 내적 활동을 표현하는 말이다. 영적이란 신성함을 의미하기도 한다. 물론 이런 식의 정의는 참다운 살아 계신 하나님뿐 아니라, (다른 종교에서 말하는) 우주적 원리나 잡다한 잡신들을 설명하는 데도 사용된다. 이런 맥락에서 영적인 사람이란 고차원적인 힘에 관심이 많은 사람을 의미한다. 대다수의 사람들이 영적이라고 하면 위의 두 가지 용례를 떠올린다. 그러나 영적이란 성령 하나님에 의해 그리스도인들 안에 만들어지는 성품을 가르치기도 한다. 성경은 하나님과 진심으로 관계하고, 성령님에 의해 거룩과 사랑 속에서 새롭게 된 존재라는 뜻으로 성도를 영적이라고 부른다(고전 2:15; 3:1, 갈 6:1).

영성이라는 단어는 영적인 상태에 있다는 말이다. 기독교적 관점에서 볼 때, 영성이란 하나님의 영광과 이웃의 덕을 위해서 그리스도와 맺은 관계 전체를 가르친다. (이 장의 후반에서 보다 정확한 정의가 제시될 것이다.) 정의에 대해서는 이 정도만 하자. 영성이란 성도가 그리스도와 관계 속에서 성숙해 가고, 예배하고, 봉사하며 가지는 그리스도인다운 거룩한 성품을 가르친다. 영혼이 만족감을 누리며 새롭게 될 때 영적인 사람이 되는 과정이 시작되며, 영적인 삶은 신앙 생활의 모든 면에서 이웃에게 영향력을 확대시켜 간다.

## 이원론을 극복하며

중세 사람들은 인간의 삶을 영적인 면과 물질적인 면으로 나누어 생각했다. 영적 세계와 물질 세계가 나란히 존재하면서 서로에게 영향을 미친다고 생각했던 것이다. 그러나 계몽기가 시작되면서, 영적 세계와 물질 세계는 철저하게 분리되기 시작했다. 그 결과 영성이라는 단어가 의미하는 대상은 점점 좁아져서 신앙인의 내적 상태만을 가르치는 말로 전락했다.

실제로 영성은 우리의 존재와 행위의 모든 영역을 포괄한다. 기독교 신앙, 주님을 가슴으로 느끼는 것, 이웃과의 관계, 돈을 사용하는 방법, 환경에 대한 관심 등, 이 모든 것이 영성과 관련이 있다.

복음주의자들은 여러 가지 면에서 중세 이후로 당연시 되어오던 "이분론"(세상을 영적 영역과 육신적 영역으로 나누어 대하는 태도)을 극복하려고 많은 노력을 기울였다. 여러분도 알다시피, 오늘날 영성이라는 표현은 수도 없이 많은 방법으로 사용된다. 현재 상황을 바로 이해하기 위해서는 주요 용례를 세 가지로 정리하는 것이 도움이 된다. 첫째는 비종교적 혹은 일반 영성이다. 여기에 속한 영성은 주로 개인의 완성을 추구하는 세상 사람들의 노력을 의미한다. 두 번째는 종교적 영성이다. 이것은 주로 비기독교적 종교에서 등장하는 최고의 신 혹은 신들에 대한 인간적 반응을 의미한다. 종교적인 영성이란 칼빈이 말한 대로 하나님의 형상을 담고 있는 인간이면 당연히 갖는 '신에 대한 감각', '종교적 씨앗'을 의미한다. 셋째는 기독교 영성이다. 기독교 영성이란 예수 그리스도와 성경을 통해 드러난 하나님의 계획에 대하여 성령님의 인도하심에 따라 반응하는 결과를 의미한다. 영적 성도는 자신을 버리고, 예배와 봉사의 열매를 만들어 낸다.

위의 설명만으로도 무엇이 엉터리며 진짜 영성인지를 눈치챈 사람도 있을 것이다. 어쨌든 이제 세 가지 영성을 하나씩 자세히 살펴보자.

## 세상에서 말하는 영성

오늘날 영성이라는 단어는 보통 하나님과 거의 무관한 인간 중심적인 자기 실현에 초점을 맞추고 있다. 1775년 영국의 비평학자 사무엘 존슨(Samuel Johnson)은 영성을 "육체와 독립된 영혼 혹은 정신의 순수한 활동"이라고 정의했다. 고든 웨이크필드(Gordon Wakefield)의 정의도 비슷하다. "영성이란 삶에 동기를 부여하고, 세상에서 초월적인 활동을 할 수 있도록 돕는 태도, 신조, 행위 같은 불투명한 대상을 가르치는 단어다."[2] 존슨의 정의는 비종교적 영성을 대상으로 한다. 웨이크필드의 정의는 영성이라는 단어가 사용되는 모든 용례에 적용될 수 있을 만큼 불투명한 내용으로 쓰여있다. 신문 '개인 광고란'을 봐도, 우리는 비종교적 영성의 예들을 쉽게 찾아 볼 수 있다. 데이트할 여자(혹은 남자)를 찾는 광고를 보면, 보통 낭만적인 저녁식사, 멋진 음악, 영성에 대한 관심이 많다는 설명이 흔하게 붙어있다.

그렇다면 우리는 보편적인 의미로 사용된 영성, 다시말해 일반 영성의 특징은 무엇일까? 일반 영성은 주로 다음과 같은 특징을 가지고 있다.

첫째로 매우 절충주의적이다. 이러한 영성은 다양한 종교와 의식에서부터 이것 저것을 뽑아 만든다.

둘째로 자아에 초점이 맞춰져 있다. 이러한 영성은 개인의 감성적 필요를 채우는 데 열심이다. 루이스가 쓴 기독교 변증서 「스크루테이프의 편지」(Screwtape Letter)를 보면, 스크루테입(사탄 의 왕)이 웜우드(그의 조카이자 부하 마귀)에게 자기만을 챙기는 사람을 같은 편으로 끌어들이라고 가르친다. "우리의 적(하나님)은 인간이 자신보다는 하나님과 이웃에게 관심을 돌리기를 바라고 있다."[3]

셋째로 일반 영성은 신조에는 무관심하다. 이들은 그리스도, 성경, 신앙적 생활 같은 것에는 상관하지 않는다. 일반 영성에서 사용하는 신성이라는 단어는 뚜렷한 내용을 가지고 있지 않다.

마지막으로 일반 영성은 사회, 혹은 환경 문제에 초점을 맞춘다. 이런 영적 관심은 글을 통해 강력하게 주장하기도 하고, 단순히 환경 기금에 참여하는 수준에 머물 수도 있다. 이들의 의도는 좋게 시작된 것들이다. 그러나 성경이 가르치는 하나님이 빠진 영성은 결정적인 하자가 생길 수밖에 없다.

「영혼의 안위」(Care of the Soul, 1992)와 「영적 친구」(Soul Mate, 1997) 같은 베스트 셀러를 쓴 토마스 무어(Thomas Moore)는 일반 영성의 중요성을 설교하는 대표적인 사람이다. 서점가에서 인기를 끌고 있는 무어의 저작들을 보면 우리가 배울 점이 많다. 그러나 무어 자신이 인정하듯, 그가 말하는 영성이란 인간 중심의 물질 세계를 바탕으로 구성된 것이다. "내가 말하는 영성이란 기독교 같은 특정 종교와 무관하다."[4]

그가 말하는 영성이란 기독교인들이 말하는 구원과 관계된 영성이 아니다. 무어는 인간은 "구원이라는 환상을 버림으로써 자신을 발견하고 포용할 수 있게 되며, 이렇게 될 때 영적으로 바로 설 수 있다."[5]라고 강조한다. 무어는 일반 영성이라는 주제를 좀더 발전시켜서 영적 요가, 연금술, 강신술, 점성술, 참선 같은 방법을 이용하라고 권장하기까지 한다.

무어에 따르면 인간은 다양한 과정을 통해 영적인 사람이 될 수 있다. 한 가지 방법은 시, 그림, 조각 음악 같은 것을 통해 내적 감수성과 상상력을 발전시키는 것이다. 또 한 가지 방법은 각자 내부에 존재하는 "장난기 혹은 내적 아이"를 키우는 것이다. 세 번째 방법은 각자의 꿈에 담긴 메시지를 음미해 보는 것이다. 네 번째 방법은 마사지 요법 같은 것을 이용해서 감각적 쾌락을 추구해 나가는 것이다. 그는 각자의 교육배경에서 배운 종교로부터 역동적인 전통들을 되살려 사용하는 것도 도움이 된다고 말한다. 무어에게 있어서 영성이란 인간의 내적 마음 상태를 밖으로 끄집어내어 생활로 표현하는 방법, 자신의 본성대로 사는 것을 의미한다.

그러나 예수님께서는 그렇게 말씀하지 않으셨다. 새로운 삶은 타락한 인간의 본성에서부터 나올 수 없다. "새 포도주를 낡은 가죽 부대에 넣는 자가 없나니 만일 그렇게 하면 새 포도주가 부대를 터뜨려 포도주가 쏟아지고 부대도 버리게 되리라 새 포도주는 새 부대에 넣어야 할 것이니라"(눅 5:37-38).

그럼에도 불구하고 일반 영성이 인기를 끄는 것은, 일반 영성이 가르치는 것처럼 자아와 자기 목적, 욕구, 성취 등과 씨름할 때 사람들은 의미있는 시간을 보내고 있다고 느끼기 때문이다.

## 종교적 영성

종교적 영성은 초월자를 탐구하고, 고차원적 존재(들)의 도움으로 삶의 목적을 찾는다.

전도서의 저자는 하나님께서 "인간에게 영원을 사모하는 마음을 주셨다"라고 썼다(전 3:11). 인간은 영원을 사모하도록 만들어졌기 때문에, 본능적으로 유한한 자아와 세상 너머에 존재하는 무엇인가를 갈구하는 본능을 가졌다. 영적으로 채워지기 원하는 인간의 본능적인 갈증은 어거스틴의 명언에서도 발견된다. "하나님께서는 우리를 당신을 위하여 만드셨습니다. 주님, 그러기에 당신 품속에서 안식을 누릴 때까지는 내 마음은 항상 방황할 뿐입니다."[6]

종교적 영성은 이슬람, 힌두교, 불교 같은 종교의 형태로 큰 영향을 발휘하고 있다. 동시에 영지주의 같은 기독교 이단들을 통해서도 강력한 힘을 발휘한다. 요가, 초월명상(TM), 뉴에이지 운동과 같은 유사종교도 여기서 나온다. 알코올중독 재활훈련 등의 자기개선 프로그램도 초월적인 존재와 관계를 통해 '종교적 영성'을 개발시키는 의도를 가지고 있음을 분명히 밝히고 있다. 이런 프로그램조차 종교적 영성은 중요한 추진 장치 역할을 하는 셈이다.

다양한 형태로 등장하는 종교적 영성은 대부분 몇 가지 공통점을 가지고 있다. 가장 중요한 공통점은 신앙고백, 교리, 기도, 예식 같은 잘 정의된 형태로 표현되고 있다는 점이다. 둘째로 종교적 영성은 종종 상대적이기도 하다. 이들은 영적 목표를 이루기 위해서는 여러 가지 방법을 사용할 수 있다고 가르친다. 셋째로 이들은 항상 은혜보다는 공로를 통한 구원을 강조한다. 인간의 노력을 통해 "하나님에게 이르는 사다리를 올라갈 수 있다"는 것이다.

기독교적 입장에서 보면, 종교적 영성은 믿음과 은혜를 통해서만 얻을 수 있는 구원의 길을 부정하고 있다. 부활의 주님은 이렇게 선언하셨다. "예수께서 가라사대 내가 곧 길이요 진리요 생명이니 나로 말미암지 않고는 아버지께로 올 자가 없느니라"(요 14:6).

종교적 영성 중에서 가장 잘 알려진 예가 인도의 정치가이자 영적 지도자였던 마하트마 간디(Mahatma Gandhi, d. 1948)의 영성이다. 마하트마라는 명칭 자체도 '위대한 영혼' 을 의미할 뿐만 아니라, 인도인들은 간디를 거의 메시아로 취급했다. 간디는 하나님은 생명, 진리, 빛, 사랑, 최고의 존재라고 설교했다. 간디는 기도가 영혼을 깨끗하게 만들고 마음의 평화를 가져다 준다고 믿었다. 간디의 삶은 '자기 실현' 에 초점을 맞추고 있었다. 여기서 자기 실현이란 각자의 운명에서 자유하게 되는 것을 의미한다. 힌두교의 정경인 〈마가파드 기타〉(Bhagavad-Gita)에서 영감을 받은 간디는, 인류가 같은 하나님 아래서 모두 하나라고 믿었다. 간디는 산에 올라갈 수 있는 길은 여러 가지가 있듯이, 하나님에게 이르는 길도 여러 가지가 있다고 가르쳤다. 간디는 평생동안 힌두교, 이슬람, 기독교의 윤리적인 원칙들을 모두 설교했던 것이다.

또 다른 종교적 영성의 예는 자선사업가, 인도주의자였던 존 템플턴경(Sir John Templeton)의 영성이다. 장로교인으로 기독교 연합운동의 영향을 받은 템플턴경은 원래 몸 담고 있던 금융계를 떠나 인간의 영적 차원을 발전시키는 데 자신의 모든 것을 헌신하기로 결심한다. 그는 아무리 많은 재산도 인간의 마음을 계속 만족시킬 수 없다고 고백했다. 템플턴경의 영성은 기독교, 불교, 힌두교, 이슬람교를 섞어놓은 것 같다고 할 수 있다. 유명한 템플턴 종교상은 세계의 주요 종교의 대표들로 이루어진 위원회에 의해서 수여된다. 1997년도 템플턴상은 힌두교의 영적지도자, 판덩랑 샤스트리 아타발레(Pandurang Shastri Athavale)에게 수여되었다. 그는 인도뿐만 아니라 많은 나라를 돌면서 영적 자각을 위한 공동체들을 많이 세웠다. 아타빌레의 철학은 모든 인간 속에는 하나님이 존재하며, 모든 인간은 하나님의 가족으로서 한 형제요 자매라고 주장한다.

우리 문화에서 종교적 영성은 인도 출신의 의사로서 전인적 치료법을 강조하는 디팍 초프라(Deepak Chopra) 같은 유명인들을 통해 인기를 확대하고 있다. 초프라의 책은 이미 천만부 이상 팔려나갔다. 미국 TV에 자주 등장하는 초프라는 범신론적 힌두교적 입장에서 종교적 영성을 가르친다. 초프라가 말하는 신이란 우주적 정신 혹은 양자적 에너지 세계다. 그는 인류는 일종의 맹아 단계의 신이라고 가르친다. 초프라는 이것을 "의식을 가진 에너지 – 영혼"이라고 부르며, 우주적인 발전과정에서 인간의 형태로 드러난 것에 불과하다고 말한다. 초프라는 인간은 자기 안에 숨겨진 신성을 발견하고 개화된 꽃처럼 완전히 피어나게 만드는 사명을 가지고 있다고 말한다. 이를 위해서는 "성공의 일곱 가지 영적 원칙"(분리의 원칙, 카르마의 원칙 등)을 따르고, "행복을 위한 열 가지 열쇠"(자신의 지혜에 귀를 기울이기, 현실에 중점을 두기 등)에 잘 지켜나가야 한다고 말한다. 초프라의 가르침의 핵심은 초월명상법과 비슷한 만트라(mantra) 명상법이다.

초프라는 영적 성장을 위한 세계 네트워크(Global Network for Spiritual Success)라고 하는 단체를 통해 자신의 가르침을 퍼트리고 있다.[7] 그는 책을 통해 유명 배우인 데미 무어, 비틀즈의 일원이었던 조지 헤리슨, 마이클 잭슨, 금융계의 마이클 밀켄 같은 서구의 많은 유명인사들을 추종자로 끌어 들였다. 초프라는 "하나님이나 심판에 대해 걱정하도록 만들지 않으면서도 사람들의 영적 갈급함을 채워준다"[8]고 주장한다. 초프라가 가르치는 종교적 영성은 십자가의 미련한 메시지를 받아들이지 않고도 영적 세계에 들어갈 수 있다고 주장하는 것 같다(고전 1:18). 이런 영성은 성경과 기독교의 기준과는 거리가 있다.

기독교인들은 종교적이지만 비기독교적인 영성을 설교하는 카리스마적 설교자에 빠지지 않도록 특별히 조심해야 한다. 여기서 요한의 경고를 기억하자. "사랑하는 자들아 영을 다 믿지 말고 오직 영들이 하나님께 속하였나 시험하라 많은 거짓 선지자가 세상에 나왔음이니라"(요일 4:10). 우리는 세상의 수많은 잘못된 영들과 하나님의 성령의 역사를 잘 구분해 낼 수 있어야 한다.

## 진정한 기독교 영성

기독교 영성은 예수 그리스도의 형상대로 내적 사람을 만드는 데 초점을 맞춘다. 여기엔 인간의 노력도 반드시 필요하지만, 우리 안에 거하시는 성령님의 역사에 의지하는 것은 더 중요하다. 성령님은 구세주가 치르신 피값에 걸맞게 살도록 우리를 도전하고, 이웃을 섬길 수 있는 능력을 주신다. 성령님을 통해 우리는 그리스도와 만나고, 치유, 갱신, 만족뿐 아니라 하나님에 대한 사랑이 깊어가고, 복종과 열매를 맺는 새생명의 생활을 경험하기 시작한다. 기독교 영성은 한마디로 거룩과 경건을 통한 내적 성장을 의미한다.

그렇다면 다양한 형태의 비기독교 영성과 기독교 영성은 무엇으로 구분할 수 있을까?

아래의 특징들을 잘 기억한다면, 성도들이 신앙적으로 자라가면서 "악을 미워하고 선에 속할 수" 있는 데 도움을 얻을 것이다(롬 12:9).

첫째, 성경적 기독교 영성은 삼위일체의 특징을 뚜렷하게 드러낸다. 기독교 영성의 핵심에는 성부, 성자, 성령으로 존재하는 살아있는 하나님과의 관계가 주는 만족감이 자리한다(고후 13:14). 이 메시지를 조금이라도 약화시킨 영성은 우리에게 해를 줄 수 있는 거짓 영성이다.

두번째, 기독교 영성은 계시 중심적이다. 계시 중심적이란 올바르게 해석된 하나님의 말씀으로 양육된 영성이란 뜻이다. 기독교 영성은 하나님이 침묵하시는 분이 아니며, 성경에 기록된 대로 예언자와 사도들의 메시지를 통해 말씀하신다고 믿는다. 하나님은 시간과 환경을 초월해서 말씀하시며, 이를 통해 드러난 계시는 인간 혼자서는 발견할 수 없는 내용을 담고 있다. 여기서 담고 있는 내용이란 삼위로 존재하는 하나님, 인간의 타락과 구원의 필요성, 우리를 구원하시고 관계를 회복시키려는 하나님의 계획 등을 가리킨다.

세번째, 기독교 영성은 그리스도 중심적이다. 기독교 영성은 구원자이신 예수 그리스도의 인격에서 출발한다. 우리는 그리스도와 마음으로 이어지는 관계, 그 분의 인격을 따라 성숙해 가는 과정, 성령님께 인도되는 경험을 통해서 성도가 추구하는 풍성한 삶을 누릴 수 있다. 이러한 과정을 통해 우리는 하나님께서 계획하시고 원하시는 삶을 안팎으로 경험할 수 있게 된다. 예수님도 이 점을 직접 말씀하셨다. "내가 온 것은 양으로 생명을 얻게 하고 더 풍성히 얻게 하려는 것이라"(요 10:10).

네번째, 기독교 영성은 창조에 긍정적으로 접근한다. 진정한 영성은 하나님이 창조하신 물질 세계가 악한 것이 아니라 좋은 것이라고 받아들인다(창 1:4, 10, 12). 기독교 영성은 육체나 물질 세계를 경멸하는 극단적인 금욕주의를 배격하고, 책임감 있는 자기 절제를 가르친다.

다섯번째, 기독교 영성은 구원 중심적이다. 참다운 기독교 영성은 하나님의 사랑에서 흘러나오는 은혜의 선물이다. 참다운 영성은 회개와 믿음을 통해 그리스도와 연결되는 경우에만 시작될 수 있다. 참다운 영성은 거듭남의 기적을 통해서 시작되고, 예수 그리스도의 형상대로 자라나는 과정을 통해 발전되며, 최종적으로는 구세주의 재림과 함께 완벽하게 변화될 몸과 영혼과 함께 완성된다(요일 3:2). 신학자들은 이런 영적 성숙에 이르는 과정을 점진적 성화라고 부른다(고전 3:18, 고후 4:16, 데전 5:23).

여섯번째, 진정한 기독교 영성은 개인주의적이면서 동시에 공동체 중심적이다. 기독교 영성은 개인의 영적 생활뿐 아니라 사회적 관계를 성숙시키는 데도 초점을 맞춘다. 그리스도를 닮은 인격은 지역 교회에서 같이 성장해 가는 형제 자매들의 격려, 도전, 지원 속에서 만들어진다. '성도와의 교제'라고 부르는 관계를 통해서 참다운 영성이 꽃피게 되는 것이다. 성장하는 신앙인은 다양한 윤리적, 문화적, 교단적 배경을 가진 성도들로부터 예수님의 도를 배워야 한다.

마지막으로, 기독교 영성은 프뉴마(Pneuma), 다시 말해 성령 중심적이다. 성령 중심적이란 성령(헬라어로 프뉴마)에 의해 권능을 받는다는 뜻이다. 성령님은 그리스도를 증거하고, 영혼의 깊은 상처를 치료하며 회복시키는 분이다. 성령님을 통해 성도는 하나님과 친밀한 관계를 경험하고, 진심으로 하나님을 '아바 아버지'라고 부를 수 있는 관계를 가지게 된다(갈 4:6. 롬 8:15와 비교하여 보라). 일반적으로 참다운 기독교 영성에는 반드시 성령의 열매가 나타나야 한다고 지적한다(롬 12, 고전 12, 14, 엡 4). 구체적인 성령 열매의 내용에 대해 어떤 의견을 가지든, 모든 신앙인들은 성령님으로부터 나온 영적 열매의 증거가 필요하다(갈 5:22-23).

기독교 영성에 대해서 가장 광범위하게 정의를 내린다면, 여기엔 지식, 존재, 행위를 모두 포함한다. 예수님을 따르는 제자가 되려면 지적, 정서적, 행동적인 면에서 골고루 평생동안 노력할 필요가 있다. 우리는 성경, 건실한 신학 서적들과 씨름하는 지성의 역할을 중요하게 여겨야 한다. 동시에 내적인 변화의 필요성도 강조해야 한다. 살아있는 하나님과 더 깊은 관계를 맺을수록, 우리는 사랑의 주님이신 예수님께 내적으로 더 닮아가게 된다. 그렇게 되면 우리의 중심이 새롭게 되고 권능을 얻어, 긍휼의 마음으로 세상을 섬길 수 있게 된다. 이를 통해 잃어버린 영혼을 구원하고, 새신자를 양육하고, 인권이나 부정부패 같은 사회적 문제에 대해서도 관심을 갖게 되는 것이다.

### 머리에서부터 마음으로

위에서 제시된 기독교 영성의 정의를 보면서 여러분은 이렇게 생각하고 있을지도 모른다. 이미 다 알고 있는 내용들이다. 이것으로는 내가 느끼는 갈급함을 채워주지는 않는다.

그러나 이런 반응은 "알고 있다"의 정의가 다르기 때문에 발생한다. 보통 진리를 안다는 의미는 세상에 나가 경험을 통해 지식을 얻는 것, 수동적으로 배운 것을 의미한다. 그러나 살다보면, 하나님의 명령이나 약속의 의미를 이해할 수 없을 때가 많기 때문에 우리의 중심에서부터 의

문이 생기게 된다. 그러나 하나님은 우리가 불가능하다고 여기는 방법으로 도전하신다.

데이비드는 기독교를 믿은 뒤, 항상 열심히 배우려는 젊은이였다. 그는 신학, 변증학 관계 책들을 열심히 읽었다. 이렇게 신앙에 대한 많은 지식을 얻은 그였지만, 몇 년이 지나자 삶에 한 부분이 비어있다는 느낌을 받기 시작했다. 처음에는 공허함 그 자체를 인정하기 어려웠다. 지금까지 배운 것처럼 "예수님이 마음에 거하신다면" 어떻게 내적인 공허함을 느낄 수 있다는 말인가? 어떻게 의심을 가질 수 있다는 말인가?

그러나 데이비드의 의심은 더 심해졌고, 가슴앓이도 계속 됐다. 하나님은 뭘하고 계시는가? 왜 하나님은 데이비드에게 이런 고민을 하게 하셨을까? 하나님께서 그의 인생에 주신 목적은 무엇일까? 데이비드는 자신이 하나님을 멀리하고 있었다는 사실, 모든 문제에서 하나님만을 신뢰하고 모든 것을 맡기는 내적인 자세 문제를 소홀히 해 왔음을 깨달았다. 그는 교리에 대해서는 박사였지만, 마음 중심에서는 하나님을 정말 알고 있는가를 고민하고 있었던 것이다.

데이비드는 자신이 인생의 갈림길에 섰다는 사실을 깨달았다. 그는 젊은 혈기로 하나님께 자신을 바쳤다. 그는 건강했고, 자유분방했고, 역동적인 젊은이였다. 그러나 하나님께 자신을 진정으로 항복하고, 한계를 경험할 때마다 하나님께 의지하며 관계하지는 못했다. 교리와 변증에 대해 아무리 많이 알고 있었어도 별로 도움을 얻지 못했던 것이다.

데이비드는 기독교 고전들을 읽기 시작했다. 여기에는 엄청난 박해와 공격, 병상에서 하나님을 알게 된 사람들의 고백이 담겨 있었다. 그는 이들이 권고하는 침묵과 기도 같은 영적 훈련을 따라하기 시작했다. 그는 살면서 처음으로 기도를 하나님께 '떠드는 것'에서 끝내지 않고, 그 분께 귀를 기울이는 침묵의 시간을 가졌다. 데이비드는 이런 방법으로 그리스도와의 관계를 더 깊이있게 만들었다.

곧 데이비드는 신학교에서 제공하는 영성 훈련과 맨토링 과목에 등록했다. 그는 하나님에 대해 보다 큰 만족감을 누리면서, 영적인 시야와 열정도 커져 갔다. 그는 속한 지역교회에서도 영성에 관한 성경 공부를 조직했다. 결국 데이비드는 멋진 땅을 사서 기도원을 지었다. 이를 통해 하나님으로부터 만족을 얻으려는 수많은 갈급한 성도들을 돕기 시작했다.

위의 내용을 정리해 보면, 기독교 영성의 핵심은 살아있는 하나님과 깊어가는 사랑의 관계라고 말할 수 있다. 성경적 관점에서 보면 인간의 가치관과 행동은 인간의 내부에서 흘러나오는 것이다. 우리가 영적으로 빈약하든 풍성하든 내적 상태의 반영이란 면에서는 차이점이 없다. 복음주의자들은 그 동안 전도, 설교, 선교 같은 사역의 열매를 맺는 데 열심이었지만, 사실 진정한 삶의 열매는 마음의 상태를 통해서 확인된다. 예수님께서 말씀하셨듯이 "선한 사람은 마음의 쌓은 선에서 선을 내고 악한 자는 그 쌓은 악에서 악을 내나니 이는 마음에 가득한 것을 입으로 말한다"(눅 6:45, 딤전 1:5와 비교하여 보라). 프란시스 쉐퍼(Francis Schaeffer)는 이렇게 썼다.

> 진정한 영성의 세계는…… 근본적으로 외형적인 것이 아니라 내적인 것, 마음 중심의 것, 우리가 부인하기 쉬운 삶의 숨겨진 부분을 가리킨다. 우리의 내적 영역은 진정한 신앙적 실천이나 진정한 영성이 가장 먼저 실종되기 쉬운 곳이기도 하다. 외적인 죄악은 그 결과에 불과하다. 내적 상태가 먼저 서

야 하며, 외적인 것은 단순히 결과에 불과하다는 사실을 분명히 할 때, 우리는 뭔가를 변화시킬 수 있는 입장에 서게 된다.[9]

기독교 영성은 우리 안에 거하시는 성령님의 도움으로 예수 그리스도의 형상을 닮아갈 때 만들어진다. 이를 통해 예수님의 가치관이 우리 삶 속에도 드러나 이웃을 섬길 수 있게 된다. 기독교 영성의 특징을 제대로 이해할 때, 비기독교 영성의 유혹과 혼란 속에서도 바른 분별을 할 수 있다.

## 영성 운동을 위한 영성 지도자들

최근 일고 있는 복음주의 내부의 영성 운동들은 전혀 '새로운 현상'이 아니다. 특히 이러한 흐름은 몇몇 지도자들을 중심으로 계속적으로 더 많은 영향력을 미치게 되었다. 헨리 나우웬, 리차드 포스터(Richard Foster), 달라스 윌라드(Dallas Willard), 리차드 러블레이스(Richard Lovelace) 등과 같은 이들은 성도들에게 기독교 고전들과 영성 훈련법에 더 관심을 가지라고 격려해왔다. 다른 한쪽에는 이러한 영성 운동에 대해 가장 비판적인 사람으로는 마이클 호튼(Michael Horton) 같은 이가 있다. 이들의 사상을 살펴보면, 기독교 영성의 바른 정의를 내리는 데 큰 도움이 된다. 우리는 먼저 이들 주장의 근거가 무엇인지부터 찾아봐야 한다. 이들의 생각과 방법론은 다양하지만 크게 진보적, 중도적, 보수적 이렇게 세 가지 유형으로 구분해서 생각해 볼 수 있다.

### 진보적 입장

기독교 영성에 대해 진보적인 입장을 취하는 사람 중에는 유명한 가톨릭 영성 운동가 헨리 나우웬이 있다. 일찍이 그는 미국의 노트르담 대학, 예일대학, 하버드 대학의 교수로 일하고 있었다. 나우웬은 교수 생활을 하면서 자신은 모든 것을 지적으로 판단하고, 너무 많은 일에 치여 영적 상태는 엉망이 되었다고 회고한다. 곧 그는 캐나다의 르악에 있는 요양 공동체에 들어가 신체 장애자들을 돌보기 시작했다. 봉사 공동체의 생활은 나우웬의 영혼을 회복시키기 시작했다. 「예수님의 이름으로」(In the Name of Jesus), 「자유의 길」(The Path of Freedom), 「탕자의 귀환」(Return of the prodigal)을 포함한 수십 권에 달하는 그의 책들은 더 하나님께 의뢰하고 긍휼의 삶을 원했던 마음과 영적 고민에 대한 솔직한 고백을 담고 있다. 나우웬이 씨름했던 가장 중요한 질문은 "영적으로 산다는 것은 무엇을 의미하는가?"와 "어떻게 영적으로 살 수 있을까?"였다. 나우웬은 교리적으로는 전통을 고수하는 단단한 기초를 가진 사람이었다. 그러나 교리를 따지다 보니, 예수님을 통해 하나님 아버지 관계하는 실제의 모습과 성령의 능력을 보기 원했던 그의 열망은 자꾸 뒤로 밀려나 버린다는 사실을 깨닫게 된 것이다.

나우웬의 글들에서 나타나는 공통적인 주제는 고독한 중에 발견하는 들으시는 하나님, 기도를 통한 하나님과의 대화, 신실한 훈련의 삶, 하나님과 보다 깊은 관계로 불러주시는 성령님, 예수님에 대한 보다 깊은 헌신, 기독교 공동체의 은혜, 이웃을 위한 자기 포기 등이 포함된다. 이와 함께 인종차별, 성적 착취, 전쟁에 대항하는 신앙적 분노 등도 나타난다. 나우웬이 경험했던 영적 갈급함은 그의 기도문에서 잘 표현되고 있다.

저로 내 마음 중심으로부터 나와 함께 하시고 치료하시는 하나님을 깨닫도록 해주십시오. 내 존재의 가장 중심으로부터 나를 가르치고 인도하기 원하시는 하나님을 경험하도록 해 주십시오. 저로 나를 거북하게 느끼지 않으시고, 나의 가장 끔찍한 죄까지도 받아주시고, 부드러운 손길로 만져주시길 원하는 사랑의 형제로 하나님을 경험할 수 있도록 해 주십시오.[10]

나우웬의 책 중에서 가장 뛰어난 작품은 「돌아온 탕자: 귀환 이야기」(The Return of the Prodigal Son: A Story of Homecoming, 1993)이다. 같은 제목을 가진 렘브란트의 그림에서 받은 영감을 바탕으로, 그는 하나님께 거부하는 인간의 반항, 윤리적인 몰락, 그리고 아버지의 품으로 회개하며 돌아오는 모습을 감동적으로 설명하고 있다. 나우웬의 책 속에서 발견되는 기독교 영성론은 복음주의자들 사이에서도 큰 인기를 끌며 읽혀져 왔다. 그는 보다 온건한 가톨릭 교회 입장에서, 그리스도의 실존적 사랑과 이에 대한 성도의 감사가 반응으로 나타나야 한다는 사실을 강조하고 있다.

진보적인 기독교 영성론자들로는 이밖에도 미국 남침례교의 글렌 힌슨(Glenn Hinson), 장로교의 하워드 라이스(Howard Rice), 성공회의 모튼 캘시(Morton Kelsey) 등이 있다.


## 중도파

퀘이커(Quaker: 조지 폭스가 창시한 개신교의 일파로 절대 평화를 강조한다-역주) 가정에서 자란 영성 신학자 리차드 포스터는 대표적인 중도파다. 포스터는 영적 생활에 관한 베스트셀러들을 여러 권 썼다. 이중에는 「영적 훈련과 성장」(Celebration of Discipline, 1988 재판), 「리차드 포스터의 기도」(Prayer: Finding the Heart' s True Home, 1992), 「리차드 포스터의 영적 고전 52선」(Devotional Classics, 1993), 「생수의 강」(Streams of Living Water, 1998) 등이 있다. 포스터는 교회의 영적 갱신을 돕는 사역단체 르노바(RENOVARE)의 설립자이기도 하다. 르노바가 진행하는 영적 갱신 프로그램은 여섯 가지의 기독교 전통을 묶어서 적용하고 있다. 첫번째 **사색적 전통**은 기도와 하나님과의 친밀한 관계를 통해 더 깊은 영성을 추구해온 흐름을 가르친다. 두번째 **성결 전통**은 덕 있는 생활, 의로운 행동을 추구하는 전통이다. 세번째 **오순절 전통**은 은혜와 권능을 주시는 성령님의 능력을 강조한다. 네번째 **사회정의 전통**은 상처 받고 억눌린 자들을 위해서 노력하는 흐름이다. 다섯번째 **복음적 전통**은 하나님의 말씀과 전도의 의무의 중요성을 강조하는 전통이다. 여섯번째 **성육신 전통**은 이 땅에서 하나님 나라의 실현을 추구한다.

포스터는 예수님께 헌신하길 원하는 많은 성도들이 하나님과의 정서적인 거리감 때문에 고통을 받고 있다고 진단했다. 그는 영적 성숙이란 단번에 만들어지는 것이 아니라고 지적한다. 그리스도를 닮아가는 성품을 만들기 위해서는 성실과 자기 절제가 필요하다(딤전 4:7). 포스터는 우리에게 묵상, 금식, 단순성, 고독, 고백 같은 영적 방법을 통해 그리스도와 더 깊은 관계를 만들어가라고 권고한다. 포스터가 강조하는 주제는 친구 되신 그리스도와의 관계, 하나님의 음성을 듣는 법, 안식, 예수님의 이름으로 이웃을 섬기는 삶 등을 포함한다.

포스터는 현대 복음주의 내부에서 교회가 살려면 기독교 영성이라는 보물을 잘 이용해야 한다고 누구보다도 강하게 강조해 왔다. 포스트는 영성에 관한 다양한 저술을 통해 초대교회의 교부, 중세 탁발승, 동방교회 신비주의자, 서구교회 수도사, 개신교 개혁자, 러시아 정교도, 퀘이커 교도, 신정통주의자 같은 다양한 배경에서 따 온 지혜를 우리에게 전달한다.「영적 훈련과 성장」의 초판(1978) 서문에서, 포스터는 묵상, 상상력 등을 이용해서 독자들이 하나님께 좀더 마음의 문을 열 수 있길 바란다고 말했다. 이에 대해 일부에서 비판이 제기되자, 그는 1988년에 나온 재판부터는 이러한 언급을 삭제했다.[11] 그는 성도들이 영적으로 자라는 것을 보다 효과적으로 돕기 위해, 복음주의적, 성경적 정통교리에 문제가 될 수 있는 것을 기꺼이 배려했던 것이다.

또 다른 중도파의 대표적인 영성지도자로는 복음주의 역사가 리차드 러블레이스가 있다. 러블레이스는 어거스틴과 종교개혁자, 청교도, 경건주의자로부터 교훈을 찾았다. 그는 영성에 대해 전방위적인 접근을 시도한 러블레이스는 개인적인 영적 성장, 교회의 갱신, 사회 개혁을 영성이라는 의자를 바치는 세 다리라고 표현했다. 그는 성경의 권위를 절대적으로 받아들이면서, 교리적 정확성과 만민제사장주의까지 신경을 쓰고 있다. 그러나 그는 복음주의가 반드시 짚고 넘어가야 할 맹점이 있다고 지적한다.

복음주의 영성이 자신이 속한 문화의 안경을 쓰고 성경 해석을 왜곡하는 경향이 있다고 비판한다. 풍요한 미국사회를 배경으로 한 복음주의는 사회정의에는 무관심하고 건강과 부를 약속하는 복음을 강조하는 경향이 있다. 복음주의의 최근 경향은 모든 윤리적 문제에 대한 행동 강령을 세부적으로 만들어서 사람들의 행동을 규제하려고 한다. 그러나 하나님이 요구하시는 생활의 거룩함이나 개인과 공동체의 죄성에 대해서는 무감각한 편이다. 일부 복음주의자들은 개인의 경험을 강조하는 것은 전인적인 영성 개발에 반드시 필요한 요소가 아니라며, 영성 훈련에 대해 불신을 표시해 왔다.

러블레이스는 참다운 영성은 무엇보다도 바르게 해석된 하나님의 말씀에 귀를 기울이는 영성이 되어야 한다고 말한다. 기독교 신앙의 핵심 교리, 특히 믿음을 통한 이신칭의의 교리는 영성의 내용과 능력에 절대적인 영향을 미친다. 다양한 형식을 통해 표현되는 영적 진리에 호의적이었던 러블레이스는, 우리도 과거의 건강한 전통으로부터 더 많은 것을 배워야 한다고 주장했다. "초대교부, 중세 신비주의자, 종교개혁가, 반종교개혁가의 가톨릭 영성운동가들, 대각성운동, 사회개혁에 선봉에 섰던 자유주의 기독교의 예언자적 목소리에 모두 귀를 기울일 때, 우리는 성경의 균형과 진정한 영성을 우리 안에서 회복할 수 있게 된다." 12)

중간 혹은 중도적 입장에 있는 영적 지도자들로는 제임스 휴스턴 (James Houston), 유진 피터슨(Eugene Peterson), 패커(J. I. Packer), 달라스 윌러드, 피터 툰(Peter Toon), 알리스터 맥그라스 (Alister McGrath) 등이 있다.

### 보수적 입장

영성에 대해서 보수적 입장이 무엇인지를 알아보기 위해서는 마이클 호튼의 책 「하나님 앞에서」(In the Face of God, 1996)를 분석해 볼 필요가 있다. 호튼은 복음의 가장 위험한 적은 고대의 영지주의적 이단이었다고 주장한다. 영지주의는 세상을 양분해서 본다. 이들은 영혼을 무조건 선한 것으로 보고 물질은 무조건 악한 것으로 정의했다. 영지주의자들도 예수님을 들먹였지만, 이들이 가르치는 예수님은 성육화한 하나님이 아니었다. 영지주의적 예수님은 그리스도의 영이 비둘기처럼 임해진 사람에 불과했다. 영지주의자들에 따르면 구원은 직접적이고 개인적으로 그노시스(gnosis: 비밀스런 깨달음-역주)를 얻어 물질로부터 영혼을 해방시킬 때 나타난다고 설명했다.

호튼은 기독교 영성운동들 속에서도 영지주의 이단과 비슷한 점이 많다고 지적한다. 그는 중세 수도원 운동부터 현대 복음주의 영성 운동까지 다양한 영역에서 문제점을 발견한다. "종교계의 전체적인 기상도는 본질적으로 영지주의적에서 벗어나지 못하고 있다. 뉴에이지, 자유주의적 기독교, 복음주의, 오순절계 모두 마찬가지다."[13] 그는 복음주의 영성 운동조차 계시된 말씀보다는 개인 경험을 더 중요하게 취급한다고 비판한다. 이들도 하나님 말씀 외에 명상 같은 다른 방법을 통해, 하나님의 영광을 경험하는 사다리를 오르려고 한다는 것이다. 호튼은 이렇게 썼다.

> 사람들은 보다 직접적이고 직관적이며 초자연적인 경험을 원한다. 그러나 하나님은 하나님에 대한 지식을 직접적인 경험을 통해서가 아니라 쓰여진 말씀인 성경을 통해서, 그리고 하나님의 성육화된 아들의 사역과 인격 속에서 파악되도록 만드셨다.[14]

호튼은 다양한 기독교 전통에 널리 퍼져있는 '영지주의적 유산'을 비판한다. 여기에는 중세 기독교의 신비주의, 알미니안주의, 재침례교파, 퀘이커, 오순절 운동, 케직사경회의 "고차원적인 삶" 운동, 근본주의, 비칼빈주의적 복음주의, 신오순절주의, 미국 남침례교내의 영성운동, 그리고 음악사역으로 잘 알려진 빈야드 운동도 포함된다. 그는 토마스 아퀴나스(Thomas Aquinas)와 노위치의 줄리안(Julian of Norwich), 토마스 아 캠피스, 매노 시몬즈(Menno Simons), 윌리엄 로우(William Law), 존 웨슬리(John Wesley), 스코필드(C. I. Scofield), 아더 토레이(R. A. Torrey), 찰스 크라프트(Charles Kraft), 존 윔버(John Wimber), 피터 와그너(Peter Wagner), 클락 피노크(Clark Pinnock), 리차드 포스터, 로버트 슐러(Robert Schuller), 팻 로벗슨(Pat Robertson), 그리고 인기있는 영성 훈련교재「하나님을 경험하는 삶」(Experincing God, 1997)의 저자인 헨리 블랙커비(Henry Blackaby)와 클라우드 킹(Claud King)에서도 영지주의적 요소가 발견된다고 주장한다. 호튼에 따르면 이들의 글들은 객관성보다 주관성을 더 강조하는 변화가 감지되고 있다고 지적한다. 다시 말해 역사적으로 주어진 복음보다는 개인적인 신비주의적 관심이 더 지배적이라는 것이다.

이에 반해 종교 개혁자들은 선포된 말씀, 성찬식, 교회의 신앙고백을 바탕으로 믿음의 내용을 경험했다. 호튼은 성도에게 정말 중요한 사건은 이천 년 전에 객관적으로 존재했던 그리스도지, 오늘날 우리가 개인적으로 가지는 느낌이 아니라고 주장한다. 그는 다양한 형태의 '잘못된' 영성들이 "(종교개혁자들이 강조했던) 타자로 존재하시는 하나님과 그리스도를 각자의 마음속에 존재하는 하나님과 그리스도로 대체했다"며, 이것을 영지주의적 영향이라고 비판한다.[15] 그는 하나님께서 우리 마음속으로 들어가기 위해 마음의 앞에서 기다리시는 것은 아니라고 말한다. (여기에 대해서는 나는 다른 의견을 가지고 있다. 계 3:20을 참조하라). 하나님은 진노의 심판을 준비하시는 심판자일 뿐이다.

## 자유주의 혹은 영지주의는 아닌가?

이쯤해서 우리는 현대 복음주의 영성 운동이 영지주의의 아류작이라는 비판을 분석해 볼 필요가 있다.

여기서 다시 한번 내 입장을 분명히 할 필요가 있을 것 같다. 나는 전통적인 기독교 신앙의 내용을 절대적으로 따르는 사람이다. 구원 받은 삶, 대속의 죽음, 하나님의 아들의 육체적 부활, 믿음으로 말미암은 구원 같은 교훈은 죄로부터 우리를 구원할 유일한 구원의 길이다. 그러나 개인적인 회심의 점진적인 과정, 하나님 말씀의 기초 그리고 성령님의 도움 없이 하나님을 찾아다니게 되면, 아무런 열매도 얻지 못한다. 복음이 증언하는 그리스도 예수의 역사적인 발자취는 절대로 타협의 대상이 되어서는 안 된다. 진정한 성도란 이러한 신앙의 핵심을 지키기 위해서 죽을 각오를 해야 하는 사람들이다.

그러나 나는 현재 주목 받고 있는 복음주의 영성 운동들이 영지주의적 이단에 빠져있다는 보수파들의 주장은 정당화 될 수 없다고 생각한다. 나는 그 이유를 지금부터 하나씩 자세하게 설명할 것이다.

**첫째, 기독교 영성 비판자들이 정의하는 영지주의는 내용상 문제가 있다.**

이들이 기독교 영성에 대해 영지주의적 이단이라는 딱지를 붙이는 것은, 상당히 시대 착오적이다. 복음주의 영성을 주장하는 휴스톤, 러브레이스, 피터슨, 윌라드, 포스터 같은 이들의 믿음은 고대의 영지주의와는 전혀 상관이 없다. 먼저 이들은 정경에 속해 있지 않은 영지주의적 문서들이 '진리의 복음'(Gospel of Truth), '베드로행전'(Act of Peter), '요한외경'(Apocryphon of John)의 권위를 전혀 인정하지 않는다. 더구나 이들은 우주적 이원론을 지지하는 사람들이 아니다. 영지주의는 초월적인 하나님과 조물주를 분리해서 생각한다. 그러나 복음주의계 영성 지도자들은 세상을 선한 영혼과 악한 물질로 나누는 이원론자들이 아니다. 이들은 영지주의자들처럼 구약을 무시하고 신약만 떠받드는 사람들도 아니다. 도리어 하나님 앞에서의 침묵훈련(시 46:10, 131:2), 주님 안에서의 안식훈련(시 62:1, 5), 하나님과 동행하는 훈련(시 130:6) 같은, 이들이 강조하는 영성 훈련들은 주로 구약에서 따 온 아이디어이다.

더 나가서 복음주의 영성 지도자들은 영지주의자들처럼 그리스도의 성육신과 십자가에서의 육체적 고난을 부인하지 않는다. 이들이 육체의 부활을 부인한다는 소리를 들어본 적도 없다. 이들은 하나님의 말씀 외의 비밀스런 깨달음을 통해 구원을 얻을 수 있는 것처럼 가르친 적도 없다. 이들은 교리를 무시하고 경험만을 추구하지도 않는다. 도리어 이들은 모든 종교적 경험은 성경의 원칙에서 평가되어야 한다고 강조한다.

오늘날 교회를 떠나는 행렬을 보면서, 우리는 어떤 때보다도 전심을 다해 하나님과의 진정한 관계에 기초한 신앙생활을 하는 방법을 찾아야 하는 절박함을 느낀다. 사탄 은 진리의 외피로 거짓을 포장해서 사람들을 속이는 전략을 사용하고 있다. 대적 마귀는 진정한 영성을 흉내낸 신비주의 종교, 뉴에이지, 여러 유사 영성 운동들을 만들어내고 있다. 이를 통해 성도들이 바람직한 영적 유익에서도 등을 돌리도록 속이는 것이다. 성도들은 거짓을 위해 진리를 포기하지 않도록 긴장할 필요가 있다. "이는 우리로 사탄 에게 속지 않게 하려 함이라 우리가 그 궤계를 알지 못하는 바가 아니로라"(고후 2:11).

최근 불고 있는 기독교 영성에 대한 관심을 영지주의 이단과 동일시하는 것은 성령님의 이름을 더럽히는 일이다. 기독교 영성은 하나님의 역사임이 틀림없다. 이에 반해 고대 영지주의는 사탄 의 역사이며, 복음주의 영성운동과 조금도 비교될 수 없다.

**둘째, 보수파들은 2천 년간 이어온 영성 운동의 교훈은 인간의 노력만을 가지고 영광의 하나님 가까이로 올라가려는 노력이라고 비판한다.**

먼저 하나님께 '오른다' 는 표현의 의미를 생각해 보자. 이러한 표현은 오리겐(Origen, d. 254), 니사의 그레고리(Gregory of Nissa, d. 395), 어거스틴, 존 클라이마쿠스(John Climacus, d. 649), 클레르보의 버나드, 월터 힐튼(Walter Hilton, d. 1396), 십자가의 존(John of the Cross, d. 1591) 같은 대표적인 기독교 사상가들에 의해서 널리 사용되어 왔다. 이들은 '오른다' 는 표현을 성도가 하늘나라 본향으로 가는 영적 여정을 상징하는 표현이라고 생각했다. 이들은 이 땅에 오셨다가 영광의 하늘나라로 다시 올라가신 예수님의 본을 따르도록 모든 성도들이 부름을 받았다고 지적했다(엡 4:8-10). 이들은 구원을 통해 하나님께 '올라가는' 과정은 타락을 통해 인류가 '추락한' 비극적인 현실을 다시 뒤집어 놓는 일이라고 생각했다(창 3). '오른다' 는 성도의 영적 여정을 가르친다. 여기에는 회심과 함께 시작되고, 거룩한 삶을 통해 하나님의 원래 형상을 회복하는 성숙의 과정, 궁극적 예수님의 재림 속에서 이루어지는 완전한 회복까지 모두 포함된다. 무엇보다도 '오른다' 라는 표현은 성경에서 자주 발견된다.

모세는 이스라엘의 지도자로서 시내산에 올라 하나님과 대화한 뒤, 십계명을 받았다(출 19:3, 20, 24:1-3). '오른다' 란 표현은 땅에서부터 하늘로 이어진 천사들의 계단과 그 정점에 서 계신 주님의 환상을 본 야곱 이야기에서도 등장한다(창 28:12-17). 야곱의 증언대로 천사들이 오르락내리락 했던 계단은 하늘로 이르는 길을 의미했다. "이에 두려워하여 가로되 두렵도다 이 곳이여 다른 것이 아니라 이는 하나님의 전이요 이는 하늘의 문이로다"(창 28:17). 신약에서도 예수님은 하늘에 이르는 계단으로 묘사된다(요 1:51). 구약 곳곳에서도 거룩한 성도들이 시온산에 '올라' 예배와 기도를 올리는 모습을 묘사하고 있다. "많은 백성이 가며 이르기를 오라 우리가 여호와의 산에 오르며 야곱의 하나님의 전에 이르자 그가 그 도로 우리에게 가르치실 것이라 우리가 그 길로 행하리라 하리니 이는 율법이 시온에서 나올 것이요 여호와의 말씀이 예루살렘에서부터 나올 것임이니라"(사 2:3, 미 4:2와 비교해서 보라). 신약에서는 예수님께서 자주 산에 올라 하늘에 있는 하나님 아버지와 대화하셨다(마 14:23, 눅 9:28).

복음주의 영성 지도자들이 인간의 공로나 성도의 수준에 따라서 하나님께 가까이 '올라갈' 수 있다고 가르친 적은 없다. 십자가의 존은 이렇게 썼다. "승천사건을 영적으로 해석하면, 저차원에서 고차원으로의 상승을 의미하며, (이것을 성도 개인에게 적용하면) 자신만을 사랑하는 저차원적인 삶에서부터 벗어나 하나님 중심의 고차원적 사랑으로 발전해야 함을 의미한다."[16] 존은 우리도 예수님의 본을 따라 하나님께 가까이 올라갈 수 있어야 한다고 가르친다. 예수님께서는 사람의 아들로 오셔서 이 땅의 권세 아래에 겸손히 자신을 낮추시고, 하나님의 명령을 따라 사시면서, 우리가 따라야 할 본을 보이시고 하나님 옆으로 더 가까이 올라가셨던 것이다. 여기서 성도의 '오름'은 믿음과 인내와 함께 하나님의 은혜를 통해서 가능하게 된다. 십자가의 존은 보다 직설적으로 "영혼은 믿음에 의해 더 높은 단계로 오른다"라고 설명한다.[17]

**셋째, 복음주의 영성 지도자들은 성경 말씀에 기초한 주님과의 친밀한 관계를 추구하고 있음에도 불구하고, 이들을 영지주의자나 이단이라고 말하는 것은 잘못이다.**

우리는 정체불명의 초월적인 존재를 믿거나 자신이 신이 되려는 비기독교 영성을, 그리스도 안에서 하나님과 사랑의 관계를 추구하는 기독교 영성과 같은 부류로 취급하는 우를 범해서는 안된다. 신앙인이 성숙해지려면, 성경의 진리와 하나님과 동행하는 삶 사이에서 하나만 선택하는 것이 아니라, 반드시 둘 다 갖추어야 할 입장에 있다. 하나님의 아들은 죄를 위해서 십자가에서 고난을 받으시고, 죽음에서 부활하셨다. 동시에 예수님은 우리 안에 거하시는 성령님을 통해 내적으로도 예수님을 경험하며 살 수 있도록 허락하셨다. 주로 성경 말씀을 통해 말씀하시는 하나님도 성도의 마음에 직접 속삭이실 때가 있다. 시편 기자는 하나님을 이렇게 묘사한다. "너희는 내 얼굴을 찾으라 하실 때에 내 마음이 주께 말하되 여호와여 내가 주의 얼굴을 찾으리이다 하였나이다"(시 27:8). 성령님의 증언과 인도하심은 우리 안에 엄청난 영향력을 남긴다. "너희는 주께 받은 바 기름 부음이 너희 안에 거하나니 아무도 너희를 가르칠 필요가 없고 오직 그의 기름 부음이 모든 것을 너희에게 가르치며 또 참되고 거짓이 없으니 너희를 가르치신 그대로 주 안에 거하라"(요일 2:27, 3:24, 4:4와 비교해서 보라).

정통 신학을 추종하는 나 같은 사람들은 그리스도와의 교재 속에 임재하시고 섬세하게 우리를 인도하시는 성령님에 대하여 더 관심을 가질 필요가 있다. 마음으로부터 거듭난 영혼은 "하나님께 가까이 갈 수 있다"(약 4:8). 거듭난 사람은 그리스도께서 받아주시고, 사랑하시고 돌봐주실 수 있도록 자신을 내주는 사람이기도 하다. 개인적인 차원에서 기독교 영성이란 "하나님의 앞에서 사는 삶"(시 16:11)과 하나님과 즐거운 관계를 맛보는 것(요일 4:12)을 의미한다. 요한계시록에 따르면, 그리스도는 성도들의 마음에 이렇게 속삭이신다. "볼지어다 내가 문 밖에 서서 두드리노니 누구든지 내 음성을 듣고 문을 열면 내가 그에게로 들어가 그로 더불어 먹고 그는 나로 더불어 먹으리라"(계 3:20). 오늘날 복음주의 속에서 회복되기 시작한 영성에 대한 관심은, 그 동안 구원자로만 이해되었던 그리스도를 친구이자 애인으로 받아들일 수 있도록 만들어 주었다. 이를 통해 성도들은 "오직 우리 주 곧 구주 예수 그리스도의 은혜와 저를 아는 지식에서 자랄 수" 있도록 확증된 교훈들을 더 분명하게 배우게 된다(벧후 3:18).

**넷째, 영성 운동에 대해 과민반응을 보이는 보수파들은 믿음을 인간의 이성적인 한계 안에서만 판단하려는 이성주의에 너무 깊이 빠져있다.**

자유주의 신학계의 무절제한 자유분방함과 오순절 계열의 불안정한 감정몰입을 경계하는 복음주의자들은 신앙의 지적인 면을 너무 강조하는 경향이 있다. 영적인 성숙은 지적인 면도 필요하지만, 영적인 열정과 환상을 통해 전달되는 생명의 에너지도 느낄 수 있어야 한다. 위대한 과학자, 수학자였던 파스칼(Blaise Pascal, d. 1662)은 당시 데카르트(Descartes) 등에 의해서 주장된 이성주의에 강하게 반박했다. 파스칼은 이성을 가지고는 하나님을 추상적인 개념으로밖에 증명하지 못한다고 비판했다. 참다운 기독교는 가슴으로 하나님을 경험하는 것이 필요하다는 것이다. 존 웨슬리도 하나님과 사랑의 관계를 가지지 못했으면서도 자신이 믿는 교리를 가지고 종교를 가졌다고 떠드는 사람이 있다고 비판한다.[18]

내가 다니는 신학교 예배에 설교자로 초대 받은 닐 앤더슨(Neil Anderson) 박사는 기독교 사역에서 자유가 의미하는 것에 대해서 설교한 적이 있다. "우리는 지식과 교리가 신앙의 전부인 것처럼 대하지만, 성경이 요구하는 목표는 사랑이다. 인간은 하나님에 대해서 아주 많은 지식을 가지고도, 하나님을 인격적으로는 전혀 모르고 있을 수 있다." 치밀하게 조직화된 신학적 명제들이 마음으로 경험하는 진리보다 더 중요하게 취급될 때, 우상숭배가 될 수 있다. 하나님에 대한 지적인 지식은 저절로 영적 역동성을 보장하지 않는다. 청교도 지도자인 스테판 차녹(Stephen Charnock, d. 1680)은 이렇게 썼다. "사람은 신학적으로 준비되었다 해도, 영적으로 무식할 수 있다."[19]

그렇다면 가슴과 머리가 같이 움직이게 하는 방법은 무엇일까? 한마디로 말하면, 마음은 하나님을 발견하고 경험하는 역할을 하도록 하고, 지성은 하나님을 증거하고 설명하는 역할을 하도록 하는 것이다. 하나님에 대한 지적인 이해는 하나님을 인격적으로 이해하는 수준과 발을 맞춰야 한다. 지성만 가지고는 의지적인 면에서 충분한 동기 부여를 받을 수 없다. 우리가 마음속에 깊이 뿌리 박힌 하나님에 대한 반항심을 극복하고 기꺼이 복종하고 섬기는 자세로 바뀌기 위해서는 지적인 이해 이상이 필요하다. 바로 이 때문에 성경은 온 마음과 성품과 힘을 다해 하나님을 사랑하라고 요구한다(신 6:5, 막12:30). 성경이 이 점을 얼마나 강조하는지 확인하려면, 먼저 시편과 잠언에서 얼마나 자주 마음의 중요성을 강조하지는 살펴볼 필요가 있다. 브래넌 매닝은 이렇게 설명한다. "고민하는 정신이 진리를 깨달으면 의식이 깨어난다. 고민하는 가슴이 사랑으로 감동 받으면 감동이 깨어난다."[20] 머리쪽을 주로 강조하는 교회는 구원 받기 전의 모습, 표현하자면 애굽의 멍에를 지고 사는 사람들로 가득하다. 이점에 대해서는 선교 전문가들의 재미있는 지적에 귀를 기울여보자.

복음주의계 선교신학자들은 지식이 주로 세 가지 통로를 통해서 얻어진다고 말한다. 첫째는 지성 혹은 개념 중심의 방법으로 주로 서구사회에서 선호하는 방법이며, 둘째로 본능 혹은 신비로운 방법으로 동양에서 선호하는 방법이다. 셋째로는 세계 전역에 퍼진 부족사회들에서 발견되는 관계중심의 방법이다. 영성 운동에 대한 비판이 주로 아는 방법 때문에 생겨난다는 점에서, 우리는 지식을 얻는 세 가지 방법에 대해서 자세히 살펴볼 필요가 있다.

서구사회는 비판적인 사고와 논리적인 일관성을 강조해 왔다. 서구적 사고방식은 먼저 정의하고, 분석하고, 분류하고, 체계를 만드는 데 집착한다. 신학적 문제가 등장하면 보다 정확하고 분명한 답을 제시하기 위해서도 노력했다. 이런 류의 사고방식은 로마서, 에베소서, 골로새서 같은 바울의 신학적인 서신들에서도 발견된다.

그러나 아시아적 사고방식은 직관과 경험을 통해 진리를 터득하는 경향이 있다. 이런 방법은 논리, 이론, 교리에는 별로 무게를 두지 않는다. 아시아적 사고방식에서 보면, 진리는 사색을 통해 갑자기 깨달아진 영감이나 번개처럼 스치는 직관을 통해서 발견된다. 성경에서는 꿈, 환상, 성령님이 직접 주시는 감흥체험 같은 대목에서 이런 류의 사고방식을 발견할 수 있다.

그러나 제 3의 대안은 세계 도처에 퍼져 사는 부족사회에서 발견된다. 이들은 지식을 상징, 이야기, 잠언, 설화 같은 실제적인 예를 통해서 배운다. 나는 아프리카에서 선교사로 일하는 동안, 현지인들의 실제적인 이해방법이 서구의 그것과 얼마나 다른지, 뼈저리게 느낄 수 있었다. 아프리카인들은 진리를 명제나 정의로 이해하기보다는, 주변 환경을 그대로 담고 있는 이야기를 통해서 나눈다.

구약성경에 등장하는 시가, 예언, 이야기들은 영적 진리를 표현하기 위해 감성적으로 풍성한 단어들을 자주 사용한다. 예수님도 아주 실제적이면서도 상징적인 예화를 통해 진리를 가르치셨다.

선교신학자 데이비드 허셀그래이브(David Hesselgrave)는 “우상숭배에 빠지기 쉬운 경향은 인간의 세 가지 인지방법에서도 그대로 반영된다”라고 지적한다. 그는 “기독교의 초창기에는 신앙의 원칙을 정리하기 위해서 영지주의적 지적 우상들을 많이 빌려 왔는데, 그 결과 만들어진 지적 우상들은 다이아나 신전의 철로 만들어진 우상만큼이나 하나님을 대적하는 결과를 낳았다.”[21] 영지주의가 지성이 만들어낸 이단이라는 점에서, 이런 결과는 처음부터 충분히 예상할 수 있었다.

허셀그래이브는 문화마다 특정한 인지방법이 지배적인 입장에 있을 수 있지만, 나머지 방법들에 의해 제대로 보충되지 않을 때, 균형 있는 이해가 불가능해 진다고 지적한다. 이 때문에 균형 잡힌 지식은 세 가지 인지방법을 '모두' 필요로 한다. 지적, 직관적, 실제적 방법이 그것이다. 복음주의적 지성은 지적으로 체계화시키는 데는 강점을 가지고 있지만, 성경이 가르치는 진리의 다양한 측면들을 무시하면 균형을 잃어버릴 수 있다.

우리가 분명히 알아야 할 것이 있다. 지성은 정확하고 치밀하게 문제를 정의하는 힘이 있다. 지성은 내적 논리를 바탕으로 대상을 흑백으로 구분한다. 그러나 초월적이고 장대한 하나님은 신앙생활만큼이나 제대로 설명할 수 없는 모습을 포함하고 있다. 바울의 설명을 들어보자. "우리가 부분적으로 알고 부분적으로 예언하니"(고전 13:9), "우리가 이제는 거울로 보는 것같이 희미하나 그 때에는 얼굴과 얼굴을 대하여 볼 것이요 이제는 내가 부분적으로 아나 그 때에는 주께서 나를 아신 것같이 내가 온전히 알리라"(12절). 하나님의 인격과 계획에 대한 우리의 지식은 항상 부분적인 것에 불과하다.

그런 의미에서 우리는 약간의 애매모호함을 현실로 받아들일 준비를 해야 한다. 그렇다고 해서 논리적인 확신을 가지는 것은 불가능하다란 뜻은 아니다. 우리가 무한한 하나님과 완전하게 함께 할 순간까지는, 현재 살고 있는 유한한 인생을 약간 불확실하게 이해할 수밖에 없다. 눈으로 보이지 않는 영적 세계를 받아들이기 위해서는, 정적으로 느끼고 감각적으로 확인하는 우뇌가 좌뇌의 논리적 지적 기능과 상보적 역할을 해야 한다. 다시 한번 정리한다면, 하나님은 우리의 뇌를 하나가 아닌 좌우뇌 두 쪽으로 창조하셨다는 것이다. 이를 통해 하나님은 우리에게 마음으로도 당신을 알 수 있는 능력을 주신 것이다. 우리가 무엇이 맞고

틀리고 '느끼는 것'은 종종 '논리적인 설명'이나 '변증'보다 먼저 올 때가 많다.

우리는 현실을 인정할 필요가 있다. 아주 논리적인 사람 중에는 직관적인 신앙을 무시하는 사람이 있다. 나의 경우만 보더라도 그렇다. 나보다 더 역동적인 영성을 가진 사람을 볼 때마다 나는 내가 뭔가 잘못된 것이 아닌가 하는 생각을 하곤 했다. 이에 대한 보다 자연스런 반응은 "그동안 내가 놓치고 산 것이 있는 모양이다. 다시 한번 더 깊이 그리스도와 함께 동행하는 경험을 하기 위해 노력해야겠다"일 것이다. 그러나 실제로 나는 기존의 논리적인 사고 속에 더 깊이 숨어서 변명하고 넘어갈 때가 많았다. 실존적인 문제와 씨름하기 보다 교리나 따지는 것이 덜 부담스럽고 편했기 때문이다.

내가 숨어 있던 곳에서 나올 용기를 내고 새로운 영적 방법론을 배우기까지는 많은 노력이 필요했다. 지금까지 내 성장에 가장 큰 역할을 했던 것이 이제는 가장 큰 약점이 되버린 것이다. 그러나 진리가 머리에만 머물러 있는 동안 나는 영적으로 위축되고 생명력을 잃어가고 있었다. 나는 머리와 가슴과 만나기 시작하자, 새로운 생명력을 회복했던 것이다.

다음은 유럽 지성의 대명사, 영국 옥스퍼드대학에서 교육을 받은 한 복음주의 목사의 고백이다.

복음주의자들은 하나님에게 귀를 기울이는 데 반드시 이성을 사용해야 한다고 바로 가르쳐 왔다. 그러나 불행히도 하나님의 말씀이 지성보다 더 깊이 우리 안으로 스며들어와 양심, 가슴, 의지까지도 변화시켜야 한다는 점을 항상 기억하고 있지 못했던 것 같다. 그 결과는 지난 한 세대 동안 복음주의자들은 교리에 대해선 상당한 지식을 갖추었으면서도, 영적으로는 매우 피상적이고, 우리를 부르신 하나님과의 보다 깊은 관계와 친밀성은 제대로 경험하지 못했던 것이 사실이다…… 우리는 지성적 이해와 가슴을 움직이는 감동의 간격을 다시 한번 어어야 할 숙제를 안고 있다.[22]

힝글리(Hingley)는 "현대인들이 영성에 보이는 관심에 대해, 복음주의는 어떻게 반응해야 하는가?"라고 자문한다. 이에 대해 힝글리는 "조건부 환영을 보내야 한다고 확신한다. 영성 운동을 마치 복음의 왜곡이나 뉴에이지 운동의 아류작으로 취급하는 것은, 이들이 말을 무조건 받아들이는 것만큼이나 우리 자신에게 손해다"[23]라고 답을 하고 있다. 신실한 신앙인이라고 할지라도, 생명력이 넘치는 영적 경험에 대해 필요 이상으로 조심스럽고 비판적인 태도를 취할 위험이 있다.

**다섯째, 복음주의 영성 운동을 비판적으로 보는 사람들은 겸손과 관용의 정신이 결여되어 있을 때가 많다.**

많은 기독교 단체와 지도자들을 자세히 들여다보면 "나만이 진리를 알고 다른 사람들은 모두 잘못되었다"란 식의 태도를 보일 때가 많다. 최근에 이야기를 나눌 기회가 있었던 개혁주의계 한 선교지도자는 이런 태도들이 "주님과 동행하며 영원히 같이 해야 할 믿음의 형제 자매들에게 당연히 보여주어야 할 사랑을 보여주지 못하는 태도"라고 비판한다.

마지막 심판날이 되면 우리는 그 동안 무시했던 신앙의 형제자매들에게 얼굴을 못들게 될 지도 모른다. 그때가 되면 예수님은 나뿐만 아니라 그들에게도 "잘했다. 나의 착하고 선한 종아…… 다같이 축하하자"(마

25:21, 23 참조)라고 말씀하실 것이기 때문이다. 우리는 단순히 사랑을 설교하는 것이 아니라 사랑을 실천할 수 있어야 한다. "자녀들아 우리가 말과 혀로만 사랑하지 말고 오직 행함과 진실함으로 하자"(요일 3:18). 사탄 은 하나님의 백성들을 서로 갈라놓는다. 우리는 사탄 이 그리스도 의 몸을 분열시켜 정복하려는 시도조차 내지 못하도록 만들어야 한다.

## 기독교 영성을 다시 발견한 사람

이어지는 이야기는 실명을 사용하지는 않았지만 실화다. 여기서 우리 는 건강한 기독교 영성을 발견한 한 부부의 예를 전하려고 한다. 벤은 아 주 평범한 성도로 살다가 지금은 잘 알려진 복음주의계 신학교에서 목회 훈련을 받고 있다. 그는 신학을 공부하면서, 교수들이 선한 사람일뿐만 아니라 자기 분야에 매우 뛰어난 전문가이며 정통 신학을 굳게 붙들고 있음을 느낄 수 있었다. 그러나 그는 학교 생활에서 뭔가 빠져있음을 느 낄 수 있었다. 밴은 신학교가 예수님에 대해서 가르치지만 예수님을 인 격적으로 만나는 장은 아니라는 인상을 던져 버릴 수 없었다.

밴은 아내 캔디와 함께 이웃 도시에 위치한 한 가톨릭 영성캠프에 참 석하기 시작했다. 이들은 침묵 기도, 열정적인 예배, 개인 영성상담에 참 여하기 시작했다. 이를 통해 보다 다양한 방법으로 그리스도에 대한 사 랑을 표현하고 복종하는 방법을 배우면서 신앙생활에 대한 전반적인 이 해도 확대되었다. 시간이 지나면서 이들은 그리스도와의 인격적인 관계 가 더 깊어짐을 느낄 수 있었다.

그러나 밴과 캔디는 위험한 점도 발견하기 시작했다. 이들을 인도하는 상담자의 신학은 자신이 다니는 신학교 교수처럼 보수적이지 않았다. 여기서 일하는 일부 수녀들은 성경의 권위를 인정하지 않았다. 일부 지도자들은 모세 오경에 대한 문서설 같은 비평이론을 신봉하는 사람들이었다. 걱정이 된 밴과 캔디는 두 가지 선택의 기로 앞에 섰다. 우리는 보다 분명한 정통신학의 길, 그렇지만 덜 역동적인 영성을 보여주는 이 길을 따라야 할 것인가? 아니면 신학적으로는 좀 문제가 있지만, 보다 역동적인 영성의 세계에 같이 해야 할 것인가?

밴과 캔디는 문제를 놓고 기도한 뒤 결정을 내렸다. 이들은 좀 더 분별력있게 선택적으로 배우기로 했다. 양쪽에서 좋은 부분만 따오기로 한 것이다. 이들은 자신들이 속한 복음주의 신학교의 바른 전통 신학적 입장을 유지하면서도, 영성캠프에서 경험한 성령님의 인도하심과 풍성한 생활에 마음 문을 열기로 했다. 이들은 자신들의 선택이 교리와 실천, 그리스도께 헌신하는 면에서 가장 성숙한 대안으로 이끌어 줄 것이라고 믿었다. 하나님은 이들의 결정을 축복하셨고, 오늘날 이들은 영적으로 성숙한 하나님의 종으로 그리스도를 섬기며 많은 열매를 맺는 사역을 하고 있다.

나는 위의 이야기를 통해 여러분도 기독교 영성에 대해 관심을 가져볼 수 있도록 도전했으면 한다. 이 이야기는 두 가지 면에서 우리에게 교훈을 준다. 먼저 성경을 알아가는 노력을 새롭게 시도하는 자세다. 우리는 하나님의 말씀을 읽고, 공부하고, 배워야 한다. 그러나 동시에 하나님을 직접 경험하고, 하나님의 인도하심과 위로하시는 손길을 삶 속에서 항상 새롭게 느낄 수 있어야 한다. 이를 통해 우리는 성도의 마음에서 거하시는 하나님을 보다 깊이 만나게 될 것이다.

## 직접 해보기

1. 각자 가진 '안경' 혹은 '자기 울타리'가 어떤 것인지 생각해 보자.

- 영성 운동의 어떤 면이 불편하게 느껴지는가? 손을 들고 큰 소리로 찬양하는 모습을 불편하게 느껴진 적은 없는가? 조용히 명상하는 것은? 통성기도는?
- 어떤 기독교 단체, 교단, 영성 운동에 대해 거부감을 가지고 있는가? 보수개신교? 가톨릭? 오순절계?
- 거부감이 느껴지는 단체, 교단, 운동의 어떤 면이 마음에 안 드는가? (여러분이 교단의 어떤 점을 '동의하지 않는' 지를 묻는 것이 아니라, 불편하거나 불확실하게 느껴지는 이유를 묻고 있다.)
- 이들의 관점과 활동에 좀 더 마음을 열고 대하면 어떤 면을 배울 수 있을까?

2. 복음주의 영성 지도자들을 평가해 보자.

이 장에서는 지면 제약 때문에 영성 지도자들을 표면적으로만 소개하고 끝낸 감이 있다. 여러분 나름대로 들어본 적이 있는 영성 관련 책 저자들을 몇명 골라 자세히 살펴보도록 보자. 이들이 우리가 앞에서 사용한 분류법에서 볼 때 어디에 속해 있는가? 근거는? 검토해 볼 만한 대상으로는 프란시스 쉐퍼, 브랜넌 매닝, 켄 가이어(Ken Gire), 맥스 루케이도(Max Lucado), 존 파이퍼(John Piper), 필립 얀시(Phillip Yancey) 등이 있다.

## 읽으면 도움이 될 책들

McDermott, Gerald R. Seeing God: 12 Reliable Signs of True Spirituality(Downers Grove: InterVarsity, 1995).

Schaeffer, Francis, A Christian View of Spirituality(Westchester: Crossway, 1984),「기독교 영성관」(크리스챤다이제스트, 1998).

Toon, Peter. What Is Spirituality?(London: Daybreak, 1989).

# 4. 친밀하신 하나님을 아는 것

Knowing God... As Intimates

"하나님이여 주는 나의 하나님이시라

내가 간절히 주를 찾되 물이 없어 마르고 곤핍한 땅에서

내 영혼이 주를 갈망하며 내 육체가 주를 앙모하나이다

내가 주의 권능과 영광을 보려 하여

이와 같이 성소에서 주를 바라보았나이다"

(시 63:1–2)

하나님은 우리가 보다 긴밀하게 주님과 동행하며 균형 잡힌 삶을 살기 원하신다. 이것은 마음을 통해 전달되며, 어떤 교리를 따라야 하는가 판단하는 것 이상의 문제다. 어떻게 매일, 매순간마다 삶을 즐길 수 있는가의 문제인 것이다.

– 토저(A. W. Tozer)[1]

하나님에 대한 지식은 사람이 가질 수 있는 가장 엄청난 보물이다. 그러나 문명국이라고 자처하는 곳에서도 이러한 지식을 가르치는 곳은 한 곳밖에 없으며, 거기서도 이 지식을 가르치는 데 별로 열심을 내지 않는다.

– 토저(A. W. Tozer)[2]

복음주의 기독교 영성은 무엇보다도 다음과 같은 특징을 가지고 있다. 새롭게 그리스도를 영접한 사람은 그리스도를 통해 하나님과 마음에서부터 하나가 된다고 약속 받았다. 이 약속은 복음에 근거한 내용이다. 복음은 우리가 믿어야 할 교리 뿐만 아니라 전 우주의 하나님과 회복된 관계를 누리는 법에 대해서도 설명하고 있다. 1648년에 제정되어 장로교 등에서 신앙고백으로 사용하는 웨스트민스트 소요리 문답의 첫째 질문도 다음과 같다. "인간의 가장 중요한 목적은 무엇인가?" 소요리 문답의 답은 이렇다. "하나님께 영광을 돌리고, 그분을 영원히 즐기는 것입니다."

이러한 관점에서 볼 때, 건전한 신앙지식으로 무장하고 하나님을 성실히 섬기는 신앙인들 중에서도 삶 속에서 그리스도와 동행하고 있음을 느끼지 못하는 사람이 있다는 사실은 상당히 심각한 현상이다. 사실 하나님을 위해서 일을 벌리는 것이 하나님을 느끼고 그분과 함께 일하는 법을 배우는 것보다 더 쉽다.

이 장에서는 구원 받고 회복된 자녀들에게 하나님께서 원하는 보다 깊은 관계가 무엇인지 살펴보려고 한다.

## 그리스도와 연결된다는 것

어떤 관계에서든지 상대와 대화하고, 이해하고, 협력하기보다는 일방적으로 뭔가를 열심히 해 주는 것이 훨씬 쉽다. 예를 들어 아이에게 이불을 정리하라고 가르치는 어머니는, 아무리 지적해도 변화가 없는 아이에게 너무 속상한 나머지, 자신이 직접 개어버리는 편을 선택할 때가 있다. 여기서 엄마는 아이에게 책임감을 기르는 훈련을 가르치며 힘들게 관계하는 것을 포기해 버린 것이다. 물론 결과는 똑같지만, 사랑 속에서 자라고, 협력과 복종 속에서 훈련하는 관계가 실종되어 있다.

하나님께 봉사하는데 열중하는 우리의 모습 속에서도 비슷한 문제가 발견된다. 습관처럼 되버린 신앙생활과 열심 속에서 영적으로 "나무나 풀이나 짚"(고전 3:12)처럼 허전하게 느껴지는 것은 당연한 것이 아닐지? 이사야, 바울, 어거스틴 같은 영적 거인들은 하나님을 만나고 대화하면서, 지적으로만 아니라 감정적으로도 하나님께 깊이 빠져 있었다. 그러나 오늘날 많은 신앙인들이 하나님을 불투명하고 어색하게 느끼고 있다. 이들은 나름대로 열심히 예배에 나오고, 헌금을 내고, 하나님께 감사하며 살고 있다. 그러나 하나님과 가까이 동행하면서 그리스도의 형상을 닮아가고 있음을 느끼는 신앙인은 얼마나 되는가? 사실 생각보다 많은 사람들이 영적 공허함을 호소하고 있다.

우리는 종종 예수님께 혼났던 빌립과 비슷한 처지에 빠진다. "내가 이렇게 오래 너희와 함께 있으되 네가 나를 알지 못하느냐?"(요 14:9) 하나님의 백성은 하나님을 가슴으로 느끼고, 직접 동행하기 전까지는 영적으로 만족스럽고 풍성하게 살 수 없다.

### "내가 이렇게 오래 너희와 함께 있으되……"

"내 삶에 하나님께서 함께 하는 것 같지 않아. 신앙이 감정에 끌려 다녀서는 곤란하지만, 이제는 무감각해져 버린 행위들을 반복하는 것이 신앙생활의 전부일까? 아니면 내가 하나님을 너무 자주 실망시키고 있기 때문에 거리감을 느끼고 있는 것일까?"

여러분도 이와 비슷한 느낌을 가져본 적이 있는가? 사실 하나님은 우리 삶에 항상 함께 하시고(요 5:17), 주변 사건과 이웃 사람들을 통해 우리와 대화를 시도하신다. 성경 말씀이 우리 마음속에서도 능력을 제대로 발휘할 수 있도록 기회를 엿보고 계시는 것이다.

우리는 창세기에서도 비슷한 모습을 발견한다. 하나님은 우르땅 갈대아라는 잘 알려지지 않은 마을에 살던 아브람에게 직접 다가가셨다. 하나님은 아브람에게 자신의 존재를 깨닫게 하신 후, 엄청난 약속과 함께 그를 이끌어 내셨다(창 12:1-3). 모세 역시, 광야에서 양떼를 몰고 다니던 중, 불타는 떨기나무를 통해 눈 앞에 나타나신 하나님의 천사(혹은 하나님)를 만났다(출 3:1-6). 하나님은 예레미야가 아직도 어머니의 뱃속에 있을 때부터 예언자로 부르셨다. "내가 너를 복중에 짓기 전에 너를 알았고 네가 태에서 나오기 전에 너를 구별하였고 너를 열방의 선지자로 세웠노라"(렘 1:5).

비슷한 사건들이 신약 성경에서도 등장한다. 예수님은 시몬과 안드레(막 1:16-17), 야고보와 요한(막 1:19-20), 마태(막 2:14)에게 가셔서 제자로 부르셨다. 막 성장하기 시작한 초대교회를 박해하기 위해 다메섹으로 가던 사울은 영화롭게 나타나신 그리스도를 만나자 그만 눈이 멀어버렸다(행 9:3-9). 이후 바울은 자신의 삶에 간섭하신 하나님의 손길에 대해 이렇게 회고했다. "이제는 너희가 하나님을 알뿐더러 하나님의 아신 바 되었거늘……"(갈 4:9).

분명한 사실은 하나님은 아주 미묘하고 놀라운 방법으로 우리를 불러내시러 오신다는 점이다. 기독교 변증가 C. S. 루이스가 표현한 것처럼 "하나님을 알게 되는 과정은 항상 하나님의 인도로 시작된다. 하나님께서 자신을 드러내시지 않는 한, 우리는 그분을 찾기 위해 아무것도 할 수 없다."[3]

모든 우주의 주인이자 한없는 능력을 가진 창조자께서 보잘것 없는 그의 백성과 마음이 하나되는 관계를 원한다는 점은 놀라운 일이다. 바로 이분이 우리의 하나님이시다! 이제 살아계신 하나님께서 우리 삶 속에서 어떻게 연결되기 원하시는 지를 생각해 보려고 한다.

## 열심이 아니라 관계를 원하신다

하나님과의 '관계' 같은 엄청난 문제를 다루기 전에, 먼저 우리는 일반적인 관계를 만들어 가는 것의 의미를 제대로 이해하고 있는가?

성경은 '믿음, 소망, 사랑' 을 강조하는 데서 끝나지만(고전 13:13), 성도들은 하나님을 위해 분주하게 일하기라는 네 번째 덕목을 추가하는 경향이 있다. 많은 사람들은 매일같이 반복되는 바쁜 일정 때문에 제대로 가족과 대화조차 할 수 없는 현실을 경험한다. 가까운 가족과도 그런 상황이라면, 조물주 하나님과 제대로 대화하는 사람은 몇이나 될까? 이런 대화를 위해서 충분한 시간을 가진 사람이 과연 있을까? 더구나 성도들은 설교말씀을 통해 팔을 걷어붙이고 하나님을 위해 분주해 지라고 요구받는다. 내가 다니는 교회 목사님도 항상 "예수님을 위해 자신을 불사르라!"고 가르치셨다. 마치 자신이 열심을 내다가 망가지는 정도에 따라 좋은 신앙인이 되는 것처럼 말이다.

윌리엄 헨드릭스(William Hendricks)는 「교회를 떠난 사람들의 이야기」(Exit interviews)라는 책에서 복음주의 교회를 떠난 교인들을 대상으로 한 설문조사 결과를 보여준다. 조사에 따르면 교회를 떠난 대다수가 프로그램의 홍수 속에서 막상 하나님을 찾는 데 실패했음을 보여준다. 헨드릭스는 영적으로 굶주린 상태에 있는 많은 성도들이 교회 밖에서 하나님을 찾기 위해 떠나고 있다고 지적한다.[4]

우리가 자랑스럽게 달고 다니는 분주함이라는 훈장은 우리 시대의 사탄 역할을 하고 있다. 현대의 경쟁과 약육강식의 문화는 모든 것을 철저하게 결과 중심으로 결정한다. 이런 현상은 교회라고 예외가 아니다. 우리는 속한 조직이 요구하는 업무 성취 정도에 따라 자신의 정체성과 가치를 매기며 살고 있다.

이런 상황에서 하나님께 경청하는 것이 무슨 유익이 있다는 말일까? 우리는 이미 행동 명령 – "너희는 가서 모든 족속으로 제자를 삼아……내가 너희에게 분부한 모든 것을 가르쳐 지키게 하라" – 을 받은 상태가 아닌가? 마음을 열고 하나님의 인도에 민감하게 반응하기 같은 것을 배우는 것은 너무 한가로운 태도가 아닐까? 하나님의 품 안에서 영적으로 쉼을 배우는 것은, 실천과 복종이 부족한 사람이 자기합리화를 위해 보이는 태도는 아닐지? 이런 질문은 분주함이란 이름의 사탄은 우리의 귀에 속삭이는 소리들이다. 분주함이란 이름의 사탄은 우리의 삶을 쫓기듯이 만들어 보다 거칠고 잔인해지도록 몰아간다. 결국 '해야 할 목표' 들을 다 하지 못했을 때마다 우리를 영적인 죄책감 속에 빠뜨리지만, 이것이 모두 사탄의 계략이란 것조차 모르도록 만든다. 마음속에서 긍휼은 사라지고, 하나님께서 가까이 오시는 것조차 거부하게 되면서, 결국 영은 육의 권세 앞에 눌려버리고 만다.

여러분도 분주한 삶이 하나님의 자리를 없애버리고, 결국 영혼을 압사시킨다는 사실을 알고 있는가?

하나님과 풍성하고 건강한 관계를 만들기 원한다면, 분주함은 전혀 도움이 되지 않는다. 이런 관계는 침묵과 기도를 통해 만들어지고, 하나님의 평안한 인도를 받으며 이웃을 섬기면서 자연스럽게 개발된다. 사람의 내면을 키우는 일은 관계를 통해서 만들어지는 것이다. 사람의 내면은 의무감(율법주의)과 과잉의욕(분주함)에 때문에 죽어간다. 우리가 하나님께 복종할 수 있도록 능력을 받으려면, 먼저 그리스도의 본을 따라 하나님과 마음으로 이어지는 관계를 가져야 한다. 이러한 자세를 갖추면, 비로소 예수님의 의도를 이해할 수 있게 된다. "나는 포도나무요 너희는 가지니 저가 내 안에 내가 저 안에 있으면 이 사람은 과실을 많이 맺나니 나를 떠나서는 너희가 아무 것도 할 수 없음이라"(요 15:5). 하나님과의 관계가 주는 은혜의 평안을 누려 본 사람만이 그 분을 제대로 섬길 수 있다.

## 많은 지식보다 친밀한 관계가 필요하다

어떤 신앙인들은 주로 지적인 면에서 영적 만족을 추구한다. 이들은 다양한 교회사, 신학 관계 도서들을 열심히 읽는다. 이러한 노력을 통해 엄청난 양의 하나님에 대한 지식을 얻게 된다. 그러나 그러다 보면 하나님을 인격적으로 아는 부분은 도리어 후퇴할 수 있다. 지적인 관심이 주가 되다보면, 신학적으로 반대입장에 있는 사람들을 반박하고, 설득하는 데 필요한 정보를 쌓는 데만 초점을 맞추게 된다. 그러나 지식은 내적 깊이보다는 두뇌 회전을 높이는 데에만 유익할 수 있다. 18세기 계몽주의의 영향 아래서 복음주의자들은 '이성'이 하나님을 발견하는 열쇠인 것처럼 행동할 때가 자주 있었다. 이들에 있어서 신학은 지적인 활동, 다시 말해 지성을 위한 지성의 활동처럼 되어버렸다.

모튼 켈시(Morton Kelsey)는 "개신교가 가르치는 하나님은 경험으로 깨달은 현실이라기 보다는 논리적 유추를 통해 발견된 신학적 개념처럼 되어 버렸다.”[5]라고 지적한다. ‘좌측뇌’ 중심의 신앙은 삶을 통해 경험된 현실과는 거리가 먼 추상적인 개념이 되기 쉽다. 토저는 많은 과학자들이 하나님이 창조하신 우주를 보면서도 하나님을 찾지 못하고 있는 것처럼, 많은 신학자들이 하나님의 말씀 속에서 하나님을 찾지 못하고 있다고 비판한다.[6]

진리의 지적인 이해가 없으면 성경적 영성의 틀을 만들 수 없다. 그러나 하나님과 인격적인 관계가 결여된 신학 지식은 결국 영적인 갈증을 가져온다. 하나님과의 인격적으로 만나고 경험하지 못하게 되면, 아무리 정통 신학에 철저한 신학도라도 영적 마비상태에 빠지기 쉽다. 기독교 영성의 목표는 정보를 더 얻는 것이 아니라, 그리스도의 형상처럼 변하는 것이다. 바울은 우상 제물로 쓰였던 음식 문제를 다루면서 이렇게 말한다.

> 우상의 제물에 대하여는 우리가 다 지식이 있는 줄을 아나 지식은 교만하게 하며 사랑은 덕을 세우나니, 만일 누구든지 무엇을 아는 줄로 생각하면 아직도 마땅히 알 것을 알지 못하는 것이요…… 그러면 네 지식으로 그 약한 자가 멸망하나니 그는 그리스도께서 위하여 죽으신 형제라(고전 8:1-2, 11)

성도는 하나님을 분석해야할 개념이 아닌, 가슴으로 관계해야할 인격으로 대해야 한다.

하나님을 가슴으로 안다는 말은 우리의 사고, 직관, 의지, 느낌, 관계를 총동원하여 하나님을 사랑한다는 의미다. 이러한 지식은 지적 분석뿐만 아니라, 인격적 만남과 실제적 경험도 같이 있어야 한다. 우리는 지적 능력을 이용하면서도 동시에 가슴을 통해 하나님에 대한 지식의 깊이를 더해가야 한다. 우리는 바른 교리에서 벗어나서는 안되지만, 동시에 마음의 가장 깊은 중심에서부터 하나님을 느끼도록 노력해야 한다.

하나님을 가슴으로 안다는 말은 인격적인 만남을 통해 얻어진 지혜와 시야를 모두 포함한다. '안다' 라는 단어의 성경의 의미는 정보를 더 얻는 상태 뿐 아니라, 적극적이고 인격적인 관계를 통해 친밀해지는 것을 의미한다(마 7:23). 결혼한 부부가 성관계를 통해 얻는 서로에 대한 앎도 바로 이런 종류의 앎이다(창 4:1, 눅 1:34). 아담과 이브가 금지된 선악과를 먹은 뒤, 뒤늦게 하나님을 거부하는 끔찍한 죄를 저질렀다는 사실을 알게 되었을 때도 마찬가지다(창 3:5, 22).

이런 맥락에서 하나님을 제대로 알기 위해서는 우리가 가진 모든 능력을 함께 동원할 필요가 있다. 여호와 하나님은 백성들에게 "나는 인애를 원하고 제사를 원치 아니하며 번제보다 하나님을 아는 것을 원하노라" 라고 말씀하셨다(호 6:6). 사도 바울의 증언도 유의해 볼 필요가 있다. "내가 그리스도와 그 부활의 권능과 그 고난에 참예함을 알려하여"(빌 3:10). 바울은 예수님에 대한 진리뿐만 아니라 예수님이라는 진리에 대해서 철저하게 헌신하고 있었다.

앞에서 언급했던 것처럼, 나의 과거 모습도 논리와 이론에 치중한 경향이 있었다. 그러나 회심이 마음의 문제라는 것을 깨닫게 된 후, 나는 내 속에서 살아계신 분으로서 그리스도를 인격적으로 경험하려고 노력하기 시작했다. 이제 나는 바울이 빌립보서에서 했던 말을 좀 더 제대로 이해할 수 있게 된 것 같다. "또한 모든 것을 해로 여김은 내 주 그리스도 예수를 아는 지식이 가장 고상함을 인함이라 내가 그를 위하여 모든 것을 잃어버리고 배설물로 여김은 그리스도를 얻고, 그 안에서 발견되려 함이니 내가 가진 의는 율법에서 난 것이 아니요 오직 그리스도를 믿음으로 말미암은 것이니 곧 믿음으로 하나님께로서 난 의라"(빌 3:8-9).

하나님을 가슴으로 안다는 것은 그분과 관계 속에서 나를 역동적으로 변화시킬 수 있도록 내어 놓는 것을 의미한다(사 60:16, 호 6:6, 갈 2:20, 요일 4:7, 13). 이런 변화는 먼저 상대에게 전적으로 마음을 열 때 만들어진다. 여기엔 서로에게 먼저 다가가고, 자신의 약점을 그대로 드러내고, 자신의 문제와 배경으로 나누고, 완전한 신뢰가 필요하다.

이런 조건을 갖출 때 우리의 마음문은 열리기 시작한다. 그렇지만 굳이 이렇게까지 해야할 필요가 있는가? 자기 속을 모두 하나님께 드러내는 것은 쉬운 일이 아니다. 그렇기 때문에 우리는 먼저 자기 고집대로 사는 경향을 포기해야만 한다. 자기 의지를 하나님께 맡기고, 다른 사람에 대해서도 자기가 원하는 대로 끌어당기는 노력을 중단해야 한다. 인간은 하나님까지도 자기가 원하는 대로 끌고 다니려는 경향이 있다.

여러분은 조금씩이라도 이미 이러한 문제를 느끼고 있지 않은가? 우리가 마음을 열고, 우리에게 다가오시는 하나님과 같이하려고 노력할 때만이 친밀한 관계를 발전시킬 수 있다(출 3:14, 계 3:20). 인간이 본능적으로 가진 하나님에 대한 반항을 이기고, 사랑으로 죄인을 받아주시고 고치시며 훈련하시는 그 분의 인도를 자연스럽게 따라갈 때만이 우리의 삶은 나아진다. 이 사실을 모르는 성도는 아마 없을 것이다.

잘 알려진 영성 교사 클레르보의 버나드는 친밀함이라는 표현으로 하나님께 마음을 드리는 자세를 아름답게 그려내고 있다(골 3:1). 하나님과 친밀해 질 때, 우리 안에 있는 공허함과 외로움은 동틀 무렵 아침 안개처럼 없어지게 된다는 것이다. 신앙인은 하나님의 말씀에만 만족하지 말고, 말씀의 주인공인 하나님과 직접 만나기 위해 노력해야 한다.

## 얼굴을 맞대고

어떤 사람들은 하나님과의 관계를 친밀함으로 표현하는 것 자체에 거부감을 느낀다. 친밀함에는 환상적인 달밤의 데이트 장면에서나 그려낼 수 있는 달콤한 무엇인가가 담겨있다. 그러나 아무리 엄격한 군대사령관도 대통령과 국가 안보를 위해 깊은 논의를 해야할 때는 어느 정도의 '친밀함'은 필요하다. 서로의 의도와 마음을 파악하고, 서로의 치명적인 약점, 농담거리까지도 아는 관계를 가질 때 더 좋은 결과가 나올 수 있을 것이다.

신앙적인 친밀함(Intimacy)이란 세상에서 말하는 깊은 관계를 의미하는 **정신을 완전히 빼앗겨 버린 상태**(Infatuation, 이 단어는 라틴어로 "바보처럼 되다"에서 파생된 단어다)로 이해되어서는 곤란하다. 어거스틴은 세상에서 말하는 친밀함이란 사랑과 사랑에 빠진 상태라고 정의한다.[7] 신앙적으로도 너무 빨리 달아오른 사람 중에는 너무 쉽게 식어 버리는 경우가 있다. 이런 종류의 에너지는 지극히 이기적인 동기에서 열심히 들어갔을 때 나타난다. 이런 친밀함은 잠시 기분을 좋게 해도, 진정으로 상대의 영혼과 관계하는 상태는 아니다. 이러한 상태에서는 상대의 마음을 깊이 있게 파악할 수 없다.

하나님과 동행하며 사는 법을 배우려면, 먼저 내적 수치감과 위선으로부터 벗어나야 하고, 동시에 지적인 이해와 선한 실천을 통해 우리 안에 계신 하나님을 드러낼 수 있어야 한다. 그런 뒤에는 하나님이 정말 어떤 분인지를 긴 시간을 가지고 신중하게 고민해야 한다. 히브리어로 존재를 표현하는 말은 '얼굴'이란 뜻도 같이 가지고 있다. 같은 맥락에서 하나님의 존재를 경험한다는 말은 성령님을 통해 주님의 얼굴을 맞대는(존재와 존재가 만나는) 친밀함을 경험한다는 뜻이다. 성경은 천사(눅 1:19), 지혜(잠 8:30), 그리스도(요 8:38, 히 9:24)는 거룩하신 하나님의 존재와 항상 함께 거한다고 가르친다. 우주의 창조자이자 무한하신 하나님은 모든 성도들에게 자신과 함께 하는 놀라운 경험에 초대하셨다. "주께서 생명의 길로 내게 보이시리니 주의 앞에는 기쁨이 충만하고 주의 우편에는 영원한 즐거움이 있나이다"(시 16:11). 시편 89:15은 이렇게 노래한다. "즐거운 소리를 아는 백성은 유복한 자라 여호와여 저희가 주의 얼굴빛에 다니며……"

위의 구절은 하나님의 존재를 당장 경험하며 살 수 있다는 사실을 직접적으로 증언하고 있다. 이에 맞춰 우리는 내 속을 모두 들여다 보시는 하나님의 앞에서 자신을 투명하게 드러내야 한다. 우리가 마음속에서 품고 있는 고민, 희망, 절망, 간절한 필요 등 그것이 무엇이든 간에 모두 드러내야 한다. 인간은 하나님의 빛 아래서 자신을 내어 모든 것이 드러나게 될 때, 용서의 의미, 삶의 변화가 무엇을 의미하는 지를 비로소 알게 된다. 이러한 변화를 통해서 만이 우리는 점진적이지만 철저하게 바뀌게 된다. 이 과정을 통해서만이 예수 그리스도께서 우리의 삶 속에서 맛보게 해 주시는 순수함, 달콤함, 복종의 축복 – 눈으로 볼 수는 없지만 우리 내부에서 동행하시는 하나님께서 보여주시는 영광의 빛 – 을 경험할 수 있게 된다.

'그분의 임재 안에서'(In His Presence)라는 노래의 후렴구절은 하나님과 동행하는 감격이 잘 표현되고 있다.

> 그분의 임재 안에서 나는 강함을 얻었네.
>
> 그분 임재 안에서…… 내 있을 곳을 찾았네.
>
> 그분의 얼굴을 구할 때, 그분의 영광을 경험하리.
>
> 더 이상 피할 수 없는 당신 임재 안에서, 주님을 부른다.[8]

이미 앞에서도 언급했다시피, 인간의 내적 변화를 인도하시는 분은 바로 하나님 자신이다. 하나님이 아니고서는 변화란 가능하지 않았을 것이다. 우리는 변화되고 싶다고 해서 그냥 변화될 수 있는 존재가 아니다. 그러나 마치 포도즙틀에서 나오는 포도주처럼 자신의 속성을 우리에게 '흘러 내보내시는' 하나님과 가슴으로 하나가 되었을 때, 성도는 자랄 수 있다. 그렇기 때문에, 영생의 삶이란 단순히 자격증만 부여된 수준에서 머무르지 않는다. 예수님의 놀라운 보혈의 희생 때문에, 영생은 우리 안에서 **실제로 경험되기 시작한다.**

위대한 개혁주의 신학자로 네덜란드 수상을 역임했던 아브라함 카이퍼(Abraham Kuyper, d. 1920)는 이렇게 썼다. "우리가 살아가면서 전능하신 하나님의 존재를 경험하고, 그분과 인격적이고 특별한 관계를 가지기 시작할 때, 비로소 하나님은 하늘에 계신 나의 주님이 된다." 카이퍼는 이어서 "여기서 우리가 말하고 있는 관계는 말로 표현하기엔 불가능할 만큼 너무나도 친밀하고 인격적인 관계를 가르친다. 우리가 이점을 제대로 이해하지 못했다면, 하나님을 깊이 알고 있다고 말할 수 없다. 그러나 하나님을 친밀하게 알기를 간절히 원하기만 해도, 적어도 삶의 지향점에 있어서 바르게 가고 있다고 말할 수 있다."[9]

하나님이 특별히 어떤 사람만 좋아하시는 것은 아니지만, 특별히 친밀한 관계를 하고 있는 사람은 분명히 존재한다. 여러분도 사랑으로 우리를 새롭게 하시는 하나님을 만나는 감동을 경험하고 싶은가?

## 형이상학적 연합이 아닌 인격적인 교제

우리 안에 있는 하나님을 느낀다는 것은 쉬운 일이 아니다. 많은 신앙인들이 주님을 우리 밖에 계시는 분처럼 대하는 것을 더 편하게 느낀다. 사실 우리 안에서 거하시는 사랑의 주님의 존재가 무엇을 의미하는 지를 파악하는 것은 아주 어려운 숙제다.

바울은 서신서를 통해 '그리스도 안에서' (혹은 '그분 안에서' 혹은 '주님 안에서')라는 표현을 164번이나 사용하고 있다. 이러한 표현은 아주 특별한 진리, 바로 그리스도께서 우리 안에서 거하시며(롬 8:10, 갈 2:20, 골 1:27), 그리스도인들은 주님 안에 거해야 한다는 사실을 내포하고 있다(고전 15:22, 고후 5:17). 예수님께서는 하나님과 우리 사이의 두 방향 관계를 한데 묶어서 이렇게 말씀하셨다. "그 날에는 내가 아버지 안에 너희가 내 안에 내가 너희 안에 있는 것을 너희가 알리라"(요 14:20, 15:4와 비교해서 보라).

그렇다면 이 관계는 구체적으로 어떤 의미를 가지고 있는가?

그리스도와 성도의 연합은 무엇보다도 위상의 연합이다. 하나님은 죄에 빠진 아담 속에 내재하는 인간 존재의 실상, 다시 말해 철저하게 타락하고 반항하고 아무것도 분별하지 못하는 인간의 모습에게서 관심을 띠신 적이 없었다(고전 15:22 참조). 믿음을 가진 사람을 향해 하나님은 의로운 자로 대하시고, 그리스도의 구원 사역의 영향 아래 놓으셨다(롬 8:1, 고전 15:22).

그러나 여기서 기억해야 할 사실은 이것이다. 그리스도 안에서 하나님이 연합한다고 해서 아직 본질적으로 하나가 되는 연합은 아니다. 유한한 존재인 인간은 무한하신 하나님과 하나가 될 수 없다. 영지주의자와 일부 신비주의자들은 영적 경험을 통해 개인의 독특성은 신의 일부로 흡수된다는 잘못된 가르침을 설교해 왔다. 그리스도와 교제를 원한다면, 결혼에서 부부가 직접 합치는 것 같은 직접적인 만남이 필요하지만, 그렇다고 해서 각자의 인간성이 하나님의 일부로 합쳐지거나 섞여 버리지는 않는다.

사실 우리와 그리스도와 연합은 경험적인 연합이라고 할 수 있다. 우리는 성령님을 통해 그리스도의 임재와 함께, 우리를 양육하시고 능력을 주시는 손길을 경험하게 된다. 예수님께서는 "사람이 나를 사랑하면 내 말을 지키리니 내 아버지께서 저를 사랑하실 것이요 우리가 저에게 와서 거처를 저와 함께 하리라"고 말씀하셨다(요 14:23). 이 구절의 의미를 잘 생각해 보자. 복음서를 통해 사도들이 전하고 있는 말씀은 예수님과 같이 나누었던 피와 땀, 눈물과 성취의 경험을 담고 있다. 어부와 세리들은 예수님께 다가와 배우고 사역의 결과를 목격하면서, 예수님께서 아버지 하나님께 헌신하시는 모습을 직접 볼 수 있었다. 복음서 기자들이 전하는 예수님의 신학은 그리 많은 내용을 담고 있지는 않다. 그러나 이들이 예수님과 나눈 경험은 엄청난 것이었다. 이들은 너무나도 강렬한 경험을 통해 자신의 삶을 하나님께 드리기까지 했던 것이다. 이러한 경험을 통해 제자들은 소심하고 나태하고 수동적인 자세를 벗어 던지고 확신과 인내를 가지고 부활하신 주님을 증거할 수 있도록 바뀐 것이다.

바울 서신도 성도는 그리스도가 거하는 처소이기 때문에 살아있는 하나님을 경험하게 될 것이라고 분명하게 말하고 있다. 바울은 "너희 몸은 너희가 하나님께로부터 받은 바 너희 가운데 계신 성령의 전인 줄을 알지 못하느냐 너희는 너희의 것이 아니라"고 말했다(고전 6:19, 고전3:16, 고후6:16과 비교해 보라). 바울은 우리의 육체를 하나님께서 직접 거하시는 것으로 간주되었던 예루살렘 성전의 성소(Naos)로 비유했다. 전능하고 위대한 조물주가 말 그대로 죽을 수밖에 없는 몸둥이 안에 거하신다는 가르침은 정말 놀라운 내용이 아닐 수 없다!

그러나 보수적인 신앙인들은 실제적인 경험을 신학적으로 잘 받아들이지 않는다. 실제적인 경험은 믿음의 기준(Summum Bonum)이 될 수는 없지만, 영적인 성장과 구체적인 실천을 통해 복음을 세상에 설득력 있게 전하기 위해서는 경험을 통한 하나님을 아는 지식이 반드시 필요하다. 이러한 경험을 통해 성경의 내용은 신앙인의 가슴에서부터 생명력을 가지게 된다. 주님께서는 이사야 선지자에게 이렇게 말씀하셨다. "너희가 우편으로 치우치든지 좌편으로 치우치든지 네 뒤에서 말소리가 네 귀에 들려 이르기를 이것이 정도니 너희는 이리로 행하라 할 것이며"(사 30:21). 많은 신앙선배들은 "하나님을 경험하는 것은 영성의 중요한 재료"라는 점을 증언하고 있다.[10]

## 참된 만남

그렇다면 하나님을 직접 경험한다는 것은 구체적으로 어떤 느낌을 말하는가? 여기서 신뢰할 만한 영적 경험의 특성을 몇가지 제시해 보려고 한다.

첫째, 겸손하신 예수 그리스도의 영적 인도를 통해 하나님을 만나게 되면, 우리 안에서 성령님을 통해 하나님과 연결되었다는 의식이 만들어진다. 존 웨슬리가 지적한 대로, 성령님이 우리 안에 거하시게 되면 "의외의 따뜻함을 느끼는" 경험을 할 수도 있다. 우리의 추악한 죄를 다루시는 때조차, 하나님은 아버지로서 우리를 자녀로 대하시고 사랑하시기 때문에 이러한 따뜻함을 느낄 수 있는 것이다. 하나님께서 인간의 타락한 모습을 드러내시는 것도, 우리를 부끄럽거나 비웃기 위해서가 아니라 죄가 가져오는 죽음의 권세로부터 해방시키기 위해서 그렇게 하신다.

둘째, 신앙인은 감당할 수 없는 하나님의 사랑을 강하게 경험할 수 있다. "보라 아버지께서 어떠한 사랑을 우리에게 주사 하나님의 자녀라 일컬음을 얻게 하셨는고……"(요일 3:1). 하나님의 무한한 사랑에서 나오는 영광, 선하심, 의를 경험한 사람은 자연스럽게 예배 등을 통해 기쁨의 눈물이나 경외감을 표현하게 된다.

셋째, 하나님이 안타까울 정도로 불완전한 인간의 모습에도 불구하고, 우리는 하나님의 받아주심을 느낄 수 있다. 그래서 바울은 흠이 많지만 포기하지 않고 씨름하는 성도들에게 "이러므로 그리스도께서 우리를 받아 하나님께 영광을 돌리심과 같이 너희도 서로 받으라"라고 권하는 것이다(롬 15:7, 굵은 서체는 저자첨가).

넷째, 하나님을 진정 만나본 사람의 또 다른 특징은 그리스도 안에서 만들어진 새로운 정체성이다. 나를 인정하시고 받아주시는 하나님의 모습 속에서, 우리는 창조와 구원을 통해 하나님 아버지의 자녀로 태어난 자신의 원래의 위상을 깨닫게 된다(갈 4:6). 다른 이들로부터 자신의 가치를 인정 받으려는 옛 자아를 벗어 던지는 법을 배울 때, 우리는 비로소 변화할 수 있다. 이제 우리의 영혼은 살아계신 하나님의 아들과 딸들로 인정 받는 것만으로도 만족을 느낄 수 있게 된다. 이런 사람은 진심으로 새로운 각오를 가지고 살 수 있게 된다. 어떤 인생의 시험과 고통이 와도, 영원한 생명을 가진 사람답게 이겨낼 수 있다(욥 2:7, 행 9:16, 약 1:2, 벧전 1:6).

다섯째, 성령님이 주신 다양한 영적 감동을 깊이 느낄 수 있게 된다. 여기에는 희락(성경에서 235번이나 등장한다. 대표적인 예로는 시 21:6, 롬 14:17, 갈 5:22 등이 있다), 평안(시 29:11, 사 26:3, 요 14:27), 감사(엡 5:20, 골 3:16), 인자(엡 4:32, 잠 4:3 여기서는 '유약함'으로 번역되어 나온다), 영적 사모(벧전 2:2) 등이 포함된다.

미국이 낳은 위대한 신학자 조나단 에드워드(Jonathan Edwards, d. 1758)는 그의 대표적인 책 「영적 감동」(Religious Affections)에서 참다운 기독교는 감동을 잘 이용할 수 있어야 한다고 주장했다. 자신의 영을 뒤흔들 만한 감동을 경험해 본 적이 없다면 그리스도 안에서 제대로 성장할 수 없다는 것이다.

경험은 유한한 인간으로 하여금 하나님의 자리에 올라가게 만들어주는 도구가 아니다. 그러나 경험은 하나님께서 우리를 치료하실 때 사용하는 중요한 방법이다. 우리가 아는 하나님에 대한 지식은 거의 모두, 다른 이들의 경험을 통해서 주어진 것이다. 여기서 말하는 다른 이들이란 구약의 모세, 다윗, 이사야부터 신약의 바울, 요한을 모두 포함한다. 우리의 경험은 성경을 기준으로 평가되어야 하지만, 하나님을 경험하는 것의 중요성을 강조하는 것은 일부에서 주장하는 것처럼 잘못된 것은 아니다. 여기서 C. S. 루이스도 같은 목소리를 내고 있다.

내가 경험에 호감을 가지는 이유는 그 순수함 때문이다. 여러분도 길을 못 찾아 헤매본 경험이 있을 것이다. 그럴 때마다 주위를 살피면, 금방 가야할 방향으로 알려주는 거리나 신호를 발견할 수 있다. 사람이 자신을 속일 때는 경험을 바탕으로 하기보다는, 자신의 의지를 가지고 그렇게 한다. 경험을 정당하게 점검하려고만 한다면, 어디서나 진실이 밝혀질 수 있다.[11]

인간이 가지는 하나님과의 관계, 친밀한 교제에 대한 갈증은 자기도취나, 비이성적인 도피주의, 영지주의적인 경향에서 나온 것이 아니다. 이러한 갈증은 우리의 영혼을 사랑하시는 예수님을 우리 각자의 삶 속에서 만나고 깊이 체험을 하길 원하시는 하나님께로부터 온 것이다. 예수님은 우리를 자신과 교제하도록 초대하셨다. 하나님께서 말씀을 통해 보여주신 진리를 잘 이해하는 것은 중요하다. 그러나 교회 생활에서 하나님과 가슴으로 진정한 연결점을 찾지 못한 신앙인은 쉽게 뉴에이지, 마술, 동양 종교가 약속하는 초월적인 경험에 쉽게 유혹될 수 있다. 말하자면 집에서 채우지 못한 갈증을 채우기 위해 밖에서 방황하게 되기 쉽다는 뜻이다.

우리의 하나님은 예수 그리스도 안에서 가슴으로 만나주시고, 이를 통해 얻는 경험적인 지식으로 우리의 내부를 채우신다.

## 말씀이 묘사하는 하나님과의 만남

성경은 하나님과의 만남이 어떤 것인지를 설명하는데 열심이다. 여기서 사용되는 묘사 방법은 아주 직설적이고 피부에 와 닿는 것들이다. 우리가 지금 알고 있는 하나님에 대한 지식은 미래에 드러나게 될 그분의 모습에 비하면 메아리 수준에 불과하지만(고전 13:9, 12), 성경은 그리스도를 통한 하나님 아버지와의 관계가 주는 깊이를 네 가지 이미지에 담고 있으며, 이들은 읽는 사람의 마음을 설레이게 하는 내용을 전한다.

### 하나님이 선택한 백성

구약성경은 여호와 하나님께서 거룩한 언약을 통해 이스라엘의 하나님이 되시고 이스라엘을 특별한 백성으로 삼으셨다고 가르친다(창17:7, 출6:7, 겔11:20).

신약성경은 유대인과 이방인들로 이루어진 초대교회를 하나님의 새로운 백성이라고 말한다(벧전2:9, 계18:4). 성경은 하나님께서 그의 백성들과 마음으로 하나가 된 사건들에 대해 많은 증언을 하고 있다.

하나님은 그의 백성을 조건 없이 사랑하셨다. 모세는 이스라엘 백성들에게 이렇게 선포한다. "여호와께서 너희를 기뻐하시고 너희를 택하심은 너희가 다른 민족보다 수효가 많은 연고가 아니라 너희는 모든 민족 중에 가장 적으니라 여호와께서 다만 너희를 사랑하심을 인하여 또는 너희 열조에게 하신 맹세를 지키려 하심을 인하여 자기의 권능의 손으로 너희를 인도하여 내시되 너희를 그 종 되었던 집에서 애굽 왕 바로의 손에서 속량하셨나니"(신7:7-8, 신33:3과 비교해서 보라). 하나님이 사랑하

시는 백성과 맺은 언약은 "네 열조에게 맹세하신 언약", 곧 절대로 지켜
질 사랑의 약속을 바탕으로 한 언약이라는 것이다(신7:12).

하나님의 백성은 특별히 선택된 백성이었다. 하나님은 이스라엘에게
이렇게 말씀하셨다. "내가 땅의 모든 족속 중에 너희만 알았나니"(암3:2,
신7:6, 10:15, 14:2). 이제 하나님은 그리스도를 믿는 성도들을 은혜로 선
택하시고, 개인별로 뿐만 아니라 하나의 공동체로서 하나님의 특별한 백
성으로 삼아주셨다(골3:12, 벧전2:9).

우리는 하나님의 선택된 백성으로서 그 분을 기쁘시게 하는 존재다.
바울은 "우리는 구원 얻는 자들에게나 망하는 자들에게나 하나님 앞에
서 그리스도의 향기"라고 말한다(고후2:15). 그리스도의 의로 덧입음을
입은 성도들은 하나님이 보시기에 만족스런 존재로 변한다(고후5:21).

이에 더하여 하나님은 그의 백성들 사이에 거하신다. 성도들은 하나님
과 함께 할 특권을 가진 사람들이다. 하나님은 "내가 내 장막을 너희 중
에 세우리니…… 너희는 나의 백성이 될 것이니라"고 선언하셨다(레
26:11-12). 우리가 어디를 가든 하나님과 함께 하는 느낌을 가질 수 있다
는 것은 얼마나 멋진 일인가?

## 부모와 자녀

하나님과 우리의 친밀한 관계를 설명하는 또 하나의 성경적 표현은 아
버지와 아들 혹은 어머니와 자녀의 비유다. 여호와는 부모의 입장, 곧 아
비(신 32:6, 사 63:16)로서 이스라엘을 자녀로 삼았다고 선포하셨다(출
4:22-23, 사 1:2-4, 호11:1). 주님께서는 다윗에게도 이렇게 말씀하셨다.
"나는 그 아비가 되고 그는 내 아들이 되리니…… 내가 네 앞에서 폐한

사울에게서 내 은총을 빼앗은 것같이 그에게서는 빼앗지 아니하리라"
(삼하 7:14-15). 예수 그리스도를 믿는 사람은 거듭남이라는 기적적인 사
건을 통해, 하나님을 '우리 아버지'로(마6:9, 데전3:11), 더 나가서는 '아
바 아버지'(아빠의 뜻을 가진 아람어 애칭)라고도 부를 수 있게 된 것이
다(롬8:15, 갈4:6와 비교해서 보라). 그리스도를 믿는 모든 성도는 하나
님께서 특별히 자녀로 삼아주신 존재다(롬8:14-17,19,21,23).

하나님께서는 모성애를 보여주시기도 하셨다. "여인이 어찌 그 젖 먹
는 자식을 잊겠으며 자기 태에서 난 아들을 긍휼히 여기지 않겠느냐 그
들은 혹시 잊을지라도 나는 너를 잊지 아니할 것이라"(사49:15). 어머니
가 자녀에 대한 사랑을 결코 포기하지 않는 것처럼, 하나님도 절대로 사
랑을 걷어들이지 않으신다. 시편에 보면 이와 비슷한 또 다른 증언이 등
장한다. "실로 내가 내 심령으로 고요하고 평온케 하기를 젖 뗀 아이가
그 어미 품에 있음 같게 하였나니, 내 중심이 젖 뗀 아이와 같도다"(시
131:2). 부모의 품에서 젖을 물어주면 아기는 울기를 멈추고 평안을 찾는
다. 이와 같이 하나님의 부드러운 보살핌을 통해 우리의 영혼은 엄마의
품보다 더 깊은 안락함과 친밀함을 느끼며 평화와 만족을 누리게 된다.

성경이 묘사하는 부모와 자녀와의 관계는 하나님 안에서의 경험할 수
있는 풍성함을 잘 설명하고 있다. 우리는 하나님의 자녀로서 특별한 사
랑(요일4:9-11)과 돌보심(신1:31, 눅11:11-13)의 혜택을 받게 된다. 우리
는 망막한 우주공간에서 혼자서 헤매는 고아 같은 존재가 아니다. 우리
는 새로운 가족의 일원으로서 '하나님의 자녀'라는 새로운 이름을 부여
받았다(요일3:2). 하나님의 영적인 아들과 딸들은 영광의 성령님께서 각
자의 마음속에 계심을 경험하게 된다(롬8:15, 갈4:6). 이를 통해 우리는

거룩하신 하나님 앞에 언제라도 다가갈 수 있는 특권을 누리게 된 것이
다(히 4:14-16).

## 부부관계: 사랑하는 자와 사랑 받는 자

부부 관계도 그리스도와의 관계를 의미하는 감정적인 유대를 잘 묘사
하고 있다. 구약성경은 여호와를 이스라엘의 신실한 남편으로(사54:5,
호2:16) 동시에 이스라엘을 하나님의 아내로 묘사한다(사62:4, 호2:2).
여호와는 그의 백성들에게 신실한 사랑을 보여주셨고(렘31:32), 이러한
사랑의 관계를 누구보다 기쁘게 생각하셨다. "마치 청년이 처녀와 결혼
함같이 네 아들들이 너를 취하겠고 신랑이 신부를 기뻐함같이 네 하나님
이 너를 기뻐하시리라"(사62:5). 여호와는 이스라엘의 계속적인 반역에
도 불구하고, 다시 기회를 주시면서 결혼 관계를 계속 갱신하셨다(호
2:14, 3:1). "내가 네게 장가들어 영원히 살되 의와 공변됨과 은총과 긍휼
히 여김으로 네게 장가들며"(호2:19). 이러한 은혜에 감동을 받은 신부는
회개하고 다시 남편의 품으로 돌아올 것이다(렘2:2). 예언자들은 사랑
받는 자들에게 이렇게 선포했다. "내가 여호와로 인하여 크게 기뻐하며
내 영혼이 나의 하나님으로 인하여 즐거워하리니 이는 그가 구원의 옷으
로 내게 입히시며 의의 겉옷으로 내게 더하심이 신랑이 사모를 쓰며 신
부가 자기 보물로 단장함 같게 하셨음이라"(사61:10).

신약성경은 그리스도를 교회의 신랑으로,(마25:1-10, 고후11:2) 하나
님의 백성을 약혼자로 묘사하고 있다(고후11:2, 계21:29). 청교도 설교자
들은 그리스도와 그의 백성간의 관계를 신비한 결혼으로 비유한 점에 주
목했다. 신랑 하나님께서는 신부를 자신의 몸처럼 조심스레 돌보신다

(엡5:29). 사랑을 받은 사람은 사랑을 주는 사람에게 자신이 누리는 사랑의 선물을 보답하고 싶은 마음을 가지게 된다. 더구나 신랑의 사랑은 자신의 생명을 신부를 위해 포기할 만큼 큰 것이었다(엡5:25).

여러분도 하늘의 신랑으로부터 "나는 너를 사랑한다"라는 고백을 듣고 있는가? 여러분은 그분을 위해 사랑의 반응을 보이고 있는가? 이러한 결혼 관계는 결코 파기될 수 없는 관계다. 사랑하는 자와 사랑 받는 자는 영원히 이 완벽한 교제를 누리게 될 것이다(계21:2-3).

우리의 반응도 예언자 호세아의 그것과 같기를 기도해 본다. 호세아는 사랑 받는 자를 찬양하면서 이렇게 말했다. "그러므로 우리가 여호와를 알자 힘써 여호와를 알자 그의 나오심은 새벽빛 같이 일정하니 비와 같이, 땅을 적시는 늦은 비와 같이 우리에게 임하시리라 하리라"(호6:3).

## 양과 목자

양은 다른 가축보다 더 많은 보살핌이 필요한 망나니 같은 동물이다. 성경은 여호와를 목자로(시23:1, 겔34:12), 이스라엘을 하나님의 양으로 묘사하고 있다. 하나님은 그의 백성들에게 이렇게 선포하셨다. "내 양 곧 내 초장(草場)의 양 너희는 사람이요 나는 너희 하나님이라 나 주 여호와의 말이니라"(겔34:31). 예수님도 이와 같은 '선한 목자' (요10:1-18, 히13:20과 비교해 보라)로, 그의 백성은 '양' (요21:15-17)으로 묘사되고 있다. 히브리어로 '로 에 이스라엘' (이스라엘의 목자)라는 단어는 우리의 주님이신 예수님을 묘사하는 단어이기도 하다. 이스라엘의 목자는 인내와 사랑으로 가지고 양들을 돌보시는 분이다.

하나님이 얼마나 우리에게 큰 인내로 사랑하셨는지 보다 뚜렷하게 이해하려면, 목자와 양의 관계를 살펴보는 것이 큰 도움이 된다.

목자이신 하나님께서는 우리 한 명 한 명을 깊이 파악하고 계신다. "문지기는 그를 위하여 문을 열고 양은 그의 음성을 듣나니 그가 자기 양의 이름을 각각 불러 인도하여 내느니라"(요10:3).

하나님은 우리를 기르시는 분이기도 하다. "좋은 꼴로 먹이고 그 우리를 이스라엘 높은 산 위에 두리니 그것들이 거기서 좋은 우리에 누워 있으며 이스라엘 산 위에서 살진 꼴을 먹으리라"(겔34:14).

목자이신 하나님께서는 우리가 무리를 떠나 방황할 때마다 우리를 찾아다니신다. 여호와 하나님께서는 이렇게 말씀하셨다. "목자가 양 가운데 있는 날에 양이 흩어졌으면 그 떼를 찾는 것같이 내가 내 양을 찾아서 흐리고 캄캄한 날에 그 흩어진 모든 곳에서 그것들을 건져낼지라"(겔34:12, 16절과도 비교해 보라). "내가 그들을 기르는 목자들을 그들 위에 세우리니 그들이 다시는 두려워하거나 놀라거나 축이 나지 아니하리라 여호와의 말이니라"(렘23:4).

목자이신 하나님은 우리를 항상 지켜주신다. "그는 목자같이 양무리를 먹이시며 어린 양을 그 팔로 모아 품에 안으시며 젖먹이는 암컷들을 온순히 인도하시리로다"(사40:11). 다윗도 하나님에 대해 이렇게 증언한다. "대저 저는 우리 하나님이시요 우리는 그의 기르시는 백성이며 그 손의 양이라 너희가 오늘날 그 음성 듣기를 원하노라"(시95:7, 시78:52와 비교해 보라).

목자이신 하나님께서는 우리와 대화하시고, 우리로 하여금 하나님의 음성을 들을 수 있도록 가르쳐 주셨다(요10:3, 16절과 비교해 보라). 목자는 따뜻하고 평안한 쉼터로 인도하여 우리의 영혼이 그의 노래를 들으며 조용히 쉴 수 있게 하셨다(겔34:15).

마지막으로 목자이신 하나님께서는 우리를 위해 자신의 생명을 주신 모습을 통해 자신의 사랑을 가장 잘 드러내셨다(요10:11, 15절과 비교해 보라). 예수님은 우리의 '선한 목자'이다. 하나님의 그 선하심과 자비의 모습으로 삶의 거친 길을 인도하시고, 우리의 가장 절박한 필요를 채워 주신다.

## 하나님을 알지 못하게 하는 방해물

우리는 종종 잘 기능하지 않는 관계를 경험할 때가 있다. 관계란 아주 즐거운 경험일 수도 있지만, 짜증나고 고통스런 경험일 수도 있다.

우리가 하나님과 동행하는 경험을 하지 못할 때, 기도가 너무 메마르고 공허하게 느껴질 때, 혹은 하나님의 사랑이 별로 와 닿지 않을 때, 신앙생활이 뭔가 잘못되고 있다는 느낌을 가지기 마련이다. 우리가 하나님과 사랑의 교제를 가지는 데 방해하는 장애물은 크게 두 가지다.

### 고백하지 않은 죄

우리가 하나님 앞에서 고백하지 않은 죄는 주님과의 관계를 방해하는 역할을 한다. 시편 15편에 나오는 다윗의 묵상을 주목하자. "여호와여 주의 장막에 유할 자 누구며 주의 성산에 거할 자 누구니이까"(1절). 여기에 대한 하나님의 답은 "정직하게 행하며 공의를 일삼으며 그 마음에 진실을 말하는" 자라는 것이다(2절).

죄는 사방으로 뿌리를 뻗어 가는 나무와 같다. 그 뿌리 중 하나는 자기 중심주의다. 자기에게만 봉사하는 사랑은 하나님에 대한 사랑을 죽인다. 필립스(J. B. Phillips)는 "자기 사랑의 정도가 가장 클 때, 자신에게 가장 많은 상처와 고통을 가져다 주는 죄를 짓게 된다"[12] 라고 지적한다. 또 다른 뿌리는 불신이다. 성도가 하나님에 대한 믿음을 버릴 때, 하나님과의 교제는 근본부터 흔들리기 시작한다(히11:6). 사도 요한도 이렇게 말한다. "만일 우리가 하나님과 사귐이 있다 하고 어두운 가운데 행하면 거짓말을 하고 진리를 행치 아니함이거니와 저가 빛 가운데 계신 것같이 우리도 빛 가운데 행하면 우리가 서로 사귐이 있고 그 아들 예수의 피가 우리를 모든 죄에서 깨끗하게 하실 것이요"(요일1:6-7).

40년 이상의 경력을 가진 한 크리스천 신경정신과 의사는 감정장애 환자를 대하면 다음의 질문부터 던진다고 한다. "당신은 아직 고백하지 않은 죄를 지니고 있습니까?" 그는 일반적으로 쓰이는 심리 검사 방법과 치료법을 모르지 않았지만, 자신의 오랜 경험을 비추어 보면 해결되지 않은 죄의 문제가 정서적 불안의 가장 직접적인 원인으로 등장한다는 것이다.

### 대화의 단절

하나님은 성령님을 통해 자녀들에게 성실하게 다가가신다(요14:16, 23). 그럼에도 불구하고 가끔 우리 쪽에서 하나님을 멀리하는 일이 발생한다. 한 기독교 신비주의자는 우리가 하나님으로부터 얼마나 멀리까지 떨어져 방황하는 지를 이렇게 표현한다. "하나님은 안에 계실 때, 우리는 밖에 있다. 하나님은 집에 계실 때 우리는 거리를 방황하는 이방인으로 산다."[13]

깊은 관계를 만들기 위해서는 먼저 상대에게 깊은 관심을 가져야 한다. 그 상대가 하나님 일 때는, 먼저 자신의 목소리를 낮추고 조용히 하나님께 귀를 기울이는 자세가 필요하다. 그렇게 하면 성령님의 부드러운 속삭임을 느낄 수 있다. 우리는 너무 자주 제대로 듣지 않기 때문에, 하나님의 말씀을 놓치고 만다.

관계는 대화가 없을 때 문제가 발생한다. 하나님은 그 분에 대한 사랑뿐 아니라, 내 속의 외로움과 혼란까지도 그대로 표현하도록 기다려 주신다. 우리가 감정을 표현하는 데 더 자연스러워지면, 하나님과의 감성적인 연결 정도도 늘어가게 된다. 영성 교사인 베리와 코넬리(Barry & Connolly)는 "자신의 감정을 단순히 표현하고 나누기 원하는 사람은 점점 더 깊은 감정 상태를 남과 나눌 수 있게 된다"[14]고 말한다.

우리는 다윗처럼 솔직하게 마음으로부터 하나님과 대화할 수 있다. "내가 내 원통함을 그 앞에 토하며 내 우환을 그 앞에 진술하는도다"(시 142:2). 야고보서 4:8도 이렇게 말한다. "하나님을 가까이 하라 그리하면 너희를 가까이 하시리라 죄인들아 손을 깨끗이 하라 두 마음을 품은 자들아 마음을 성결케 하라"(영어성경 MSG 번역본은 본문이 포함하고 있는 솔직한 대화의 분위기를 잘 표현하고 있다. "사탄 에게 아니요 라고 크게 고함을 치면 사탄 은 질겁을 하며 사라지게 될 것이다. 하나님에게 예라고 조용히 대답하면, 즉시 그 자리에 함께 하실 것이다." - 역주). 이런 성경 구절들은 지금 나와 여러분 모두가 원한다면 하나님께 아주 가깝게 다가갈 수 있음을 잘 보여주고 있다.

## 하나님을 경험한 사람들

일부에서는 하나님을 경험하는 시도 자체를 부정적으로 본다. 아마도 이러한 강조가 우리를 말씀 중심의 신앙에서 자기 멋대로의 신앙으로 타락시킬 것을 우려하는 것 같다. 그러나 오래 전부터 신실한 많은 신앙선배들은 인격적으로 하나님을 만난 경험을 공개적으로 고백해 왔다. 지금부터는 이 분야에서 우리에게 모범이 될만한 신앙 선배들을 살펴보려고 한다.

### 청교도의 영성

영미 개혁주의 개신교의 뿌리인 청교도들은 정통교리를 강조하고 예수 그리스도에 대한 깊은 헌신으로 유명했다. 대표적인 청교도 지도자로는 윌리엄 퍼킨스(William Perkins, d. 1602), 존 오웬(John Owen, d. 1683), 리차드 백스터(Richard Baxter, d. 1691), 존 번연(John Bunyan, d. 1688) 등이 있다. 수준 높은 지성을 추구했던 청교도들은 기독교의 명작뿐만 아니라 일반 서적들도 두루 섭렵했다. 동시에 이들은 건강한 영성, 살아있는 경험을 통해 하나님에 관한 지식을 가슴으로 받아들여야 한다고 강조했다. 예수님에 대한 사랑과 삶의 절제를 강조했던 청교도들은 자신을 새 예루살렘으로 향해 가는 영적 순례자로 이해했다. 이 순례는 하나님과 교제하고픈 열정에서 시작된 것이다. 하나님을 기뻐하는 삶을 살았던 이들은 하나님이 자신들을 기뻐하신다고 확신했다.

청교도의 영성은 세 개의 기반에서 출발한다. 세 개의 기반이란 이지적인 지식, 성령님이 인도하는 종교적 경험, 실제적인 복종을 가르친다.

청교도들은 진리를 지적으로 추구하고, 마음으로 느끼고, 삶을 통해 실천했다. 청교도 설교자들은 가슴으로 경험하지 않은 영적 진리를 선포하지 않도록 아주 조심했다. 성숙한 청교도들은 그리스도와의 연합을 오감으로 느꼈던 달콤한 경험이었다고 증언한다. 청교도들은 "너희는 여호와의 선하심을 맛보아 알지어다"(시34:8)라는 구절을 가장 선호했다.

청교도들은 영적으로 매일 자기 점검을 하는 것을 영적 생활의 가장 중요한 일과로 생각했다. 이들은 그리스도를 개인적으로 경험했는지 치밀하게 점검하고 확인했다. 이들은 개인적인 고민, 기도 응답, 하나님을 경험한 내용을 일기 등에 열심히 기록했다. 이들은 영적 씨름의 열매를 이웃과 나누면서, 더 많은 교훈을 얻게 되는 것에 기쁨을 느꼈다. 청교도들은 시편기자의 고백에 공감을 느꼈던 것이다. "하나님을 두려워하는 너희들아 다 와서 들으라 하나님이 내 영혼을 위하여 행하신 일을 내가 선포하리로다"(시66:16).

오늘날에도 일반적으로 교회가 교인을 등록하기 앞서 개인 신앙 고백부터 확인한다. 청교도들도 공동체의 일원이 되길 원하는 사람들에게 은혜의 역사를 영적으로 어떻게 경험했는지 그 증거를 가져오도록 요구했다. 이들은 성경의 교리와 진리에 대한 개인 경험을 균형있게 다루면서, 신앙이 삭막한 이성주의에 빠지는 것을 예방했던 것이다.

### 파스칼(Blaise Pascal, d. 1662)

파스칼은 프랑스의 유명한 수학자이자 과학자다. 동시에 그는 기독교로 회심한 후, 지적인 비신자들을 대상으로 강력한 변증을 펼쳤던 기독교 변증가였다. 파스칼은 이성만으로는 하나님을 충분히 이해할 수 없다고 생각했다. 눈은 색깔을 분별하고, 귀는 쇠를 듣지만 감지 영역은 매우 제한되어 있다. 그러나 세상에는 이성의 손길이 미치지 못하는 초자연적 혹은 자연적인 영역이 많다. 하나님과 제대로 관계하려면 '믿음, 소망, 사랑'이라는 마음과 관련된 능력이 요구된다(고전13:13). 파스칼은 솔로몬의 증언을 가장 귀중하게 여겼다. "무릇 지킬만한 것보다 더욱 네 마음을 지키라 생명의 근원이 이에서 남이니라"(잠4:23). 성도는 마음으로 하나님을 직접 느낄 수 있다. 지성은 마음이 본능적으로 파악하는 대상에 대해 개념을 이용하여 구체적으로 설명한다.

파스칼의 '팡세'를 보면, 머리와 가슴이 어떤 관계에 있는 지에 대한 그의 이해를 잘 보여준다.

"믿음이란 이성이 아니라 가슴으로 하나님을 이해하는 것이다"(424편).

"이론적으로 분석하기 좋아하는 사람은 감정과 관련된 문제를 잘 이해하지 못한다. 이들은 모든 것을 분석하기 때문에 대상을 직감적으로 포착할 능력을 가지고 있지 못하다"(751편).

"하나님을 아는 것과 그 분을 사랑하는 것은 얼마나 상관없는 일인지!"(377편).

"회의적인 이성주의자는 하나님의 은혜를 논리적으로 증명할 수 없다. 그러나 논리적으로 증명될 수 있는 하나님은 성경의 하나님이 아니다." 이것은 유명한 파스칼의 명언과 연결된다. "가슴은 이성이 파악하지 못한 대상의 근원을 파악하고 있다"(423편).

파스칼은 가슴과 머리를 같이 엮는 노력은 하면서도, 회의주의자들이 숭배하는 독립적인 이성은 거부했다. 하나님에 대한 진리는 이성을 통해 일부 증명되고 설명할 수도 있다. 그러나 신앙은 오직 경험을 통해서만 발견하고 이해해야 하는 영역이 있다. 물론 이런 진리라고 해서 꼭 '반이성적'인 것은 아니다. 파스칼은 머리와 가슴의 섬세한 결합을 원했던 것이다. 그는 "우리가 모든 것을 이성에 맡긴다면, 우리가 믿는 종교는 신비롭거나 초자연적인 특성을 모두 잃어버리게 될 것이다. 이성의 기준으로 신앙생활을 본다면, 결국 신앙 자체는 모순과 조롱거리가 될 것이다"라고 지적한다(173편).

피터 크리프트(Peter Kreeft)는 그리스도를 가슴으로 경험해야 한다고 강조한 파스칼의 입장을 이렇게 요약한다.

> 그리스도는 우리의 하나님이시다. 경험이 우리의 하나님은 아니다…… 그러나 우리는 그리스도를 경험하고, 만나고, 느낄 수 있어야 한다. 단순히 그리스도에 대한 바른 교리를 믿는 것만으로는 충분하지 않다. 우리가 필요한 것은 그리스도가 없는 경험도, 경험이 결여된 그리스도와의 만남도 아니다. 필요한 것은 그리스도를 경험하는 것이다. 그리스도에 대한 심리학이나 신학이 아니라 살아있는 관계를 기초로 하는 종교를 원하는 것이다.[15]

## 토저(A. W. Tozer, d. 1963)

캐나다 출생의 토저 목사는 하나님을 가슴으로 만나는 신앙 생활의 중요성을 아주 열정적인 필치로 강조한다. 철저히 성경 중심적이었던 토저는 기독교 영성 고전을 폭넓게 읽었다. 토저는 사색적이고 신비적인 영적 교훈을 효과적으로 전달하는 데, 동시대 복음주의자들의 수준을 뛰어넘었던 사람이었다. 그의 책은 지적인 도전뿐 아니라 정적인 감동과 열정을 불러일으키는 힘을 가졌다.

토저는 하나님에 대한 지식은 세 가지 길, 다시 말해 이성, 믿음, 영적 경험에서 온다고 말한다. 이들은 레위기에 나오는 성막뜰, 성소, 지성소에 상응하는 역할을 한다. 첫째로 이성은 피조물을 대상으로 한 지적 활동으로서 하나님의 존재, 성격, 윤리적 명령을 기본적으로 이해할 수 있도록 해준다. 그러나 이성적 지식은 생명을 구원할 수 없다. 둘째로 믿음은 성경을 통해 계시된 진리에 대한 지식으로 구원의 수단이기도 하다. 세번째로는 하나님을 직관적으로 알게 하는 영적 경험이다.

그러나 개인적인 경험을 통해서만이 하나님과 동행함을 인식하고 느낄 수 있다. 토저는 "우리 안에 거하시는 성령님을 통해서, 인간의 영혼은 보다 고차원적인 영적 세계와 바로 연결된다. 이를 통해 보이지 않으시는 하나님과의 실제적인 만남을 경험하게 되며, 하나님 나라의 권능을 직접 맛보고, 느끼고 보며 기다릴 수 있게 해 준다."라고 말했다.[16] 예수님은 자신을 사랑하고 따르는 이들을 "나도 사랑하여(그들에게) 나를 나타내리라"(요14:21)라고 약속하셨다. 예수님과의 관계에 경험적인 요소가 반드시 따를 것을 말씀하신 것이다.

토저는 하나님을 제대로 이해하기 위해서는 반드시 성경에서 출발해야 하지만, "우리 안에 계시고 영광의 희망이신 예수님"을 통해 경험되는 기독교의 영적 특성을 간과해서는 안된다고 말한다(골1:27). 그리스도께서는 성령님을 통해 믿는 자의 마음속으로 들어와, 직접 이들을 만나주시고 자신을 드러내신다. 그리스도 안에 거하는 성도는 육체적인 시력이 아닌 영적인 눈으로 주님을 볼 수 있게 된다. 성도는 내적으로 성령님의 강력한 인도를 체험하면서, 그리스도께서 주신 생명 속으로 더 깊이 빠져든다. 토저에 따르면 "객관적인 실체로서 하나님은 우리의 인격

안으로 들어오셔서 함께 거하신다.”[17] 조용한 묵상과 기도를 통해 신앙인은 “하나님을 느끼며 사는 삶”을 살 수 있게 되는 것이다.

## 기독교는 신비주의적인 종교인가?

많은 사람들이 ‘신비주의’라고 하면 ‘이단적’이란 뜻을 떠올리기 때문에, 여기서는 먼저 “기독교는 신비주의적인 종교인가?”라는 질문부터 짚고 넘어갈 필요가 있다. 성경적 신앙은 신비주의적인가?

신비주의는 안개 속에서 등장해서 분열로 끝난다는 우스갯소리를 들은 적이 있다. 신비주의라는 단어는 기독교 뿐 아니라 비기독교계에서도 사용된다. 비기독교적 신비주의는 합리적 이성을 거부하고 이원론을 강조하며, 신과 하나가 됨으로써 개인성이 포기되는 것을 의미한다. 비기독교적 신비주의도 문제지만, 극단적인 형태의 자칭 기독교 신비주의에도 주의가 필요하다.

신비주의는 신약성경에 나오는 단어 미스테리온(Misterion)에서 나왔다. 이것은 ‘비밀’, ‘신비’를 의미한다(고전2:7, 4:1, 엡1:9, 3:4, 9). 성경에 나오는 하나님은 초월적이고 무한하신 영적 존재다. 오직 하나님에게만 “죽지 아니함이 있고 가까이 가지 못할 빛에 거하시고 아무 사람도 보지 못하였고 또 볼 수 없는 자시니 그에게 존귀와 영원한 능력을 돌릴지어다 아멘”(딤전6:16). 욥의 증언을 보면 “하나님은 크시니 우리가 그를 알 수 없고 그 년수(年數)를 계산할 수 없느니라”라고 말한다(욥36:26). 하나님에 대한 지식은 항상 신비한 요소를 포함한다. 이성만 가지고는 하나님의 아름다움, 사랑, 감동 같은 현상을 제대로 설명할 수 없다. 사실 이러한 무형의 가치들은 "설명하기보다는 느끼는 편이 더 났다." C.
S. 루이스도 이점을 잘 지적한다. "(세상에서) 가장 좋은 것들은 우리가
가장 조금 이해하는 경우가 많다."[18]

예를 들어 지난 가을 나는 콜로라도주에 있었던 집 주변에서 아름다운
미루나무 숲을 발견했다. 여러분이 만일 나와 함께 숲 위로 수천길 솟아
있는 절벽 위에 앉아, 지는 태양 아래 불길에 타오르는 듯한 황금빛 노을
을 품은 미루나무들을 직접 봤다면, 내가 '아름답다'라고 표현한 말속에
들어있는 감격과 경외감을 공감할 수 있었을 것이다. 우리가 아름다움을
직접 접할 때만이 진실성과 그 깊이를 제대로 알게 된다! 은혜 역시 신학
적 개념으로는 설명할 수 있지만, 삶 속에서 하나님의 손길을 통해 완전
히 변화된 경험을 바탕으로 말하는 은혜는 전혀 다른 차원의 내용을 가
지고 있다!

그래서 어떤 신학자들은 기독교를 '초월적'[19] 혹은 '초이성적'[20] 종
교라고 부른다. 하나님과 친밀한 관계, 영적인 감동, 기도 같은 기독교의
신비한 경험은 이성적인 설명 뿐 아니라 동시에 가슴으로 경험할 필요가
있다.

보다 직설적으로 말하면, 성도가 하나님을 가슴으로 직접 경험하는 것
을 기독교 신비주의라고 한다.[21] **기독교 신비주의를 보다 구체적으로 정
의하면 성령님에 의해 가슴으로 전달되고, 우리 안에서 그리스도의 성품
을 닮아가고, 하나님 나라를 위해 헌신할 수 있는 권능을 하나님께서 직
접 부어주시는 경험이다.**

이런 종류의 하나님과의 영적 만남은 보통 기쁨과 찬양을 일으킨다.
제자로 영적으로 성숙해 가려면 반드시 신비주의적인 면도 개발되어야

한다. 모세, 다윗, 이사야, 예수님, 바울, 요한과 기타 여러 성경 인물들의 삶 속에서 건전한 의미의 신비주의적인 요소가 발견된다. 기독교 역사에 등장하는 어거스틴, 클레르보의 버나드, 마틴 루터, 토마스 아 캠피스, 십자가의 존, 아빌라의 테레사, 존 웨슬리, 토저 같은 인물들에서도 비슷한 면이 발견된다.

예를 들어 어거스틴은 성도는 반드시 자기 지성, 감정, 의지를 모두 동원하여 하나님과 관계해야 한다고 가르친다. 영적으로 진정한 진보가 있기 위해서는 거듭남의 감격에서 더 나아가, 하나님을 기뻐하고 그의 아름다움을 누릴 수 있어야 한다. 아주 열정적인 목회자였던 어거스틴은 이렇게 기도한다. "나로 내 마음의 비밀의 방으로 들어가게 하여, 당신께 말로는 제대로 표현할 수 없는 사랑의 노래를 부를 수 있도록 해 주옵소서. 나로 표현할 수 없는 이 마음을 표현하기를 포기하지 않게 하여 주시옵소서." [22]

건강한 기독교 신비주의는 이성이나 논리를 무시하지 않는다. 기독교 신비주의란 다른 사람보다 당신을 '더 특별하게' 만들어주는 능력이나 특별한 지식을 가르쳐 주지 않는다. 마음에서 그리스도와 동행하길 원하는 사람은 합리적으로 교리를 이해하는 것도 필요하다.

### 복음주의적인 신비주의가 필요하다

미국 신학자 도널드 블로쉬(Donald Bloesch)는 복음주의적 신비주의가 존재할 수 있는 지를 살펴보면서, "현대 개혁주의 교회들은 신비주의가 주는 보편적인 공감대와 그 속에 있는 지혜들을 너무 쉽게 거부하는 경향이 있다" [23]고 지적한다. 그는 제대로 된 기독교 신비주의는 차가운 이성주의로 빠지는 경향이 있는 복음주의에 유용한 자극제가 된다고 생각했다. 법률가 출신의 목회자 척 콜슨(Chuck Colson)도 자신은 이성의 시대에 산물이었지만, 주님과 동행하면서 놀라운 영적 직관력을 경험하게 되었다고 고백한다. "나는 더 이상 신비주의를 불신하지 않는다. 이제 그런 경험을 너무 많이 했기 때문이다."[24]

그렇다면 하나님과 제대로 만나는 경험을 통해 우리가 기대할 수 있는 것은 무엇일까?

### 평화 - 의지할 수 있는 반석

영적으로 깨어나기 위해서 반드시 신비주의적인 자극이나 묘한 감정 같은 것을 추구해야 하는 것은 아니다. 일단은 하나님께 당신의 존재를 더 실제적으로 느끼게 해 달라라고 기도하는 것으로 충분하다. 하나님은 확신이나 차분한 인식 같은 미묘한 경험을 통해서도 역사하신다. 이런 잔잔한 경험은 우리가 하나님과 동행하고 있는 지 의심에 빠졌을 때, 일정한 위안거리를 제공한다. 이를 통해 보다 단단한 기초 위에서 영적으로 상처를 입지 않은 상태에 있을 때, 우리는 이것을 하나님의 평화라고 부른다.

사실 우리 안에 거하시는 성령님을 통해서 하나님께서 드러나실 것을 기대할 수 있고, 또한 기대해야 한다. 성령님께서 신자들에게 구원을 확신시켜 주시는 역사도 이러한 기대에서 나온다. 바울은 이렇게 말한다. "성령이 친히 우리 영으로 더불어 우리가 하나님의 자녀인 것을 증거 하시나니"(롬8:16). 요한의 증언도 다르지 않다. "그의 계명들을 지키는 자는 주 안에 거하고 주는 저 안에 거하시나니 우리에게 주신 성령으로 말

미암아 그가 우리 안에 거하시는 줄을 우리가 아느니라"(요일3:24, 4:16
과 비교해 보라).

거룩한 성공회 성도였던 사무엘 웨슬리(Samuel Wesley)는 감리교의
창설자가 될 아들 존 웨슬리에게 이렇게 말했다. "아들아, 내적인 증언만
이 기독교에 대한 가장 강력한 증거란다." [25)

하나님의 성령의 사역에는 제한이 없기 때문에, 우리는 언제 어디라도
하나님과 가슴으로 교제할 수 있다(시139:7-10, 히4:16).

알렉스는 우크라이나 출신의 헌신적인 기독교 지도자다. 구소련 시대
동안 알렉스는 비밀경찰에 의해 체포되어 7년 간이나 감옥생활을 해야
했다. 감옥의 고독과 육체적 학대 속에서, 그는 평범한 예배, 성찬식은
고사하고 성경 읽을 자유까지도 박탈당했다. 그러나 알렉스는 감옥에 있
던 기간 동안, 자신은 가슴으로 하나님을 만났다. 그는 바울이 감옥생활
에서 경험했던 것과 비슷한 신비한 방법으로 자신도 하나님의 평화를 느
낄 수 있었다고 증언한다.

### 감동 – 불타는 가시덤불

모세가 잃어버린 양을 찾아 시내산으로 올라갔을 때, 하나님은 불타는
가시덤불의 모습으로 자신을 드러내셨다(출3:1-4). 이 신비한 만남에서
모세는 자신을 숨기지 않았다. 도리어 그는 그렇게 나타나신 하나님, 시
각적으로 등장하신 하나님 앞에서 감동을 그대로 드러냈다(2-3절 참조).
"어찌하여 가시덤불이 타지 않을까? 직접 가서 보자"(3절). 하나님께서
모세에게 말씀하시는 장면은 "하나님께서 모세가 돌이켜 보러 오시는
것을 보고"란 구절 후에, 다시 말해 그가 하나님의 영광스런 존재에 관심

을 보인 후에야 나타난다(4-6절). 영광의 하나님을 직접 만난 사람은, 도저히 거부할 수 없는 강한 이끌림을 경험한다. 예수 그리스도를 통해 영광의 하나님을 경험한 성도는 더 깊은 감동을 갈구하게 마련이다(시 34:8). 신앙 생활이 의욕을 잃고 맥이 빠지는 것은 하나님에 대한 감동이 부족하기 때문이다. 교회를 싫증나지 않도록 흥미위주로 몰아가면, 세상 방법이나 좇아가게 되고 결국엔 아무런 열매도 맺을 수 없다.

### 경이감과 놀라움 – 변모

성경에 대해 상당한 지식을 가진 친구 하나가 나에게 이렇게 말했다. "하나님을 정말 경이로운 분으로 느낀지도 너무 오래된 것 같아." 주변에도 비슷하게 고민을 하는 사람들이 있다.

하나님과 같이 할 때 느끼는 경이감은 제자들이 헤르몬 산에서 빛으로 변모하신 예수님을 보면서 느낀 것이기도 하다(마17:1-9). 다른 제자들보다 예수님과 가까운 관계에 있었던 것은 베드로, 야고보, 요한은 예수님의 영광이 드러나는 장면을 목격하고는 크게 놀란다. 눈 앞에서 예수님의 "얼굴이 해같이 빛나며 옷이 빛과 같이 희어"지는 사건이 발생한 것이다(2절). 더구나 모세와 엘리야까지 등장해서 예수님과 대화하는 장면을 보면서 얼마나 놀랐을까?(3절) 이 놀라운 사건 앞에서 베드로는 별로 세련되지 못한 반응을 보였다. "주님, 우리가 여기 있는 것이 좋습니다!"(4절) 이때 하늘에서부터 하나님의 목소리가 "이는 내 사랑하는 아들이요 내 기뻐하는 자니 너희는 저의 말을 들으라"고 말하자(5절), 제자들은 "듣고 엎드리어 심히 두려워"한다(6절). 제자들은 이 경이로운 경험을 통해, 예수님께서 곧 고난을 당하고 죽을 것이라는 예언을 듣고 혼란에 빠져있던 이들에게 큰 위로가 되었을 것이다(마16:21).

찰스 웨슬리(Charles Wesley)는 하나님 앞에서 느꼈던 경이감을 찬송으로 표현한다.

> 우리가 하늘나라에 갈 때까지,
>
> 우리가 주 앞에서 면류관을 받을 때까지,
>
> 영광에서 영광으로 변화시키시네.
>
> 경이, 사랑, 찬양 밖에는 반응할 방법이 없네.[26]

### 경외감 – 출애굽과 성령강림

모세는 이스라엘을 애굽에서 기적적으로 끌어낸 뒤, 하나님께 구원의 노래를 부른다. "여호와여 신 중에 주와 같은 자 누구니이까 주와 같이 거룩함에 영광스러우며 찬송할만한 위엄이 있으며 기이한 일을 행하는 자 누구니이까"(출15:11). 다윗은 하나님 앞에서 경험한 두려움 혹은 영적 경외감을 이렇게 표현한다. "오직 나는 주의 풍성한 인자를 힘 입어 주의 집에 들어가 주를 경외함으로 성전을 향하여 경배하리이다"(시5:7, 111:9와 비교해 보라). 이사야 선지자는 천사들의 호위를 받으며 왕좌에 오르신 주님을 보면서 이렇게 외친다. "화로다 나여 망하게 되었도다 나는 입술이 부정한 사람이요 입술이 부정한 백성 중에 거하면서 만군의 여호와이신 왕을 뵈었음이로다"(사6:5). 다니엘에게도 비슷한 기도가 발견된다. "내 하나님 여호와께 기도하며 자복하여 이르기를 크시고 두려워할 주 하나님, 주를 사랑하고 주의 계명을 지키는 자를 위하여 언약을 지키시고 그에게 인자를 베푸시는 자시여"(단9:4).

초대교회도 같은 경험을 거쳤다. 1세기 교회의 발전을 보며 주위 사람들은 경외에 어린 눈으로 바라보았다. "사람마다 두려워하는데 사도들로 인하여 기사와 표적이 많이 나타나니"(행2:43). 히브리서에서도 이런 구절이 나온다. "그러므로 우리가 진동치 못할 나라를 받았은 즉 은혜를 받자 이로 말미암아 경건함과 두려움으로 하나님을 기쁘시게 섬길지니, 우리 하나님은 소멸하는 불이심이니라"(히12:28-29). 성숙한 신앙은 하나님을 분석해야할 개념보다는 사랑, 경외, 경이감을 불러일으키는 영광스런 인격체로 볼 수 있어야 한다.

### 환희 – 천국을 목격한 바울

환희라는 단어는 헬라어의 엑스타시스(Ekstasis)에서 온 것으로, "자체로부터 벗어남"을 의미한다. 성도는 하나님의 사랑 속에서 자기를 포기해 버리지만, 이를 통해 영적 만족을 느낀다. 바울도 고린도후서 12:1-7에서 직접 경험한 영적 환희를 증거한다. 당시 사도 바울의 반대자들은 하나님으로부터 특별한 환상과 계시를 받았다고 주장했다. 그러나 바울은 자신이야말로 하나님으로 온 진정한 영적 환희를 경험했다고 말한다. "내가 그리스도 안에 있는 한 사람을 아노니 십사 년 전에 그가 셋째 하늘에 이끌려 간 자라 (그가 몸 안에 있었는지 몸 밖에 있었는지 나는 모르거니와 하나님은 아시느니라) 내가 이런 사람을 아노니 (그가 몸 안에 있었는지 몸 밖에 있었는지 나는 모르거니와 하나님은 아시느니라) 그가 낙원으로 이끌려 가서 말할 수 없는 말을 들었으니 사람이 가히 이르지 못할 말이로다"(2-4절). 이러한 하늘나라의 영광을 특별히 경험한 바울은 엄청난 박해에 굴하지 않고 사명감을 유지할 수 있었다는 것이다.

토저는 이 구절을 설명하면서, "성령 충만을 받은 사람은 문자적으로 영적인 흥분, 혹은 어느 정도 좋은 의미의 환각 상태에 머물러 있다"라고 지적한다.[27]

환희는 그 자체로 영적 생활의 목적이 될 수는 없다. 그러나 하나님께 복종하는 삶 속에서 약속된 이 귀한 선물을 통해, 우리의 영혼은 더 큰 만족을 누리고 사역할 수 있는 힘을 얻을 수 있게 된다!

찰스 웨슬리는 하나님의 영광을 경험한 성도는 마땅히 환희할 수밖에 없음을 강조하며, 다음과 같은 찬양시를 지었다.

> 나에게 가장 행복한 곳은 주님의 백성이 거하는 곳,
>
> 그 곳에서 성도는 고난 받으시는 하나님의 십자가를
>
> 환희의 눈길로 응시하고 있으리니.[28]

### 정통성 그리고 신비

복음주의자들은 교리적인 정통성에 대해 큰 자부심을 가지고 있다. 그러나 정통(Orthodoxy)이라는 단어는 '바른 영광' 이란 뜻을 가진 두 개의 헬라어 합성어에서 나온 말이다.

이스라엘은 하나님을 직접 만나볼 기회를 여러번 가졌다. 예를 들어 출애굽(출13:21-22), 시내산 사건(출24:16-18), 광야생활(민9:15-23), 성전(대하7:1-3) 등에서 하나님께서는 이스라엘 앞에 직접 등장하신다. 사도 바울은 성령의 시대가 오면 모든 성도들은 하나님의 영광을 직접 경험하게 될 것이라고 약속한다. "우리가 다 수건을 벗은 얼굴로 거울을 보는 것같이 주의 영광을 보매 저와 같은 형상으로 화하여 영광으로 영광

에 이르니 곧 주의 영으로 말미암음이니라"(고후3:18).

과거의 신앙선배들이 그랬듯이, 우리도 하나님의 영광을 경험함으로써 이웃들에게까지 영향력을 미치고 주님께 인도할 수 있는 인격으로 변할 수 있다.

토저는 바른 교리 위에 선 기독교 신비주의를 환영하면서, 참다운 기독교 신비주의자의 특성을 이렇게 설명한다.

> 평범한 정통 신앙인과 비교해 볼 때, (참다운 기독교 신비주의자는) 자신의 감각으로도 믿음을 깊이 경험했는지 여부로만 구별될 뿐이다…… 참다운 신비주의자는 조용하게 깊이 있게, 그리고 종종 자신의 현 상태와 주위 환경 속에서 하나님과의 만남을 즐거이 느끼는 사람이다…… 이들의 종교적인 경험은 영원한 하나님의 아들과 연합을 통해서 하나님과 직접 하나로 묶이는 경험이기도 하다. 이것은 단순한 지식을 초월하는 지식이다.[29]

참다운 기독교 신비주의자는 은둔생활이나 수도원을 택할 필요가 없다. 사실 신비주의하면 은둔생활을 떠올리는 것은 오해다. 정통 교회 안에 있는 신비주의자들은 실천적이고 개혁신학에 뿌리를 둔 사람들이다. 하나님을 갈구하는 신비주의자들 중에는 세상으로 더 깊이 들어가 사회적, 정치적 문제와 씨름하는 사람들도 많다. 바울, 어거스틴, 버나드, 루터, 아빌라의 테레사, 선다 씽 같은 신비주의자들은 하나님과 동행하는 영광을 누리면서도, 세상 속으로 들어가 하나님의 영향력을 실제적으로 증명했다. 토저 역시 주위 사람들로부터 기독교 신비주의자라고 불렸는데, 이 말은 그가 예수 그리스도와 깊은 인격적 관계를 가진 사람이었다는 칭찬이었다.

진정한 기독교 영성의 여부는 매일의 생활 속에서 그리스도의 향기를 뿜어내는 것으로 판단될 것이다.

## 요약 정리

하나님은 철학적 결론 이상의 초월적 존재이면서, 하나님은 인격적으로 관계하고 경험할 수 있는 존재다. 잘 알려진 개혁주의 신학자 존 머레이(John Murray)도 이점을 한마디로 이렇게 표현한다. "신앙 생활에는 지적인 신비주의가 필요하다."[30]

예수님과 인격적인 관계를 경험하지 않고 지적인 진리만 가르치는 것은 불량품 기독교라고 할 수 있다! 이런 영성은 빛이 차단되어 조금씩 말라 죽어가는 풀처럼 생명력을 잃어갈 것이다.

여러분도 진심으로 머리로 이해한 것을 가슴으로도 경험하길 원하는가?

주님을 가슴으로 이해하지 못하는 사람은 성경적으로 말해서 하나님을 제대로 알고 있다고 말할 수 없다. 믿음이 머릿속에만 갇혀 있을 때, 우리가 거친 세상에서 경험하는 영적, 감성적 필요는 채워지지 않는다. 존 파이퍼(John Piper)는 「하나님을 갈망함」(Desiring God, 1988)란 베스트셀러에서 모든 신앙인들이 하나님의 엄청난 미를 갈망하고 보고, 느낄 수 있어야 한다고 주장한다.

그러나 감정에 의해 좌지우지 되는 인생은 신학적인 균형을 잃기 쉽기 때문에, 교리적으로 왜곡되고 실천면에서 불균형을 이루는 삶을 살기 쉽다. 신뢰할만한 교리, 거룩한 감정, 복종의 실천이 같이 가야 한다는 뜻이다. 이 세 가지는 신앙생활이 절대적인 요소들이다. 이 중 하나만 강조하고 나머지를 무시하게 되면, 결국 신앙생활은 균형을 잃고 열매도 없게 된다.

하나님을 안다는 것은 하나님과의 사랑의 관계를 가꾸어 나감을 뜻한다(빌3:10). 이를 통해 우리의 전인격적인 변화가 일어나게 되는 것이다(고후5:17, 데전5:23). 신앙 생활에서 하나님과의 신비한 만남을 경험한 사람은 큰 축복을 받은 사람이다.

## 직접 해보기

1. 하나님을 경험하는 법

여기서 내가 선택한 성경 구절은, 바울이 에베소서 3:14-19에 적어놓은 기도문이다.(이 구절의 초점은 개인적이기보다는 집단적이기 때문에, 여러분은 연습문제를 두, 세명의 다른 신앙인들과 함께 풀어보는 것이 좋을 것 같다.) 이 짧은 구절을 큰소리를 읽어보아라. 그런 뒤, 몇 분 동안 구절들을 조용히 묵상하라. 그 후 다음의 질문에 답하여라.

- 바울이 말하는 "우리 마음속에 거하시는 그리스도를 경험함"의 의미는? 어떻게 하면 그리스도께서 우리의 마음속에 들어와 계시는 것을 자연스럽게 느낄 수 있을까? 어떻게 하면 신앙생활을 이 단계까지 올려놓을 수 있을까?

- 어떻게 하면 그리스도의 사랑에 보여주는 전반적인 깊이를 깨달을 수 있을까?(18절) 바울이 말하고 있는 깨달음이란 어떤 종류의 깨달음을

말하는 것일까? 여러분은 하나님의 자녀로서 그 분이 주신 사랑의 깊이를 직접 자신의 말로 표현해 보길 바란다.

- 성도가 "하나님의 모든 충만하신 것으로 충만하게 하"길 바란다는 말은 무슨 뜻인가?(19절) 무한하신 하나님을 영적으로 경험할 수 있는 방법은 무엇인가?
- 하나님께 그리스도의 사랑, 권능, 생명력을 더 많이 경험하고 알게 해 달라고 기도하자.

2. 한 신학자의 이야기를 깊이 생각해 보자.

아래의 인용은 패커(J. I. Packer)의 책 「성령을 아는 지식」(Keep in Step With the Spirit, p.74-75)에서 따온 것이다. 이 글은 방금 여러분이 읽은 이 장의 주제와 관련이 있다. 인용문을 기도하는 마음으로 묵상해 보자. 그렇게 한 뒤, 이 장을 통해 여러분이 이해한 내용을 바탕으로 아래 질문을 생각해 보자. 여기서 제기된 문제들을 각자의 신앙 생활과 경험에 적용해 보자. 여러분은 개인적으로나 그룹의 공동노력으로 이것을 시도해 볼 수 있다. 소그룹의 경우 그룹원들과의 상호작용을 통해 더 풍성한 내용을 경험할 수 있을 것이다. 메모장이나 일기장에 아래 질문에 대한 자신의 답을 적어보자.

현대사회는 하나님에 대한 지식을 경험적 차원에서 다루지 않는 경향이 있다. 도시화, 상업화, 집단화, 세속화된 현대인의 쫓기는 생활이나 우선 순위를 볼 때, 이러한 내적 상태를 관리하는 것은 매우 힘들 수밖에 없다. 이것을 시도라도 하는 사람은, 주위 사람들 눈에 괴상한 사람으로 비쳐지기 쉽다. 요즘처럼 분주한 활동에 치여 사는 분위기에서는 옛날부터 강조되어온 침묵과 묵상의 생활이란 확실히 인기가 없다……. 신앙생활이란 거룩한 분주함과 서두름의 연속이라는 생각이 우리를 지배하고 있으며, 그 결과 신앙적인 거룩을 경험한 사람들은 남들에게 이것을 알리지 않고 자기만 간직하는 경향이 있다.

- 패커는 "하나님에 대한 지식의 경험적 차원"에 대해서 말하고 있다. 진정한 하나님에 지식이 어떤 면에서 경험적이란 말인가? 각자의 생각을 써 보아라.

- 현대를 사는 여러분은 살아 계신 그리스도를 가슴속으로까지 느끼고 있는가? 삶에서 구체적으로 그리스도를 느끼는 방법이 있다면 무엇인가? 그 결과는?

- 패커는 오늘날의 급속도로 변하는, 여기에 내 의견을 더한다면 기술숭배에 빠진 시대에 "이러한 종류의 내적 상태를…… 관리하기가 아주 힘들 수밖에 없다"라고 말한다. 바쁜 현대인의 삶 속에서 그리스도와의 더 깊은 관계를 추구하는 데 방해 거리는 무엇인가?

- 여러분과 여러분이 속한 가족, 소그룹, 혹은 교회에서 그리스도와 관계를 깊게 만드는 데 방해가 되는 현대사회의 압력에 맞서서 씨름하고 있는 것이 있다면 무엇인지 깊이 생각해 보자. 여러분과 그리스도의 관계를 강화시킬 구체적인 행동 계획을 짜보자. 이것을 가지고 계속적으로 실천할 수 있도록 자기 점검을 정기적으로 하자.

## 읽으면 좋을 책들

Edwards, Jonathan. Religious Affections, ed. James Houston,(Portland: Multnomah Press, 1984),「영적 감정을 분별하라」(생명의말씀사, 2001).

Gire, Ken. Intimate Moments with the Savior(Grand Rapids: Zondervan, 1989), 「주님과 만나는 기쁨」(디모데).

Nouwen, Henri. J. M. Reaching Out: The Three Movements of the Spiritual Life(Garden City, N.Y.: Doubleday, 1975),「영적 발돋음」(두란노, 1998).

Nouwen, Henri. J. M. Lifesigns: Intimacy, Fecundity, and Ecstasy in Christian Prespective(New York: Doubleday/Image, 1986).

Packer, J. I. Knowing God(London: Hodder & Stoughton, 1973),「하나님을 아는 지식」(IVP, 1996).

Tozer, A. W. The Pursuit of God(Harrisburg, Penn.: Christian Publication, 1982),「하나님을 추구함」(생명의말씀사, 2000).

# 5. 말씀으로 자라는 영혼

Word That Feeds the Soul



"우리에게 묵상이 왜 필요한가? 묵상은 신앙의 본질이기 때문이다. 내가 성경에 있는 하나님의 말씀 속으로 보다 깊이 들어가는 것을 실패한 날은, 하루를 잃어버린 사람처럼 살게 된다. 우리는 하나님의 말씀이라는 굳건한 기초 위에서만 성장할 수 있다."

– 드미트리히 본 훼퍼(Dietrich Bonhoeffer)[1]

한창 커지고 있는 신도시에 위치한 교회의 청년 사역자로 일하던 샌디는 그 교회의 전도사역까지 책임져야 하는 처지가 됐다. 덕분에 일은 주당 70시간까지 늘어났고, 사역에 대한 열정이 몸에 밴 샌디지만 부담스러워지지 않을 수 없었다. 샌디는 주님과 조용히 시간을 보내거나 성경을 읽을 틈도 없을 만큼 바빠졌다. 자기를 찾아와 도움을 청하는 사람들도 귀찮아지기 시작했다. 교회에서 책임이 늘어난 것만큼, 그를 필요로

하는 사람들로부터 도망가고 싶은 마음도 같이 커져만 갔다.

어느 날 아침, 샌디는 거울 속에 자신의 모습을 보면서, 사역에 대한 열정도 식고 태도도 이상해져만 가는 자신을 느꼈다. 이제는 모두 때려치우고 싶다는 생각 뿐이었던 샌디는 자신이 위기에 직면했음을 느꼈다. 지난 몇 달 동안 그는 기도할 시간조차 없었다. 결국 그는 교회 행정위원회에 솔직히 자신의 어려움을 털어놓았다. 다행히도 교회는 문제를 심각하게 받아들여서 그에게 기도와 묵상을 할 수 있도록 업무량을 줄여주었다.

샌디는 산 속에 있는 친구의 오두막집으로 당장 들어가, 하나님의 말씀을 붙들고 혼자서 하루를 보냈다. 그는 시편을 통해 하나님의 권능과 위대하심을 다시 확인하고, 하나님 아버지를 제대로 찬양하고 예배할 수 있게 되었다. 샌디는 말씀을 통해 자신을 불러주신 하나님을 다시 느끼며, 신앙생활의 방향과 하나님의 백성들을 섬기는 소명을 회복했다.

그 날 저녁, 샌디는 집으로 돌아오면서, 하나님과 항상 동행하기 위해서는 성경을 읽으며 조용한 시간을 보내는 것에 우선 순위를 두어야만 할 필요성을 느꼈다.

## 새로운 유행

최근 서구에서는 명상에 대한 관심이 새롭게 늘고 있다. 그 배경에는 달라이 라마의 인기, 동양 종교의 발흥, 너무 바쁘게 사는 현대인들의 심리적 갈증이 있다. 오늘날 많은 영화배우, 프로 운동선수뿐만 아니라 일반인들까지도 불교나 힌두교 경전구절을 외우며 명상하는 법을 배우느라 정신이 없다. 지역 성인교육기관이나 문화강좌 등도 요가나 초월명상

(TM)에 관한 과정을 개설하는 것이 유행이다.

이 때문에 보수적인 기독교인들 중에는 명상과 비슷한 것은 모두 불편해하는 사람도 있다.

그렇다면 기독교인은 영적 회복을 위해 명상을 사용할 수 있을까? 만일 그렇다면 바른 기독교적 명상은 어떤 것이며, 어떻게 하면 왜곡되지 않도록 조심할 수 있을까?

나는 신앙인들도 명상을 건전하게 사용할 수 있는 방법을 제시하려고 한다. 이 장에서는 성경뿐 아니라, 영적 성장에 도움이 되는 기도문, 믿음의 위대한 찬양들, 기독교적 주제의 예술 작품을 이용한 명상의 바른 이용 방법을 살펴볼 것이다. 이 과정에서 건전한 기독교적 명상법으로 수용될 수 있는 것은 어떤 것인지, 예수님처럼 하나님 아버지와 더 깊은 관계를 가질 수 있는 방법은 무엇인지를 살펴볼 것이다. 동시에 성경의 기준에 적합하지 않은 명상에 대해서도 살펴볼 것이다.

## 하나님을 위한 일 자체에만 너무 바쁜가?

명상을 줄여서 설명하면, 자신의 내면 세계를 외부의 족쇄에서 해방시켜 영원의 세계로 다시 초점을 맞출 수 있도록 도와주는 훈련이다. 이를 통해 자신에 대한 집착을 버리고 하나님의 관점으로 세상을 볼 수 있게 된다.

로버트 콜(Robert Kohl)은 그의 책 「외국생활에서 살아남는 방법」(A Survivor's Guide to Overseas Living)에서 국제 사회가 미국인에 대해 가지는 인상을 적고 있다. 여기에 나온 목록 중에서 세 가지만 뽑는다면,

미국인의 이미지는 일반적으로 무례하고, 열심히 일하고, 항상 서두른다는 것이다.[2] 미국인들은 급하고 성취욕이 강한 경향이 있다는 점은 미국인 자신도 인정하는 바다. 최근에 미국 성인들을 대상으로 한 연구에서는, 설문대상의 92%가 자신의 삶이 쳇바퀴처럼 돌아간다고 생각하며, 78%가 일을 멈추고 휴식을 해야 할 필요가 있다고 말하고 있다. (그러나 한국사람은 미국인보다 상대가 안될 만큼 서두른다: 역자주). 덕분에 마지막 몇 초까지 절약하는 분위기에서, 영적 문제에 대해 생각할 틈이 있을 리 만무하다. 미국 국방성 대변인은 이를 빗대어 '작업 포화' 상태라고 부르기도 했다.

왜 우리는 자신을 이렇게 달달 볶는 것일까?

주위를 둘러보면 일할 의욕을 잃어버리지 않기 위해 일부러 바쁘게 지내거나, 자신의 가치를 '증명'하거나 고통스런 기억을 잊기 위해 바쁘게 사는 사람도 있다. 명상 캠프에서 친해진 한 목회자는 "복음주의자들은 아침부터 저녁까지 묵상할 틈도 없을 만큼 너무 바쁘게 산다"라고 지적했다. 미국인들은 자동차 뒷유리창에 중요한 이슈에 관한 문구 스티커를 붙이는 버릇이 있는데, 미국의 신앙인들에게는 "예수님께서 곧 오시니까, 바쁜척이라도 해라"라는 문구가 어울릴 것 같다.

3장에서 일반 영성에 대해서 비판하면서 인용한 토마스 무어는, 우리가 인정하지 않을 수 없는 사실을 잘 지적하고 있다.


어떤 사람들은 항상 뭘 해야하는 습관 때문에 뭔가와 같이 시간을 보내는 능력이 결여되어 있다. 현대 사회의 가장 널리 퍼진 질병은 생각할 시간이 없는 병 혹은 매일에 접한 정보들을 깊이 생각해 볼 틈을 잃어버리는 병이다······ 인간의 영혼이 다듬어지는 곳은 묵상과 고민을 통해 만들어지는 우리 내부의 공간을 통해서다. 어떤 사람들은 조용히 묵상할 수 있는 몇 분의 여유를 회복하기 위해, 전문심리상담가에게 엄청난 비용과 시간을 기꺼이 낸다.[3]

우리 중에는 스스로를 드러내시는 하나님을 제대로 볼 수 없을 만큼 빡빡하게 사는 신앙인들이 많다. 우리는 행동과 성취에 목숨을 걸도록 프로그램화 되어버려서, 하나님의 말씀을 들을 능력을 잃어버렸다. 우리의 영혼은 자기 소리에 귀가 멍멍해진 나머지, 성령님의 속삭임을 들을 수 없게 된 것이다. 우리가 걸린 조급증은 영적 생활을 마비시키고, 인간을 작업기계처럼 만들어 버린다.

여기에 우리가 같이 고민해야 할 영적 법칙이 있다. 결과 중심적인 삶, 조급한 생활은 현실적으로 하나님의 은혜를 경험할 기회를 막아버린다. 우리는 바쁘게 하나님을 섬길 수 있지만, 아이러니 하게도 이렇게 섬기는 하나님은 '남'이 된다. 결국 이런 사역과 삶은 끊임없는 공허함에 시달리게 될 것이다.

## 침묵의 시간과 영혼 다듬기

일에 쫓겨 살다보면 영혼의 회복을 위해서는, 내적으로 조용한 시간을 가지는 것이 선택이 아니라 필수가 된다. 우리의 내부는 평정을 찾고 숨을 돌릴 틈이 필요하다.

외부의 압력과 내적인 갈등 때문에 우리는 분주하고 골치 아픈 삶을 살게 된다. 이런 시끌벅적한 분위기 속에서는, 차분하고 조용한 하나님의 음성을 듣는 능력은 점점 사라진다. 잠시 동안 기억에 남는 호수나 냇가를 상상해 보자. 폭풍우가 몰아쳐 강 위의 모든 것들이 바람에 휩쓸려버린다. 조금 뒤, 폭풍우가 지나가면서 수면은 잠잠해 지고, 주변의 땅과 하늘은 평화로운 분위기를 회복하기 시작하는 것을 그려보자. 이와 비슷한 상황이 우리 마음에도 나타난다. 살아가면서 가지는 목적과 욕심은 우리의 영혼을 끊임없이 흔들어댄다. 그러나 마음을 가라앉히고 조용한 시간을 통해, 우리의 영혼은 편재하신 하나님의 존재와 매력, 능력과 교훈에 다시 초점을 맞추게 된다. 이런 경험을 한 우리를 통해, 이웃들은 우리 안에 있는 하나님의 빛을 더 분명하게 목격하게 된다. 모튼 캘시(Morton Kelsey)의 표현을 빌리면 "나의 마음이 수많은 생각과 잡념, 계획과 공포에 끌려 다니는 한, 나는 하나님이나 다른 차원의 현실에 제대로 귀를 기울일 수 없다."[4]

더구나 현대 문화는 정보의 과부화 속에 끊임없이 결정을 내려야 하는 상황을 만들고 있다. 우리는 너무 많은 자극에 시달리다가, 결국 탈진 상태가 되버린다. 직관, 감각, 상상력을 주관하는 우뇌가 푸대접을 받고 있는 셈이다. 덕분에 우리의 삶은 믿지 않은 형제들에게 복음을 전하고, 가난한 사람들을 돕고, 죄에 갇힌 사람들에게 희망의 빛을 전달하고, 하나님의 마음을 실천하는 일에서 점점 멀어지고 있다. 머리 중심의 삶을 사는 사람은 잠시 이성을 쉬고, 침묵의 훈련을 통해 마음이 삶에 더 많은 영향력을 발휘할 수 있도록 만들어야 한다.

또한 침묵은 우리의 내적 자아의 건강 상태가 확인될 수 있게 해준다. 이를 통해 하나님이 우리의 진정한 주인이 되실 수 있다. 사람은 보다 많은 재산, 권세, 지식, 자유 같은 것에 집착하며 지배 받는 삶을 살기 쉽다. 이런 상황은 자신을 버리고 하나님께 헌신하는 찬양을 하면서도 발생한다. 독립하고자 하는 욕구, 성공하고자 하는 욕구, 남을 지배하려는 욕구는 하나님의 뜻 앞에서 반드시 항복되어야만 한다. 인생을 자기 맘대로 몰아가려는 인간의 교만은 가장 치명적인 영적 문제다.

한심스런 우리의 모습에 불구하고 하나님은 그의 자녀들을 사랑으로 대하신다. 이러한 하나님의 은혜를 제대로 받아들이기 위해서는, 먼저 자신의 내적 자아를 투명하게 볼 수 있도록 자신을 잠잠히 만드는 일이다. 이를 통해 내 중심까지 하나님께 내어드릴 수 있게 말이다.

## 침묵의 신학

내가 속한 복음주의적 전통은 침묵이나 고독 같은 것을 별로 중요하게 여기지 않아 왔다. 네비게이토사에서 펴낸 「주제성경 색인」(Nave's Topical Bible)을 아무리 찾아봐도 '침묵', '잠잠함', '홀로 있음' 같은 제목은 아예 포함되어 있지도 않았다.

헨리 나우웬은 "과거에는 조용한 것이 당연하고, 시끄러움이 어색한 때가 있었다. 그러나 오늘날에는 시끄러운 분위기가 당연하고, 침묵은 그 자체로 어색하고 점점 거북하게 느껴진다"[5]고 했다. 교회나 신학교에서는 엉성한 'QT 강좌' 외에는 침묵이나 고독의 가치에 대해서 배워 본 적이 없었다. 세상 사람들과 더불어 기독교인들도 동양 종교가 제공하는 평안한 경험에 유혹 받는 것은 충분히 이해할 만하다.

실제로 침묵 훈련은 기독교 영성에서 매우 중요한 역할을 해 왔다. 토마스 아 캠피스는 "예수님은 우리가 영적으로 겸손하고 침묵하는 동안에만, 우리와 함께 하실 것이다"라고 썼다.[6] 십자가의 존도 "하나님 아버지께서는 한마디를 하셨을 뿐이다. 그 한마디가 바로 그의 아들, 예수님이었고, 이어지는 영원한 침묵을 통해 아들 예수님을 설명하고 계신다. 영혼은 침묵을 통해 하나님께 귀를 기울여야 한다"[7]고 했다. 테레사 수녀(Mother Teresa, d. 1997)도 이렇게 강조했다.

> 우리는 하나님을 찾아다니지만, 소음과 불안 속에서는 그 분을 찾을 수 없다. 하나님은 침묵의 친구다. 나무와 꽃, 풀 같은 자연이 침묵 속에서 자라는 모습을 보라. 달과 별, 해 등 이 침묵 속에 움직이는 모습을 보라…… 우리가 조용한 기도를 통해 하나님을 느낄수록, 역동적인 생명력이 살아난다. 영혼을 감동시키기 위해서도 침묵은 반드시 필요하다.[8]

빌 하이벨스(Bill Hybels)도 우리 마음이 다른 곳에 관심을 빼앗긴 '작업 중'에 있기 때문에, 성령님께서는 우리에게 더 가까이 오실 수 없다고 지적한다.

성경은 아주 분명하게 우리의 영성을 회복하려면 침묵하라고 가르친다. 하나님께서는 오늘날 바쁘게 살아가는 그의 백성들에게 이렇게 말씀하신다. "너희는 가만히 있어 내가 하나님 됨을 알지어다"(시편46:10). 하나님께서는 예언자 이사야를 통해서도 이렇게 말씀하셨다. "너희가 돌이켜 안연히 처하여야 구원을 얻을 것이요 잠잠하고 신뢰하여야 힘을 얻을 것이어늘……"(사30:15). 하박국 선지자는 타락한 이스라엘에게 이렇게 선언한다. "오직 여호와는 그 성전에 계시니 온 천하는 그 앞에서 잠잠할지니라"(합2:20). 스가랴 선지자는 열방에 대한 예언을 전하면서 이렇게 명령한다. "무릇 혈기 있는 자들이 여호와 앞에서 잠잠할 것은 여호와께서 그 성소에서 일어나심이니라"(슥2:13). 신약성경에서 베드로는 믿음의 형제자매들에게 "오직 마음에 숨은 사람을 온유하고 안정한 심령의 썩지 아니할 것으로 하라 이는 하나님 앞에 값진 것이니라"고 권고한다(벧전3:4).

우리가 침묵의 시간을 가질 때, 바쁜 생활 속에서 하나님이 들어오실 공간을 만들 수 있다. 마음을 진정하고 조용하게 함으로써, 하나님께 우리 전부를 드리게 된다. 우리 삶 속에 쌓여있는 수많은 쓰레기를 치우고, 100% 하나님만이 우리 주인이 되시도록 만들어야 한다. 우리가 하나님께서 들어오실 문을 열어 놓을 때, 그 분의 음성을 들을 수 있다. 우리는 실패와 죄의식으로 가득한 과거, 걱정과 두려움으로 가득한 미래로부터 동시에 자유로워져야 한다. 우리는 현재에 집중해야 한다. 지금 이 순간에도 그리스도께서는 우리의 중심에 들어와 살아계신다. 도널드 블로쉬(Donald Bloesch)는 "성경적 영성은 침묵을 필요로 한다. 침묵은 말씀 대용으로 사용되는 것이 아니라, 말씀을 들을 수 있도록 준비하는 데 사용된다"[9]라고 우리에게 조언해 준다.

성경의 하나님은 우리로부터 멀리 떨어져 계신 분이 아니다. 하나님은 바로 우리 옆에 계신다. 그리고 그분은 계속 우리와 대화하신다. 성경은 하나님이 우리 옆, 우리 앞, 우리 뒤, 우리 아래도 계신다는 사실을 강조한다(시139:7-10). 바로 우리 코 앞에 계신 것이다.

여러분은 우리 코 앞에 계시는 하나님을 조금이라도 느끼기 위해 침묵의 시간을 가지고 사는가?

우리에게 가장 필요한 것은 하나님을 제대로 받아들일 수 있도록 우리 자신을 내려놓는 것이다. 신학적으로 전혀 문제가 없는 사람도, 영혼이 방황하고 흔들린다면, 하나님과 연결된 우리의 생명줄이 위태해진다. 우리가 침묵에 들어가면 갈수록, 말씀으로 고치시고 새롭게 하시는 하나님과 더욱 하나가 된다.

위대한 종교개혁자 칼빈은 침묵의 중요성을 이렇게 설명한다. "우리는 반드시 마음과 지성을 같이 동원하여 하나님과 대화할 수 있어야 한다. 가능한 모든 도구를 사용해서 우리 안의 거룩하지 않은 요소들을 제거해야 한다. 균형을 잃은 이성은 그 자체만으로는 끊임없이 방황하며, 하나님과 상관없는 지적 활동에 빠진다. 결국 삶의 초점을 잃은 채 하나님의 나라로부터 멀어지고 이 땅에 고착된 삶을 살게 된다."[10]

그러나 마음과 지성의 균형을 잡는 것은 말처럼 쉬운 일이 아니다. 종종 인간의 마음은 정리되지 않은 생각과 감정의 분출구로 쓰인다. 하나님께 초점을 맞추려고 노력해도, '해야할 일들'의 목록과 사람들의 판단에 자꾸 신경을 쓰기 마련이다. 걱정, 공포 같은 잡다한 감정 때문에 생기는 감정적인 혼란은 하나님에게 기준을 맞추지 않은 생각들에 의해 더 악화되어 간다. "왜 그녀가 저렇게까지 반응하지 않도록 내 행동을 사전에 절제하지 못했을까?", "상사는 내가 제 시간에 현장에 필요한 지원 인력을 공급 받지 못했다는 사실을 알고 있을까? 그러나 결국 나 때문에 계약이 깨져버렸으니 내 자신이 원망스럽구나."

모든 캘시는 이 문제를 날카롭게 지적한다. "사람이 감정적으로 탁구공 흉내를 내는 것은, 다시 말해 감정상태에 따라 좌지우지하는 사람은, 묵상을 제대로 할 수 없다."[11] 깊은 영성의 사람이었던 헨리 나우웬도 하나님과의 관계를 방해했던 감정적인 장애물과 씨름했던 경험을 고백한다.

침묵은 정말 어렵다. 입을 다무는 것도 힘들지만 그보다도 마음을 침묵하는 것은 더 어렵다. 내 안에도 수많은 이야기가 계속되고 있었다. 마치 내 안의 자아가 내 자신과 친구들, 반대자들과, 지지자들, 동료들과 경쟁자들과 함께 항상 토론을 하고 있는 것 같았다. 그러나 이러한 내적인 소란은 내 마음이 하나님으로부터 얼마나 멀어져 있는 지를 보여주는 증거였다.[12]

## 영혼을 잠잠히 하는 연습

하나님은 우리에게 마음을 가라앉혀 묵상과 기도를 할 수 있도록 준비하라고 권고하신다. 이것을 구체적으로 실천하는 방법은 각 사람의 성격과 감정상태에 따라 다르다. 어떤 사람은 클래식 음악을 듣거나 자연을 벗삼아 조용히 산책하면서 영적으로 자신을 추려나간다. 어떤 사람은 보다 구체적으로 절제와 계획을 동원한다. 예수님은 하나님의 나라를 적극적으로 "구해야 한다"고 가르치셨다(마6:33). 건강한 영적, 감성적 상태를 가꾸는 일은 쉽지 않다. 여기엔 진지한 의지도 필요하지만, 종종 직접 몸으로 부딪히는 것 밖에는 다른 도리가 없을 때도 있다.

명상 같은 침묵 훈련은 호흡을 이용하여 가슴을 진정시키는 데 초점이 맞춰져 있다. 현재 유행하는 명상법에 비판적인 사람이라면, 호흡을 이용해 영혼을 집중시키고 침묵하는 훈련에 거부반응을 가질 수 있다. 이들은 전심으로 하나님의 말씀에 초점을 맞추는 훈련을 하는 것이 더 중요하다고 반박할 것이 틀림없다. 그러나 육체를 잘 조절하면, 영적으로 벌어지는 현상을 조절하는 데도 큰 도움이 된다. 잡다한 일에 신경을 쓰다보면, 옛 자아가 지니고 있던 긴장과 갈증, 걱정에 그대로 매여 살 수 있다. 우리는 먼저 자신의 영적 상태에 민감해야 한다. 그래야만 하나님께 고백하고 싶은 문제를 제대로 고백할 수 있고, 하나님의 위로, 교훈, 격려에 가장 영적으로 반응할 수 있게 된다.

성경은 영혼의 상태(그리고 이것이 육체적으로 드러난 상태)와 하나님과의 관계 사이에 밀접한 관계가 있음을 보여주고 있다.

히브리어 '루아'(Ruah)라는 단어는 인간의 숨 뿐 아니라 하나님의 영을 의미한다(창1:2, 시51:11, 사48:16). 예수님도 제자들에게 숨을 불어넣으시면서 성령을 받으라고 말씀하셨다(요20:22). 조나단 에드워드는 호흡과 성령님의 관계를 이렇게 설명한다. "호흡에 의해 우리의 생명이 지탱된다는 것처럼, 우리의 영적 생명은 하나님의 성령님 손에 달려있다."[13]

영적으로 침묵의 시간이 필요한 사람은 다음과 같은 간단한 방법을 이용해 볼 수 있다.

편안하게 자리를 잡고 앉아 평소처럼 숨을 쉰다. 코로 숨을 쉬면서 출입하는 공기를 느끼는 데 집중해 본다. 그래도 마음이 진정되지 않는다면, 다시 호흡에 정신을 집중시켜 본다. 이것을 몇 분간 계속해 보자.

물론 이 방법은 동양 종교에서처럼 '에너지'나 '기'를 느끼기 위해서가 아니다. 이를 통해 영혼의 침묵 시간을 가지고, 마음속에서 우리를 움직이시는 하나님을 느끼도록 준비하기 위해서다. 이런 방법은 감정적으로 마음을 다스리는 것 뿐만 아니라, 하나님께 더 귀를 기울이는 데 유용하게 사용될 수 있다.

마음을 잠잠하게 만들었다면, 하나님께서는 여러분이 그 동안 제대로 감당하지 못했던 영적 숙제, 예를 들어 병든 친척을 방문하는 것 등을 기억나게 하시지 않았는가? 하나님께서는 여러분 삶의 우선 순위를 재조

정하시면서, 지금까지의 실천 없는 신앙생활을 피부로 느낄 수 있도록 만드시지 않았는가? 이웃에게 가졌던 분노와 질투 혹은 책임을 전가하는 나의 모습을 깨닫도록 만드시지 않았는가? 이웃을 용서하고 하나님께서 판단하시도록 맡기거나, 직접 문제를 풀 수 있도록 지혜와 은혜로운 말씀을 공급하시지는 않았는가?

오랫동안 많은 기독교 작가들이 효과적인 묵상을 위해 침묵과 심호흡을 적극 권장해 왔다. 최근에도 캘시 같은 이는 "(심호흡을 통해) 자기중심적인 자아의 영향력을 줄이고, 보다 큰 자아가 그 자리를 대신하여 하나님의 은혜에 따라 살 수 있도록 돕는다"고 주장한다.[14]

침묵하기의 두번째 단계는 이렇게 해보자. 다시 한번 보통처럼 숨을 내쉬어 보자. 이 숨이 내 삶에 끼어있는 영적, 감정적 독성을 모두 뱉어내도록 하나님께서 도와주신다고 생각해보자. 여기서 말하는 독성에는 걱정(눅12:22, 25-26), 두려움(요일4:18), 분노(시37:8, 골3:8) 등이 포함된다. 한 번에 한 가지 독성에만 집중해서 내뱉으면서, 계속 해본다. 이러한 연습을 지속적으로 하다보면 악한 충동들을 이겨내는 데 도움이 된다. 악한 충동은 왜곡된 자아를 만든다. 이들을 잠잠하게 만들면 성경이 말하는 '옛사람'을 이겨낼 수 있다(롬6:6, 엡4:22, 골3:9).

세번째 단계는 숨을 들여 마시면서 정신을 집중시키는 것이다. 이제는 우리가 성경이 가르치는 선한 덕목과 은혜의 요소들을 내 안에 들어간다고 상상해 보자. 여기에는 사랑(요일4:10-11,19), 평화(사26:3, 요14:27), 선함(갈5:22, 벧전1:5), 온순함(갈5:23, 벧전3:4) 등이 포함된다. 꾸준히 같은 연습을 하다보면, 성경적 가치들을 의식적으로 음미할 수 있게 된다. 이것을 통해 성경이 '새 사람', '새 본질'이라고 묘사하는 진정한 자아를 강화시켜 나갈 수 있다(엡4:24, 골3:10). 이러한 훈련은 육체적으로 나 감정적으로 이완작용을 해준다. 영적으로는 악한 자아를 버리고, 그리스도 안에서 새롭게 만들어진 본성을 강화하는 데 도움이 된다. 이런 훈련은 우리가 가진 인간적 한계를 드러낸다. 우리의 영혼을 다루기 위해서는 육체를 잘 다루는 것이 필요하다는 사실을 보여준다.

## 영적 선배들의 조언

몇 년 전, 위에서 언급한 훈련을 접한 나는 인디아에서 샘 카밀레순 박사를 만날 기회가 있었다. 그는 당시 국제선명회 부회장으로서, 아시아 목회자 컨퍼런스의 실무준비책임자였다. 존경 받는 지도자이자 동서양을 모두 이해할 수 있었던 인디아출신 카밀레순 박사에게, 나는 이러한 명상 방법에 문제가 없는지 물어보았다. 카밀레순 박사는 그것이 왜 문제가 되는지를 의아해 하는 눈길로 나를 보면서, 이런 훈련은 "기도에 아주 좋은 준비도구"라고 말했다. 영국의 복음주의 신학자이자 목회자 피터 툰 목사도 침묵 훈련을 긍정적으로 평가했다.

긴장을 풀고 명상을 준비하는 방법도 사람마다 상황과 성격에 따라 다양한 호흡조절이나 자세를 이용할 수 있다. 이런 방법을 사용하는 목적은 내적으로 침착하고 조용한 상태를 만드는 것이다. 특별히 육체와 영혼간의 균형을 잡고, 나의 육체적인 부족함 때문에 성령님께서 마음의 주인이 되시는 것을 막지 않도록 준비하는 작업이다.[15]

## 묵상이란 무엇인가?

그리스도인에게 묵상훈련은 영적 기초공사에 해당한다. 우리 영혼은 세상에 시달리면서 기초부터 점점 강퍅해 지고 있다. 그럼에도 불구하고 여기에 말씀의 씨앗을 뿌리고, 죄의 잡초를 뽑아내고, 진리를 잘 가꾸어서 풍성한 수확을 거두어야 한다. 이 작업은 우리 안에서 역사하시는 하나님과 직접 협력관계를 구축할 때만이 가능하다. 하나님의 의의 나무가 성령님의 생명수의 강을 통해 자라도록 해 주어야 한다.

마음의 잠잠한 상태는 하나님의 역사가 일어날 수 있는 최적의 조건을 제공한다. 이 과정은 하나님의 말씀을 묵상하면서 시작된다. 어떤 사람들은 묵상을 의도적으로 관심을 기울이는 작업이라고 말한다. 묵상을 통해 자신과 세상으로부터 눈을 돌려, 하나님의 말씀과 성품, 권능과 역사하심을 더 깊이 생각해 볼 수 있다. 성경을 통해 하나님은 인격적인 방법으로 말씀하신다. 이를 위해서는 성경 말씀과 기독교 교양서적을 대할 때마다 기도하는 마음으로 내용을 "잘 씹어보는 것"이 필요하다. 묵상의 목적은 성경 공부나 설교 준비가 아니다. 효과적인 묵상을 위해서는 성경공부나 설교준비와는 구별된 시간과 장소가 필요하다. 묵상의 진정한 목적은 생명을 주시는 하나님의 말씀이 성령님을 통해 우리 안에서 역사하도록 허락하는 것이다. 이를 통해 우리 삶의 보다 많은 부분이 조금씩 더 그리스도의 형상을 따라 변화되는 것이다.

효과적인 묵상은 인간의 모든 기능을 이용한다. 인간의 지성, 직관, 의지, 감정, 윤리감각까지 모두 사용한다는 의미이다. 묵상이란 단어를 의미하는 히브리어는 두 가지다. 하나는 '하가'(Haga)인데 "말하다. 신음

하다. 묵상하다. 곰곰이 생각하다”라는 뜻을 가진다. 자연계에서 이 단어는 비둘기가 아침에 반복적으로 내는 소리나 사자의 울음소리를 연상시킨다. 두번째 단어는 동사 '시하'(Sihah)다. 이것은 “숙고하다. 암기하다. 생각하다”라는 뜻을 가진다. 단어의 어근을 볼 때, 묵상이란 영원한 진리에 대해 깊고 반복적인 숙고를 의미하는 듯하다.

성경이 묵상을 직접적으로 강조함에도 불구하고, 지난 이백년간 보수 기독교계는 이 분야를 푸대접 해왔다. 최근에는 불교, 힌두교, 뉴에이지적인 명상 때문에 묵상에 대한 부정적인 시각은 더 심해졌다. 패커의 말대로 “묵상은 오늘날 실종된 분야다. 이 훈련에 대한 무지로 인해 우리는 엄청난 손해를 보고 있다.”[16]

제2차 세계대전 중 독일 핀케발드에서 반 나치 신학자들이 문을 연 지하신학교에서 교장 본 훼퍼는 학생들에게 매일 아침마다 30분간의 성경 묵상을 의무화했다. 그러나 학생들은 학교 방침을 제대로 따르지 않고, 설교를 가지고 묵상을 때우거나 비몽사몽 중에 묵상을 하거나, 그 시간에 아예 잠을 자는 사람들도 있었다는 것이다. 그 동안 교계 지도자들 중에서 이 분야에 관심을 보였던 사람이 거의 없다는 사실을 볼 때, 기독교 묵상 훈련의 지도자 양성이 시급하다고 하겠다.

그러나 이러한 무관심에도 불구하고, 묵상 훈련을 통해 얻는 영적 유익을 평가절하 해서는 안 된다. 우리는 이러한 훈련을 통해 매일의 삶과 인생 전체를 재정돈하는 기회를 가진다.

## 하나님의 말씀을 묵상함

우리를 누구보다도 잘 아시는 창조주 하나님은 우리가 말씀을 통해 묵상하도록 부르셨다.

이스라엘이 요단강을 건너 약속의 땅으로 갈 때, 하나님은 여호수아에게 이렇게 말씀하셨다. "이 율법 책을 네 입에서 떠나지 말게 하며 주야로 그것을 묵상하여 그 가운데 기록한 대로 다 지켜 행하라 그리하면 네 길이 평탄하게 될 것이라 네가 형통하리라"(수1:8). 시편은 첫 장부터 "오직 여호와의 율법을 즐거워하여 그 율법을 주야로 묵상하는 자" 같은 의로운 자에게 약속된 축복을 선포한다(시1:2). 시편 119편은 하나님의 말씀을 기도하며 묵상하는 것이 얼마나 중요한 지를 계속 강조한다. "여호와여 주의 옛규례를 내가 기억하고 스스로 위로하였나이다"(52절), "악인이 나를 멸하려고 엿보오나 나는 주의 증거를 생각하겠나이다"(95절), "주의 말씀을 묵상하려고 내 눈이 야경이 깊기 전에 깨었나이다"(148절, 23,48,97,99절과 비교해 보라). 빌립보서 4:8과 계시록 1:3 같은 구절도 하나님의 흔들릴 수 없는 약속의 말씀을 가지고 묵상하도록 권고한다.

### 성경적 묵상에 대한 경험담

오랫동안 교회는 성경 묵상을 강조해 왔다. 4세기말 폰티우스의 에바그리우스(Evagrius of Pontus, d. 399)는 신앙 생활이란 유혹과 싸우고 묵상과 사색을 통해 성숙해 나가는 것이라고 정의했다. 버나드는 유명한 신학 논문 「사랑의 하나님에 관해서」(About God of love)에서, 묵상이란 하나님의 말씀이 머리에서 가슴으로 내려와 전 인격을 새롭게 만드는 작업이라고 설명했다.

리차드 백스터는 묵상이 지성뿐 아니라 영적으로 전신을 동원하는 작업이라고 말했다. 그는 "지적으로만 얻는 지식은 영혼 전체에 영향을 미칠 수 없기 때문에, 하나님의 말씀을 지적으로만 이해하는 사람은 제대로 이해한 것이라고 할 수 없다"[17]라고 썼으며, 이성의 역할은 "머리와 가슴 사이를 막는 문을 여는 역할"을 돕는 것이라고 했다.[18] 하나님의 말씀을 가지고 묵상하면 희망, 용기, 감격 같은 감정을 함께 일으킨다. 백스터는 묵상을 준비하기 위해 독백과 기도를 강력하게 추천했다. 여기서 독백이란 자신의 마음과 대화하는 것을 가르치고(시42:5,11), 기도란 영적 시각으로 하나님과 대화하는 것을 의미한다(시42:9).

제2차 세계대전 중에 나치정권에 의해 순교 당한 본 훼퍼 목사는 이렇게 자문하고 있다. "묵상을 통해서 내가 얻기 원하는 것은 무엇인가?" 그의 답은 이렇다. "나는…… 묵상의 과정과 결과를 통해 변화되길 원한다. 나는 하나님의 말씀을 통해 그리스도를 만나기 원한다. 우리는 하나님께서 말씀을 통해 오늘날 우리에게 가르치길 원하는 내용에 귀를 기울이는 자세로 본문을 봐야 한다. 하루를 시작할 때, 우리는 누구보다도 하나님을 먼저 만나는 것이 필요하다."[19]

## Lectio Divina (영적인 성경 읽기)

4세기 때부터 사용되었던 성경적 묵상 방법은 라틴어로 'Lectio Divina'로 불린다. 최근 개신교 안에서도 더 많은 사람들이 영적 지혜를 배우기 위해 비슷한 'Lecti'(독서법)에 관심을 돌리고 있다. 리챠드 포스터는 이 방법을 '마음으로 읽는 법'이라고 부른다.

'Lectio divin'는 크게 네 단계를 거친다. 옛날 라틴어 표현을 그대로 사용하면, 'Lectio'(읽기), 'Meditatio'(묵상), 'Ortio'(정적인 기도), 'Contemplatio'(사색)으로 진행된다. 'Lectio' 단계를 준비하기 위해서 는, 먼저 주님께 모든 관심과 정성을 다 드려야 한다. 당신의 마음속에 읽는 성경 구절의 의미를 깨닫게 해 달라고, 성령님께 의탁해야 한다.

이를 단계적으로 설명해 보자.

첫째, 성경구절을 선택한다. 시편, 기도문, 예수님의 예화나 설교 중에 서 고르는 것도 좋다. 여러분은 이 말씀이 하나님께서 각자의 영적 유익 을 위해서 직접 주신 것이라고 생각해야 한다. 전심으로 경청하며 구절 을 천천히 그리고 또박또박 큰소리로 읽어보자. 특별히 마음에 다가오는 단어나 구절이 있으면 잠시 멈추고 생각해 보는 것이 좋다.

둘째, 특별히 마음에 와 닿는 구절을 단어 하나까지 깊이 고민하며 생 각해 보자. 하나님께서 사랑으로 주신 말씀이 내 영혼 속까지 깊이 뿌리 내릴 수 있도록 귀를 기울이고, 깊이 생각하고, 뜻을 새겨보자. 성경말씀 을 진지하게 묵상하여 본문이 정말 나에게 느껴지는 영적 힘이 될 수 있 도록 만들자. 이를 생각하고, 도전하고, 적용하자.

말씀을 효과적으로 묵상하기 위해서는, 말씀이 보여주는 여러 가지 관 계를 염두에 두면 큰 도움이 된다. 우리와 성삼위(하나님, 예수님, 성령 님)가 서로 관계하는 모습을 여러 각도에서 그려보자. 먼저 성경 속으로 깊이 들어가, 말씀이 여러분의 삶을 도전하도록 만들자. "살아있고 운동력 있는"(히4:12) 하나님의 말씀이 우리의 자세, 감정, 목표를 평가하게 만들자. 믿음으로 배운 진리는 영혼을 위로한다. 그러나 부정적인 자세로 받은 진리는 고통스런 경험이 될 것이다. 조용히 묵상함으로써 하나님의 음성에 귀를 기울이고, 인도하시는 대로 영적 성장의 길을 따라가자. 'Lectio' 단계에서는 하나님의 계시가 개념적이자 인격적으로 이해되어야 한다. 성경 말씀은 정보를 전달하기도 하지만, 읽는 사람이 살아계신 주님을 인격적으로 만날 수 있도록 만든다.

셋째, 말씀을 가지고 내 안에서 역사하시는 하나님께 찬양을 돌리는 시간을 가져라. 방금 읽은 구절을 가지고 주님과 이야기를 나누어 보는 것도 필요하다. 하나님과의 대화는 차분하게 생각하든 격렬하게 호소하든 방법에는 상관이 없다. 일단 성령님과 성경 말씀을 통해 은혜를 주신 하나님 아버지께 감사하자. 하나님께 아직 마음속까지 깊이 다가오지 못한 하나님의 진리를 고루 접하게 해 달라고 간구하자. 유익이 되는 계시의 말씀에 복종할 수 있도록 우리에게 은혜를 달라고 간구하자.

'Lectio'의 마지막 단계는 주님께 의지하는 것이다. 이것은 하나님과 함께 그저 함께 있는 것이라고 표현할 수 있다. 동시에 하나님을 내 영적 성장의 대리인으로 세우는 작업이기도 하다. 단순한 헌신의 기도를 통해 주님과 동행하며 주님께 맡기는 결단을 내려보자.

사랑의 하나님과 교제하며 동행할 때, 묵상은 가장 높은 수준의 감동과 깨달음을 선사한다.

## 영성 개발을 위한 성경 읽기

로버트 뮬홀랜드(Robert Mulholland)와 피터 툰(Peter Toon)은 현대 사회에 맞는 'lectio divina' 법을 제시하고 있다. 성공회 출신의 복음주의 목사 피터툰은 이 방법을 "영성 개발을 위한 성경 읽기"라고 부른다. 일반적으로 성경 읽기는 지적이고 객관적인 정보를 모으는데 초점을 맞추며, 주석, 단어 연구, 과학적 해석법 등이 동원된다. 정보를 위한 성경 읽기도 무시해서는 안되지만, 신앙적 성품을 길러내는 데는 충분하지 않다.

영성 개발을 위한 성경 읽기는 성경 독자가 영감으로 된 성경 말씀을 통해 영적으로 다듬는 것을 목표로 한다. 이 방법을 사용하는 독자는 자신을 말씀 앞에 놓고, 하나님의 의도에 귀를 기울이고 복종한다. 거룩한 하나님의 말씀을 대하는 사람은, 그리스도께서 우리의 생각을 인도하시고, 시야를 넓히시고, 보다 높은 영적 성숙으로 인도하려고 한다는 사실을 기억할 필요가 있다.

툰은 "영적 개발을 위한 성경 읽기는 영감으로 이루어진 거룩한 말씀 속에서 그리스도를 찾고, 이를 통해 하나님의 사랑을 발견하고, 음미하며, 믿음과 사랑으로 영혼의 신랑 되신 예수님과 연합하는 것을 목적으로 한다"[20]라고 설명한다.

영성 개발을 위한 성경 읽기는 'Lectio'와 비슷한 점도 있지만 차이점도 없지 않다.

앞에서 시도한 본문을 가지고 비교해 보자. 성경 본문을 하나님으로 온 연애편지라고 생각해 보자. 기도하는 마음으로 본문을 천천히 반복해서 큰소리로 읽어보자. 본문의 의도를 찾아보면서, 사용된 한 단어 한 단어의 영적 중요성을 따져보자. 하나님께서 성령님을 통해 여러분께 말씀 하시는 내용을 찾아보자.

그런 다음, 하나님께 "하나님의 말씀 앞에서 제가 어떻게 반응하기를 원하십니까?"라고 묻자.

여기서 여러분이 구절을 통해 느꼈던 것을 자연스럽게 찬양, 간구, 중보 의 기도로 표현해 보자. 메모장, 일기장을 이용해 깨달은 내용을 적어도 좋다. 툰는 "심리학적으로 (영적 개발을 위한 성경 읽기는) 논리적으로 본 문을 분석하는 메마른 작업에 즐거운 휴식시간을 제공한다"[21]라고 말한 다. 영적 개발을 위한 성경 읽기를 적용해 본 사람들은 하나님의 말씀이 생명을 주는 경험, 실제적인 유익이 되는 경험이 되었다고 증언한다.

말씀 묵상은 매일 정기적으로 하는 것이 가장 좋다. 그러나 이런 습관 이 정착되기 위해서는 묵상의 결과를 직접 경험하는 것이 필요하다. 내 생각에는 처음에는 한 주에 한번 정도 해보고, 점점 더 시간을 늘이는 것 이 좋다. 묵상을 주일마다 하면, 지난주를 마감하고 새로운 주를 준비하 는 데 도움이 된다. 나는 여러분도 하루속히 묵상의 기쁨과 혜택을 누리 게 되길 희망한다. 일단 이렇게라도 시작한 사람은 자꾸 횟수를 늘리고 싶을 것이다!

## 경건 서적을 이용한 묵상

은혜의 하나님은 신앙의 글, 찬양, 예술 작품을 통해서도 자녀들에게 말씀하신다. 유능한 기독교 작가, 시인, 화가, 음악가들을 통해 우리는 엄 청난 진리의 보물 창고를 만난다. 물론 진리는 성경과 위기 속에서 경험하는 하나님과의 관계를 통해서 주로 얻어지지만, 그것만이 다는 아니다.

## 경건 서적

장담컨대, 영적 생활에 대해 다루는 경건 서적은 신앙 성장에 큰 도움이 된다. 나는 진심으로 어거스틴, 토마스 아 캠피스, 아빌라의 테레사, 윌리엄 로우, 조나단 에드워드, 아미 카마이클, 토저, 헨리 나우웬, 리차드 포스터 같은 신앙인들의 책에 여러분도 깊이 빠져 보라고 권하고 싶다.

경건 서적을 읽는 방법은 정보를 수집하는 '학자' 처럼 말고, 훌륭한 멘토(Mentor)로부터 지혜를 구하는 제자의 자세를 가져야한다. 이를 통해 저자의 의도, 배경, 동기에 대해서 많은 힌트를 얻을 수 있다. 책을 통해 성령님께서 직접 우리에게 말씀해 달라고 기도하라.

경건 서적 묵상도 성경 묵상처럼, 감당할 만큼의 분량을 정해 읽거나, 감동적인 부분까지만 잘라서 읽어보자. 마음을 편하게 가지고 절대로 서둘러서 읽지 말자. 별로 감동적인 내용이 아니라면, 잠시 멈춰 하나님께서 말씀하시는 바를 빼먹고 지나간 것은 없는 지 기도하며 깊이 생각해 보자.

그런 뒤 이렇게 자문해 보자. 이 책은 하나님의 성품에 대해 새로운 것을 가르치고 있는가? 그 동안 제대로 이해하지 못했던 영적 생활의 측면들을 설명하고 있는가? 어려움 중에서 하나님을 신뢰하기, 나를 괴롭히는 자들을 용서하고 하나님께 처벌을 맡기기, 혹은 내 삶에서 하나님의 뜻대로 사는 방법 같은 것을 새롭게 가르쳐 주고 있는지? 어떻게 하면 지금 얻은 발견을 가지고 삶을 살아갈 수 있을까?

잠시 동안 발견한 진리를 가지고 조용한 시간을 가지면서, 섬세하신 성령님의 손길에 민감하게 반응해 보자. 그런 뒤 여러분이 읽은 내용을 가지고 주님과 대화를 나누는 시간을 가져보자. 우리의 깨달음을 인도해주신 주님은, 우리가 이것을 가지고 이야기를 거는 것을 아주 기뻐하신다.

여기에 더해서 내가 여러분께 강력하게 추천하고 싶은 것은 새롭게 발견한 지혜와 결심 내용을 메모장이나 일기장에 적어보는 습관이다. 일기 쓰기는 묵상과 영적 독서의 필수다. 이 훈련을 통해 발견된 지혜가 여러분의 삶의 실제적인 변화로 이어지게 될 것이다.


### 교회의 찬송

기독교 음악은 우리의 마음을 하나님께 더 가까이 가도록 도와준다. 음악적으로 재능이 없는 사람도, 거룩한 신앙 선배들에 의해 쓰여진 찬양을 묵상함으로써 영적으로 자랄 수 있다.

성경은 그리스도를 찬양하는 음악의 영적 가치를 잘 인식하고 있다. "우리가 감사함으로 그 앞에 나아가며 시로 그를 향하여 즐거이 부르자"(시95:2) "시와 찬미와 신령한 노래들로 서로 화답하며 너희의 마음으로 주께 노래하며 찬송하며"(엡5:19).

좋은 찬양집들을 이용해라. 옛날 찬양 중에는 의외의 가치를 가진 것들이 수북하다! 제목이나 주제별 색인을 이용하여 찬양곡을 골라보자. 어떤 찬양은 너무 교리적이다. 그러나 대부분의 찬양은 우리의 영혼을 새롭게 해줄 영적 지혜를 많이 담고 있다. 이것들을 차분히 읽고, 묵상하고, 기도하고, 여러분의 삶에 적용시켜 보자. 'Lectio' 나 영성 개발을 위한 성경 읽기법을 찬양 묵상에도 적용해 보자. 여기서는 위대한 믿음의 찬양 두 개를 가지고, 어떻게 묵상할 수 있는 지를 살펴보려고 한다.

나는 개인적으로 프레드릭 페이버(Frederick W. Faber)가 1854년에 쓴 찬양 「너무도 넓은 하나님의 자비」(There's a Wideness in God's Mercy)를 좋아한다. 로마 가톨릭으로 전향한 성공회 목회자 페이버는 찬양을 통해 나에게 그리스도를 통한 하나님의 무한한 구원의 자비뿐 아니라, 나에게 해를 입히는 사람들에게도 자비를 베푸시는 하나님을 감동적으로 보여준다.

> 하나님의 자비는 너무도 커서
>
> 저 바다와 같다네
>
> 하나님의 의는 너무도 부드러워
>
> 자유보다 더한 자유를 주신다네
>
> 이 땅의 아픔도 저 하늘에서 더 크게 느끼시며
>
> 이 땅의 실패에도 너무나 자비로운 심판을 내리신다네[22]

개인적으로 나에게 영적 충전과 하나님의 은혜를 재확인 시켜준 또다른 찬양은 아이삭 와츠(Isaac Watts)가 시편 23편을 가지고 1791년에 만든 「나의 필요를 채우시는 목자」(My Shepherd Will Supply My Need)다.

> 내 목자께서는 내 필요를 채워주시네
>
> 그분의 이름은 여호와
>
> 푸른 초장에서 나를 먹이시고
>
> 흐르는 물가로 인도하시네

그는 내가 그의 길을 벗어났을 때에도

방황하는 나의 영혼을 회복시키셨네

자비의 손길로 나를 이끄셔서

진리와 은혜의 길로 인도하시네[23]

## 시각 예술을 통한 묵상

계몽주의시대 이후 이성을 중심으로 살아온 우리는, 묵상을 위해 시각 예술 작품들을 이용하기란 쉽지 않다. 교리가 논리적이고 언어 기능을 담당하는 좌뇌에서 나온다면, 예술작품은 직관적이고 비언어적인 우뇌를 이용한다. 이제 묵상에 종교 예술을 제대로 사용하는 방법을 찾아보자.

### 종교적 예술작품

일부에서는 예술 작품을 가지고 묵상하는 것을 십계명의 제 2계명을 어기는 일이라고 반대한다. "너를 위하여 새긴 우상을 만들지 말고 또 위로 하늘에 있는 것이나 아래로 땅에 있는 것이나 땅 아래 물 속에 있는 것의 아무 형상이든지 만들지 말며, 그것들에게 절하지 말며 그것들을 섬기지 말라 나 여호와 너의 하나님은 질투하는 하나님인즉 나를 미워하는 자의 죄를 갚되 아비로부터 아들에게로 삼 사대까지 이르게 하거니와" (출20:4-5). 그러나 이 계명은 보이지 않으신 하나님을 삼차원적인 모습으로 재구성하고 예배하는 것을 금지하는 규정일 뿐이다. 우상숭배를 걱정하는 사람들은 어떤 종류의 예술작품도 성경의 권위를 위협할 수 있다고 주장한다. 예수님 초상화가 보이지 않는 하나님을 보이는 대상으로

전락시켜 버렸다며 강하게 반대했던 알렉산드리아의 클레멘트
(Clement of Alexandria, d. 215) 같은 교부들의 말을 빌어 반대하는 사
람도 있다. 기독교 신학의 기초를 놓은 터툴리안(Tertulian, d. 230)은 예
술품이 사탄 의 역사라고 주장했다. 그러나 이러한 반응은 당시 예술 활
동이 주로 이방종교과 관련되어 나왔다는 사실 때문에 생긴 것이다. 당
시 성도들은 혼돈을 줄만한 많은 우상들에 둘러 쌓여 살았다. 이것은 오
늘날 TV 같은 미디어 매체들이 엄청난 비기독교적 영향을 미치는 것과
비교할 수 있다. 교부시대 이후에도 스위스의 개혁자 쯔빙글리(Zwingli,
d. 1513) 같은 이는 그림, 조각, 벽화 같은 시각 예술을 교회에서 끄집어
냈다. 일부 청교도들도 비슷한 반응을 보였다.

그러나 이들을 제외한 대부분의 신앙 선배들은 기독교 예술품을 가지
고 묵상해도 영적으로 큰 도움이 된다고 생각했다. 로마제국이 교회를
박해하던 시절에도 물고기, 닻, 비둘기, 종려나무 같은 기독교적 상징과
구약의 이야기, 신앙 영웅들의 그림이 성도들이 숨어 지내던 지하동굴
벽에서 발견된다.

위대한 교회사가 유세비우스(Eusebius, d. 339)는 타이레교회 건축기
념설교에서, 교회건물에 조각과 그림 작업을 하던 기능공들을 예루살렘
성전의 건축자 '브살렐이나 솔로몬' 으로 불렀다. 칼빈도 건전한 종교적
예술작품이 가진 영적 가치를 인정했다. "조각과 그림은 모두 하나님의
선물이다. 주님께서는 하나님의 영광과 우리의 덕을 위해 이들을 사용하
신다."[24] 성경인물과 사건을 그리는 스테인드글라스(색유리공예)는 오
랫동안 기독교 교회의 문화 유산으로 내려왔다.

기독교 예술품을 가지고 묵상하는 행위는 창조 신학적으로도 지지를

받는다. 하나님께서는 물질 세계를 창조하신 후 "아주 좋았다"라고 평하셨고, 그리스도께서는 성육신을 통해서 인간의 육체를 입고 물질세계에 직접 오시기까지 했다.

더 나가서, 성막과 성전의 거창한 장식 기록들을 보면, 하나님께서 그림과 조각에도 조예가 깊은 분이었음을 알 수 있다. 출애굽기 25-28장과 35-40장을 보면 언약궤, 자비의 자리, 하나님의 떡을 담던 그릇, 재단, 촛대 등에 대해 하나님은 구체적으로 자신의 예술적 감각을 드러내셨다. 성막은 하나님께서 시내산에서 보여주신 모델에 따라 만들어졌다(출 25:9, 40, 26:30). 모세는 성막을 만들던 사람들에게 이렇게 말했다. "볼지어다 여호와께서 유다 지파 훌의 손자요 우리의 아들인 브살렐을 지명하여 부르시고, 하나님의 신을 그에게 충만케 하여 지혜와 총명과 지식으로 여러가지 일을 하게 하시되 공교한 일을 연구하여 금과 은과 놋으로 일하게 하시며, 보석을 깎아 물리며 나무를 새기는 여러가지 공교한 일을 하게 하셨고"(출35:30-33).

이와 비슷한 장면이 성막보다 규모가 더 컸던 예루살렘 성전 건축 과정에서도 등장한다(왕상5-7, 대하3-4). 하나님은 예술적인 면에서 새로운 시도를 계속하셨던 것이다! 삼나무 벽, 15피트짜리 금판으로 장식된 체루빔, 수많은 종려나무, 석류나무, 호리병박, 꽃, 사자, 황소 등의 조각 장식, 아름답게 수놓은 커텐 등의 화려함은 우리가 다 상상할 수 없을 정도다. 다윗은 아들 솔로몬에게 이렇게 말했다. "이 위의 모든 것의 식양을 여호와의 손이 내게 임하여 그려 나로 알게 하셨느니라"(대상28:19).

예술작품은 상징을 사용한 강력한 대화 도구다. 그림은 시각적 이미지, 명암, 색깔, 감촉을 통해 인간이 경험하는 아픔과 환희를 묘사한다.

어느 유명한 기독교 예술비평가의 말처럼. "예술 작품은 자신과 세상을 보는 안경, 창, 망 같은 것이다."[25] 인간의 경험을 정의하고 설명하는 데는 개념과 추상적인 논리가 효과적이지만, 이야기, 상징, 이미지 등을 통해 전달되는 진리는 경험된 진리의 폭을 넓혀준다. 막달린 르앵글(Madeleine L'Engle)은 어느 책에선가 이렇게 말했다. "당신이 사실을 알기 원한다면 백과사전을 들쳐봐라. 그러나 당신이 진리와 의미를 찾기 원한다면 그림과 음악, 조각을 음미하라."

결론적으로 건전한 예술 작품들을 묵상하다 보면 하나님의 진리와 위대하심에 대해 보다 깊이 이해하게 된다. 위대한 예술작품은 감동과 반응을 이끌어 낸다. 비기독교적 예술 작품 중에는 하나님이 없는 허무한 인생을 보여주는 것도 있다. 물론 퇴폐적이고 허무한 예술 작품은 묵상에 도움이 되지 않는다(출32:1-20, 롬1:21-23). 그러나 기독교인들이 창조적으로 만든 예술 작품은 하나님의 좋으심을 새로운 각도로 드러낸다. 우리는 '최후의 만찬'을 그린 다 빈치, '다윗상'의 미켈란젤로, '변형'을 그린 라파엘 같은 이들의 작품을 통해 깊은 묵상에 빠질 수 있다.

인간의 상태나 하나님의 손길을 다루는 예술 작품을 묵상함으로써, 우리의 피상적인 영성은 보다 깊은 진리를 만나고 이를 통해 다듬어 진다.

여기서 기억해야 할 사실은, 예술 작품이 비밀을 드러내는 열쇠 같은 것은 아니라는 점이다. 예술 작품은 하나님의 권능을 쉽게 이해하도록 표현하는 도구다.

아시시의 프란시스는 그리스도의 고난 형상을 묵상하면서 예수님을 만났다. 그의 영향력은 온 당시 유럽 뿐 아니라 오늘날에까지 미치고 있다.

헨리 나우웬은 러시아 피터스버그궁에 전시된 렘브란트의 초거대작

'탕자의 귀환'(1666)을 보면서 묵상할 기회가 있었다. 이 그림에는 짧은 머리의 탕자가 무릎을 꿇고, 회개의 눈빛으로 아버지의 품을 바라보는 장면이 그려져 있다. 그림에서 아버지는 자신의 적색 겉옷을 아들에게 감싸주고 있는데, 이것은 도피처를 상징한다. 누더기가 된 아들의 옷과 찢어진 신발은 하나님으로부터 분리된 인간의 고통과 절망을 보여준다. 아버지의 뒤에는 불만으로 가득 찬 형이 차가운 눈길로 장면을 보고 있다.

이 그림에서 우리는 젊은 아들의 어깨에 놓여진 아버지의 손을 주목할 필요가 있다. 여기서 크고 투박하게 묘사된 왼손은 아버지의 권능을 확인해 주고 있다. 이에 반해 좀 더 작고 부드럽게 그려진 오른손은 '집으로 돌아온 탕자'인 우리 모두에게 베푸신 하나님의 위로를 상징한다.

나우웬은 렘브란트의 그림을 묵상하면서, 영적, 감성적 양쪽에서 풍성해 지는 경험을 하게 된다. 이를 통해 얻은 영감으로 그는 소설까지 썼다. 하늘의 영광을 떠나 죽음의 괴로운 자리로 내려오신 그리스도, 그리고 이후 부활하셔서 하나님 아버지와 다시 기쁘게 상봉하는 장면을 떠올리며 나우웬은 깊은 감동을 받았다. 그림을 묵상함으로써 그 동안의 영적 상처를 치유하고, 하나님 아버지의 사랑 받는 자녀로서의 정체성을 되찾게 된 것이다. 그는 그림 속의 회개하는 탕자뿐 아니라, 자기 의에 취해 불만이 가득했던 형의 모습 속에서도 자신의 일면을 발견했다. 긍휼하신 아버지는 두 아들 모두를 치유하고 회복하시길 원한다는 사실을 깨달은 것이다. 이를 통해 헨리는 자기 아버지와의 관계를 회복하는 계기로 삼았다. 그는 렘브란트의 그림을 통해 설교를 통한 말씀처럼 자신에게 도전하시는 하나님을 발견한 것이다.

## 성상 묵상?

집으로 배달되는 신문에서 나는 미국에서 종교적인 성상 제품들이 불티나게 팔리고 있다는 기사를 본 적이 있다.[26] 십자가상, 밀랍으로 만든 천사상, 수호 성인을 그려놓은 컴퓨터 마우스 받침, 조각품들을 액자에 넣은 상품 등이 시장에서 엄청나게 팔린다는 것이다.

영어로 성상을 의미하는 'Icon'은 헬라어 어근이 에이콘(Eikon)인데 원뜻은 "형상, 이미지, 조각상"을 의미한다. 성상이란 그리스도나 성인의 그림 혹은 조각을 말하는데 주로 예배나 개인 묵상에 사용되어 왔다. 동방정교에서는 성상숭배가 영적 생활에 필수적이다. 카타콤(지하묘지)의 벽화그림, 고대 기독교인들의 석관 조각그림(Sarcophagi)을 보면, 옛날부터 기독교인들도 성경 이야기를 그림으로 표현해 왔음을 알 수 있다. 3세기 교회 유적에도 중앙제단과 붙어있는 세례단이 성경 그림으로 장식된 것을 볼 수 있다. 4세기 이후부터는 다양한 성경 인물, 구약 사건, 예수님 생애가 교회를 꾸며왔다.

그러나 성상은 역사적으로 끊임없는 논쟁을 일으켰고, 8-9세기 전후로 교회에서 큰 갈등거리가 되기도 했다. 이와 관련해 첫번째로 터진 사건이 성상파괴론 분쟁이다.

이 사건은 동로마의 황제들이 (부분적으로는 정치적인 이유로) 교회 안에 있는 종교적인 그림과 조각상들을 모두 파괴하도록 명령한 데서 시작된다. 황제의 결정을 지지한 '성상파괴론자'들은 십계명의 두 번째 조항(출20:4-5)과 요한복음 4장 24절을 성경적 근거로 제시했다. 이들은 예수님, 마리아, 성인 이미지 역시 우상이라고 주장했다. 그러나 성상사용론자들은 예수님도 성육신을 하셨다는 사실을 지적하면서, 예배와 기도에 성상을 사용하는 것은 문제가 없다고 주장했다. 성경은 영원한 하나님의 말씀이 인간의 형상으로 내려와(요1:14) 아버지를 드러내고 있다고 증언한다(요1:18). 이들은 하나님께서도 성막과 성전을 꾸미라고 명령하셨다며, 성상 사용을 옹호했다.

동방교회의 위대한 신학자, 다마스커스의 요한(John of Damascus, d. 749)은 성상 숭배나 성상을 예배에 사용하는 것은 신학적으로 정당화될 수 있다고 주장했다. 결국 니케아에서 열린 제7차 공의회(787)에서 성상파괴행위는 정죄되었고, 이후 성상은 동방교회의 예배의 중요한 부분으로 자리하게 된다.

동방교회는 성상을 단순한 예술적 작품으로 보지 않고, 특별한 신학적 의미를 부여한다. 이들은 성상이 하나님께 이어주는 통로로, 예배자가 천국으로 다가갈 수 있도록 도와준다고 생각했다. 그리스 정교회 건물들을 보면, '이코노스타시스'(Iconotasis)라고 불리는 성화로 가득한 벽막을 경계로 하늘 나라를 상징하는 제단과 땅을 상징하는 회중석이 구분된다. 일부에서는 성상이나 성화를 숭배 대상이나 거룩한 성물로 생각한다. 여러분도 성화에 무릎 꿇고 키스하는 가톨릭교도나 정교도들을 본 적이 있을 것이다. 이들은 성인상 앞에 초를 키고, 자신을 대신해서 하나님께 중보해 달라고 간구한다. 성상에 제사적(하나님과 우리를 연결시켜주는) 기능이 있다는 믿는 사람들은, 이렇게 중보된 기도는 분명한 응답과 기적을 끌어내는 능력이 있다고 믿는다. 그러나 종교개혁자들은 성상과 성화를 반대했다. 종교개혁자들은 그리스도를 가르치는 성경 말씀을 통해서만이 하나님을 만날 수 있으며, 캔버스 위에 그려진 그림이나 돌조각은 같은 역할을 할 수 없다고 강조했다.

집고 넘어가야 할 사실은 성경은 분명히 모든 형상을 숭배하는 것을 금지한다는 점이다(출20:3-4). 개인적으로 나는 성상 숭배가 미신을 조장한다는 면에서 반대하는 사람이다. 성상은 미신 대상이 되기 쉽다. 마술적인 효과를 내는 대상으로 오해될 소지가 있다는 것이다. 그러나 종교예술 작품이나 성상은 확실히 역사적, 예술적 가치가 있다. 종교 예술품이나 성상은 성경 이야기를 전달하고, 영적 감동을 일으키고, 성경 인물사건을 기억하는 역할을 한다. 기독교 예술가들은 그림, 모자이크, 조각 같은 기술로 피조물을 통해 하나님의 영광을 드러낸다.

## 상상력을 이용한 묵상

지금까지 언급한 식의 묵상에 대해서 인정하는 보수신앙인 중에서도 상상력을 이용한 묵상에 대해서는 의혹을 떨쳐버리지 못하는 사람들이 있다. 이들은 상상력이 '타락'하고 '자기 중심적'이라고 지적한다. 상상력은 사탄의 영향을 받기 쉽기 때문에, 의도가 아무리 좋아도 결국 어두움과 거짓의 제물이 될 것이라고 우려한다. 이것은 결코 가벼운 문제가 아니다. 그렇다면 상상력을 바르게 이용한 묵상법을 찾아 볼 필요가 있다.

상상력은 하나님께서 주신 능력으로, 당장 눈앞에 없는 것을 정신적으로 그리는 기능을 수행한다. 예수회의 창시자 이그나티우스(Ignatius, d. 1556)는 「영성 훈련」(Spiritual Exercises)이란 책에서 상상력을 묵상에 적극적으로 접목하라고 권장한다. 그 후 오랫동안 상상력은 성경 묵상을 위한 도구로 널리 이용되어 왔다. 이그나티우스의 묵상 방법은 개인적으로 상상력을 잘 이용해서 성경의 사건을 오감으로 경험하는 것이다.

상상력을 이용한 묵상을 반대하는 사람들은 상상력을 사용하면 묵상자나 묵상 내용이 사탄에 의해서 현혹되기 쉽다고 우려한다. 그러나 이들의 비판은 뉴에이지 운동에서 사용하는 명상과 기독교 묵상을 혼돈하는 데서 발생한다. 뉴에이지적 명상법은 상상력을 사용하여, 현실을 창조하거나 의식화한다. 이러한 방법은 확실히 기독교인이 용납할 수 없는 것이다.

유진 피터슨이나 앨리스터 맥그라스와 같은 복음주의자들은 상당히 오랫동안 교회는 상상력을 이용해 묵상하는 전통이 있음을 주목한다. 이 방법이 인기를 잃게 된 원인은 그 동안 우리가 합리주의적 이성을 너무 강조하며 살아왔기 때문이다.

상상력을 거룩하게 사용할 수만 있다면, 성경을 가슴으로 느끼고 영적으로 변화하는 데 이용할 수 있다. 창조적인 상상력은 성경 곳곳에서 발견되는 풍성한 상징과 묘사들을 해석하는 데 반드시 필요하다. 예를 들어 성경은 하나님을 반석(신32:4, 시62:2), 요새(시46:11), 방패(시144:2), 사자(호5:14) 등으로 묘사한다. 또한 그리스도는 목자(벧전5:4), 포도나무(요15:1), 가지(슥3:8), 비둘기(마3:16) 등으로 묘사한다. 교회는 몸(고전12:12-27), 건물(고전3:9), 신부(계19:7, 21:2,9), 가족(갈6:10), 양무리(시95:7), 장(고전3:9)으로 그려진다. 예수님은 비유와 형상을 자주 이용해서 설교하셨기 때문에, 이를 잘 해석하기 위해서는 성령님께서 이끄시는 상상력이 절대적으로 필요하다.

하나님은 상상력을 포함해서 인간의 모든 면이 "보기에 좋았다"라고 선언하셨다(창1:31). 설교나 성경 교습방법뿐 아니라 예술 작품, 건축물, 도시 설계 같은 것도 선한 상상력의 축복이 없다면 결코 성공할 수 없다.

핸리 워드 비처(Henry Ward Beecher, d. 1887)는 "상상력이 결여된 영혼은 망원경을 가지지 않은 천문대와 같다"라고 말했다.[27] 비전이 있는 지도자는 다른 사람들이 상상할 수 없는 가능성을 생각해 낼 수 있는 사람이다. 그러나 이런 상상력을 어떻게 사용하는 것이 최선일까? 하나님께 나아가고 그의 나라에 헌신하기 위해서 쓸 것인가 아니면 악한 세력에 도구로 사용할 것인가?

「반지의 제왕」(Lord of Rings)을 쓴 톨킨(Tolkein)이나 「나니아 연대기」(Chronicles of Narnia)의 C. S. 루이스 같은 작가들이 누리는 세계적인 인기는 창조적 상상력 때문이다. 루이스는 이성은 진리를 다루는 기관인 반면, 상상력은 의미를 다루는 기관이라고 말했다. 상상력을 잘 사용하면 영적 세계를 이해하는 폭도 넓어진다. 루이스는 상상력을 이용해서 비유적인 픽션 「순례자의 귀환」(The Pilgrim's Regress), 신화적이고 시적인 「스크루테입의 편지」(Screwtape Letters), 판타지 종류의 「나니아 연대기」(Chronicles of Narnia), 과학공상 삼부작 「침묵의 별로부터」(Out of the Silent Planet), 「페레란드라」(Perelandra), 「악한 세력」(That Hideous Strength) 등을 썼다. 루이스는 이성 뿐 아니라 좋은 상상력도 우리에게 필요하다고 강조한다.

유명한 기독교 변증가인 프란시스 쉐퍼(Francis Sheaffer, D. 1984)는 "기독교인은 판타지나 상상력을 위협으로 느껴서는 안된다"라며 "기독교인이야말로 상상력을 통해 눈앞에 보이는 우주 너머까지 날아다녀야 할 사람들이다"라고 말했다.[28]

사실 우리는 상상력을 통해, 옛날 아주 먼 곳에서 일어났던 성경 사건 속에 하나가 된다. 천사와 씨름하는 야곱(창32:24-31), 바알 선지자들과 싸우는 엘리야(왕상18), 성전에서 이사야가 본 환상(사6), 제자들의 발을 씻기시는 예수님(요13:1-17), 바울의 박해와 재판 장면(고후11:23-28) 같은 성경 사건의 주인공이 바로 내 자신이라고 상상해 보자. 우리는 거룩한 상상력을 사용해서 아브라함, 모세, 다니엘, 바울, 요한과 같이 할 수 있게 된다.

이제는 상상력을 거룩하게 사용하는 구체적인 방법을 생각해 보자. 먼저 모든 과정을 성령님이 인도하시도록 기도하자. 그리고 성경 구절의 의미를 이해할 때까지 몇 번이고 읽어본다. 이제는 이야기 속으로 들어가자. 가능한 자세하게 상황을 마음속에 그려보자. 색깔, 배경 효과, 냄새도 연상해 보면서 가능한 생동감 있게 상황을 그려보자. 그런 뒤 자신을 이야기 속에 인물로 그려본다. 그러면 본문 사건에 대해 어떻게 느끼고 반응하게 될까? 하나님이나 예수님이 새롭게 느껴지지 않는가? 상상력을 사용한 묵상은 사건의 주변상황에 대해 어떤 새로운 시각을 가져다 주는가? 여기서 필요한 나의 결단은 무엇인가?

상상력을 통한 성경 본문 묵상은 뉴에이지의 명상처럼 현실을 왜곡시키는 행위가 아니다. 도리어 상상력을 통해 계시된 진리를 더 잘 이해할 수 있는 마음의 창을 열게 한다. 거룩한 상상력으로 말씀 속의 상징을 해석할 때, 우리는 보다 깊이 있고 현실에 와 닿는 영적 지혜를 얻을 것이다. 하나님은 인간에게 주신 모든 능력이 사용되는 것을 보기 원하신다. 여기에는 이성, 직관, 상상력, 감정이 모두 포함된다.

상상력도 지성만큼 성경에 근거하고, 성령님의 인도 안에 있을 때 신뢰할 수 있다. 좀 더 영적으로 깊은 친구들과 자신의 묵상 결과를 나누어 보는 것은 바른 묵상을 하는 데 큰 도움이 된다. 우뇌를 사용하는 그림,

글, 성극, 일기 같은 창작활동은 우리의 상상력을 더 효과적으로 개발할 수 있게 도와준다.

존경 받는 설교자 오스왈드 챔버스(Oswald Chambers, D. 1917)의 글로 이장을 마치려고 한다. 챔버스는 이사야 26:3, "주께서 심지가 견고한 자를 평강에 평강으로 지키시리니 이는 그가 주를 의뢰함이니이다"의 주석을 이렇게 하고 있다.

> 당신의 상상력은 하나님과 동행하고 있는가 아니면 굶주려 있는가? 상상력에 굶주린 사역자는 지치고 무너지기 매우 쉬운 자리에 있다. 지금까지 하나님 앞에 있다는 상상을 해 본 적이 없다면, 지금부터라도 시작해라…… 상상력은 하나님께서 우리에게 주신 가장 큰 선물이며, 오직 하나님만을 위해서 사용해야 할 능력이다.[29]

## 기독교인들이 초월명상을 해도 되는가?

일부 기독교인들은 비기독교적 명상법 특히 초월명상(TM)에서 큰 도움을 얻었다고 주장한다. 이런 주장을 어떻게 받아들여야 할까?

초월명상은 현재 미국 등지에서 가장 인기 있는 요가법이다. 요가는 산스크리트어로 '합일'(하나가 됨)이란 뜻으로, 5천년 동안 발전된 힌두교 철학과 수련법을 바탕으로 한다. 요가는 '보다 고차원적인 자아'(atman), 다시 말해 '신적 자아'(Brahman)와 하나가 되는 길을 찾는 명상법이다. 1957년 히말라야 수도생활을 마치고 나타난 마하리쉬 마해쉬 요기(Maharishi Mahesh Yogi)라는 이름의 힌두교 수도자는 초월 명상을 통한 자기 실현을 설교하기 시작했다. 오늘날 백 개 이상의 나라에서 수많은 사람들이 힌두교 경전에 나오는 이 명상법을 배우기 위해 정기적으로 나와 열심히 수련을 받는다.

초월명상 지지자들은 초월명상이 종교와 상관없는 수도방법이라고 주장한다. 그러나 각자의 만트라(mantra, 힌두교의 성스런 단어로, 신의 이름을 의미하기도 한다)에 이르기 위한 명상 과정에는 26가지 힌두교신과 구루(선생)들에게 절하는 순서가 포함되어 있다. 또한 명상자들은 다음 구절을 선창에 따라 해야 한다.

> 브라만(Brahman)의 영광을 드러내는 선생
>
> 비쉬누(Vishnu)의 영광을 드러내는 선생
>
> 위대한 주 시바(Shiva)의 영광을 드러내는 선생
>
> 초월적이고 완전하신 브라만을 인격으로 승화하신 선생
>
> 영광 중에 계신 스리구루데브(Shri Guru Dev) 앞에 엎드립니다

미국 법원은 초월명상이 비종교적인 명상훈련이 아니라, 힌두교의 일종이라고 판결한 바 있다.[30]

초월명상은 먼저 눈을 감고 명상 자세로 앉아, 마음속으로나 노래로 만트라를 반복하라고 가르친다. 초월명상은 명상 내용에 있어서는 정해진 것이 없다. 이들은 범신론적 세계관을 전제로 하기 때문에, 모든 것을 하나님으로 본다. 만트라를 노래하는 경우, 소리의 울림을 통해 영혼이 생명의 원천인 브라만으로 되돌아간다고 가르친다. 명상의 목표는 "신적 자아"를 찾아내 다시 연결하는 데 있다. 명상을 통해 긴장을 풀고, 황

홀경에 들어가 세상과 집단과 구별된 자의식을 잃어버리게 된다.

초월명상의 장점은 여러가지로 선전되어 왔다. 초월명상은 보다 높은 지적 능력을 가져다 주고, 창조력도 향상시켜준다고 주장한다. 육체적으로도 스트레스가 줄고, 건강 전반이 향상되는 행복을 약속한다. 행동에서도 자기 절제력, 대인 관계가 향상되고, 더 행복한 삶을 누릴 수 있다고 주장한다. 더 나아가 초월명상은 전세계를 조화시켜, 인류 전체의 삶의 질을 향상시킨다는 것이다.

초월명상의 궁극적인 목표는 세상에서 고통을 없애고, 진정한 깨달음을 통해 보다 행복하고 평화로운 세상을 만드는 것이다. 마하리쉬는 "하늘로 인해 이 땅에 있는 세계의 모든 가정에 평화를 누리게 될 것"을 약속한다. 여기서 말하는 '하늘'이란 이슬이 바다에 흡수되듯, 브라만 속에서 모든 명상자의 자아가 사라진 상태를 가르친다.

일부 기독교인들은 초월명상의 호흡법과 긴장완화 테크닉이 스트레스를 줄이는 방법으로 신앙인들도 사용할 수 있다고 주장한다. 그러나 초월명상 자체는 범신론적인 힌두교 세계관을 전제로 한다. 초월명상의 세계에서는 브라만이 만물을 움직이는 힘이다. 여기서 인간의 문제는 인간 내부에 있는 신성을 제대로 깨닫지 못하고 사는 데서 출발한다. 이를 회복하는 과정에서 마하리쉬는 최고의 선생 역할을 한다. 구원은 신성과 하나가 됨으로써 이루어지는 것이다. 영국 옥스퍼드 대학의 동양종교학자 애너(R. C. Zaehner) 교수는 초월명상이 숭배나 교제의 대상으로 '타자'를 전제하지 않기 때문에, 일종의 '자기 신성화'를 추구하는 종교라고 설명한다.[31] 힌두교와 초월명상은 사실 자신을 예배하는 셈이다!

우리가 진실로 기독교적 세계관을 가지고 있다면, 초월명상이 약속하는 실제적인 유익에 현혹되는 일이 있어서는 곤란하다. 이 때문에 그리스도의 형상으로 우리를 만드는 노력, 하나님께 겸손히 복종하는 길에서 비켜가게 된다면 심각한 문제다.

초월명상이 악한 영적 세력의 도구가 될 수 있음을 기억하자. 우리는 기독교 세계관으로도 수용 가능한 방법을 찾아 스트레스를 줄이고, 정신적인 깨달음을 추구해야 한다. 기독교적 묵상은 살아 계신 진리의 하나님, 계시된 말씀 그리고 그리스도를 통해 이루어진 구원의 사역에 초점을 맞춰야 한다.

## 요약 정리

가끔씩 기억나는 나의 신앙 이전의 모습은 열심히 하나님으로부터 도망하고 외면했던 사람이었다. 물론 신학적으로는 이런 상황을 바로 설명하지 못하고 있다. 그러나 실제로 많은 사람들이 너무 서두르는 삶을 사는 바람에 하나님의 말씀에 귀를 기울이거나 그분의 마음을 파악할 틈도 없이 살고 있다.

우리는 계속되는 분주함의 굴레에서 벗어나려는 결단을 내리고, 주님 앞에서 우리의 영혼을 잠잠하게 만드는 길을 찾아야 한다. 우리는 외적으로 실적에 매여 기계처럼 사는 삶에서, 하나님과 내적인 친밀감으로 사는 삶으로 옮겨갈 필요가 있다. 이점은 다시 반복해서 강조할 가치가 있는 대목이다. 사랑의 하나님께서는 결코 그의 자녀들과 대화하기를 멈추시지 않으신다. 우리에게 가장 필요한 것은 성령님의 미묘한 속삭임과 역사를 느낄 수 있도록 준비하는 것이다.

침묵은 우리에게 너무도 가까이 계시는 하나님을 발견할 수 있도록 도와준다. 시끄럽고, 산만한 영혼을 잠잠히 할 때, 주님께서는 우리를 만나 주시는 엄청난 특권을 허락하신다.

영적인 성경 말씀은 우리가 하나님과 만나는 가장 중요한 자리다. 하나님께서는 쓰여진 성경 말씀을 통해 자신의 의지와 방법, 무엇보다도 자신의 인격을 나타내신다! 그러나 이를 위해서는 우리는 성경을 단순히 책으로 읽어서는 곤란하다. 성경은 하나님의 연애편지이자, 실제적이고 강력한 변화를 가져다주는 하나님의 약속이기 때문이다.

묵상을 통해 우리가 추구하고자 하는 것은 자기 실현이나 자신을 신으로 만드는 것이 아니다. 이것은 하나님의 아들의 영적 형상대로 더 자라가기 위한 수단 그 이상도 이하도 아니다.

## 직접 해보기

1. 'Lectio Divina' (영적 성경읽기)를 연습해 보자.

이제 성경 말씀 구절을 묵상하는 연습을 해보자. 여러분이 좋아하는 성경 구절을 따로 골라서 해도 좋다. 여기서는 일단 요한복음 7장의 구절들을 사용해 본다.

> 명절 끝날 곧 큰 날에 예수께서 서서 외쳐 가라사대 누구든지 목마르거든 내게로 와서 마시라 나를 믿는 자는 성경에 이름과 같이 그 배에서 생수의 강이 흘러나리라 하시니 (요7:37-38).

이 구절은 광야 시절, 이스라엘에게 좋은 것으로 공급하신 하나님을 기념하는 오순절을 배경으로 한다. 여기서 여러분은 오순절 축제의 일곱째와 마지막 날, 예수님께서 성전으로 들어가시는 장면을 주목해야 한다. 주님은 그 곳에서 매우 독특한 행동을 취하셨다. 예수님은 군중들에게 이렇게 말씀하셨다. '누구든지 목마르거든……" 무슨 의도를 이런 이야기를 끄집어 내셨을까? 한동안 예수님이 여러분의 삶에 거의 느껴지지 않았을 수도 있다. 그렇다면 이런 영적 굶주림 상태로 인해 하나님에 대한 갈증이 느껴지는가? 주님께 우리의 내적 필요를 고백하자. 계속 읽다보면 예수님께서 '내게로 와서' 라고 하신 말씀이 끌릴 수도 있다. 이러한 개인적인 감동이 왜 일어난다고 생각하는가? 이를 통해 하나님께서 우리를 새롭게 하시길 원하는 것 같다면, 이를 구체적으로 감사 드리는 것도 좋다. 잠시 읽기를 중단하고, 하나님의 무조건적인 초대를 더 깊이 느껴보기 바란다.

- 성경 구절을 계속 읽다보면, 다음과 같은 주님의 말씀을 발견했을 것이다. "내게로 와서 마시라!" 이 말씀을 깊이 생각해 볼 때, 여러분은 전심으로 예수님을 믿는다고 말할 수 있는가? 진심으로 하나님께 의뢰하고 있다면, 영적 회복을 위해 예수님이 요구하시는 조건을 맞춰가기 위해 노력해 보자.

- 이 문제에 대해 기도로 주님과 대화를 나누자. 여러분은 하나님께서 주시는 영적 생수를 마시려고 그분의 초대에 기꺼이 응하라. 살아계신 그리스도께서 여러분의 영적 갈증을 만족시키실 약속을 붙들라. 다시 한 번 본문으로 돌아가 예수님의 말씀을 계속 읽어 가자 "나를 믿는 자는

성경에 이름과 같이 그 배에서 생수의 강이 흘러나리라 하시니." 이제
는 사랑의 주님께서 보장하신 약속의 능력을 묵상해 보자. 하나님의 진
정한 자녀인 우리 안에 완전한 위로자가 같이 하고 계심을 느껴보자. 이
렇게 하면 성령님이 주시는 새롭게 하시는 생명수가 우리의 메마른 영
혼을 적실 것이다. 잠시 하던 일을 멈추고, 예수님이 주시는 영적 갱신
의 축복을 두 손을 들어 품어보자.

- 다른 성경구절을 골라, 묵상해 보면서, 위에서 제시한 방법을 적용해 보자.


## 2. 성경 묵상을 위해 상상력을 동원하자.

- 이제 우리 하나님께서 주신 상상력을 이용해서 성경 묵상을 연습해보
자. 먼저 성경적 상징, 이미지, 표현을 하나만 골라, 이것의 영적 의미에
대해 묵상해 보자. 그 상징이나 표현을 우리 개인과 관련시켜 보자. 구
체적으로 당신의 삶에 어떤 영적 도전을 주는 지 간단하게 적어보자.


예를 들어 이사야 40장에 등장하는 독수리를 생각해 보자. 하나님을
경외했던 이사야 선지자는 자기 민족의 죄와 앗시리아와 바벨론 같은 강
대국의 군사적 위협 앞에서 고민하고 있었다. 하루는 예루살렘 주변 언
덕을 걷다가 기류를 타고 상승하는 독수리를 보게 되었다. 힘에 넘치고
멋진 새가 날아가는 장면을 보면서 이사야는 큰 위로를 받았다. 독수리
의 날개 치는 모습 속에서, 여호와께서는 예수님이 오기 수백 년 전부터
그의 백성을 용서하고, 고통 속에서 회복시키고, 다시 힘주신다는 약속
을 확인했던 것이다. 여기 선지자의 증언이 등장한다.

피곤한 자에게는 능력을 주시며 무능한 자에게는 힘을 더하시나니, 소년이라도 피곤하며 곤비하며 장정이라도 넘어지며 자빠지되 오직 여호와를 앙망하는 자는 새 힘을 얻으리니 독수리의 날개치며 올라감 같을 것이요 달음박질하여도 곤비치 아니하겠고 걸어가도 피곤치 아니하리로다(사 40:29-31)

여러분이 기류를 타고 올라가는 독수리를 바라보는 이사야 선지자라고 상상해 보라. 독수리의 멋진 자태 - 새하얀 머리, 큰 날개, 우아한 움직임-은 여러분에게 무엇을 보여주고 있는가? 멋진 독수리의 모습을 통해, 그리스도를 받아들인 후 여러분의 삶에 나타난 여러 가지 변화가 연상될 수도 있다. 그렇다면 독수리가 날아가는 모습? 자연스럽게 기류를 타고 높이 올라가는 독수리가 여러분의 어떤 모습을 상징하고 있는가? 독수리의 나는 모습을 보면서 전에 몰랐던 영적 세계의 자유를 깨닫게 될 수도 있다. 죄 짐이 벗겨진 영혼은 독수리같이 자유롭게 된다.

독수리의 날카로운 눈은 무엇을 뜻할까? 멀리 있는 조그만 생쥐라도 찾아낼 수 있는 시야는? 아마도 새로운 영적 시야를 상징하는 것은 아닐지. 우리는 이제 주님 없이는 절대로 발견할 수 없는 현실을 보게 되었다. 독수리의 커다란 둥지는 어떤가? 독수리의 둥지는 보통 높은 나무 위에나 외진 절벽 위에 불안하게 붙어있다. 그러나 사실 그 곳이야 말로 모든 적으로부터 안전하다. 이것은 삶의 많은 위협으로부터 보호받을 수 있는 신앙 생활의 현실을 보여줄 수 있다. 마지막으로 먹이를 찾는 독수

리의 엄청난 힘은 어디에 비유할 수 있을까? 억센 날개와 강력한 뿌리는
아마도 하나님만이 주실 수 있는 영적, 윤리적 능력을 가르칠 수도 있다.
주님을 신뢰하는 자의 삶에 주님은 초월적인 능력을 주신다.

성경의 다른 상징과 표현들을 가지고 다시 시도해 보자. 이들이 나와
공동체에 어떤 도전을 하고 있는 지 상상력을 동원해서 잘 생각해 보자.


**읽으면 좋을 책들**


Hall, Thelma. Too Deep for Words: Rediscovering Lectio Divina(New York:
Paulist, 1988).

Janzen, Janet Lindablad. Songs for Spiritual Renewal(San Francisco:
HarperSanFrancisco, 1995).

McGrath, Alister. Beyond the Quiet Time(Grand Rapids: Baker, 1995).

Mullholland, Jr., Robert M. Shaped by the Word: The Power of Scripture in
Spiritual Formation(Nashville: Upper Room, 1985).

Nouwen, Henri J. M. The Return of the Prodigal Son(New York:
Doubleday/Image, 1992), 「탕자의 귀환」(글로리아, 2002).

Toon, Peter. Meditation As a Christian(London: Collins, 1991).

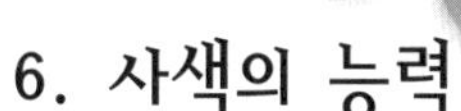

# 6. 사색의 능력

The Power Of Contemplation

"내가 여호와께 청하였던 한 가지 일 곧 그것을 구하리니

곧 나로 내 생전에 여호와의 집에 거하여

여호와의 아름다움을 앙망하며

그 전에서 사모하게 하실 것이라"

(시편 27:4)

사색하는 삶은…… 성령님이 중심에 거하시는 삶이다. 사색은 지금까지 삶을 지탱하던 (세상적인) 가치와 잡다한 걱정 근심을 모두 버리고, 성령님께서 조용히 인도하시는 방향으로 나의 모든 것을 맞추는 것을 목표로 한다. 여기엔 겸손, 복종, 자기 부정, 정직 그리고 무엇보다도 중요한 믿음의 훈련이 끈기있게 요구된다.

– 토마스 머튼(Thomas Merton)[1]

앞장에서는 성경, 경건 서적, 찬양, 예술작품 등을 묵상하며 하나님과 동행하는 법에 대해 살펴보았다. 이외에도 우리가 영적으로 보이지 않는 하나님을 볼 수 있는 방법이 있다. 유대교와 기독교에서 오래 전부터 사용해 왔던 주님을 직접 바라보는 방법이다.

오래 전부터 교회 안에서는 이것을 사색(Contemplation, 일부에서는

관상이라고도 함: 역주)이라고 불러왔으며, 로렌스 수도사는 이를 "하나님의 임재 연습"이라고 이름 붙였다.

그러나 현대 기독교인들은 사색을 상당히 불안한 눈으로 보며 이렇게 질문한다. "혼자서 뭘 하는지 누가 알아?", "일종의 도피주의 아니야?" 그러나 여기에 대한 답은 "아니요"다. 삼위일체이신 하나님을 깊이 생각하는 훈련은 성경에 근거하고 있을 뿐만 아니라, 영적으로 하나님과의 관계를 튼튼하게 만들어 준다.

군인이기도 했던 다윗왕도 이렇게 말한다. "내가 나의 침상에서 주를 기억하며 밤중에 주를 묵상할 때에 하오리니"(시63:6). 사람들은 원하는 직장, 집, 고급차 등을 자기 삶의 의미를 주는 종교처럼 대한다. 어떤 이들은 자신의 '성공'적인 삶을 증명하는 방편으로 멋진 집을 원한다. 그러나 기독교인들은 자신의 의의를 변하지 않으시는 위대한 하나님을 통해 확인한다.

사색은 결코 사치가 아니다. 사색은 하나님과 함께 하는 훈련이자, 보다 균형 있는 신앙 생활과 사역을 위해 중요한 기초를 제공한다.

## 거룩과 사랑의 주님을 바라보자

하나님은 기사(우리를 놀라게 하시는)의 하나님이다. 우리는 엄청난 사랑과 거룩함을 하나님에게서 발견한다. 그 분은 진정으로 우리의 예배와 사랑을 받을 만한 분이다.

앞에서 언급한 것처럼, 좋은 관계를 만들기 위해서는 자신을 투명하게 드러내고, 상대를 조건 없이 받아줄 자세를 갖추고 귀를 기울이는 태도가 필요하다. 동시에 서로를 보다 깊이 이해할 수 있는 시간을 보내고, 마음을 헤아려 보는 작업을 해야 한다.

그러나 최근 조사에 의하면 평범한 부부들이 제대로 대화하는 시간이 매일 20분도 되지 않는 것으로 나타났다. 신앙인들이 기도를 통해 하나님과 보내는 시간도 매일 5분이 넘지 않는다. 목회자 역시, 겨우 7분을 기도 시간으로 보내는 것으로 나타났다. 이렇게 알량한 시간 투자를 통해 무슨 관계를 만들겠다는 말인가? 불가능하지 않을까?

사색은 내적 자아가 하나님만을 바라보고 집중하는 훈련이다. 이 방법은 유대-기독교 문화권 안에서는 오래 전부터 사용되었다. 그렇다면 오늘날 사색이 무시당하는 이유는 무엇일까?

똑똑한 신학생 하나가 나에게 이런 질문을 한 적이 있다. "20세기 말에 사는 개신교 복음주의자 대다수는 신앙의 사색적 차원을 철저하게 잃어버렸던 것 같습니다. 기도와 묵상에 관심이 별로 없는 것이 그 증거가 아닐까요?" 다른 학생들도 이에 동의를 표시했다. "기도의 주제가 대부분 하나님이 아니라, 나와 개인적인 필요에 초점을 맞추고 있는 것이 현실입니다."

## 마음을 여는 기도

오늘날 신앙인들은 신앙 선배들이 하나님과 동행하는 훈련이라고도 이름을 붙였던 사색 기도(Contemplative Prayer. 혹은 관상 기도)에 대해 새로운 관심을 가질 필요가 있다.

여러분이 사색하는 신앙 생활을 하고 싶다면, 여러 가지 관상 기도 중에서 먼저 신앙 선배들이 마음의 기도 혹은 단순 기도라고 부른 방법을 추천한다. 이것을 마음의 기도라고 부르는 이유는 마음 중심과 씨름하는 기도이기 때문이다. 이 기도를 단순 기도라고 부른 이유는 기도 내용의 단순성에 있다. 어떤 이들은 이를 통해 산만한 마음이 하나님께 모여진 다는 의미에서 집중 기도라고도 부른다. 자신의 욕구, 집착, 필요를 좇아 경마처럼 정신 없이 달리는 삶을 사는 사람은, 영적으로 산만해져서 하나님과 동행하고 안식을 누리기가 쉽지 않다.

마음의 기도는 우리 삶의 가장 중요한 문제에 하나님께서 직접 말씀하실 수 있도록 마음을 여는 기도다.

마음의 기도를 가장 간단하게 하는 방법은 사모하는 마음으로 성경 말씀을 반복 암송하는 것이다. 구절은 하나님의 성품이나, 하나님과 같이 하는 삶의 열매인 사랑과 평화 같은 것을 다루는 내용이면 제일 좋다. 다양하게 표현되는 하나님의 이름을 부르는 것도 좋다. 영어식의 주(Lord), 히브리식의 여호와(Shaddai), 아람어식의 아바(Abba), 혹은 그냥 예수(Jesus)라고 불러도 좋다. 사실 예수님의 이름은 그 자체만으로도 엄청난 능력을 가지고 있어서, 예수님의 이름으로 사탄이 물러나고 사람들이 치유되는 역사가 성경에 보면 많이 나타난다. 아시시 프란시스는 마음의 기도 내용으로 자신이 좋아하는 신앙 고백인, "나의 모든 것이신 나의 하나님"을 사용했다. 토마스 아퀴나스는 "자신을 숨기시는 하나님, 나는 당신을 경배합니다"라는 고백을 사용했다고 한다.

마음의 기도를 연습하기 위해서는 예수님의 기도를 이용하는 것도 좋은 방법이다. 예수님의 기도는 이방 여인이 주님에게 부탁한 내용(마 15:22), 바디메오의 간구(막10:47-48), 세리(눅18:13)와 걸인의 간구(눅

18:38-39) 등에서 등장한다. 여기서 예수님의 기도는 아주 간단하다. "하나님의 아들이신 주 예수 그리스도시여, 죄인된 저를 불쌍히 보소서." 이기도는 내용적으로 복음의 핵심인 그리스도의 성육신, 신성, 구속을 잘 표현하고 있기 때문에, 초대 교회부터 널리 애용되어 왔다. 기도는 더 짧게 사용되기도 한다. "나의 주 예수님 긍휼을 베푸소서."

이러한 기도를 통해 얻을 수 있는 유익은 무엇인가?

존 칼빈은 하나님에 대한 사랑이나 은혜 같은 추상적인 개념도 살아있는 경험처럼 마음에 와 닿을 수 있다고 강조했다. 이를 위해서는 성경 구절 같은 것을 반복하며 기도하면 큰 도움이 된다. 헨리 나우웬은 "하나의 단어나 문장을 반복 암송하면, 정말 중요한 문제에만 마음을 집중할 수 있어지고, 하나님의 음성을 들을 수 있는 내적인 고요함을 경험할 수 있다"라고 지적한다.[2]

예수님의 기도를 사용해 본 사람들은 믿음과 기쁨으로 주님을 의지할 수 있는 힘을 얻었다고 입을 모은다. "쉬지말고 기도하라"는 바울의 유명한 권고(살전5:17)는 무슨 뜻으로 한 말이었다고 생각하는가? 쉬지 않고 소리내어 기도하라는 뜻일까? 아무도 방해하지 않는 동굴 속에서 혼자서 기도하는 수도사도 그렇게 하기는 어렵다. 아마도 바울은 마음에서 우러나오는 찬양이 계속되길 바라는 뜻이었던 것 같다. 그렇다면 간단한 마음의 기도 같은 것을 염두에 두고 실천하길 권고했던 것은 아니었을까?

## 기도에 대한 오해

모든 영성 관련 문제를 다룰 때 그렇듯이, 기독교인과 비기독교인이 공유하는 외형적인 방법과 내적인 목표의 차이점을 이해하는 것은 매우 중요하다.

　마음의 기도와 동양종교에서 하는 범신론적 기도를 혼동해서는 곤란하다. 초월명상(TM)의 경우, 득도를 위해 분명하지 않은 내용의 만트라를 주문처럼 반복한다. 이러한 방법으로는 구원자이신 그리스도를 만날 수 없으며, 남보다 '더 높은 수준'으로 올라갔다는 영적 우월감 같은 착각이나 만들어 낼 뿐이다. 성도들은 성경에 나오는 삼위 하나님에 초점을 맞춰 묵상해야 한다.

　예수님의 기도 같은 마음의 기도는 성경적으로도 신학적으로도 "문제가 없다." 이미 수세기에 동안 신앙 선배들은 이 방법을 사용해 왔고, 내용적으로 그리스도를 가리긴 커녕 하나님의 아들을 주제로 삼아왔다. 이러한 기도는 그리스도의 구원 역사를 전제하기 때문에 십자가의 메시지가 실종되는 일은 일어나지 않는다. 그리스도에게 초점을 맞추는 마음의 기도는 악한 영의 도구가 아니라, 보호막 역할을 한다.

　그러나 '의미 없는 반복'을 피하며 기도하라는 성경 구절도 있지 않은가? 사실 그런 구절이 있다. 그러나 성경은 성경 단어나 구절의 의미 있는 반복을 금지하고 있지는 않다.

　성경을 직접 펼쳐서 시편 136편의 단어들이 어떻게 반복되고 있는지 찾아 보라. 여러분은 이 시편에서 "그 인자하심이 영원함 이러라"라는 후렴구가 26회나 반복되고 있음을 발견할 것이다! 종교적인 유대인들은 - 예수님도 이 그룹에 속했을 것이다 - 매일 두 번씩 쉐마를 경건한 마음으로 반복 암송했다. "이스라엘아 들으라 우리 하나님 여호와는 오직 하나인 여호와시니"(신6:4). 요한계시록을 보면 하늘에 있는 천사들이 다음과 같은 노래를 영원히 반복 노래하는 장면이 나온다. "거룩하다 거룩

하다 거룩하다 주 하나님 곧 전능하신 이여 전에도 계셨고 이제도 계시고 장차 오실 자라"(계4:8).

성경에서 금하는 것은 반복적인 기도가 아니라, '내용 없는' 혹은 중언부언하는 기도다(마6:7). 대표적인 예가 만트라 주문 같은 것이다. 예수님이 중언부언하는 기도를 금하셨던 것은 아주 산만한 기도와 예배를 염두에 두시고 하신 말씀 같다. 중언부언하는 기도란 마음과 입에서 나오는 말이 따로 노는 기도다. 솔직히 가끔은 아무 생각도 없이 혹은 마음이 딴 곳에 있는 상태에서 기도나 찬양을 해 본 적이 있을 것이다.

영적 변화, 다시 말해 하나님과의 관계를 더 만족스럽게 경험하기 위해서는 영적으로 하나님께만 집중할 수 있어야 한다. 자신을 진정시킬 수 없는 신앙인은 결코 하나님께 나아갈 수 없다. 시편 기자도 이렇게 말한다. "여호와 앞에 잠잠하고 참아 기다리라 자기 길이 형통하며 악한 꾀를 이루는 자를 인하여 불평하여 말지어다"(시37:7). 다른 시편에서도 비슷한 이야기가 등장한다. "파숫군이 아침을 기다림보다 내 영혼이 주를 더 기다리나니 참으로 파숫군의 아침을 기다림보다 더하도다"(시130:6). 신약 성경에서도 야고보는 이렇게 권고한다. "하나님을 가까이 하라 그리하면 너희를 가까이 하시리라"(약4:8). 마음의 기도, 혹은 단순 기도는 신앙인의 마음을 열어주고 함께하시는 하나님을 경험하게 만든다.

## 하나님의 임재 연습

단순 기도를 보다 깊은 영적 체험으로 인도하는 하나님의 임재 연습(로렌스 형제) 혹은 사색 기도(토마스 머튼) 등으로 발전시킬 수도 있다.

나는 사색을 "계속적인 관심을 가지고 대상을 주시하는 행위"라고 정의하고 싶다. 여기에 동의한다면 우리 눈 앞에 있는 아름다운 꽃, 눈으로 덮인 산봉우리, 사랑의 하나님을 사색하는 것은 어려운 일이 아니다. 물론 직접 눈으로 하나님을 본 사람은 없지만 말이다(요1:18).

그러나 사색 기도를 하다보면, 가장 흔히 지적되는 문제점을 만나게 된다. 성경이 설명하는 하나님을 마음속으로 상상해 보는 것은 가능하지만, 보이지 않으시는 하나님을 감히 '본다고' 말할 수 있을까?

그러나 믿음은 영혼의 눈을 열어 하나님을 보게 만들어 준다. 우리는 이런 눈을 영적인 시야라고 부른다. 다윗은 이렇게 썼다. "내가 여호와께 청하였던 한 가지 일 곧 그것을 구하리니 곧 나로 내 생전에 여호와의 집에 거하여 여호와의 아름다움을 앙망하며 그 전에서 사모하게 하실 것이라"(시27:4). 성경에서도 영적인 의미에서 자주 하나님의 얼굴을 '본다' 는 표현이 등장한다. 여기서 말하는 하나님의 얼굴은 하나님의 영광을 의미하기도 한다(시11:7, 63:2, 마5:8, 히112:14).

사색 기도는 영적으로 집중하여 마음의 눈으로 하나님을 보는 방법이다.

## 도대체 뭘 어떻게 하라는 말인가?

오랜 역사에도 불구하고 그 동안 무시당해 온 사색 기도를 다시 되살려 볼 방법은 없을까? 이 장에서는 몇 가지 실천 방법을 제시해 보려고 한다. 쉽고 누구나 자연스럽게 따라 할 수 있는 단계들을 정리해 본다.

첫째로 여러분의 정신을 뺏는 잡다한 생각을 조용히 정리하고 마음을 안정시킨다. 여러분의 생각을 '권능', '선하심', '자비' 같은 하나님의 성품에 집중시켜 보자. 하나님의 본질과 성품을 묵상해 보면, 신앙을 처음 가졌을 때 경험했던 도전과 변화를 다시 경험하게 된다. 이러한 내적인 갱신을 통해 가슴에서 우러나오는 예배가 가능하게 된다.

이제는 우리에게 다가오시는 하나님을 떠올리며 마음으로 의지한다. 하나님은 우리 옆에 오셨다(약4:8). 시편기자도 같은 경험을 이렇게 표현한다. "너희는 내 얼굴을 찾으라 하실 때에 내 마음이 주께 말하되 여호와여 내가 주의 얼굴을 찾으리이다 하였나이다"(시27:8). 거룩한 기도의 시간에 주님 앞으로 나아가라. 우리의 모든 육체와 영혼, 정신의 주인이신 그 분께 드리자(롬12:2).

이쯤 되면 우리는 마음으로 기도한다고 말할 수 있다. "주님, 당신은 내 아버지시여, 나는 은혜로 당신의 자녀로 받아들여졌습니다. 당신은 사랑의 신이시며, 당신의 호의로 나는 사랑 받는 존재가 되었습니다. 내 모든 것을 주님께 드리오니, 당신이 필요하신 모습대로 당신을 나타내시옵소서."

믿음으로 주님 한 분만 바라보자. 주님의 소리에 귀를 기울이자. 함께 하심을 느껴보자. 그 분의 사랑에 의지하자. 그 분의 순전함, 거룩함을 기념하고, 이 땅을 심판하실 분은 하나님 한 분밖에 없음에 감격하자. 그런 뒤 우리의 마음을 하나님에 대한 감사와 찬양으로 올려드리며 기뻐하자.

이런 과정을 통해 성도는 놀라운 행복을 경험한다. 일부에서는 사색이 요즘처럼 '바쁜 시대'에는 사치품이라고 생각하는 경향이 있다. 그러나 일단 이 기도 방법을 실천해 보면, 너무나도 큰 만족을 경험하게 될 것이다. 사색 기도 없이는 못살게 될 지도 모른다!

## 하나님께 말하지 않은 것도 기도인가?

어떤 이들은 "하나님과 대화하는 내용이 아니어도 기도라고 할 수 있을까?"라는 질문으로 사색 기도에 대해 회의적인 의견을 표시한다. 그러나 갈급, 기쁨 같은 감정들은, 그리고 회개조차도 말로 표현할 수 없을 때가 종종 발생한다.

남편이 아내에게 감동적인 방법으로 사랑을 전하고 싶다면, 사랑과 행복이 가득한 마음으로 그녀의 눈을 뚫어지게 보길 바란다. 하나님과 동행하는 데도, 이와 같은 방법으로 말을 사용하지 않고 우리의 마음을 드릴 수 있다. 옛날에 한 농부가 하루도 빼먹지 않고 점심 때만 되면 교회에 기도하러 왔다. 하루는 신부가 이렇게 물었다. "선생님, 고민하시는 문제가 있으세요?" 그러나 늙은 농부는 이렇게 답했다. "아니요, 전혀 그렇지 않습니다. 신부님, 저는 그저 하나님을 바라보는 시간, 하나님께서 나를 보시는 시간을 가지고 있을 뿐입니다." 칼빈도 같은 맥락에서 이렇게 말했다. "최상의 기도는 말로 표현하지 않은 기도다."[3]

사색은 우리의 영혼에서 하나님의 진리가 역사하게 만드는 최상의 성경 묵상 방법이다.

성 빅터의 리차드(Richard of St. Victor, d. 1173)가 말했듯이 "묵상이 탐구의 시간이라면, 사색은 탄성의 시간이다."[4] 양쪽 훈련 모두 신앙인의 영적 식단에 반드시 필요한 메뉴다. 사색이 없는 묵상은 건조하고 부담스러운 일이 될 수 있다. 묵상이 없는 사색은 성경적 기초가 분명하지 않은 경험으로 남을 수 있다. "묵상은 우리의 관심을 세상적인 것에서 하나님의 것으로 옮기는 행동이다. 이에 반해 사색은 우리의 관심을 하나님의 것에서 하나님 자신으로 옮기는 과정이다."[5] 성장하는 신앙인은 성경적 묵상, 구체적으로 표현된 기도, 그리고 하나님과 함께하는 연습을 하는 과정을 차례대로 실천해야 한다. 이 순서는 우리가 앞장에서 본 전형적인 'Lectio Divina'의 순서이기도 하다.

### 신앙 선배의 증언

하나님과 함께 하는 훈련은 오랫동안 신앙 생활의 중요한 위치를 차지해 왔다. 어거스틴은 사색의 기도를 인간의 영혼이 하나님께 보내는 사랑의 눈길이라고 표현한다. 교부들은 하나님께서 레아, 마리아, 요한 같은 성경 인물들을 평생 동안 사색의 삶을 살도록 부르셨음에 주목했다.

요한 케시안(John Cassian, d. 435)는 마리아와 마르다의 이야기를 설명하며 이렇게 말했다.

> 주님께서는 사색, 다시 말해 하나님을 향해 눈길을 돌리는 모습이 가장 선하다고 가르치셨다. 다른 훈련들은 나름대로 도움은 되지만, 결국 사색을 위한 보조로서 이차적인 중요성만을 가지게 되었다…… 주님께서는 엄청난 열매를 만들며 모두에게 인정받을 만한 사역보다는, 도리어 하나님에 대한 사색이라는 단순하고 전인적인 노력을 가장 좋게 보셨던 것이다." [6]

교회의 위대한 신학자며 캔터베리 대주교였던 안셀름(Anselm, d. 1109)은 사색의 기도에 대해 이렇게 가르쳤다.

> 자신을 하나님께 완전히 포기하고, 그 분께 의지하라. 자기 영혼의 작은 방 속으로 들어가 모든 것으로부터 등을 돌리고, 하나님과 그 분을 찾는 마음에

도움이 될 만한 것들만 남겨둔 채, 방문을 꼭꼭 걸어 잠그고 주님만을 찾아라 (마6:6). 이제 나의 온 마음을 다해 하나님께 말하자. "저희가 주의 집의 살진 것으로 풍족할 것이라"(시36:8).

나의 하나님이신 주님, 이제 오셔서 나의 마음을 어디에 두고 어떻게 당신을 좇아야 할지, 어떻게 어디서 당신을 찾아야 할지 가르치소서.[7]

위대한 청교도 지도자 존 오웬(John Qwen, d. 1683)도 이점에서는 같은 목소리를 내고 있다. "성도의 가장 큰 특권이자 성공은 세상적으로든 천국에서든 그리스도의 영광을 보는데 있다."[8] 바로 이것을 가능하게 하는 훈련이 마음의 기도, 사색의 기도다.

오늘날 일부 복음주의자들은 사색을 "다른 종교에서 따온 것"이라며 배척하지만, 사실 종교개혁 초기만 해도 이 방법은 당연히 받아들여졌고 자주 사용되기까지 했다.

「참 목자상」(The Reformed Pastor)를 쓴 리차드 백스터는 종교 개혁자들이 로마 가톨릭교회에 대해 너무 과잉반응을 보인 나머지, 영적으로 도움이 될만한 가톨릭의 여러 영적 훈련들까지 거부하게 되어버렸다고 지적한다. 백스터는 "우리는 미신적인 수도원 생활을 거부하는 데는 성공했을지 몰라도, 이제는 사색적인 기도생활에 필요한 고독마저도 거부하는 위험에 빠졌다"라고 썼다.[9] 사색을 통해 주님께만 마음의 초점을 맞추는 것은 바람직하다. 이를 통해 "머리와 마음을 서로 나눌 수 있도록 문을 열고"[10] "가장 가치 있는 대상과 감정적인 교감을 나눌 수 있기 때문"이라는 것이다.[11] 백스터는 마지막 심판 때가 되면 "하나님께서는 우리에게 네가 얼마나 알고, 가르치고 설명할 수 있는가?"라고 물으실 것이 아니라, 네가 나를 얼마나 사랑했는가? 네 마음은 어디에 있었는가를 물으실 것이다"라고 지적했다.[12] 말씀에 대한 지식은 하나님을 알기 위한 목적에 봉사하는 도구일 뿐이다. 이어서 백스터는 이렇게 썼다. "만일 하나님의 말씀이 풍성한 위로로 가득하다면, 하나님 자신에게서는 얼마나 더 엄청난 생명수가 흘러 넘치겠는지 상상이 되는가?"[13]

부활의 로렌스(Lawrence of the Resurrection, d. 1691)는 카멜파 수도원의 부엌에서 일하던 평신도 수도자였다. 로렌스 수도사는 죄로부터 구원하신 그리스도를 자신의 구세주라고 겸손히 고백한다. "조금도 의심할 여지도 없이, 우리는 예수님의 피로 우리의 죄를 용서 받게 되었다."[14] 그의 가장 큰 관심사는 사랑의 하나님과 함께 거하는 삶이었다. 로렌스는 "내 삶의 내용은 바로 하나님의 거룩하신 존재와 함께하고 경험하는 것이다. 나는 오직 하나님만을 바라보고 사랑의 마음을 간직한 채 내 자리를 지킬 것이다. 나는 이것을 '실제적으로 함께 하시는 하나님'이라고 부르고 싶다."[15] 그는 이어 이렇게 말한다. "나는 엄마의 젖을 먹는 아기보다 더 행복하게 하나님 품에 붙어있는 나를 발견한다. 이런 표현을 감히 써도 되는 지는 모르겠지만, 하나님께 가까이 간다는 것은 하나님의 가슴에서 젖을 먹는 것 같다. 왜냐하면 이를 통해 나는 말로 표현할 수 없는 달콤함을 경험하기 때문이다."[16] 하나님으로부터 영적인 행복과 위로의 축복을 경험한 로렌스 수도사는 평생동안 이렇게 고백했다. "하나님을 기뻐하는 영혼은 오직 그 분만을 경험하기 원한다."[17]

노르웨이의 복음주의 지도자이자 기도 분야의 권위자인 할레스비(Ole Hallesby, d. 1961)도 하나님과 함께 하는 훈련에 대해 로렌스에 못지 않게 강조하고 있다.

> 기도는 진정으로 우리의 마음을 주님께 드리는 것이다. 두 사람이 서로 사랑할 때처럼 기도도 때로는 말로, 때로는 말없이 주님과 마음을 나눈다.
> 우리의 영혼이 기도를 통해 하나님과 교제할 때도, 말로 표현하고 설명해야 할 수 있고, 해야 할 부분이 있게 마련이다…… 그러나 여기엔 표현할 단어를 찾을 수 없는 부분도 존재한다. 사도 바울이 로마서 8장 26절에서 ‘말할 수 없는 탄식’으로 표현했던 내용 같은 것 말이다.[18]

오랫동안 기독교인들은 다양한 방식으로 기도를 해 왔지만, 오늘날에는 그 중 많은 것을 잃어버렸다. 지성을 이용한 기도, 말로 표현된 기도, 마음을 이용한 사색적 기도 등은 ‘Lectio Divina’를 위해서 균형있게 사용되어야 할 필요가 있는 기도방법이다. 이를 통해 타락하고 분열된 인간을 이제 하나님 아래서 하나로 회복시킬 수 있다. 그러나 현대에 들어와서는 지적, 언어적, 감정적 기도가 따로 놀고 있다. 지적인 활동이나 실제적인 행동을 선호하는 지금, 교계의 분위기가 마음의 기도와 사색의 기도를 무시하는 결과를 낳은 것이다.

우리의 신앙선배인 청교도들은 여러 면에서 역동적인 영적 모델을 보여준다. 그러나 일부 학자들은 청교도들의 영성이 사색적인 차원을 제대로 개발시키지 못했기 때문에, 결국 보다 광범위한 영향력을 유지할 수 없었다고 지적한다.[19] 이점은 오늘날 우리에게도 적용되는 경고이기도 하다.

## 사색 기도의 성경적 근거

하나님의 임재 연습은 성경에서 뚜렷한 근거를 발견할 수 있다.

먼저 시편 63편 내용을 보자. "하나님이여 주는 나의 하나님이시라 내가 간절히 주를 찾되 물이 없어 마르고 곤핍한 땅에서 내 영혼이 주를 갈망하며 내 육체가 주를 앙모하나이다 내가 주의 권능과 영광을 보려 하여 이와 같이 성소에서 주를 바라보았나이다"(시63:1-2).

여러분은 열왕기상 19장에 기록된 엘리야 선지자의 생애 중, 가장 극적인 사건을 기억할 것이다. 이스라엘 민족은 갈멜산에서 850명의 거짓 선지자들을 향해 엘리야가 거둔 승리를 목격했지만 계속 하나님을 거역한다. 이스라엘의 강퍅함을 본 엘리야는 절망과 패배감에 빠진다. 결국 하나님의 사람 엘리야는 갈멜산을 떠나 시내 광야로 도망간다. 하나님은 이 때 강한 폭풍을 치게 하신다. 그러나 주님은 바람이나, 지진, 불길 안에 계시지 않으셨고, 도리어 '침묵의 소리'를 통해 자신을 직접 엘리야에게 드러내셨다(12절). 여기서 사용되는 히브리어는 문자적으로는 "섬세한 속삭임을 통하여"다. 하나님의 음성을 감지할 수 있었던 엘리야는 하나님 앞에 나아와 복종으로 응답한다.

여러분도 '주님을 기다림'이란 말의 의미를 깊이 생각해 본 적이 있는가? 내 의견으로는 주님을 기다림이란 하나님과 함께 하는 훈련을 받는 과정이기도 하다. 이사야는 이렇게 선포한다. "오직 여호와를 앙망하는 자는 새 힘을 얻으리니 독수리의 날개치며 올라감 같을 것이요 달음박질하여도 곤비치 아니하겠고 걸어가도 피곤치 아니하리로다"(사40:31). 예레미야 선지자의 말씀도 기억할 필요가 있다. "무릇 기다리는 자에게나 구하는 영혼에게 여호와께서 선을 베푸시는도다 사람이 여호와의 구원을 바라고 잠잠히 기다림이 좋도다"(애3:25-26). 이런 분위기는 주님 만을 바라보는 마음과 신앙을 표현하는 다양한 성경 원어들 속에서 공통적으로 발견된다. "주께서 심지가 견고한 자를 평강에 평강으로 지키시리니 이는 그가 주를 의뢰함이니이다"(사26:3).

복음서를 보면 예수님도 자주 조용한 곳으로 몸을 피하셔서 아버지이신 하나님과 교제 시간을 가지셨다(막1:35-39, 14:32). 예수님은 제자들을 양육하고, 대중들에게 설교하고, 병자를 고치고, 사탄을 좇는 적극적인 사역의 모습을 보이셨다. 그러나 이런 주님께서도 아버지와 홀로 시간을 가짐으로써 그 관계를 보다 깊게 할 필요를 느끼셨던 것이다. 예수님은 고난 받기 하루 전에도, 제자들을 정원으로 인도하시며 이렇게 말씀하셨다. "너희는 여기 머물러 나와 함께 깨어있으라"(마26:38). 혼자서 기도하기를 마치신 예수님께서 잠들어 있는 제자들을 보고 이렇게 말씀하신다. "너희가 나와 함께 한 시 동안도 이렇게 깨어 있을 수 없더냐 시험에 들지 않게 깨어 있어 기도하라"(40-41절). 이것이 분명히 하나님에 대한 마음의 기도, 사랑의 헌신을 표현하는 기도를 의미한다.

사도 바울도 하나님과 함께 하는 훈련에 익숙한 사람이었다. 그는 골로새 교인들에게 이렇게 썼다. "그러므로 너희가 그리스도와 함께 다시 살리심을 받았으면 위엣 것을 찾으라 거기는 그리스도께서 하나님 우편에 앉아 계시느니라 위엣 것을 생각하고 땅엣 것을 생각지 말라"(골3:1-2).

한 신부가 테레사 수녀에게 어떻게 하면 맡겨진 사역을 보다 효과적으로 할 수 있을 지에 대해 물었다. 그러나 테레사 수녀는 "매일 한 시간씩 당신의 주님을 찬양하는 시간을 가지고, 절대로 자신의 생각이 잘못이라고 생각한 것을 반복하지 않으면 됩니다"라고 답했다. 그녀가 강조하는 찬양의 시간이란, 바로 사랑의 마음으로 하나님과 함께 하는 훈련을 의미했음이 틀림없다.

## 사색 기도의 장점

그렇다면 하나님을 사색하는 습관을 통해 우리가 얻을 수 있는 유익은 무엇일까? 성도는 하나님과 함께하는 훈련을 통해 하나님의 마음을 느끼고, 영적으로 회복하고 충전하는 경험을 한다(롬12:2).[20]

나를 포함해서 대부분의 사람은 자신이 가장 깊이 사랑하는 사람과 가장 많은 시간을 보내고, 마음을 가장 많이 열어 보인다. 우리가 입으로 하는 기도와 사색 기도를 균형을 맞춰 할 수 있다면, 하나님은 보다 강하게 나에게 나타나시고 그 분에 대한 나의 사랑도 더 강해지게 된다. 입으로 하는 기도를 통해 나는 하나님을 사랑한다고 고백할 수 있지만, 사색의 기도는 하나님께서 나를 영원한 사랑으로 사랑하신다고 말씀하시는 자리다.

사색의 목표는 하나님에 대한 개념을 정리하는 자리가 절대로 아니다. 도리어 이를 통해 하나님께 나아가 우리 중심에 계시는 그 분에 의해 감동을 받는 것이다. 지적인 분석을 통해 하나님을 아는 것보다, 보다 근본적인 변화를 가져오는 사랑을 더 크게 경험하게 될 것이다. A. W. 토저는 입으로 하는 기도, 성경 공부, 예배는 "모든 신앙인들이 다 열심을 내야할 중요한 것이다. 그러나 이 모든 것을 할 때는 이를 통해 하나님을 보는 내적 습관을 가지게 하는 데 근본적인 목적을 두어야 한다…… 우리가 내적으로 하나님을 바라보는 습관을 확고히 가질 때만이, 하나님의 약속에 부합하는 새로운 수준의 영적인 삶으로 인도된다"라고 말한다.[21]

사색 기도의 두 번째 장점은 하나님의 자녀라는 우리의 진정한 정체성을 발견하는데 도움이 된다는 점이다. 하나님과 함께 하는 훈련을 하면, 성령님께서는 내 안에 기름을 부으셔서 불안, 공포, 갈등으로 가득한 나의 옛 '거짓 자아'를 버리도록 인도하신다. 그리고 그리스도 안에서 '새로운 자아'를 주심으로써, 사랑 받는 존재로 새로운 자격을 부여받는 축복을 누리게 된다. 이러한 과정을 통해 사색의 하나님은 감정적인 행복감을 영적인 성장과 함께 선사하신다. 어거스틴도 사색 기도의 두 가지 혜택을 이렇게 표현한다. "나는 여러분을 알기 원합니다. 그리고 내 자신을 알기 원합니다. 이것이 바로 내 기도의 내용입니다."[22)

복음주의계 목사인 내 친구는 최근 사색 기도반을 인도하면서, 참석자들의 삶 속에 아주 좋은 변화들이 일어났다며 흥분을 감추지 못했다. 그의 말이다.


나는 하나님의 백성들이 내적으로 변하는 것을 보면서 너무나도 큰 기쁨을 느꼈다. 이들은 진리를 지적으로 이해하는 것에서도 한걸음 더 나아가, 실존적으로 그리스도와 관계하는 경험을 했다. 이러한 사색적인 경험의 결과로 참석자들은 보다 깊은 영적 경험을 가지게 되었을 뿐만 아니라 은혜와 사랑의 경험도 더 깊어졌다. 이들이 보여준 예수 그리스도에게 향한 열정의 성장은 그 자체로 아름다운 것이다.


말로 하는 기도는 외적인 환경을 바꾼다. 그러나 사색 기도는 기도하는 신앙인의 내적 세계를 바꾸어 놓는다.

## 하나님과 함께 하는 훈련의 아류

불행히도 시중에 돌고 있는 기독교적 사색을 흉내 낸 방법들 중에는 우리가 주의해야 대상들이 있다.

엉터리 사색 방법의 일부는 범신론적 종교와 관련이 있다. 이들은 인간의 영혼이 모든 것을 포괄하는 궁극적인 존재의 일부라고 가르친다. 우주적 절대자의 영을 사색하면 자기의 신적 자아를 깨닫게 된다는 것이다.[23] 어떤 사색 방법은 예수님을 믿지 않는 사람이라도 기독교적 구원을 체험하게 된다는 말도 안되는 주장을 하고 있다. 이들은 기독교적이든, 불교적이든, 힌두교적이든 상관없이 모든 사색 기도는 다 같다고 주장한다. 예수님, 부처, 크리쉬나가 모두 같은 급의 사색 대상으로 취급된다. 종교간의 차이는 환상일 뿐이라는 것이다.

그러나 바른 기독교적 사색만이 성경이 가르치는 살아계신 하나님과 건전하고 바람직한 관계를 우리 안에 심어준다. 범신론이 가르치는 것처럼 인간은 죽음과 함께 무의미한 존재로 사라질 만큼 허무하지 않다. 우리 기독교인들은 하나님의 영광을 영원히 보여주시는 그리스도를 사색하는 사람들이다(계11:16-17, 19:4-5). 동시에 우리는 지금 이 순간의 만족을 누리는 것에 죄의식을 느낄 필요가 없다.

> 우리는 기쁨으로 은혜를 생각하네
>
> 위에 계신 우리 대제사장의 은혜
>
> 다정함으로 가득한 그의 마음은
>
> 사랑으로 넘쳐나네 (아이삭 와트 Isaac Watts)[24]

## 사색적 기도와 예배를 통해 추구하는 방법

A. W. 토저는 복음주의가 많은 장점과 공헌에도 불구하고, 보석이 빠져버린 왕관처럼 신앙생활에서 예배를 소홀히 해왔다고 비판한다. 예배를 드릴 때마다 우리는 종종 두렵고 거룩한 하나님 앞에 나가는 분위기보다는, 쇼를 구경갈 때나 어울리는 자세로 나가는 경향이 있다. 미국의 최근 신문기사를 보면 동방정교회로 옮겨가는 복음주의자의 숫자가 늘어나고 있다고 한다.[25] 이 기사는 복음주의 출신의 대표적인 정교회 개종자로는 고 프란시스 쉐퍼의 아들 프랑키 쉐퍼(Franky Schaeffer)가 포함되어 있다고 떠들어댔다. 프랑키 쉐퍼는 주일 아침마다 복음주의 교회의 예배가 인간 중심적 방법과 요란스런 밴드, 그리고 단순하기 짝이 없는 찬송(이것을 저자는 'on-line mantras' 한줄짜리 주문이라고 부른다: 역주)으로 채워지고 있으며, 이것을 예배의 '디즈니화'(Disney-Fication, 미국 디즈니사의 다양한 문화상품개발전략과 고객편의주의 상술을 모방한 사역이란 뜻 - 역주)라고 불렀다. 이들은 정교회에 남아있는 고대 기독교의 풍성한 미학적 감각과 사색적 예배가 가장 매력적이었다고 말하고 있다.

그러나 복음주의자들도 점점 사색적인 기도와 예배를 재발견하는 과정에 있으며, 많은 이들이 영광스런 하나님을 직접 만나는 감격을 깊이 경험하고 있다. 여기서 우리는 사색적인 기도와 예배의 모델 몇가지를 살펴본다.

## 떼제(Taize) 공동체

유럽의 개혁주의 개신교 목회자였던 로저 수도사(Brother Roger)에
의해 프랑스에서 만들어진 떼제 공동체는 역동적이고 사색적인 형식의
예배를 개발해 왔다. 일부 복음주의 교회들은 이미 정기적으로 타지형
예배를 도입하여, 주님과 인격적인 만남을 갈구하는 신앙인들에 좋은 반
응을 얻고 있다.

떼제 공동체를 방문한 적이 있는 한 미국인 목사는 그 곳에서 삶이 완
전히 바뀌는 경험을 했다고 고백한다. 그는 타지 예배당으로 들어가면서
느꼈던 느낌을 다음과 같이 묘사한다.

경외감으로 가득했다.

초로 장식된 예배당에 들어가자, 하얗게 반짝거리는 흰 수도복을 입은 떼
제 공동체 수도사들은 오르간과 플롯 반주에 맞춰서 찬양을 하고 있었다……
예배당의 하얀 벽은 아름다운 스테인드 글라스 창에 의해 시각적 효과를 더
하고 있었다. 촛불과 어우러진 바닥의 빨간 카펫트도 하얀 수사복과 조화를
이루고 있었다. 거기에는 나를 하나님에게만 집중하는 예배 공간을 발견할
수 있었다.

그는 자신이 속한 교회로 돌아오면서 받은 인상을 이렇게 적는다.

나는 목회자로 지금까지 이끌고 준비해 왔던 나의 예배를 돌아보기 시작
했다. 거기엔 너무 말이 많고, 너무 많은 설명에 반해 너무 적은 이미지들이
사용되고 있었다. 덕분에 예배는 너무 소란하고, 복잡하고, 산만해서 도리어

하나님을 제대로 보지 못하게 만드는 역할을 하고 있었던 것이다.

이후 그는 "사색적인 단순성이 회복된 예배만이 하나님의 품안에 거할 수 있도록 인도한다"라고 확신하게 되었다.

나는 놀라우신 하나님을 드러낼 단어와 이미지를 찾기 시작했다…… 나는 예배를 준비하면서, 이제 ……찬양과 예배를 사모하고, 하나님에 대한 갈급함을 더 느낄 수 있는 분위기를 만들기 위해 노력했다.

나는 마음속에 쉽게 스며들 수 있는 가사와 분위기의 찬양을 찾기 시작했다…… 그 동안 인기를 끌었던 찬송가와 성경 구절을 단순 반복하는 찬양들을 통해서, 나는 내 깊은 속에서 쉴 곳을 찾고, 계속 기도하며 살아가는 데 큰 도움을 얻었다.

나는 (지금까지 내 자신에게 부여했던 예배의) 건축자의 역할이 전부가 아님을 깨달았다. 타지 공동체에서의 경험을 통해 나는 사색적인 단순함으로 이루어진 예배 환경이 하나님 앞에 일대일로 서도록 도와준다는 사실을 깨달았다. 이런 공간에 들어가면, 나의 마음은 하늘 아버지께 더 가까이 나가고, 그분에 대한 영적 초점도 더 분명해 진다. 여기서 나는 내 안에 스며드는 평안과 부드럽게 마음이 열려지는 경험을 하게 된다…… 돌과 나무의 조용한 색깔, 연필심처럼 얇은 빛줄기, 성찬식 테이블보에 새겨진 하얀 장식. 이 모든 것이 한데 조화되어, 거룩하신 하나님을 내 안에 깊이 경험하도록 도와준다.

그는 예배에 "사용하는 말을 단순화시키고, 철저하게 집중된 거룩한 예배는, 예배를 구성하는 공간, 이미지, 소리 모두를 통해 예배자의 영적 감각을 되살려준다. 동시에 매일의 삶에서 사색적인 단순성을 추구하도록 만들어 준다"라고 결론 내린다.[26]

## 예배의 재검토

내가 접해 본 영성공동체 예배의 섬세함과 감동은 엄청났다. 이들 공동체의 지도자들은 특별한 영적 감각을 가지고, 하나님의 매력과 영광이 그대로 경험될 수 있도록 예배를 통해 우리를 인도해 주었다. 사실 그 동안 내 신앙에서 특별한 영적 경험의 대부분은 예배와는 상관이 없었다. 그러나 최근 들어 건전한 예배가 삶을 변화시키는 능력을 더 깊이 경험하고, 이를 통해 예배자들이 이천년간 신앙선배들에 의해 지켜진 복음의 핵심을 다시 접하는 광경을 자주 목격하게 된다.

'예배양식 Liturgy'이라는 단어는 '봉사', '업무'를 가르치는 헬라어 단어인 '래이투르지아(Leitourgia)'에서 나온 것이다(눅1:23, 고후9:12, 빌2:17,20). 위의 헬라어도 두 개의 어근을 가지고 있는데, 하나는 백성이라는 '라오스'(Laos), 나머지 하나는 일이라는 의미의 '애르곤'(Ergon)이다. 어근상으로 볼 때 예배란 평신도들의 노동 혹은 백성들의 영적 사역을 말한다. 다시 말해 공공 예배란 신앙인들이 행하는 영적 노동이라는 뜻이다.

유대인들이 성전에서 시편을 요약해 악상에 담아서 번갈아 부르는 문화는 초기 기독교회 예배에서도 그대로 이어졌다(엡5:19, 골3:16). 신약성경도 예배에 사용되던 교독문(고전11:24-25, 딤전3:16, 요삼15), 기도문('마라나타', 고전16:22, 계22:20), 찬양의 일부분(빌2:5-11, 골1:20, 계

4:11, 7:12)을 포함하고 있다. 신약 시대의 예배는 인위적인 외적 표현 뿐 아니라 정해진 형식도 사용했다(고전14:26-33). 사도 이후의 시대에 쓰여진 2세기 작품 '디다케'(Didache)나(특히 9-10장), 순교자 저스틴(Justin Martyr, d. 165)의 글, 히폴립투스(Hippolytus)의 '사도적 전통'(Apostolic Tradition)외 많은 글들이 기독교 예배양식을 사용하고 있다.

역사적으로 신앙 선배들은 성경적 내용과 고정된 형식을 사용하는 예배양식을 통해, 그리스도를 통한 하나님의 구원 역사를 찬양했다. 예배양식에는 성경봉독과 이에 대해 성도들이 같이 고백하는 부분인 '마그니피캣'(Magnificat, 눅1:46-55의 내용을 반영한 고백; 뒤의 고백도 배경 구절 표기임), '베네딕투스'(Benedictus, 1:68-79), '눈크 디미투스'(Nunc Dimittus, 2:29-32) 같은 후렴구가 널리 사용되었다. 여기에는 시편 찬양, 사도신경 암송, 통성 기도, 성찬식 같은 것이 포함되었다. 이들은 모두 교회의 신앙 고백을 사색적으로 반복하는 작업의 일환이었던 것이다. 깊이 빠져들지 못하는 예배는 지루하기 마련이다. 예배 양식은 참석자들이 예배에 참여하는 깊이를 극대화시키기 때문에, 이를 통해 하나님에 대한 만족감도 커지기 마련이다.

루터, 칼빈, 녹스 같은 16세기 종교개혁자들도 예배를 위해서 예배양식을 사용했다. 칼빈은 미리 정해진 예배 양식을 통해서 참석자들의 실수나 경솔한 행동의 가능성을 차단했다. 이를 통해 예배를 참석한 모두가 복음을 진지하게 대할 수 있는 자세를 유지하도록 배려한 것이다. 존 오웬 같은 신학자는 예배양식이 성령의 역사를 막는다고 우려했다. 그러나 나는 종교 개혁자들이 그랬던 것처럼, 건전한 예배양식을 통해 성령님께서는 성도들이 신앙을 보다 깊이 체험할 수 있도록 도와주신다고 확신한다. 바른 신앙고백이 뒷받침된 성경 봉독, 신앙 고백 같은 예배양식은 우리의 영혼을 회복시키고 교정시켜주는 데 큰 도움이 된다.

가톨릭 출신이었다가 복음주의로 전향한 신학생 하나는 복음주의자들의 한계를 적나라하게 이렇게 표현한다. "예식을 우습게 취급하는 것도 또 하나의 습관적이 행위가 되어 버릴 수 있다. 도리어 성공회와 가톨릭 교회는 성경적인 예배양식과 미학적 효과를 잘 사용하여 심오한 하나님을 인격적으로 경험할 수 있도록 움직이고 있다."

내 경험에 비추어 봐도, 교회들이 되는 대로 시도해 보는 예배들을 보면, 수압이 아주 높은 호스로 마당에 물을 주는 것과 비슷하다는 느낌을 받는다. 대부분의 물은 땅 속으로 스며들지 못하고 낭비되는 것이다. 그러나 성경적인 예배양식은 일종의 "분무기처럼 바닥에 물은 주는 것"과 같다. 느리지만 효과적으로 땅 속 아주 깊은 속까지 물을 전달시켜 뿌리까지 수분이 전달되도록 만드는 것이다. 그 동안 무시해 왔던 성경적인 예배 양식을 예배에 다시 도입하면 우리의 영혼도 깊은 뿌리까지 적셔질 수 있게 될 것이다.

## 감각으로 드리는 예배

성령님은 피조물들을 사용하셔서 예배자와 살아 계신 하나님을 다시 연결시키신다. 여기에는 우리가 '볼 수 있는 것' (부활하신 그리스도의 영광스런 모습 같은 것), '들을 수 있는 것' (종소리 같은 것), '만질 수 있는 것' (치유하시는 예수님의 품 같은 것), '맛볼 수 있는 것' (성찬식의 떡과 포도주 같은 것), '냄새로 맡을 수 있는 것' (꽃의 향기 같은 것)이 포함된다. 우상들은 "입이 있어도 말하지 못하며 눈이 있어도 보지 못하며, 귀가 있어도 듣지 못하며 그 입에는 아무 기식도 없나니"라고 조롱하는 시편 기자는 하나님을 경험하는데 있어서 인간의 감각이 가지는 중요성을 전제하고 있다(시135:16-17). 오랫동안 사용하지 않았던 부분을 가지고 예배를 드릴 때마다 나 역시 불편함을 느끼던 기억이 난다. 그러나 조금씩 하나님께서 만드신 나의 모든 부분과 감각을 사용해서 하나님과 관계하는 것이 얼마나 풍성한 경험인지를 발견하게 되었다. 우리의 전신으로 하나님께 예배하는 것은 예수님께서 (죄는 없으셨지만) 완벽한 인간의 모습으로 성육신 하신 사실과 조화를 이룬다는 생각이 문득 떠오른다.

감각으로 예배함이란 우리의 눈이 성경 사건을 그려놓은 칼라그림을 볼 때나, 십자가 모형이나, 고상하게 표현된 종교적 예술을 보면서, 그 속에 있는 영적 세계를 경험하는 것을 가르친다.

예를 들어 (내가 영성훈련을 받았던) 패코스 수도원의 예배당으로 들어가 보면 예수님께서 영광스럽게 승천하시는 장대한 그림이 먼저 눈에 들어온다. 구원자에게 초점을 맞춘 조명등은 그림의 장려함을 더해주고 있다. 이 같은 시각적인 장식은 영적 세계를 보는데 방해물이 되기보다는, 하나님을 향해 우리의 마음이 더 끌리게 만든다.

일부 종교개혁자들은 중세말의 나타난 오류들이 다시 등장하는 것을 예방하려다가, 창조세계가 전달하는 상징적인 힘을 무시하고 추상적인 개념의 세계에 숨어버리고 말았다. 잘 알려진 것처럼 쯔빙글리는 스위스 쮜리히 시내에 있던 모든 교회 장식을 없애버리고, 교회 벽을 하얗게 칠해버렸다. 17세기 존 오웬도 성화와 예배 형식은 영적으로 도움이 안 된다고 강하게 주장했다. 물론 교회는 천박한 예술을 받아들여서는 안되지만, 성경의 세계를 잘 표현하는 작품들은 영적으로 더 활용할 필요가 있다.

리챠드 러블레이스(Richard Lovelace)는 "복음주의 교회들이 시각적 혹은 상징적 도구를 배척하는 바람에, 지금까지 교회사적으로 지속되어 온 성육화적 관점을 잃어버렸다"라고 말한다. "성육화적인 관점이란 피조세계가 단순히 선하게 창조된 누림의 대상일 뿐 아니라, 영적인 세계를 상징적으로 보여주는 도구로 이해하는 관점을 가르친다. 복음주의자들은 감각과 시각을 이용한 것이면 어떤 것이라도 '영적'인 것으로부터 우리를 멀어지게 만드는 것으로 보는, 일종의 마니키안주의적 방향으로 치닫고 있다"라고 지적한다.[27] 하나님께서 창조하신 인간의 모든 기관은 예배에 동원될 수 있어야 한다. 감각적으로 풍성한 내용을 가진 예배는 영적으로 위대하신 하나님과 더 깊이 관계할 수 있도록 도와준다.

리차드 백스터는 그의 명작 「성도들의 영원한 안식」(The Saints' Everlasting Rest)란 책에서, 이 땅에서 감각을 통해 접할 수 있는 모든 것들은 하늘에 계신 하나님을 예배하는 데 도움을 준다고 썼다. 백스터 자신의 말을 들어보면 이렇다. "감각은 '상상력'으로 이끌어 주고, 상상력은 '이해'로 이끌어준다. 하나님께서 우리에게 '감각적이고 인간적인' 즐거움을 탐하지 말라고 말씀하셨지만, '영적인' 즐거움까지 금하신 것은 아니다"[28] C. S. 루이스도 이점에서 같은 의견을 제시한다. "하나님은 결코 인간을 100% 영적인 존재로 창조하신 것은 아니다…… 하나님은 물질을 창조하신 것을 보면, 결코 물질을 싫어하시는 것 같지 않다."[29]

복음주의 영성은 교리적 문제에는 너무 열심을 내는 바람에, 하나님과의 관계를 자꾸 지성의 문제로 제한시키는 경향이 있다. 그러나 하나님

은 우리의 모든 기관과 감각을 포함한 전신으로 자신과 관계하길 원한다
고 말씀하신다(신6:5, 막12:30).

## 전신(body)으로 드리는 예배

내가 배운 또 다른 중요한 교훈은 전신으로 예배를 참여하면, 영적으
로 더 많은 것을 경험하게 된다는 사실이다. 우리는 영성에 대해 추상적
으로 이해하고, 논리를 통해서 설명하는 경향이 많다. 그러나 말뿐만 아
니라 육체적인 표현을 동원해서 예배를 드리면, 신앙을 추상적인 이해에
서 보다 실체적이고 도움이 되는 차원으로 이해할 수 있도록 도와준다.
몸으로 영적인 세계를 표현하는 것 - 예를 들어 기름으로 안수하는 것,
발을 씻는 것, 아니면 성찬식에서 떡과 포도주를 먹는 것 - 을 통해 우리
의 지적인 부분과 감각적인 부분은 하나가 된다.

C. S. 루이스는 "성령의 은사 중에는 우리가 몸으로 움직일 때만이 나
타나는 것이 있다"라고 지적한다.[30] 로버트 존슨(Robert Johnson)은 우
리가 전신으로 영적 세계를 경험하기 위해서는 "육체적인 행위가 필요
하다. 육체적으로 표현하는 과정을 통해 인간의 가장 깊은 심리에도 깊
이 자국이 남게 된다"고 설명한다.[31] 성공회에서 결혼식에 사용하던 고
대 기도문을 보면 "내 전신으로 당신께 예배합니다"란 고백이 나오는데,
이것은 이 땅의 배우자뿐만 아니라 하늘에 계신 우리 하나님께도 적용되
어야 한다.

상징적인 행동을 통해 예배를 육체적으로 참여하는 모습은 성경 구석
구석에서 발견된다. 속죄일이 되면 대제사장은 희생양에 손을 얹고, 상
징적으로 백성들의 죄를 동물에 모두 전가한 뒤 이를 사막으로 보낸다

(출16:20-22). 예레미야 선지자는 손에 토기물병을 들고, 백성들과 장로들은 예루살렘 밖에 있는 골짜기로 인도한다. 그는 물병을 비우고 바닥에 놓은 뒤 완전히 박살을 내버리는데, 이것은 하나님의 심판을 상징하는 행위였다(예19). 성경에 등장하는 가장 위대한 상징적 행위는 바로 예수님께서 온 세상의 죄를 위해 자신을 희생하는 것을 상징하기 위해 떡을 띠고 포도주를 나누신 장면에서 발견된다(마26:26-29, 고전11:23-26). 비슷한 맥락에서 사도들은 파송되는 선교사들에게 안수를 했고(행13:3), 장로들은 아픈 이들에게 기름을 발라주었다(약5:14).

한번은 창조적인 방법으로 '용서와 화해'를 표현한 예배에 참석한 적이 있다. 그때의 기억은 지금까지도 생생하다. 예배는 먼저 성경을 바탕으로, 풀어야 할 영적인 문제를 제기한 뒤, 하나님의 축복을 구하는 기도를 드렸다. 참석자들은 먼저 자기 안에 있는 상처를 모두 담는 의미로 손을 그릇처럼 모아 커다란 유리 물병 속에 담갔다. 이어 상처의 원인이 된 사람들을 모두 용서할 수 있도록 하나님께 은혜를 구하는 기도를 올린 뒤, 각자 물 속에서 자신의 손을 벌리는 행위를 통해 상징적으로 내 안의 상처들을 모두 하나님께 놓아드렸다. 그 자리에 참석했던 많은 사람들은 큰 해방감을 경험했다. 몸을 사용한 이런 의식은 "나는 너를 용서한다"라는 한마디 말보다 더 큰 변화를 가져온다.

역사적으로 교회는 하나님께서 행동을 통해 영적 진리를 우리에게 전해주셨다는 점을 의심한 적이 없다. 하나님의 계시는 말의 표현 뿐만 아니라 '말씀의 시각화'를 통해서 전달된다는 것이다.

## 미로 찾기 프로그램

시중에 나와있는 사색 훈련들이 그리스도를 닮는 데 모두 도움을 주는 것은 아니다. 어떤 방법들은 감각적으로는 큰 도전이 되지만, 내용적으로는 우리 안에 계신 그리스도께 우리를 드리도록 도와주지 않는다. 이런 방법들은 우리가 거리를 둘 필요가 있다.

미국 교회들을 우리의 영혼을 하나님께 여는 방법으로 '미로 찾기 프로그램'을 사용하는 경우가 많다.

미로 찾기 프로그램을 가장 열심히 선전하는 교회는 미국 샌프란시스코 그레이스 교회가 만든 비영리단체 '베리디타스'(Veriditas, "하나님의 회춘시키시는 역사"라는 뜻)다.[32] 전국 각처에서 다양한 교단배경을 가진 많은 사람들이 그레이스 교회로 모여들어 미로 찾기 프로그램을 배우고 있다. 미로 찾기 프로그램에 사용되는 미로는 지름이 4피트 정도 되는 원형에, 약 0.3마일 정도의 꼬불꼬불한 길로 이루어져 있다. 미로 찾기 프로그램은 정교한 숫자놀이와 우주론을 전제하고 있지만, 프로그램 참석자 중에서 이 사실을 아는 사람은 거의 없다. 미로의 모양은 12세기에 지어진 프랑스의 샤트레 성당의 바닥 문형에서 따온 것이다. 이 방법을 선전하는 사람들은 미로 찾기가 고대와 중세시대까지는 계속 쓰여왔지만, 350년 전부터 우리가 이성의 시대에 접어들면서 중단되었다고 주장한다.

미국 테네시주에 사는 한 목사는 집 앞마당에 스프레이로 거대한 원형을 그렸다. 그는 이웃들에게 이 모양이 중세 예배에 사용되던 미로를 재현한 것이라는 설명 전단을 뿌렸다. 그는 이 거룩한 길을 같이 걸어보지 않겠냐며 이웃들을 초청했다. 일부 주민들은 이것을 우주선이 창륙한 자국으로 오해하기도 했다. 어쨌든 그 후 테네시주에 사는 수많은 사람들이 이 미로를 찾아 모여들고 있다.[33]

내가 사는 도시의 한 침례교회에서도 성도들과 이웃들에게 미로 찾기 프로그램을 홍보하는 광고를 낸 적이 있다. 복음주의 계열 교회가 이런 생소한 명상 프로그램을 제공하는 것에 나도 눈이 끌리지 않을 수 없었다. 그래서 나는 직접 그 자리를 참석해 보기도 했다.

그렇다면 미로 찾기 프로그램은 과연 어떤 것인가? 이것은 기독교인의 성숙을 위해서 영적으로 안전하고 도움이 되는 방법인가?

이 프로그램은 먼저 참여자가 꼬불꼬불한 미로 속을 따라가며 원형의 중심까지 같다가 다시 출발점으로 돌아오면서 사색의 시간을 가지는 방식으로 진행된다.

그런데 미로 찾기 프로그램은 아주 복잡한 이론을 기초로 하고 있다. 미로는 영적인 여정과 목적을 상징적으로 보여주는 '신성한 원형'을 표

현한다.[34] 이를 통해 "어머니이신 하나님, 우리 안의 하나님, 모든 창조물 중에서도 가장 거룩하신 이"와 만나는 자리라는 것이다.[35] 미로 찾기 프로그램 옹호자들은 우리가 오랫동안 이성과 기술에 지배를 받아 오면서 제대로 개발될 기회를 가지지 못한 상상력, 감각, 여성적 특성을 되살리는 데 이 프로그램이 큰 도움이 된다고 주장한다. "미로를 찾기 위해서는 인간의 이성을 필요로 하지 않는다. 여기에는 직관, 상황 인식, 상상력이 더 많이 동원된다."[36] 미로를 사색하며 걷다보면 의식이 열리고 우리 자신과 신을 새롭게 만나는 경험을 하게 된다는 것이다.

참석자들은 미로를 걸으면서, 그 동안 떨쳐버릴 수 없었던 문제의 답을 발견하고, 신비한 경험을 접하고, 기적까지 체험하는 경우도 있다고 한다. 미로 찾기 프로그램은 종교와 가치관에 상관없이 모든 이들에게 적용될 수 있다고 한다. 현재에도 미국 성공회, 불교도, 뉴에이지 추종자들을 포함한 다양한 단체들이 이 방법을 적용하고 있다. "미로 찾기 프로그램은 자아를 발견할 수 있도록 도와준다. 삶의 문제들을 풀기 위해, 창조 세계의 신비를 그대로 반영하는 거대한 신비의 미로 속으로 우리를 인도한다. 이를 통해 우주의 기원으로 가까이 나가고, 결국 인간의 (영적인) 본향에 이르게 된다."[37]

미로 찾기 프로그램이 기초로 하고 있는 이론에 대해서는「신성한 길을 걸으며」(Walking a Sacred Path)라는 책에 자세히 설명되어 있는데, 그 내용은 정통 기독교 관점과는 상당히 거리가 있다. 이 책은 성경의 권위, 인간의 죄성, 그리스도를 믿음으로만 가능한 구원에 대해서는 철저히 무시하고 있다. 도리어 이들은 인간 회복을 우리 안의 인간성을 다시 살리는 것, 혹은 우리 안에 숨겨진 초월적인 신비의 존재를 자각하는 것이라고 정의한다.

그렇기 때문에 「신성한 길을 걸으며」 같은 책에서 설명하는 미로 찾기 프로그램을 따르는 신앙인들은 영적 갈등을 피할 수 없다. 그러나 아직도 많은 기독교인들이 여기에 문을 두드리고 있는 형편이다.

그러나 이 프로그램이 아직도 인기를 끄는 이유는, 미로 찾기를 시도해 본 사람 중에는 그리스도의 가르침에 복종하는 노력의 일환으로 마음을 열고 이 방법을 선택적으로 이용한 전적이 있기 때문이다. 예를 들어 미로를 걷는 육체적인 활동 자체는 우리의 몸과 영혼을 진정시키는 효과를 가져올 수 있다. 동시에 그리스도와 영적 문제들을 묵상하는 데 필요한 조용하고 쫓기지 않은 분위기를 연출할 수 있다. 우리가 찬양과 댄스 같은 것을 통해 경험하는 감동을 여기서도 만날 수 있다.

그러나 내 생각에는 하나님의 창조세계를 사색하며 산책하는 것만으로도 이와 비슷한 효과를 경험할 수 있다고 생각한다. 미로 찾기 프로그램 이면에 있는 비성경적인 원리들을 기억한다면, 우리는 이 프로그램에 좀더 조심스럽게 접근할 필요가 있다.

## 일기: 사색의 실천

많은 성도들은 신앙 일기를 통해 풍성한 사색의 경험을 나누고 있다.

신앙 일기란 성경 묵상에 대해 자신의 반응, 기도응답, 하나님으로부터 얻은 지혜, 신앙의 형제자매들과 대화 내용, 영적인 씨름과 승리의 기록들을 적은 일기를 가르친다. 일기는 우리가 경험한 모든 감정을 거리낌없이 모두 풀어놓는 자리다. 구체적으로 하나님의 인도하심을 경험하지 못한 사람은 일기 쓰기 훈련을 통해 섬세하신 하나님의 인도를 깨닫는 데 큰 도움을 받을 수 있다.

일기 쓰기는 기독교 내부에서도 오래 전부터 사용되어 왔다. 「고백록」(Confession)은 저자 어거스틴이 내적으로 영적으로 경험한 하나님에 관한 이야기를 자신의 외적인 삶의 여정과 함께 어울러 적은 일기다. 조지 폭스, 파스칼, 존 웨슬리, 존 울만, 토마스 머턴, 짐 엘리옷 같은 이들의 신앙 일기를 통해 수많은 성도들이 큰 은혜를 경험했다. 최근에는 헨리 나우웬의 일기가 「제네시 일기」(Genesee Diary)와 「쉼의 길」(Road to Daybreak) 같은 제목으로 발간되기도 했다. 나는 여러분도 영감 어린 신앙 일기들을 읽어 자신의 영적 성장을 위한 도구로 사용하라고 권장하고 싶다.

일부에서는 일기 쓰기를 너무 우상화하는 경향에 우려한 나머지, 일기 쓰기 자체를 좋지 않게 보기도 한다. 1975년에 「일기 쓰기 연습」(At a Journal Workshop)이라는 책을 써서 베스트 셀러를 쓴 심리학자 아이라 프로고프(Ira Progoff)가 대표적인 인물이다. 그는 매우 체계적으로 '효과적인 일기 쓰기 방법'을 제시했다, 그는 이를 위해서 주변에 있는 사람, 장소, 물건들에 대해 분명한 개념을 정립하고 대화하는 습관이 필요하다고 권한다. 프로고프는 일기가 내적 자아(신성한 자아)의 보다 깊은 차원까지 들어가 자아를 더 깊이 이해하고 자기 능력을 향상시키는 도구로까지 발전시킨다. 그러나 그는 유대교와 기독교의 성경은 현대인들에게 아무짝에도 쓸모가 없다고 주장하면서, 영혼의 영원한 구원이나 거룩한 성숙의 삶의 문제 같은 것은 철저하게 무시한다.

그러나 성경은 신앙 일기를 기록하는 훈련을 여러 곳에서 권장하고 있다. 시편 기자인 아삽은 이렇게 썼다. "곧 여호와의 옛적 기사를 기억하여 그 행하신 일을 진술하리이다 또 주의 모든 일을 묵상하며 주의 행사를 깊이 생각하리이다"(시77:11-12). 다윗도 이렇게 썼다. "내 영혼아 여호와를 송축하며 그 모든 은택을 잊지 말지어다 저가 네 모든 죄악을 사하시며 네 모든 병을 고치시며 네 생명을 파멸에서 구속하시고 인자와 긍휼로 관을 씌우시며 좋은 것으로 네 소원을 만족케 하사 네 청춘으로 독수리 같이 새롭게 하시는도다"(시103:2-5).

사실 시편 자체는 영감으로 쓴 일기의 모음집이라고 말할 수 있다. 시편 3편은 다윗이 자신의 생명을 지켜주시는 하나님에 대한 감동을 적고 있다. 시편 13편은 외로움과 고립의 경험을 적고 있다. 시편 51편은 죄를 짓고 난 후의 괴로움과 용서 받은 기쁨에 대해서 적는다. 시편 63편은 하나님에 대한 영적인 만족감을, 시편 128편은 한없는 하나님의 축복을 생각하는 일기다. 외경에 하나인 토빗서(Tobit)는 영적으로는 정경과 비교할 수는 없지만, 신구약 중간시대에 유대인들의 영성의 여러가지 면을 보여준다. 토빗서에서 대천사장 라파엘은 토빗과 그의 아들에게 하나님의 선하심을 재확인하면서, 이들에게 "너희에게 일어난 모든 일들을 적으라"고 지시하고 있다(토빗12:20). 신앙 일기를 쓰다보면 자연스럽게 야고보서 1:23-25이 말하는 것처럼 하나님께 귀를 기울이고, 말씀에 복종하고, 그분의 놀라운 인도하심을 더 깊이 기억하게 된다.

신앙 일기는 신앙인들에게 약속된 영적 축복을 더 누리고, 하나님과의 관계를 더 확대시켜 주는 도구로 유용하게 사용될 수 있다. 일기 쓰기는 우리 내적 세계를 보다 세심하게 파악할 수 있도록 도와주는 사색 활동이다. 일기는 망원경을 사용할 때처럼 우리 삶에 남겨진 하나님의 발자국으로 더 자세히 분별할 수 있도록 도와준다. 이를 통해 우리는 내적으로 하나님과 대화할 수 있는 기회를 가지게 되는 것이다. 나는 일기를 통해 내 자신과 하나님께 더 솔직하게 된다. 이를 통해 성령님께서는 하나님을 더 느끼도록 만들어준다. 하나님의 인도하심에 대한 내 반응을 적으면서, 나는 하나님과의 대화를 더 깊게 하게 된다.

이전에 쓴 일기를 주기적으로 다시 읽어보는 것도 영적 성장에 많은 도움이 된다. 이것은 하나님께서 우리에게 이미 하신 일들을 다시 확인하는 작업이다. 일기를 통해서 우리는 삶에 부어주신 하나님의 선하심과 은혜를 다시 기억할 수 있게 된다. 일기 쓰기는 우리가 과거에는 어디에 있었고, 현재에는 어디에 있고, 미래에는 어디로 가게 될 지를 영원히 기록으로 남기는 작업이 될 것이다.

## 사색과 행동: 가장 이상적인 조화

삶의 자질구레한 문제에 매달려 살다보면, 하나님과의 만남, 영적 성장과 만족 같은 것은 방해를 받기 마련이다. 그러나 하나님과의 만남을 가지면 이 세상의 빛과 소금, 은혜의 증거로서 살 가능성이 높아진다.

하나님은 그의 백성들에게 우리 안에 계신 하나님을 더 드러내는 삶의 방식, 일종의 반체제적인 삶을 살도록 부르셨다. 이 때문에 뭔가를 완전히 다 뒤집어야 한다는 말은 아니다. 그러나 이런 삶을 추구할 때만이 그리스도의 평안을 누릴 수 있게 된다. 신앙의 세계는 그리스도께서 성령님을 통해 우리 안에 사시고, 우리가 그 안에 있을 때에 경험된다. 그렇다면 우리의 우선 순위는 "우리를 살게 하고, 움직이게 하고 존재하게 만드시는" 그분과 동행하기 위해서 노력하는 것이 되어야 한다(행17:28).

사색이 결여된 삶은 내적 열정을 죽이고, 결국은 무기력과 열매 없는 삶으로 이끌게 될 것이다.

토저는 주변에 있는 많은 성경 교사와 설교자들이 "교리를 가르치는 데만 자족한 나머지, 자신의 사역 안에서 그분을 느끼지 못하거나, 삶에 특별한 감격이 없다는 사실에 대해서는 이상할 만큼 무감각하다"라고 지적한다. 토저는 "우리의 영혼을 양육하는 것은 인간의 말이 아니라 하나님 자신이다"라고 강조한다.[38] 기억해야할 점은 하나님은 우리와 침묵 속에서 만날 때 뿐 아니라, 그분께 복종할 때에도 자신을 드러내신다.

우리는 신앙인으로서 사색의 삶과 기도 그리고 행동을 균형 있게 해 나갈 수 있어야 한다. 하나님을 위한 실천적 행동이란 사색을 거칠 때만 이 제대로 이루어질 수 있다. 사역은 사색이 필요하고 행동은 기도가 필요하다. 전도, 제자훈련, 사회 참여 같은 외적인 실천은 반드시 영적인 열정이 동기가 되어야 한다. 십자가의 존(16세기)은 이점을 지혜롭게 표현한다. "우리가 개인적인 사색을 통해 얻는 즐거운 경험은, 반드시 설교를 통해서 선포되고 이웃과 나누어져야 한다."[39] 하나님의 나라를 위한 사역은 우리의 생각과 사색의 깊이를 더해 주고, 진리를 완성시켜준다.

어거스틴은 성도들에게 사색과 실천을 같이 추구해야 한다고 가르쳤다. "어떤 사람도 사색만을 가지고 이웃의 필요를 충분히 고려할 수 없듯이, 행동만을 가지고는 하나님을 제대로 생각할 수 없다."[40]

## 직접 해보기

1. 사색 훈련

하나님과 인격적으로 같이하는 연습을 해보자. 먼저 조용하고 편안하게 있을 자리를 잡아라. 그리고 요한복음 14장 같은 주님과 친밀한 관계를 다루는 구절을 찾아 읽어라. 영적으로 불안하거나 흔들리고 있는 상태라면, 앞의 두 장에서 제시한 방법을 이용해서 일단 마음부터 가라앉혀 보자. 그리스도에 대한 믿음과 사랑을 다시 한번 마음에 새기자. 그런 뒤 여러분이 주님께 가까이 서 있는 요한(요13:23-25) 혹은 주님께 진심으로 존경을 표하는 마리아라고 상상해 보자(눅10:39).

주님에 대한 여러분의 심정을 표현하는 단어나 표현을 찾아보자. 예를 들어 "아바, 주님, 오소서, 사랑합니다. 주님, 주님 긍휼을 베푸소서" 같은 표현도 좋다. 이런 표현을 조용히 마음속으로 십분 정도 반복해 보자. 성경에서 표현을 잘 선택하여 주님에 대한 여러분의 사랑을 표현해 보자. 아직도 마음이 안정되지 않는다면, 다시 한번 조용히 집중하는 시간을 가져보자. 마음이 가라앉으면, 주기도문 등을 암송하면서 마음을 정리하라(마6:9-13). 그런 뒤 평안한 마음으로 주님께 의지하는 시간을 잠시 가져보자. 앞으로 두 주 동안 매일같이 같은 과정을 반복 실천해 보자.

그러나 항상 기억해야 할 사실은 누구도 하나님을 마음대로 이용할 수 없다는 점이다. 매번 연습할 때마다 하나님과 동행함을 경험하지 못할 수도 있다. 그럼에도 불구하고 계속 신실하게 기도하고, 결과는 지혜의 주님께 전적으로 맡기는 자세가 필요하다.

- 훈련을 통해 복음서에 나오는 요한과 마리아같이 주님과 가까이 있는 느낌이 오는가?
- 사랑의 마음으로 드리는 기도를 시도할 때마다, 그리스도에 대한 여러분의 사랑이 되살아나거나 성숙해 지는 것 같은가?
- 두 주 정도 시도한 후, 여러분의 삶에 영적으로 어떤 변화가 경험되는가?
- 주님과 동행하는 훈련을 통해, 영적으로 계속 자라나는 삶을 살고 싶은가?

### 2. 일기 쓰기 연습

영적인 갱신, 기도, 혹은 하나님과의 관계에 초점을 맞추는 사색 훈련 기회가 있으면 참석해 보자. 기도원, 영성 훈련, 영성 예배, 집회 등을 통해 비슷한 기회를 만날 수 있다. 주변에 있는 목사, 영적 멘토 혹은 기독교 대학이나 신학교에 영성 훈련을 받을만한 곳을 추천받자.

영성 집회나 훈련 프로그램에 참석하여 예배, 개인 성경 묵상, 침묵 속에서 주님을 기다리는 훈련, 조용한 자연 속의 산책, 혹은 영적 친구들과 진지한 대화를 위해 시간을 내어보자. 이를 통해 얻은 경험과 아이디어를 일기로 적어보자. 일기는 다음 질문들을 중심으로 답을 달아보는 것도 좋다.

- 이 시간을 통해 보다 하나님 앞에서 더 안정되고, 정리되고, 마음이 열리는 경험을 하고 있는가?
- 주님은 여러분 앞에 자신을 어떻게 드러내시며, 여러분은 성령님의 역사에 어떻게 반응했는가?

- 그리스도와의 관계가 보다 깊어짐으로써 무엇을 깨닫게 되었는가? 이 제부터 여러분의 깨달은 것들이 삶에 의미하는 바를 적어보자.
- 여러분이 깨달은 것을 다른 신앙인들과 나누어보자. 이를 통해 더 풍성해 지는 것이 있다면 어떤 것인가?

## 3. 사색의 연습

복음주의 신학자 클락 피녹크 박사(Dr. Clark Pinnock)는 기도와 예배에 대해서 우리에게 다음과 같은 조언을 주고 있다. 이 글을 마음을 열고 읽으며 묵상해 보자. 아래 질문을 깊이 생각해 보고, 일기장에 여러분만의 답을 적어보자.

많은 교회들이 좀 더 많은 상징물과 상상력을 동원하여 영적 풍성함을 경험하게 해 달라는 요구에 직면하고 있다. (그 동안 교회를 지배해 온) 반우상주의는 신앙생활을 전반적으로 빈곤하게 만들어왔고, 예배 역시 종종 지적인 작업처럼 되어버렸다. 이것은 풍성한 영적 경험을 주시는 성령님의 역사를 제한시키는 행위다. 축제, 드라마, 행사, 현수막, 춤, 현란한 색, 활동, 악기, 북, 향 등을 사용하지 않음으로써 우리의 영적 경험은 점점 더 빈곤해 지고 있다. 그러나 성령님께서 사용하시는 영적 키보드는 다양한 악상을 연주하기 때문에, 그 소리를 제대로 이용하지 않으면 하나님과 함께 할 수 있는 방법도 점점 좁혀지기 마련이다……

우리 자신을 영적으로 빈곤하게 만들지 말자. 문제를 예방한다는 명목으로 예배를 너무 경직되고 고상하게 몰아가는 치우침은 피하자…… 우리의 삶을 풍성하게 만드는 은혜의 도구들을 구석에 처박아 버리는 일은 하지 말자. 예술, 드라마, 화려한 색, 의복, 장식, 향, 성인, 교회력에 따른 다양한 축제, 조각 같은 것을 제거해 버리면, 결국 우리에게 손해다. 이런 태도는 (신앙의) 신비를 어그러뜨리는 역할을 한다.[41]

- 하나님을 지적인면 뿐 아니라 감각, 상상력, 몸으로도 예배하는 것은 성경적으로 합당한가?
- 피녹크 박사가 말하는 풍성한 예배를 드리지 못하는 이유는?
- 시각과 청각 같은 하나님께서 창조하신 기관을 이용해서 예배가 풍성하게 된 예를 실제로 찾아보자. 직접 이런 예배를 경험하기 위해 그런 교회나 예배에 참석해 보자. 이 때 예배를 경험하면서 여러분의 느낌은 어떠했는가? 이를 통해 하나님의 위엄, 거룩, 사랑에 대해 어떤 새로운 것을 배웠는가? 이를 통해 여러분의 삶이 어떻게 영적으로 풍성해 졌는지를 일기장에 적어보자.

## 읽으면 도움이 될 책들

Artress, Lauren. Walking a Sacred Path: Rediscovering the Labyrinth as a Sacred Tool(New York: Riverhead, 1995).

Brother Lawrence of the Resurrection. The Practice of the Presence of God, ed. Donald E. Demaray(New York: Alba House, 1997),「하나님의 임재 연습」(두란노, 1991).

Foster, Richard J. Prayer: Finding the Heart's True Home(San Francisco: HarperSanFrancisco, 1992),「리차드 포스터의 기도」(두란노, 1993).

Merton, Thomas. Seeds of Contemplation(Westport, Conn.: Greenwood, 1979),

「새 명상의 씨」(가톨릭출판사, 1996).

Nouwen, Henri J. M. Spiritual Journals(New York: Continuum, 1998).

# 7. 영적 헬퍼

Spiritual Helpers

"눈물을 흘리며 씨를 뿌리는 자는 기쁨으로 거두리로다

울며 씨를 뿌리러 나가는 자는

정녕 기쁨으로 그 단을 가지고 돌아오리로다"

(시편126:5-6)

"영적 조언은…… 우리가 단기적이고, 프로그램 위주의 단편적인 답에만 의지하지 않도록 도와준다. 영적 조언은 진정으로 하나님 말씀 대로 인도 받길 원하는 신앙인들의 필요를 채워준다. 이를 통해 유치함이 성숙함으로 바뀌고, 혼돈이 이해로 바뀌고, 복잡한 시야가 명확하게 열린다. 진정한 영적 조언은 삶을 복잡하게 만드는 것이 아니라, 명료하게 만들어준다."

– 더글라스 웹스터(Douglas Webster)[1]

나에게 선교보다 더 큰 영적 열정과 감격을 불러일으키는 사역은 없다. 다른 사람들과 함께 팀을 이루어 복음을 듣지 못한 영혼들에게 복음을 전하는 일은 내 속의 깊은 신앙적 욕구를 채워준다.

복음주의 기독교는 아직도 부족한 점이 많지만, 그래도 선교와 전도의 전략과 실천 만큼은 많은 공헌을 해 왔다. 그러나 신앙인의 신앙 성숙을 돕는 일에도 그만큼 효과적이었는가?

의학대학에 입학했다고 의사가 되는 것이 아닌 것처럼, 우리의 신앙 선배들은 그리스도를 영접한 후에도 가야할 길이 멀다는 사실을 잘 알고 있었다. 일단 영접한 사람은 계속 가야할 길을 가기 위해 영적 양육을 받아야 한다. 그러나 영혼을 돌보고 치유하는 분야에 있어서는 복음주의자들은 앞의 세대보다 훨씬 덜 준비되어 있는 것 같다.

리챠드 포스터는 현대 기독교인들이 역사적으로 지금까지 계속되어 온 영성 사역에 더 이상 무게를 두지 않는 것 같다며 우려한다. "가톨릭 계열의 수도원들을 제외하고는 오늘날 이 분야는 실행은 커녕, 제대로 이해되고 있지도 않다." [2]

영성 사역은 미국의 대표적인 신문 유에스에이 투데이(USA Today)지의 토픽으로 취재를 받기도 했다. 최근 이 신문은 미국 전역에서 '영성 훈련'에 대한 관심이 폭발적으로 늘고 있다고 보도했다. 수많은 사람들이 하나님을 경험하고 영적 만족을 얻기 위해 영성 상담 센터로 모여들고, 영성 상담자를 찾아 배우고, 인터넷을 통해서 영적 멘토의 상담을 받고 있다는 것이다. [3]

이러한 영적 갈급함은 교회를 돌보시는 성령님께서 우리 안에서 아직도 왕성하게 살아 계시기 때문에 발생하는 현상이다. 신앙 선배들이 오래 전부터 알고 있었듯이, 하나님을 찾는 내적 열정을 만드시는 이는 바로 하나님이시다. 오늘날의 교회들이 영성 사역의 비중을 늘려가는 움직임은 바람직한 현상이다.

그렇다면 오랫동안 교회에서 행해진 영성 훈련 사역을 오늘날에도 적용할 수 있을까? 이것을 현대에도 적용하기 위해서 주의해야 할 부분이 있지 않을까? 이 장에서는 먼저 성숙한 제자 양육에 필요한 '영적 헬퍼'의 역할을 살펴 볼 것이다.

넓은 의미에서 영적 헬퍼란 영적 친구로서, 영적 도우미로서, 영적 멘토링 혹은 영성 지도자로서 영혼을 돌보는 성숙한 신앙인을 가르친다.

## 제자훈련의 모델

제2차 세계대전 이후, 제자훈련 단체들은 조직화된 훈련 프로그램을 통해 성도들을 잘 양육해 왔다. 곧 교회도 제자 훈련을 도입해서 교인들을 양육하기 시작했다. 이제는 셀 수 없을 만큼 많은 제자훈련 프로그램들이 책, 세미나, 오디오, 비디오 등으로 나와있다.

제자훈련은 절대로 무시해서는 안되는 중요한 성경적 훈련 방법이다. 제자를 의미하는 헬라어 단어 '마대태스'(Mathetes)는 신약성경 전체에서 265번이나 등장한다. (이 단어는 복음서와 사도행전에서만 발견되며, 동사형인 "제자를 만들다"란 뜻으로도 4번이나 등장한다: 마13:52, 27:57, 28:19, 행14:21). 제자훈련은 그리스도께서 직접 명령하신 사역이기도 하다. 이것은 단순히 가르치는 사역을 말하는 것은 아니다. 제자훈련은 주로 가르침을 통해서 주어지지만, 성령님의 인도를 통한 성숙, 구원 받은 사람다운 가치관의 실천, 하나님 나라를 위한 헌신이 모두 따라야 바람직하다.

마이클 윌킨슨(Michael Wilkins)는 넓은 의미의 제자도를 주장해온 사람이다. "여러 방면에서 제자도란 교회의 전도, 양육, 교제, 지도자 훈런, 예배를 포함하는 포괄적인 교회의 사명을 의미한다." 그는 덧붙여 "교회가 하는 모든 사역은 어떤 식으로든 제자도와 제자훈련에 관련되어 있다고 말할 수 있다."[4]

그러나 일부 사람들은 제자도의 정의를 너무 좁혀서, 단순히 전도와 성경 공부로 국한시키는 실수를 범한다. 이러한 전제에서 출발한 제자도 훈련은 아주 체계적으로 구성된 프로그램을 통해 붕어빵처럼 제자들을 "대량 생산할 수 있다"고 생각한다. 이러한 제자훈련 프로그램의 대표적인 것들로는 〈영적 성장을 위한 7단계 훈련〉(Seven Steps to Spiritual Growth), 〈영적 성숙을 위한 기본 훈련〉(Ten Basic Steps Toward Christian Maturity) 등이 있다. 이 프로그램들은 어떤 프로그램을 거치면 자동적으로 성숙해 질 수 있다는 전제를 깔고 있다.

예를 들어 '제자' 답게 매일같이 아침 묵상을 하고 정기적으로 예배에 출석하고 전도하면, 성숙하고 건강한 그리스도의 제자가 될 수 있다는 식이다. 그러나 삶은 그렇게 단순하지 않다. 하나님은 개인에 따라 다양한 방법으로 역사하신다. 이런 프로그램들은 개인의 영적 성장에 도움이 되거나 방해가 될 수 있는 미묘한 요소들을 많이 놓친다. 성경적 제자 훈련이란 개인의 특수성, 곧 사람마다 가진 독특한 인격과 소명을 반영한 것이어야 한다.

그러나 일부 제자훈련 프로그램은 "지도자를 충실히 따르게 만드는 데" 초점을 맞춘다. "나를 따르면, 성공적인 신앙 생활을 할 수 있는 방법을 보여주겠다"는 식이다. 여기서는 그리스도보다는 지도자의 삶을 익히는 것이 더 중요하다.

제자 훈련이 정보 취득이나(지적인 면), 기능 훈련(사역적인 면)에만 초점을 맞추고, 내적인 삶(존재적 측면)을 가꾸는 데 소홀히 하면, 실제로 중요한 영적 문제들을 제대로 다룰 방법이 없다. 예를 들어 어떤 선교 프로그램은 초신자들이 예수님과 보다 성숙한 관계로 나가는 데 전혀 도움이 안될 수도 있다는 것이다.

이러한 제자도의 반쪽짜리 정의는 다음과 같은 문제를 발생시킨다. 마치 군대의 신병훈련처럼 제자훈련도 제한된 시간 동안 마칠 수 있다고 생각하는 것이다. 그러나 제자 훈련은 그리스도의 인격을 더 닮아가기 위해 배우고, 묵상하고, 자라는 동안 해야하는 과정이다.

우리는 6-8주 정도의 훈련 과정을 마치면 '제자가 되는 것'처럼 착각하고 있다. 그러나 예수님께서 마태복음 28장 19-20절을 통해서 주신 명령은 시중의 프로그램들로는 도저히 다 포괄할 수 없을 만큼 넓은 의미를 가지고 있다.

## 영성 사역의 종류

제대로 제자 훈련을 하기 위해서는 신앙의 기초부터 가르쳐야 한다. 먼저 기독교의 핵심 교리를 배우고, 묵상 시간을 정기적으로 가지고, 신앙적인 교제 관계를 나누고, 전도에 힘써야 한다. 그러나 우리는 각각 하나님으로부터 특별한 소명을 받고 필요를 가진 사람들이기 때문에, 가장 이상적인 영적 헬퍼는 개인마다 독특한 하나님의 뜻을 깨닫게 도와주는 사람, 하나님의 특별한 계획대로 인도해 주는 사람이어야 한다.

예를 들어 야구팀 수비코치와 영적 헬퍼를 비교해 하자. 코치는 수비에 관한 것을 모든 선수들에게 똑같이 가르친다. 그러나 동시에 코치는 각 선수들에게 맞는 새로운 수비 기술을 개발시키고 부족한 부분을 교정해 주기 위해, 개인 지도를 해 주어야 한다.

진정한 신앙 헬퍼는 제자도의 핵심을 가르칠 뿐만 아니라, 영성 사역을 통해 각 개인이 예수님을 닮아 가는 데 필요한 부분을 찾아주어야 한다. 나는 이러한 목회 사역을 **영적 우정, 영적 인도, 영적 멘토링, 영성 지도**로 분류하고자 한다.

영적 우정은 위의 언급한 사역 중 가장 비공식적이고 상호적인 방법이다. 영적 우정이란 두 명 이상의 신앙인들이 평등한 관계 속에서, 서로를 후원하고, 격려하고, 기도해 주는 것이다. 내가 아는 한 여성은 주변의 여성들에게 커피를 대접함으로써 영적 우정을 만들어 가는 것을 본 적이 있다. 레북스의 앨래드(Aelred of Rievaulx, d. 1167)는 이렇게 말한다. "여러분이 자신에게 말하는 것같이 편안하게 모든 것을 털어 놓을 수 있는 친구가 있다면 얼마나 행복하고 든든하고 기쁠까? 여러분은 자신의 실패를 아무런 걱정 없이 털어놓을 수 있는 친구가 필요하다."[5]

영적 인도도 비공식적으로 남을 돕는 방법이다. 대표적인 예로는 친구와 신앙 생활에 관한 주제를 가지고 나누는 대화, 영적으로 도움이 되는 책을 추천하는 일, 산책을 하며 하는 상담 같은 것이 있다. 신앙인은 사람마다 영적 수준이 다를 수 있어도, 각 사람의 영적 위상은 모두 같다. 성경에서는 인도라는 단어(헬라어로 '호대고스' Hodegos)가 길을 이끌어 주는 사람이란 뜻으로 사용되고 있다(롬2:19: 시편48:14과 비교해 볼 것). 이 단어에서 파생된 대표적인 단어로는 인도자, 훈련자(헬라어로 '마이다고가스' Paidagogas, 고전 4:15)가 있다. 영적 인도는 편지를 통해서 이루어지기도 한다. 초대교회의 위대한 학자이자, 라틴어판 성경의 번역자이기도 했던 제롬(Jerome, d. 420)은 영적 조언을 담은 수많은 편지를 썼다. 제롬은 여기서 훌륭한 영적 인도자의 도움 없이 사는 신앙인은 어리석은 사람이라고 충고한다.

C. S. 루이스도 세 가지 사역을 통해 많은 사람을 영적으로 도와주었다. 30년간 영국 옥스퍼드 대학에서 교수로 일했던 루이스는 학생들의 영적 필요에 대해서도 각별한 관심을 쏟았다. 이와 함께 학교, 교회, 라디오 프로그램에서 설교를 통해 영적 인도자의 역할을 해왔다. 그러나 루이스의 가장 큰 영적 업적은 편지에서 발견된다. 루이스는 위로와 조언을 구하는 편지를 받을 때마다, 개인적으로 모르는 사람이라고 할 지라도 항상 성실하게 답장을 했다. 이 편지를 통해 많은 사람들이 그리스도를 영접하고, 주님에 대한 헌신을 새롭게 가다듬고, 전임 사역의 길을 선택하는 계기가 되기도 했다. 루이스의 대표적인 저서인 '미국 여성 D에게 쓴 편지'(The Letter to An American Lady)는 그가 한번도 만나본 적도 없는 로마 가톨릭신도 과부와 신앙 생활 전반에 대해 나눈 편지 내용을 모은 것이다. 루이스와 결혼하게 된 조이 데이비드만 그레샴 부인도 '펜팔' 친구로 시작한 관계였고, 영화 〈새도우랜드〉( Shadowland)는 이 관계를 아름답게 표현하고 있다. 루이스는 많은 영적 구도자들과 언제든지 마음 문을 열고 자신의 삶을 나누었던 것이다.

톰 목사는 자신의 사역에 새로운 전기가 필요함을 느끼면서, 영성 훈련을 받아야겠다는 생각을 했다. 이를 위해 그는 패코스 수도원에서 6주간 숙식을 같이 하는 영성 훈련 프로그램에 참석하기로 결심했다. 그러나 프로그램이 시작할 시간이 다가오자, 톰은 자기 같은 목회자가 가톨릭 베네딕트파 수도원에 들어가는 것이 과연 바람직한지 고민하기 시작했다. 그는 나에게 찾아와 자신의 고민을 털어놓고, 프로그램에 참석해야 할 지에 대해 물었다. 나는 프로그램이 내용적으로는 그리스도 중심적이며, 사역자와 지도자들에게 새로운 활력을 불어넣고 훈련시키는 데 아주 효과적이라는 점을 설명하면서 톰을 안심시켰다. 나는 그에게 처음 마음 먹은 대로 프로그램에 참석하라고 격려하면서도, 만일 조금이라도 성경적 원리에서 벗어나는 면이 발견되면 바로 나오라고 조언했다. 톰은 계획대로 하기로 결심했고, 이후 이 프로그램을 통해 자신의 삶이 변화되었다고 나에게 털어놓았다. 그를 격려해준 나의 역할은 일종의 영적 인도 사역이라고 할 수 있을 것이다.

영적 멘토링이란 성숙한 신앙인(멘토)이 다른 신앙인에게 정기적으로 영성 개발을 위해 조언하고, 훈련하고 모범을 보여주는, 보다 형식을 갖춘 방법이다. 신앙생활을 시작한 성도들에게 성경공부를 어떻게 하는 지 알려주고, 효과적인 기도 생활을 개발하는 방법을 설명해 주는 것도 영적 멘토의 역할이다. 예를 들어 담임목사가 부서 사역을 담당하는 전도사에게 개인적 영성 개발과 사역의 구체적인 방향에 대해서 조언해 주는 것도 영적 멘토링이다.

미국 흑인교회 중에서는 영적 멘토 사역을 강조하는 곳이 많다. 새로운 성도는 성숙한 영적 멘토를 통해 양육된다. 인권운동가로 유명한 마틴 루터 킹 주니어 목사는 뒤에서 자신에게 영적으로 큰 도움을 주었던 마더 폴라드라는 여성 멘토가 있었다고 고백했다. 한번은 크게 낙담해 있던 킹 목사에게 폴라드 여사가 다가왔다. 킹 목사는 그녀와의 만남을 이렇게 표현했다.

나는 금새 감정적으로 복 바쳐서 폴라드 아줌마의 품속으로 뛰어들었다. 아줌마는 "무슨 문제가 있는 모양이구나. 오늘은 제대로 연설을 하지 않았어"라고 말했다.

그러나 나는 내 안에 있는 두려움을 좀 더 숨기면서 이렇게 반박했다. "전혀 안 그래요. 폴라드 아줌마. 전 아무 문제도 없습니다. 전혀 이상하지 않은데요."

그러나 그녀는 이미 눈치를 채고 있었다. "그렇게 둘러댈 필요는 없어…… 문제가 있다는 것을 숨길 필요야 없지. 사람들의 반응이 만족스럽지 않았기 때문에 그러니? 아니면 너를 힘들게 하는 사람들이라도?"

그녀는 내가 대답을 하기도 전에, 내 눈을 똑바로 쳐다보면서 이렇게 말했다. "또 이야기하지만, 우리는 항상 네 편이야." 폴라드 아줌마의 얼굴은 밝지만 잔잔한 확신의 표정으로 말을 이어갔다. "우리가 더 이상 네 편이 아닌 경우에도, 하나님께서 널 돌보실 거야."

그녀가 나를 위로하는 동안 내 안에서 새로운 맥박이 다시 치기 시작하는 것을 느낄 수 있었다.[6]

마지막으로 영성 지도는 영성 사역자라고 불리는 영성 분야에 많은 경험과 특별한 재능을 가진 사람들이 성도들에게 그리스도께 복종하고 대화하며 성숙해 갈 수 있도록 도와주는 교회의 공적 사역을 가르친다. 리챠드 포스터는 영성 사역자는 "분별과 지혜, 지식의 은사를 가진 사람이어야 한다. 이들의 역할은 각자의 삶 속에서 하나님께서 남기신 자취를 계속적으로 찾아낼 수 있도록 도와주고, 쉽게 빠질 수 있는 영적 방황을 피할 수 있도록 인도해 주는 것"이라고 설명한다.[7]

성경을 배우고, 교회에 봉사하는 것도 소홀히 해서는 곤란하겠지만, 특별히 인간의 존재를 다루는 영성 개발에는 각별한 주의가 필요하다. 영성 사역자는 영혼을 다루는 전문의라고 할 수 있다. 이들은 사람마다 독특하게 역사하시는 하나님을 분별할 수 있도록 돕고, 그리스도와의 관계가 깊어질 수 있도록 조언하고, 삶에서 만나는 문제들에 대해 실제적인 답을 제시하는 사람이다(다음 장에서 나는 목회와 심리상담 사역과 영적 지도 사역을 어떻게 구분할 지에 대해 설명할 것이다).

## 역사에 등장하는 영성 헬퍼

로마제국이 멸망하고 유럽문명이 붕괴되기 시작하자, 약 2만명 가량의 기독교인들이 시리아, 팔레스타인, 이집트 지역의 사막으로 몸을 숨겼다. 사막의 '아바스'(Abbas, 아버지), '아마스'(Ammas, 어머니)라고 불리는 이들은, 역사적 격동기를 맞아 방황하는 수많은 신자들에게 그리스도에 초점을 맞추는 영적 조언을 제공했다. 이들 사막 수도자들은 영성 훈련을 강조하면서, 성도들에게 그리스도의 십자가를 지고, 성령님의 손길을 분별하고, 단순한 생활을 하라고 가르쳤다. 대표적인 사막 교부로는 이집트의 안토니(Antony of Egypt, d. 356), 바실(Basil, d. 379), 에바그리우스(Evagrius, d. 399) 등이 있다.

15-16세기에 들어서는 유럽과 중동에 산재한 수도원들이 영성 지도의 중심역할을 하기 시작했다. 여기서부터 큰 영향력을 미치게 될 영성 지도자들이 탄생하고, 영적으로 도움이 되는 많은 글들이 쏟아져 나왔다. 토마스 아 캠피스의 저서로 알려진 「그리스도를 본 받아」는 「Devotio

Moderna」로 알려진 평신도 수도원운동의 영향을 받은 것이다. 현대의 신앙 고전으로 자리잡은 이 책도 "건전한 판단력을 가진 사람의 조언을 구하라. 당신보다 나은 사람들로부터 지도를 받아라. 당신 자신의 교만한 생각을 따르지 않도록 하라"라는 내용이 발견된다.[8]

아빌라의 테레사(Teresa of Avila, d. 1582)는 중세 동안 크게 존경을 받았던 또 하나의 영성 지도자였다. 그러나 테레사는 자신이 보다 일찍이 유능한 영성 선생을 만났더라면, 지금보다 영적으로 더 많은 진보가 있었을 것이라며 아쉬워 했다. 그녀의 친구인 십자가의 존도 현재까지도 기독교에 영향을 미치고 있는 위대한 영성 지도자다. 그는 "다른 사람으로부터 영적 도움을 받지 않고 혼자서 신앙생활을 하는 사람은…… 혼자 타는 숯과 같다. 더 뜨거워 질 가능성보다는 남은 불씨마저 꺼져버릴 것이다."[9] 존은 당시 시급했던 가톨릭교회의 개혁은 영적 지도 사역을 통해서 이루어져야 한다고 확신했다.

영성 지도 사역은 내가 속한 개혁주의 전통 안에서도 계속 자취가 남아 있다. 청교도와 경건주의자 중에서 영성 지도 사역을 공개적으로 했던 대표적인 인물들로는 리처드 백스터, 회중교회 지도자 코튼 마더(Cotton Mather, d. 1782), 영국성공회의 윌리엄 로우(William Law, d. 1761) 등이 있다. 성공회 신부 제레미 테일러(Jeremy Taylor, d. 1667)는 이렇게 썼다. "하나님은 영적인 사람들을 영혼의 인도자로 세우셨다. 이들의 역할은 사람들을 인도하고 위로하고 평안을 주는 것이며…… 지친 사람들에게 활력을 넣어주고, 약자를 위로하는 것이다. 이들의 조언에 귀를 기울일 때, 하나님께서 주신 최선의 답을 듣게 될 것이다."[10] 청교도들도 초대 교부들의 책들을 많이 읽고 이들의 영성 훈련 원칙들을 많이 적용했던 사실을 청교도들이 남긴 글을 통해 확인할 수 있다.

감리교를 탄생시킨 대각성기 동안, 존 웨슬리(John Wesley, d. 1791)는 영국 전역에서 열린 집회를 통해 영적 헬퍼로서 역할을 감당했다. 오늘날에서도 영성 지도 사역에 대한 관심이 커져 가고 있다. 유진 피터슨은 영성 지도 사역을 아주 역동적으로 묘사한다. "오순절 사건과 (바울의) 밧모섬 사건에서 드러났던 것 같은 하나님의 기이한 역사로 모험을 시작하면서, 같이 갈 영적 동무를 찾는 행위다."[11]

영적 우정, 영적 인도, 영적 멘토링, 영성 지도는 차례대로 포괄적인 의미의 성경적 제자도에 속하는 교회의 섬김 사역에 속한다. 이들의 관계를 그림으로 표현하면 다음과 같다.

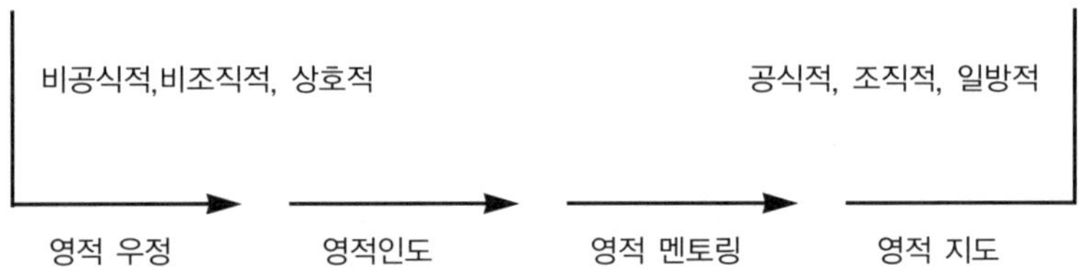


이들 네 가지 사역들은 서로 중복되는 면도 많다. 영적 헬퍼는 상대의 필요와 자신의 재능에 따라 하나 이상의 역할을 할 수도 있다. 영성 개발은 거의 모든 상황을 통해서 가능하다. 집 안에서나, 등산을 하면서, 혹은 목회자의 안식년을 통해서도 영성 개발을 경험할 수 있다. 진지한 영적 씨름을 하는 신앙인은 역사적으로 교회는 성숙하고 신뢰할 만한 영적 친구나 지도자의 조언을 구하라고 가르쳐 왔다

## 영성 지도의 바른 정의

위에 네 가지 영성 사역 중에서도, 특히 '영성 지도'에 대해서는 다양한 정의가 내려지고 있기 때문에, 여기서 우리는 영성지도의 정의에 대해서 좀 더 자세히 다룰 필요가 있다.

영성 지도 사역을 하는 영적 헬퍼는 명령을 내리는 역할을 부여받은 사람이 아니다. 영적 헬퍼는 상대를 영적으로 바른 선택을 내릴 수 있도록 격려함으로써, 각자의 마음에서 우러나오는 '자유로운 복종'을 통해 그리스도를 섬기게 하는 데 있다. 영적 헬퍼는 직접 모범을 보임으로써 가르칠 수도 있다. 이것은 마치 화가나 프로 골프선수가 자신의 몸에 밴 기술을 직접 보여줌으로써 가르치는 것과 같다. 이런 방법에는 강압하는 분위기가 낄 자리가 없다. 영적 헬퍼는 도와주는 대상자와 진정한 영적인 길동무로서 서야 하며, 상대의 고민을 깊이 공감하는 한편 이를 이용하고 그 이상으로까지 상대를 인도할 수 있어야 한다. 동시에 유능한 영적 헬퍼는 상대의 종교적 경험을 잘 분별하여 하나님의 의지를 파악할 수 있도록 돕고, 기도의 삶에 중심을 두고 그리스도인다운 복종의 삶을 살 수 있도록 격려해 주어야 한다. 영적 헬퍼는 기도하는 마음으로 상대의 삶 전체에 관심을 가져야 한다. 이들의 소망, 즐거움, 실망감, 고통까지 모두 포함해서 말이다.

## 제자 훈련의 부족을 채워주는 영적 양육

주변을 둘러보면 얼마나 많은 사람들이 주일 예배를 마치고 나오는 순간에도, 걱정을 털어 버리지 못한 채 전전긍긍하고 있는지 아는가? 이들은 하나님이 함께 계신다는 느낌도 희미해지고, 영적 열정도 식어졌다며 고민한다. 목회자들도 예외가 아니다.

현대 사회는 영적 건강을 개선하는 데는 거의 신경을 쓰지 못하고 있다. 유진 피터슨은 이점을 아주 노골적으로 표현한다. "미국 목회자들은 자신의 사명을 포기한 채 방황하고 있으며 그 정도가 심각한 수준이다. 그렇다고 해서 이들이 교회를 떠나거나 다른 직장을 구하고 있는 것도 아니다. 그러나 이들은 다른 신에게 자신을 팔아 버렸다. 이들이 목회라는 이름으로 정작하고 있는 일은 선배 목회자들이 했던 일과는 거의 상관이 없다." [123]

우리는 성경을 열심히 가르치는 것 뿐 아니라, 제임스 휴스턴 (James Houston)이 지적한 대로 영적 문제를 해결하는 데까지 신경을 써야 한다. "현대 교회는 감성적으로 인간의 영혼을 인도하는 데에는 별로 신경을 쓰지 않았다." [13]

바람직한 영적 양육을 위해서는 먼저 기도 생활의 방해물, 그리스도와 친밀한 관계를 누리는 데 방해가 되는 것들을 찾고, 성령님의 인도에 민감하게 반응하는 방법을 배워야 한다. 영적 헬퍼는 상대의 마음속에 있는 그리스도의 생명이 다른 이들에게까지 자연스럽게 드러나도록 이들을 축복하고 개발시켜 주어야 한다. 이를 통해 궁극적으로 믿음과 사랑의 선한 씨앗을 뿌리는 일에까지 이어질 수 있도록 도와주어야 한다. 그러나 일부 제자훈련 프로그램은 "겉을 안으로 뒤집는(전도나 봉사 같은 외적인 노력으로 내부의 신앙을 판단하는)"식으로 진행된다. 이와는 반대로 참다운 영적 양육은 "안을 밖으로 뒤집는(내적인 상태가 밖으로 자연스럽게 표현되는)"식으로 진행된다. 예수님도 비슷한 말씀을 하셨다.

"나무도 좋고 실과도 좋다 하든지 나무도 좋지 않고 실과도 좋지 않다 하든지 하라 그 실과로 나무를 아느니라…… 선한 사람은 그 쌓은 선에서 선한 것을 내고 악한 사람은 그 쌓은 악에서 악한 것을 내느니라"(마 12:33, 35, 23:25-28과 비교해 보라). 영적 양육은 마음의 근본을 다룬다. 속이 바로 되지 않은 사람은 무엇을 하든 부정적 결과를 낳기 때문이다.

영적 양육은 성경적 원칙을 따르는 것 외에는 정해진 답이 따로 있는 것은 아니다. 바른 영적 양육은 하나님께서 각 성도들 마음속에 심어놓은 개성을 존중한다. 겨울에 내리는 눈의 결정체를 보면 하나도 같은 것이 없듯이, 주님을 따르는 사람들도 나름대로 독특한 재능과 각자만의 사명을 가지고 일생을 살아가게끔 되어있다. 우리는 하나님께서 각자 속에 심어 넣으신 개성을 살려서 제자를 양육할 수 있어야 한다.

제자훈련으로 유명한 대학생 선교단체인 네비게이토 선교단의 창설자 도우슨 트롯맨(Dawson Trotman)은 이렇게 말했다. "제자훈련에는 만병통치약이란 것이 존재하지 않는다. 뭔가를 발견했다 해도 곧 효력을 잃어버린다."

성령님께서는 마치 바람처럼, 오직 볼 눈이 있고 들을 귀가 있는 사람만이 분별할 수 있는 방법으로 각자의 삶을 몰아가신다(요3:8). 영적 양육을 하기 위해서는 먼저 기도하는 마음으로 성령님께서 각자의 마음속에서 어떻게 움직이시는 지를 알 수 있도록 세심하게 살펴보아야 한다. 이 때문에 영성 사역은 어떤 방법을 사용하든 유연한 접근이 필요하다. 상대의 영적 필요에 주의를 기울이고 잘 분별하는 데서 출발해야 한다는 뜻이다. 물론 이 작업은 성경이 허락하는 범위 안에서 이루어져야 한다.

이와 함께 효과적인 영적 양육을 위해서는, 먼저 사람마다 다양한 재능과 다양한 방법으로 하나님과 관계한다는 사실을 주목해야 한다. 성도 개인이 성숙을 도와주기 위해서는, 먼저 개인적 배경과 성격을 염두에 둘 필요가 있다. 틀을 가진 사역에 속하는 멘토링이나 영성 지도의 경우에도 개인의 필요에 맞춰 접근하는 태도가 반드시 필요하다. 여기서 우리가 따르려는 모델은 열두제자를 각자의 필요에 따라 가르치고, 훈련하시고 양육하신 예수님이다.

예를 들어 예수님께서는 베드로, 야곱, 요한 특히 가룟 유다의 경우 각자의 독특한 성품, 장점, 약점에 따라 대하는 방법이 달랐다.

복음주의 지도자 중에는 영성 지도 사역이 중요하다고 생각은 하면서도, 너무 에너지와 시간이 많이 소요된다는 이유로 외면하는 사람들이 있다. 사실 그런 문제가 있는 것은 사실이다. 효과적인 영성 지도 사역을 위해서는, 먼저 지금까지의 삶 속에서 하나님께서 어떻게 역사하셨지를 파악하는 것부터 시작되어야 한다. 또한 성령님께서 상대의 마음 문을 열어, 문제의 근원인 죄를 깨닫고 새로운 해결책을 받아들이도록 만드실 때까지, 인내심을 가지고 기다리는 지혜도 요구된다. 쉽지 않은 일이지만, 그래도 영원의 문제를 다루는 데는 이 정도의 노력이 요구되는 것은 지극히 당연하지 않을까? 영혼의 건강은 영성 훈련을 위해 들어가는 시간과 에너지보다 훨씬 더 중요한 문제다.

## 왜 오늘날 영적 양육이 그렇게도 필요한가?

내가 멘토를 하고 있는 한 목회학 박사 연구생은 「영적 훈련의 코치로서의 목회자」「The Pastor as Coach of the Spiritual Disciplines」란 논문을 쓰면서, 아주 놀라운 사실을 발견해 냈다. 조사를 위해 인터뷰했던 목회자 중 '아무도' 영적인 멘토링을 일부러 받는 사람은 없었으며, 자신이 가르치는 사람들에게도 멘토링을 제공하지 않았던 것이다.

그러나 나는 복음주의자들이 아래 이유 때문에라도 오래전부터 이어 오던 영적 양육 사역을 교회 안에 다시 회복시켜야 한다고 확신한다.

첫째로 우리는 삶에서 역사하시는 하나님을 좀 더 분명하게 이해할 필요가 있으며, 보다 객관적인 조언을 들을 수 있는 기회가 필요하다. 우리는 눈 앞에 있는 것을 보는 데만 너무 급급해 있다. 우리는 혼란스런 조언과 악한 영의 소리로부터 진정한 하나님의 음성을 구별할 수 있도록 도와주는 믿음의 친구들이 필요하다.

끌레르보의 버나드는 이렇게 썼다. "자신을 스승으로 삼는 사람은 바보의 제자가 될 것이다." 법정에서 자신을 변호하는 변호사는 어리석은 사람이다. 자신이나 가족의 병을 직접 치료하는 의사는 현명하다고 말할 수 없다. 우리도 영적으로 만나는 문제들을 극복하기 위해 자신에만 의지하는 것은 현명한 태도가 아니다. 시토 수도회 수도원장 리북스의 앨레드(Aelred of Rievaulx, d. 1167)는 복음을 따르는 삶은 혼자서 감당하기엔 너무 우여곡절이 많다고 말한다. 우리는 같이 가야할 방향을 찾아줄 신앙 동지의 지원과 조언이 필요하다.[14]

둘째로 영적 성장은 삶에서 계속 터지는 비극을 통해 이루어진다. 매일 우리는 세상에 의해 상하고 유혹 받고 넘어진다. 제임스 휴스(James

Huston)이 말했듯이 "죄는 자신을 속이는 특성을 가진다. 그렇기 때문에 우리는 나에게 속는 나의 모습, 영적으로 둔감해진 모습, 그리고 내 안의 죄 때문에 강팍해진 모습을 알려 줄 영적 친구가 필요하다. 나는 혼자서 이 일을 할 수 없다. 자기 반성만으로도 충분하지 않다. 나에게는 죄가 나를 얼마나 속이고 혼란시키는 지 알려주는 외부인이 필요하다"[15] 라고 말했다. 전도서도 이렇게 말한다. "혹시 저희가 넘어지면 하나가 그 동무를 붙들어 일으키려니와 홀로 있어 넘어지고 붙들어 일으킬 자가 없는 자에게는 화가 있으리라"(전4:10).

셋째로 신앙 생활의 인도자는 결국 성령님이지만, 하나님은 영적 동지들을 사용해서도 성장의 도구로 사용하신다. 하나님은 자신의 절대적인 힘을 사용하여 강권적으로 우리를 성결하게 만들 수 있다. 그러나 하나님께서 선을 이루시는 방법은 주로 다른 성도들을 통해서 이루어 진다. "모든 성도들 뒤에는 다른 성자의 도움이 있다."[16] 유력한 미국 남침례교 지도자인 웰튼 개디(C. Welton Gaddy)는 우울증 때문에 병원에 간 적이 있었다고 털어놓았다(8장 참조). 그는 자신의 고통스런 경험을 통해 다음과 같은 사실을 깨달았다. "모든 목회자는 다른 목회자의 도움이 필요하다. 완벽한 능력을 요구하는 시대적 압력은 점점 커져가고 있다. 이 때문에 하나님을 위해서 일하는 것이 우리에겐 큰 고통이 되고 있다."[17]

캠브리지대 신학교수로 세계성공회의 수장 캔터배리 대주교가 된 마이클 램지(Michael Ramsey, d. 1988)는 우리에게 다음과 같은 냉정한 분석으로 도전한다. "현대 사회는 영적 기아 속에 헤매고 있다. 활동에 치여 매말라가는 수많은 영혼들은 하나님을 묵상하면서 살 길을 찾고 있다. 그러나 기도의 사람이길 포기한 성직자들은 이들 앞에서 속수무책인

채로, 끔찍한 심판만을 기다리고 있다."[17)

## 성경에 나타난 영성 지도

구약 성경을 보면, 여호와 하나님이 직접 백성들의 인도자 겸 맨토로 등장한다. 시편기자의 말처럼, "주의 교훈으로 나를 인도하시고 후에는 영광으로 나를 영접하"신다는 것이다(시73:24, 48:14와 비교해 보라). 신구약 중간기에 쓰여진 유대교 영성 관련 문서들을 보면, "주님은 지혜의 인도자시며, 지혜로운 자를 교정하시는 분이다"라고 증언하고 있다(솔로몬의 지혜서 7:15).

하나님께서는 이스라엘 민족에게 예언자, 제사장, 지혜자, 거룩한 여인 같은 영적 지도자들을 보내셔서 양육과 교훈의 도구로 삼으셨다. 유대교 외경은 성도들에게 거룩한 이들의 조언을 구하라고 강조한다. "누가 지혜로운 자인가? 네 자신부터 그런 사람을 찾아라. 모든 거룩한 말씀에 귀를 기울여라. 네가 지혜로운 자라면, 항상 네 문 앞에서부터 신을 벗어라(겸손하라는 뜻: 역주)"(시락 6:34-36). 율법을 지키고, 너와 비슷한 자세를 가지고, 네가 실패할 때 같이 슬퍼해 줄 그런 거룩한 사람과 관계를 맺어라"(시락37:12).

하나님께서는 '모세'를 이스라엘 백성의 인도자 겸 멘토로 부르셨다. 이스라엘 민족이 시내산 앞에 모여있을 때,(출19-40) 모세는 산 위에 올라가 하나님을 만난다(19:3). 거기서 하나님은 이스라엘 백성과 언약을 맺으신다(19:3-6). 모세는 장로와 백성들에게 주님께서 하신 말씀을 모두 전한다(19:7-8). 모세는 주님과 함께 백성들의 필요와 희망에 대해서 이야기를 나눈다(19:9, 19). 이후 모세는 백성들과 함께 하나님의 놀라운 영광을 경험하기 위해, 그분 앞으로 나아간다(19:17-19). 주님께서는 신실한 종 모세를 통해 자신의 의지를 더 분명하게 드러내셨던 것이다(19:21-24, 25).

이후 모세는 여호와를 만나, 영광을 경험한다(24:9-10, 33:18-23). 모세는 주님께 이스라엘 백성에 대해서 이야기한다(34:29-35). 하나님께서도 모세와 듣지만 않으시고 대화하셨다. "사람이 그 친구와 이야기함 같이 여호와께서는 모세와 대면하여 말씀하시며"(출33:11). 모세는 백성들에게 하나님께서 하신 말씀을 전하면서, 언약에 따라 복종하도록 권면한다. 이스라엘이 하나님의 말씀을 어기자, 모세는 이들의 불복종을 책망한다(32:30). 그러나 동시에 모세는 주님 앞에서 백성들을 대신해서 혼신으로 변호한다(32:11-13). 모세는 죽음의 시간이 다가오자, 백성들을 약속의 땅 앞까지 인도한다(32:34). 그는 여호와 하나님과 이스라엘 사이에서 성실한 중계자의 역할, 언약 백성의 거룩한 인도자 겸 멘토 역할을 감당했던 것이다.

또한 모세는 여호수아라는 개인의 멘토로도 활동했다. 모세는 젊은 부하의 영적인 운명을 미리 보고, 그의 이름을 호세아에서 여호수아(하나님께서 구원하신다란 뜻)로 바꾸어준다(민13:16). 모세는 여호수아에게 전쟁전략을 가르쳐 가나안 정복을 준비시켰고, 여호수아는 이후 기대대로 전쟁지도자의 역할을 잘 해 낼 수 있었다(출17:9-13). 그는 또한 여호수아에게 용기와 지도력을 심어주었다. 모세는 여호수아를 가나안을 정탐할 12명에 포함시켰다. 이들이 정탐에서 돌아왔을 때, 여호수아와 갈렙은 겁을 내는 백성들에게 주님을 신뢰하고 하나님께서 주신 땅으로 향하자고 주장했다(민14:6-9). 모세는 하나님의 명령에 따라, 여호수아에게 지도자의 자리를 물려주고, 그에게 성령님의 인치심으로 안수한다(민27:18-23). 모세는 여호수아에게 너무도 좋은 멘토의 역할을 했던 나머지, 이후 여호수아는 이렇게 증언하고 있다. "오직 나와 내 집은 여호와를 섬기겠노라"(수24:15).

'예수님'은 제자들에게 있어서 '최고'의 멘토였다. 제자들은 예수님을 따라다니며 그의 가르침을 듣고, 그의 삶을 직접 보면서 큰 도전과 위로를 받았다. 예수님은 자신의 시간을 제자들에게 배려하시고, 형제처럼 사랑하시고, 하나님 나라의 사역을 위해 준비시키셨다. 예수님의 멘토링에 대해서는 특히 베드로와의 관계를 통해 많은 것을 배울 수 있다.

주님이 베드로에게 고기 잡는 그물을 버리고 자신을 따르라고 말씀하실 때는, 분명히 베드로가 영적으로 깊이 고민하던 삶의 의미와 하나님과의 만남에 답을 주셨던 것이 틀림없다. 베드로는 확실히 문제덩어리였다. 그는 성격이 불같았고, 너무 설치는 경향이 있었고, 종종 믿음의 연약함을 드러냈다. 그러나 예수님은 베드로의 가능성을 보고 그를 부르셨다(요1:42). 예수님은 베드로에게 윤리적, 영적 교훈을 위해 예화나 다른 사물에 빗대어 가르치셨다(마16:13-17, 18:21-25, 요21:6-10). 예수님께서는 여러번 베드로의 실수를 꾸짖으셨다(막8:33, 14:37-38). 그러나 동시에 주님께서는 베드로를 제자들의 우두머리로 세우시고,(마16:18-19) 예수님을 부인한 모습까지도 인내로 받아주셨다(막14:66-72). 부활하신 주님께서는 베드로에게 부드럽게 다가가셔서, 마음의 관계를 회복하시고 사역의 지도자로 회복시키셨다(요21:15-17). 결국 베드로를 십자가의 순교까지 감당할 수 있도록 만드신 것이다. 이것은 그가 예수님을 용감하게 증거한 결과이기도 했다(요21:18-19).

## 영적 헬퍼의 자격

그렇다면 영적 헬퍼의 자격은 무엇일까?

첫째로 가장 중요한 조건으로 영적 헬퍼는 '역동적인 믿음'을 가져야 한다. 주님과 깊은 관계를 가진 헬퍼만이, 남에게도 새로운 생명을 나누어 줄 수 있다. 십자가의 존은 이렇게 썼다. "영혼을 인도하기 위해서는 지혜와 분별의 능력이 필요하지만, 하나님과의 깊은 관계가 없는 사람은 영혼을 절대로 인도할 수 없다."[19] 주님께서도 같은 경고를 하셨다. "만일 소경이 되어 소경을 인도하면 둘이 다 구덩이에 빠지리라"(마15:14). 성숙한 믿음, 하나님과의 친밀한 관계, 그리고 기도의 삶은 영적 헬퍼가 반드시 갖춰야 할 자격이다.

둘째로 영적 헬퍼는 반드시 성경에 대한 바른 이해뿐만 아니라 신학, 영적 고전, 심리 등을 포함한 넓은 '지식'을 갖춰야 한다. 영적으로 남을 돕기 위해서는 감정적인 부분과 함께 세밀한 부분까지 해결책을 제시하고, 심각한 문제의 경우에는 적절한 전문 상담자나 치료자에게 소개해 줄 수 있는 네트웍이 필요하다.

경험이 많은 멘토들은 건전하고 실제적인 지식의 중요성을 강조한다. 아빌라의 테레사는 이렇게 말한다. "배움이란 배우는 사람이 별로 알고 있지 못한 사람에게 가르치고 깨닫게 해준다면 좋은 것이다…… 그러나 영적 공허함에 빠져있는 인간은 오직 하나님만이 건지실 수 있다."[20]

셋째로 영적 헬퍼는 '사랑의 마음'을 가진 사람이어야 한다(빌1:7-8,

데전2:8). 멘토는 자신이 먼저 하나님의 사랑을 경험하고, 이 사랑을 다른 사람도 느낄 수 있도록 전달할 수 있어야 한다. 사랑은 하나님의 은혜를 전달하는 관 같은 역할을 한다. 멘토는 예수님의 말씀에 귀를 기울여야 한다. "내 계명은 곧 내가 너희를 사랑한 것같이 너희도 서로 사랑하라 하는 이것이니라"(요15:12).

영적 헬퍼가 네번째로 가져야 할 자격은 '분별력'이다. 헬라어 단어 '디아크리시스'(분별, 판단이란 뜻 고전12:10, 히5:14, 요일4:1)은 사막 교부들의 책을 비롯한 많은 영적 고전 속에서 자주 발견되는 단어다. 영혼은 개인마다 독특하고, 각자가 갈 길도 다양하기 때문에, 효과적인 영적 조언을 위해서는 분별력이 절대적으로 필요하다. 영적 분별력이란 마음을 읽고, 영혼을 설명하는 능력이다. 주님께서도 우물가에서 여인의 마음을 읽는 분별력을 사용하셨다(요4:16-20). 분별력은 하나님의 빛의 사역과 사탄의 어둠의 사역을 구분할 수 있도록 도와준다. 분별력은 우리에게 언제 나서고 물러나야 할지, 언제 싸우고 위로해야 할지를 가르쳐 준다. 존 카시안(John Cassian, d. 435)은 영적 헬퍼를 가르쳐 "뛰어난 기술과 지식을 갖춘 영적 환전가이어야 한다…… 이들은 가장 순도가 높은 금화(최선의 길)와 일반 금화(선택할 수 있는 옵션들)를 구분할 수 있어야 한다"고 말한다.[21] 영적 헬퍼는 분별의 은사와,(고전12:10) 이를 영적으로 사용할 수 있게 해달라고 기도해야 한다.

다섯번째로 유능한 영적 헬퍼는 '고통과 실패'를 경험해 본 사람이어야 한다. 구원의 달콤함만을 알고 있고 상처를 겪어본 적이 없는 사람은, 시험 중의 사람들을 이해하기 힘들다(고후1:3-6). 그러나 의심, 배반, 실패를 경험하고 영적으로 극복해 본 사람은 같은 문제로 고민하는 사람들을 보다 효과적으로 도울 수 있다.

나는 지역신문에 인용된 〈뉴욕타임즈〉의 '영적 헬퍼를 구하는 대통령'이란 기사를 본 적이 있다.[22] 이 기사는 당시 미국 대통령 클린턴이 윤리적 위기를 격은 후, 토니 캄폴로(Tony Compolo)와 고든 맥도날드(Gordon MacDonald)에게 정기적으로 영적 자문을 구했다고 적고 있었다. 대통령은 고든 맥도날드의 책 「무너진 세계를 재건하라」(Rebuilding Your Broken World, 1988)"를 읽은 뒤, 저자를 일부러 초청했다고 한다. 이 책에서 저자는 자기 자신의 윤리적인 실수와 회복의 경험을 적고 있다.

여기서 핵심은 고든 맥도날드는 먼저 자신의 실패를 통해 배우고 하나님의 은혜로 이를 극복했다는 사실이다. 성경에 나오는 다윗과 베드로도 같은 예를 보여준다. 일부 회사들은 사장 후보자가 최소한 한 번이라도 실패한 경험이 없다면 채용하지 않는다고 한다. 이 정책은 실수를 통해 배우는 교육적 가치를 잘 보여준다.

성공회 출신의 영성 지도자 서머셋 워드(Reginald Somerset Ward)는 성공적인 영적 양육에 필요한 재료들을 다음과 같이 적고 있다. "1파운드의 영적 지도 사역은 8온스의 기도, 3온스의 신학, 3온스의 상식, 2온스의 심리학으로 만들어진다." 영적 멘토나 지도자에게 이상적인 자격으로 제시된 각 요소의 비중을 주목하기 바란다.

## 영적 멘토링, 영성 지도의 실제

신앙생활의 기본에 대해서는 이미 다 알고 있는 교우가 당신에게 찾아와 그리스도와 보다 깊은 관계를 누리는 방법을 묻는다고 여러분은 어떻게 답할 것인가? 여기서는 절대적인 답이라기 보다는 하나의 예로서 사람들의 영적 필요를 채워주는 방법을 제시해 보려고 한다.

### 관련된 질문을 던져라

예수님은 어떤 역사를 행하실 때마다 항상 사람들의 마음을 떠보는 질문을 던지셨다. 주님은 베드로에게 "너는 내가 누구라고 생각하는가"라고 물으셨다(마16:15). 예수님은 눈먼 바디매오에게도 "너는 내가 무엇을 해주길 바라느냐"라고 물으셨다(막10:51). 예수님은 바리새인들에게는 이렇게 질문을 던지셨다. "너희는 그리스도에 대하여 어떻게 생각하느냐 뉘 자손이냐?"(마22:42)

멘토나 영적 헬퍼는 대상을 파악하기 위해 먼저 질문을 던져야 한다. 이런 질문으로는 다음과 같은 것이 있다. "어떻게 주님을 만났습니까?", "당신이 경험한 하나님의 모습은 어떤 것입니까?", "당신은 어느 정도의 영적 수준에 와 있다고 자평하십니까?", "최근 들어 당신 삶의 어떤 부분에 하나님은 역사하셨습니까?", "당신에게 영적 활력을 준 훈련이나 경험은 무엇이었습니까?" 멘토는 상대가 영적 성장에 목마른 상태를 인식하도록 자극하는 질문도 던질 줄 알아야 한다. "예수님이 당신에게 오셔서 선물을 주시겠다고 한다면, 어떤 선물을 받고 싶습니까?", "여러분의 영혼을 채우고 축복하시기 위해서 예수님은 무슨 말씀을 하실 것이라고 생각하십니까?"

### 조언을 구하는 사람에게 귀를 기울여라

영적 헬퍼는 상대가 자신의 배경을 털어놓을 수 있도록 도와주어야 한다. 상대의 과거에 관심을 보여주는 것만으로도 치유의 역사가 일어날 수 있다. '적극적인 경청'의 기술을 활용하라. 적극적인 경청이란 상대의 입장으로 같이 들어가 주는 자세를 말한다. 멘토나 영적 헬퍼들이 빠지는 가장 흔한 실수는 들어야 하는 시점에서 자꾸 이야기한다는 것이다.

독일의 순교자 본 훼퍼( Dirtrich Bohoeffer, d. 1945)는 "성도들, 특히 목회자는 다른 사람들에게 항상 뭔가를 보여주어야 한다고 생각한다…… 이들은 말하기 보다 들어주는 것이 사람들에게 더 많은 도움을 준다는 것을 잊고 있다"고 지적한다. 그는 또 "사람들은 단순히 진지하게 들어주는 사람이 있다는 사실만으로도 힘을 얻는다…… 우리가 하나님의 '귀'를 가지고 들을 때만이, 하나님의 말씀을 전할 수 있다"고 강조한다.[23]

성령님은 경청의 자세를 가진 멘토들에게 상대의 필요를 파악할 수 있도록 영적 눈을 열어주신다(고전2:10-12).

### 하나님께 귀를 여는 방법을 익히도록 도와줘라

사람들은 서로에게 관심을 기울일 때, 새로운 활력을 느끼고 관계도 개선되는 경험을 한다. 사람들 간에 서로 관심을 기울인다는 말의 의미는 알고 있지만, 무한하신 하나님께는 어떻게 하는 것이 관심을 기울이는 것일까?

첫째로 우리는 '조용히 경청함으로써' 하나님께 관심을 기울여야 한다. 5장에서 우리는 하나님 앞에서 침묵하는 훈련은 하나님을 보다 깊이 알 수 있도록 도와준다는 사실을 발견했다. 멘토나 멘토를 받는 사람이나 함께 주변의 소란한 분위기를 가라앉히고, 내 안에 계신 성령님의 조용한 속삭임을 들을 수 있어야 한다. 이를 통해 우리의 영혼은 비로소 하나님께 헌신할 수 있는 자리에 서게 되는 것이다.

둘째로 우리는 '성경 묵상'을 통해 하나님께 귀를 기울여야 한다. 하나님은 기록된 말씀을 통해 우리에게 말씀하신다. "오직 여호와의 율법을 즐거워하여 그 율법을 주야로 묵상하는 자로다"(시1:2). 신앙 성숙을 위해서는 반드시 성경 묵상을 매일같이 하는 것이 필요하다.

셋째로 구매 목록처럼 자신의 필요나 줄줄이 늘어놓는 기도가 아니라, 마음에서 나오는 단순한 혹은 사색적인 '기도 훈련'을 해야 한다. 이 부분에 대해서는 이미 6장에서 하나님께 마음을 드리는 방법을 다루면서 언급했다. 외경에 나타나는 유대 영성은 하나님께 귀 기울이는 자세의 중요성을 크게 강조한다. "당신이 듣기를 좋아하는 사람이라면, 지식을 얻을 것이요, 남에게 귀를 기울이는 사람이라면 지혜롭게 될 것이다"(시락6:33).


**그리스도와의 관계에 방해 거리를 모두 찾아내라**

실수로 지은 죄나 치유되지 않은 감정적 상처를 끌어안고 사는 성도는 영적 성장이 힘들다. 이 때문에 우리는 먼저 주님과의 관계에 방해 거리를, 기도하는 마음으로 찾아봐야 한다. 우리의 발목을 잡는 것이 불신의 문제라면, 무엇부터 해야할지 잘 모르는 상황이라도 무조건 하나님께 맡기도록 권면하는 것이 필요하다. 자존심이 문제라면, 참다운 영광은 오직 하나님에게만 속해 있음을 인식하도록 가르쳐라. 문제가 이기심이라면, 십자가를 통해 자신을 붙들고 사는 인생은 절망밖에 없음을 깨닫도록 만들어라. 만일 상대가 성적 문제나 욕심과 관련된 죄에 빠져 있다면,

이로 인해 파괴적인 결과가 나타난다는 사실, 다시 말해 하나님과 단절되어 기도마저 할 수 없게 된다는 사실을 알려주어야 한다.

우리의 숨겨진 죄를 해결하기 위해서는 하나님이 뻗으시는 도움의 손길을 통해 치유 받고 정결해 지는 과정이 필요하다(시90:8). 다윗은 뼈에 스며드는 고통을 통해 배운 경험담을 증언한다. "내가 내 마음에 죄악을 품으면 주께서 듣지 아니하시리라"(시66:18). 상담 대상이 자신의 죄를 무리하게 숨기는 강박관념에 사로잡혀 있을 때는, 이렇게 같이 진지하게 기도하자. "주님, 나의 마음이 이런 생각에서 벗어나, 영원히 자유할 수 있도록 하옵소서."

## 필요하다면 부드럽고 단호하게 야단을 쳐라

영적 헬퍼의 가장 중요한 사명은 그리스도의 사랑이 다른 사람에게 흘러가도록 통로 역할을 하는 것이다. 그러나 참다운 사랑은 야단을 치고 상대를 고쳐주어야 하는 과정이 필요하다. 상대가 윤리적 혹은 영적인 죄에 빠져서 헤매고 있다면, 우리는 하나님의 말씀을 들고 성실하게 지적해야 한다.

존경 받는 목회자인 빌은 자기 교회를 크게 키우고 싶은 열정이 있었다. 그러나 결국 교회 성장에 강박관념을 가지기 시작했고, 육체적으로나 정서적으로 위험수위까지 자신을 몰아갔다. 빌의 문제를 의식한 한 영적 헬퍼는 그에게 찾아가 이렇게 말했다. "당신은 자신의 건강보다 일에 더 무게를 두고 있습니까? 당신은 자신의 가족보다 교회에 더 무게를 두고 있습니까?"

결국 빌은 문제점을 인식하고 사역방향을 바꿨다. 교회가 그리스도와 함께 성장하기 원한다면, 먼저 자신의 삶의 우선순위와 생활태도부터 바꾸어야 한다는 사실을 인식했던 것이다.

## 필요하다면 회개를 활용하라

그리스도의 생명력을 제대로 느끼기 위해서는 먼저 우리 안에 쌓인 죄부터 해결해야 한다. 선지자 이사야도 방황하는 이스라엘에게 이렇게 말했다. "오직 너희 죄악이 너희와 너희 하나님 사이를 내었고 너희 죄가 그 얼굴을 가리워서 너희를 듣지 않으시게 함이니"(사59:2).

윤리적인 죄에 깊이 빠진 사람에게는, 먼저 자신의 죄를 회개하고, 그리스도의 용서를 빌도록 권면하는 것이 우선되어야 한다. 자신의 죄를 숨기는 태도는 영적으로나 감성적으로나 육체적으로도 별로 건강한 반응이 아니다(시32:3-4). 우리를 깨끗하게 하시는 하나님의 손길로 죄의 문제를 해결해 달라고 간구하자.

## 자신이 직접 영성 양육자가 되자

교회에 처음 온 성도는 금식, 사색 기도, 일기 같은 훈련을 어떻게 시작해야할지 모른다. 이들에게는 신앙 고백, 예배, 찬양 같은 보다 사역도 낯설기는 마찬가지다. 영적 멘토는 먼저 성도들이 건강한 영적 습관을 가질 수 있도록 인도해 주어야 한다. 영성 훈련은 인간이 만든 도구이지만, 동시에 인간을 바로 만드는 도구가 되기도 한다.

성경은 우리에게 거룩의 훈련을 받으라고 명령한다(딤전4:7). 골프를 배우는 학생은 어떻게 골프채를 휘둘러야 하는 지를 가르쳐 주는 선생이 필요하다. 신앙의 초보자 역시 영적 훈련을 해 줄 선생이 주변에 필요하다. 그러나 이런 훈련을 그 자체가 목적이 아니라, 하나님과의 관계를 더 깊이 만들어주는 도구에 불과하단 사실을 잊지 않아야 한다.

## 하나님이 말씀하시는 방법을 분별할 수 있도록 도와줘라

어떤 기독교인들은 꿈 같은 것을 통해 직접 말씀하시는 하나님을 경험하기도 한다. 물론 이런 경험이 믿을 만한 지는 논란의 여지가 있기 때문에 조심스런 검토가 필요하다.

꿈은 일부 종교에서 악용하기도 하지만, 사실 일상적으로 하는 경험에 불과하다. 어떤 종교에서는 꿈을 통해 귀신과 대화하고, 도를 깨닫는 도구로 생각한다. 그러나 꿈이 오용될 수 있다는 위험 때문에, 무조건 꿈을 무시하는 것은 바른 태도가 아니다. 교부들은 하나님께서 인도하시는 방향을 꿈을 통해서 깨닫기도 했다. 오리겐, 터툴리안, 아다나시우스, 크리소스톰, 시프리안, 바실, 나지안주스의 그레고리, 니사의 그레고리, 위대한 그레고리, 존 카시안 등이 대표적인 예다.

성경적으로든 신학적으로 우리는 '특별 계시의 도구로 사용되는 꿈'과 '일반 계시의 도구로 사용되는 꿈'을 구분할 필요가 있다. 전자의 대표적인 예는 구원사에 일부를 차지하고 있는 성경의 꿈 이야기들이다. 구약 성경은 야곱이 꿈을 통해 특별 계시를 받았다는 사실을 적고 있다(창28:10-17). 바로(창41:1-5), 요셉(창37:5-7), 솔로몬(왕상3:5-15) 등도 마찬가지다. 신약 성경에서도 꿈을 통해서 요셉과(마1:20-21, 2:13-19) 빌라도의 아내에게도 특별 계시가 내려지는 장면이 등장한다(마27:19).

나는 특별 계시를 전하는 꿈은 1세기말, 성경이 지금의 모양을 갖추면서(이것을 정경화라고 말한다) 중단되었다고 믿는다. 그러나 일반 계시의 도구로서 꿈은 인간의 자연스런 기능의 일부로서 지금까지도 계속 역할을 하고 있다. 심리학적으로 말해서 일반 계시의 도구로서 꿈은 수면 중에 의지적 조절능력이 완화되면서 일어나는 무의식적인 인식 작용을 가르친다.

역사적으로도 꿈은 일반 계시를 전달하는 도구로 중요한 역할을 해 왔다. 여기서는 꿈의 두 가지 역할을 지적해 본다.

첫째로 하나님은 꿈을 통해 우리 삶을 통해 드러내기 원하시는 자신의 계획을 보여주신다. 내 개인적인 경험을 예로 들어 보겠다. 나와 아내 엘시는 대학을 마친 후, 나이지리아의 단기 선교 봉사를 할 기회를 가지게 되었다. 4년 후 나는 영국의 한 대학에서 프레드릭 브루스(Dr. F. F. Bruce) 박사의 지도로 박사 학위를 공부할 기회가 생겼다. 나는 원래 다시 아프리카로 돌아가 선교사로 일하면서 공부를 계속하려고 했다. 그러나 그 해가 저물어갈 무렵, 브루스 박사는 나에게 아프리카에서 공부를 하는 것은 현실적으로 불가능하다고 알려주었다. 내가 박사 학위를 계속하고 싶다면 영국에 남아야 하는 상황 때문에, 나의 원래 계획이 갑자기 장애물을 만난 것이다! 나는 영국에 남아있어야 할지, 박사학위를 포기하고 아프리카로 돌아가야 할지 심각하게 고민하기 시작했다. 뭘 해야 할지 정말 혼란스러웠다.

그 주 토요일 나는 시골로 내려가 이런 저런 걱정을 하며 산책을 하고 있었다. 따뜻한 햇살이 두꺼운 구름 사이로 비추자, 나는 잠시동안 졸면서 꿈을 꾸게 되었다. 꿈에서 어떤 남자가 내 앞에 나타나 아주 분명하게 말했다. "영국에 남아서, 외국인 학생들을 위해서 봉사하시오." 그 꿈은 시작만큼이나 투박하게 끝났다. 이런 경험은 난생 처음이었다. 그러나 나는 말씀하신 이가 바로 하나님이셨다는 확신이 들었다! 결국 나는 꿈을 통해 얻어야 할 답을 가지게 된 것이다.

곧 나는 런던에 있는 UCCF(영국 IVF가 확대 발전되어 만들어진 단체)를 찾아갔다. 나는 학생사역 담당자에게 내가 공부하던 맨체스터-리버풀 지역에서 외국인 유학생들을 위해 일할 사역자가 필요하지 않느냐고 문의했다. 그러자 그는 "참 신기하네요. 지난주에 우리는 영국 북부지역에 외국인 학생들을 위한 사역을 시작하기로 결정을 내렸는데, 당신의 전화를 받게 되었습니다. 사실 우리는 캠퍼스에서 일할 사역자를 급하게 구하고 있었거든요. 어떻게 알았지요?" 나는 약간 농담을 섞어 이렇게 답했다. "나에게 가장 좋은 친구가 귀뜸을 해줬답니다!" 나는 한 주 후부터 유학생 사역을 시작했고, 2년 뒤에는 박사학위도 마칠 수 있었다. 하나님은 꿈을 통해 나의 삶 전체를(가족과 직장, 사역) 인도하셨던 것이다. 헨리 블래커비와 클라우드 킹은 성경을 보면 하나님께서 말씀하실 때마다, 사람들은 누가 무엇을 말씀하고 계신지, 그리고 무엇을 원하고 계신 지를 바로 느낄 수 있었다고 지적한다.[24] 내 경험에 비추어봐도 이것은 정말 사실이다.

둘째로 하나님은 우리의 영적 상태를 보여주기 위해서도 꿈을 사용하신다. 몇 년 전 나는 사역이 너무 커져버리는 바람에 힘들어 한 적이 있었다. 그때 엘시와 나는 산골 휴향지에서 열린 사경회에 강의를 하러 갔다가, 그곳의 오래된 상가 길을 둘러볼 기회가 생겼다. 우리는 특별히 등산용품과 옷을 파는 가게에 많은 시간을 보냈다.

집으로 돌아온 뒤 나는 그 가게에 다시 가는 꿈을 꾸게 되었다. 가게에 들어섰을 때, 의외로 선반 위에는 물건이 전혀 없었다. 낡은 나무 바닥에도 아무것도 전시되어 있지 않았다. 옷가지가 차곡차곡 쌓여있던 선반도 텅텅 비어 있었다. 관광객이 들끓던 시기에 이렇게 물건이 없는 가게가 있을 수 있을까! 나는 점원에서 무슨 일이냐고 물었다. 그러나 그는 "물건 가격이 너무 높아서 가격을 다시 매기기 위해 물건을 치워놨습니다."라고 답했다.

너무 생생하게 다가온 이 꿈을 나는 친구에게 말했다. 그러자 그가 한 지적은 바로 나에게 큰 도전이 되었다. 나는 일에 너무 과욕을 부리는 바람에, 제대로 쉬는 시간을 가질 수 없었고, 덕분에 많은 문제가 발생하고 있었던 것이다. 하나님은 나에게 일반 계시로서 꿈을 통해 내 작업량을 줄이고 균형 있는 생활을 하도록 명령하신 것이다.

필립스(J. B. Phillips)는 수술을 받고 사경을 헤매고 있었다. 그 와중에서 그는 너무도 생생하게 하얀 옷을 입은 사람이 하늘의 영광을 자신에게 보여주는 꿈을 꾸었다. 필립스는 꿈을 통해 도저히 말로는 표현할 수 없는 큰 감동을 받았다. 시험 중에 있는 자신은 이 꿈을 통해 정말 놀라운 위로와 격려를 받았다고 고백한다.[25]

하나님의 빛 아래서 주님과 동행하는 성도는(요일1:7) 어떤 꿈이 주님에게서 온 것이며 어떤 꿈이 악한 영에서 온 것인지를 구분할 수 있다. 십자가의 존은 하나님께서 주신 메시지는 평안을 준다고 지적한다. 하나님의 메시지는 사랑, 겸손, 온화함이 느껴진다. 이를 통해 하나님의 뜻을 따를 각오가 더 강해진다. 하나님에게서 오지 않은 꿈은 말씀과 조화를 이루지 못한다. 물론 우리의 죄를 지적하는 꿈은 우리를 불편하게 만들수도 있다. 그러나 악한 세력에 사용하는 꿈은 항상 우리를 고통스럽게 만든다. 교만과 강퍅함을 조장하고 사랑을 잃어버리도록 만들어, 결국 하나님으로부터 떨어뜨려 놓기 때문이다.

나는 여러분도 자신의 꿈을 적어 놓는 습관을 가지고, 해몽에 은사가 있는 동료들에게 도움을 구하라고 권하고 싶다.

## 영적 양육과 지도를 통한 문제 해결

사람과의 관계는 항상 잘 통하는 것이 아니다. 모든 관계는 문제와 실패가 따라다닌다. 하나님과 성도의 관계도 이와 다르지 않다. 성도들이 계속 가지고 있는 옛 본성 때문에, 자주 그 더러운 모습을 드러내면서 신앙의 성장을 막아버린다. 지금부터는 더 성숙한 제자로 자라기 원하는 성도들이 자주 만나는 두 가지 문제에 대해, 멘토가 어떻게 도와 줄 수 있는지 제안해 보려고 한다.

### 영적 갈증

우리가 하나님과의 관계에서 가장 흔하게 경험하는 첫번째 문제는 영적 '갈증'의 문제다. 영적 갈증이란 주님과 함께 하는 즐거움이 결여된 상태, 영적 열정이 사라진 상태, 기도가 잘 안되는 상태를 가르친다. 토마스 그린(Thomas Green)은 「우물이 말랐을 때」(When the Well Runs Dry, 1979)와 「마른 우물로부터 마셔라」(Drinking From the Dry Well, 1991)라는 두 권의 인기작을 쓴 작가다. 그의 첫번째 책의 제목이

「우물이 말랐다면(조건절)」이 아니라 '말랐을 때(상황설명)' 라고 한 것은, 사실 영적 갈급의 상태가 가끔 생기는 것이 아니라 주변에서 쉽게 발생하는 현상임을 잘 보여준다. 신앙인이면 누구나 영적 갈증을 느낄 때가 있다. 영적 헬퍼는 먼저 성도들에게 신앙의 좋은 시절이 있는 것처럼 나쁜 시절도 있다는 점을, 다시 말해 업치락 뒤치락하는 영적 현실을 가르쳐 주어야 한다. 모든 관계는 가까워졌다 멀어졌다 하는 기복이 있기 마련이라는 것이다.

물론 이뿐만 아니라, 영적 갈증의 원인은 '육체적 혹은 정신적 혼란상태' 때문에 발생할 수도 있다. 우리는 종합적인 존재이기 때문에, 육체적으로 문제가 있거나, 정신적으로 멍해지면 감정적인 부분에도 문제가 생기고, 영적인 고통도 느끼게 된다. 지혜로운 멘토는 돌보는 대상들에게 하던 일손을 멈추고, 쉼과 회복의 시간을 가지라고 충고해야 한다. 다양한 관심사를 가지고 살면 영적으로도 회복하는 데도 큰 도움이 된다. 산책을 하고, 음악을 듣고, 친구를 만나고, 스포츠를 하는 것은 영적으로도 큰 도움이 된다. 프란시스 휴댁(Francis Houdek)은 다음과 같은 조언을 우리에게 주고 있다.

기도 생활이 건조해진 사람에게 가장 필요한 것은, 그를(기도나 교회생활 외에도) 폭넓은 경험을 통해 역동적인 하나님을 경험하도록 권하는 것이다. 하나님은 보통 '쉼, 자연, 관계' 같은 것을 통해 발견된다…… 기도가 갑자기 안되는 상황에서는, 자신의 삶에서 실제적이고 다양한 방법으로 하나님의 손길을 경험할 때, 새로운 감격과 행복이 되살아나게 될 것이다.[26]

영적 갈증은 '영적 무관심' 때문에도 발생한다. 하나님과 개인적으로 거리를 느끼면, 우리의 영은 끊임없이 따라다니는 죄 때문에 지치고 만다(잠1:28-29, 호5:6). 인간 관계가 문제가 생기거나 깨어지고(요일4:20-21), 건전한 영성 훈련에 소홀할 때(딤전4:7)도 마찬가지다. 우리가 주님께만 온전히 마음을 드리는 것만이 영적 갈증 문제를 해결할 수 있는 열쇠다.

## 영적 황폐함

두번째 문제는 우리가 흔히 영적으로 '암흑 상태'이라고 표현하는 상태와 관련이 있다. 십자가의 존은 영적인 암흑 상태를 크게 네 가지로 분류해서, 네 권의 저작을 남겼다. (나는 여기서 일반적으로 영혼의 밤을 의미하는「영혼의 칠흑 같은 밤」(Passive dark night of the soul) 부분만을 읽어보도록 여러분께 권하고 싶다.)

'어두운 밤'의 경험은 사랑하는 사람의 죽음 같은 끔찍한 고통을 만날 때 경험된다. 이밖에도 하나님의 뜻을 이해할 수 없는 삶의 위기를 만날 때도 비슷한 경험을 한다. 사실 역사적으로 보면 어두운 밤이란 표현은 인간의 영적 상태를 가르칠 때 많이 사용되어 왔다. 십자가의 존은 유명한「영혼의 어두운 밤」(Dark Night of the Soul)을 쓰면서, 우리를 외면하신 것 같은 하나님에 대해 씨름하고 있다. 존은 이러한 밤을 신앙의 정상 상태와 대조하여 설명한다. 그는 이 '어두움'은 하나님의 위로하시는 은혜가 완전히 사라진 상태를 가르친다고 말한다. 존은 어두운 밤이란 우리가 내적으로 느끼는 무력함, 세상적인 때가 완전히 벗어난 상태라고 설명한다.

아빌라의 테레사도 심각한 박해와 고통의 기간을 거치면서 어두운 밤의 경험을 했다고 말한다. 그녀는 주님께 이렇게 기도했다. "왜 나를 이다지도 어렵게 만드시는지요?" 하나님은 이렇게 답하신다. "그것이 바로 내가 나의 친구들을 대하는 방식이란다." 그러자 테레사는 "왜 당신의 친구가 이렇게 적은 지 이제야 이해할 것 같네요"라고 답한다.[27]

1944년에 나온 베스트셀러「고통의 문제」(The Problem of Pain)는 저자 C. S. 루이스가 "선하고 전능하신 하나님이 어떻게 고통스런 환란을 허락하는가"라는 오랜 딜레마를 풀기 위해 쓴 책이다. 그러나 1961년 루이스의 부인이 암으로 죽자, 그는 17년 전에 자신이 제시한 답에서 더 이상 설득력을 찾을 수 없었다고 고백한다. 하나님은 확실히 그를 버린 것 같았다는 것이다. 루이스는 너무 낙심해서 분노하기 시작했다. 이 기독교 변증가는 약간 빗대는 투로 하나님을 '우주적 자해주의자' 라고 부르면서, 신앙의 많은 부분에 대해 회의하기 시작했다. 어느날 아침, 잠을 깬 루이스는 자신의 고통과 의심이 갑자가 사라져 있는 것을 경험했다. 루이스는 자신의 새로운 경험을「고통이란 무엇인가?」(A Grief observed)에서 자세히 적고 있다. 루이스는 자신이 직접 방황했던 경험으로부터, 큰 교훈을 얻게 되었다고 말한다. "당신의 눈이 눈물로 덮여있는 동안은 아무것도 제대로 보이지 않는다"는 사실이다.[28]

헨리 나우웬은 감동적인 그의 책「탕자의 귀환」(The Return of the Prodigal)에서 자신이 경험했던 어두운 밤을 이렇게 묘사하고 있다.

신부 서품 30주년 기념 파티를 마친 뒤 몇 달 동안 나는 조금씩 영적으로 우울해지면서, 엄청난 내적 아픔으로 씨름하기 시작했다. 결국 나는 더 이상 내가 속한 공동체에서 안식을 느끼지 못할 만큼 상태가 악화되었고, 나를 치

료하는 데만 집중하기 위해서 그 자리를 떠날 수밖에 없었다.[29]

나우웬은 영적인 회복을 위해, 성경에 나오는 탕자 비유를 소재로 한 렘브란트의 그림을 묵상하기 시작했다. 이 명작은 위대한 화가 자신의 영적 황폐함을 반영하고 있었다. 결국 나우웬은 탕자 이야기 묵상을 통해, 하나님과의 관계가 새로운 차원으로 들어가는 경험을 한다.

영적으로 어두운 밤의 현실은 성경에서도 자주 등장한다. 대표적인 것이 여러분도 잘 아는 욥기서다.

예수님도 어둔 밤의 경험, 다시 말해 십자가의 고통에 달리시며 하나님으로부터 버려진 끔찍한 경험을 거치셨다. 하나님 아버지는 골고다 언덕에서 사랑하는 아들을 외면하셨고, 이 순간 예수님은 자리를 비우신 하나님을 경험했다. 예수님께서는 깊은 고통 속에서 이렇게 외치셨다. "나의 하나님, 나의 하나님, 어찌하여 나를 버리셨나이까"(마27:46).

하나님 아버지께서 사랑하는 아들에게서 모습을 숨기신 것은 도저히 우리로서는 이해할 수 없는 신비가 포함되어 있다.

하나님께서 설명도 없이 모습을 숨기실 때 영적인 어두운 밤이 찾아온다. 가끔씩 하나님은 자신의 모습을 숨기시면서 주변을 어두움으로 바꾸어 놓으신다. 하나님이 사라진 공간에 인간은 세상적인 욕심들을 채워 넣는 공간으로 사용하지만, 세상과 사람을 통한 안식은 결코 우리에게 만족을 가져다 줄 수도 오래갈 수도 없다. 우리가 세상적인 집착을 버릴 때, 그리스도를 닮아가게 된다. 하나님은 어두운 밤의 고통을 통해 우리 안에 깊이 뿌리내린 인본주의적 자족감, 쾌락주의, 자존심에 '영적 수술'을 하신다. 이런 관점에서 보면 영적인 성도에게 어두운 밤의 경험은 합하여 선을 이루기 위해 하나님께서 허락하신, 혹은 하나님과 하나가 되는 필요한 사건일 수 있다. 이 경험은 고통스럽지만 조금의 실수도 없이 우리를 정화시키시는 하나님의 역사라는 것이다.

그렇다면 영적 황폐함을 경험하는 사람들을 어떻게 도와주어야 하는가? 여기 몇가지 답을 정리해 본다.

첫째로 이런 처지에 있는 사람들에게는 하나님의 경륜에서 볼 때 고난이 가지는 긍정적인 역할을 강조해 주어야 한다. 성도가 그리스도처럼 되기 위해서는 먼저 고통을 통해 정화될 필요가 있다. 절망 속에서 겪는 고통은 그리스도와 하나되기 위해 반드시 필요한 과정이다. 예수님도 하나님 아버지의 외면을 경험하셨고, "그가 아들이시라도 받으신 고난으로 순종함을 배우셨다"(히5:8). 이 땅의 고통은 피할 수 없는 현실이지만, 신앙인에게는 더 좋은 것을 위해 거쳐야 할 과정이다.

둘째로 성도는 주님을 포기하지 말고 붙들도록 격려하는 것이 중요하다. 다윗도 하나님께서도 외면하신 것 같은 최악의 상태에 빠졌을 때, 하나님의 구원을 믿고 기다렸다. "여호와여 열납하시는 때에 나는 주께 기도하오니 하나님이여 많은 인자와 구원의 진리로 내게 응답하소서"(시69:13). 욥도 하나님 아버지의 따뜻한 사랑이 절망의 어둠 속에서 바래져 갈 때도, 확신을 가지고 다음과 같이 외쳤다. "그가 나를 죽이시리니 내가 소망이 없노라 그러나 그의 앞에서 내 행위를 변백하리라"(욥13:15).

세번째로 절망 속에서 씨름하는 사람들에게 "나를 보내신 이가 나와 함께 하시도다 내가 항상 그의 기뻐하시는 일을 행하므로 나를 혼자 두지 아니하셨느니라"(요8:29)라고 약속하신 예수님의 자신감을 자신의 것으로 삼도록 도와주어야 한다. 어두운 밤의 경험은 하나님께서 우리의 삶에서 새로운 은혜의 역사를 베푸실 것이라는 기대의 배경이 된다. 하나님께서 정하신 시점이 오면, 결국 어두움의 세력은 하나님의 빛과 따뜻한 사랑에 자리를 내어주게 될 것이다.

타미는 10대 초반에 그리스도를 영접한 젊고 유능한 여성이었다. 그녀가 원래 다니던 교회에서는 제대로 '믿고 행하면' 축복을 얻는다고 가르쳤다. 그녀는 성경을 읽고, 기도하고, 암송 구절을 외우고, 예배란 예배는 다 참석했다. 하나님께 제대로 하고 있음을 증명하기 위해, 그녀는 끊임없는 노력을 기울였다. 그러나 그녀는 치명적인 병과 씨름하게 되면서, 영적인 혼란과 황폐함을 경험하게 되었다. 기도를 통해 느끼던 하나님의 함께 하심과 영적 만족감은 온데간데 없이 사라졌다. 그녀는 하나님께 엄청난 실망감을 느끼고, 신앙을 버릴 위기까지 갖게 되었다.

타미가 영적으로 밑바닥까지 떨어졌을 때, 주변의 신앙인들은 이렇게 말할 뿐이었다. "당신은 하나님께 제대로 의지하지 않는 것 같군요!", "당신은 제대로 기도하고 있지 않네요!" 그러나 영적 어둠 속을 헤매면서도 타미는 하나님을 가깝게 느꼈던 때의 기억으로 가까스로 버티고 있었다. 주님은 너무 멀리 계시고, 하나님의 말씀이 마음에 와 닿지 않는 순간에도, 타미는 믿음을 가지고 매일같이 말씀을 묵상하고 하나님의 백성들과 교제를 계속했다.

결국 어두움이 지나고, 그리스도께서 다시 그녀의 곁에 다가오셨다. 그녀는 기독교 영성 훈련원에 들어가, 많은 영성 고전들을 읽고, 새로운 기도 형식들을 경험했다. 그녀는 영과 육이 모두 하나님의 선한 창조물이란 사실을 깨달으면서, 전신으로 예배하기 시작했다. 이제 타미는 주님과 더 깊은 관계를 누리고 있다. 그녀는 자신이 거쳤던 고난이 바로 영적 어둠의 시간이었으며, 하나님께서 자신과의 더 깊은 사랑의 관계를 만들기 위해 배려하신 기회였음을 깨닫게 되었다.

## 마지막 한마디

기독교 철학자 달라스 윌라드(Dallas Willard)는 어느 책에선가 역사적으로 교회의 영성지도 사역의 흐름을 이렇게 표현한다. "영성 지도 사역은 주님이 시작하시고, 바울이 가르쳤고, 초대교회가 따르고, 중세 교회가 과잉반응을 보이고, 종교 개혁자들이 폭을 좁혀놓고, 청교도들이 다시 살려놓고, 현대교회에서 거의 멸종시킨 사역이다."

나는 다시 한번 여러분이 성경의 가르침과 예수님께서 보여주신 대로 영성 사역을 다시 일으키길 바란다. 나는 영적 우정, 영적 인도, 영적 멘토링, 영성 지도 사역을 통해 영적 변화를 추구하는 갈급한 영혼들에게 좋은 답이 제공될 수 있기를 기도한다.

## 직접 해 보기

1. 성숙한 멘토에 관한 성경 연구

룻기 전체를 읽으면서 나오미가 모압 출신의 며느리 룻에게 사랑의 마음으로 준 멘토링 내용을 살펴보자. 겨우 4장밖에 안되니까 읽는 데 20분도 안 걸릴 것이다.

이 이야기는 중요한 주제를 포함하고 있다. 유대의 기근 때문에, 엘리말랙은 부인 나오미와 두 아들을 데리고 동쪽 모압땅으로 건너갔다. 거기서 엘리말랙은 죽고, 나오미의 두 아들은 모압 여인들과 결혼한다. 기근이 끝나자 나오미는 고향 베들레헴으로 돌아갈 차비를 한다. 그러나 이제 과부로 남은 며느리 룻은 나오미를 따라 이스라엘에서 새로운 삶을 시작하기로 작정한다. 그러자 나오미는 새로운 가정과 남편, 그리고 룻의 혈통을 계승할 아이를 낳을 계획을 짜기 시작한다. 나오미의 역할은 실제로 룻의 영적 친구, 인도자, 멘토의 역할을 하고 있었던 것이다.

이야기의 내용을 살펴보면 다음과 같은 질문이 생긴다.

- 나오미가 이방인 룻에게 보여준 사랑스런 보살핌은 본문에서 구체적으로 어떻게 드러나고 있는가?
- 나오미의 삶과 신앙은 어떻게 모압 여인 룻을 이스라엘의 하나님께 인도했는가?

나오미의 계획과 룻에게 준 조언, 특히 나오미의 친척이었던 부자 보아스의 관심을 끌기 위해서 한 행동들을 잘 살펴 보자(룻3:1-4,18). 보아스는 나오미가의 옛 토지 일부를 회복해 주고, 룻을 자기 아내로 삼는 호의를 베푼다. 이후 룻은 다윗의 할아버지가 될 오베드라는 아들을 낳고 (4:22), 이 가문에서 예수님이 나오게 된다.

- 나오미가 룻에게 준 과감한 조언은 하나님의 섭리 계획에 어떤 영향을

미치는가?

- 영적 친구이자 멘토로서 나오미는 룻을 돌보는 과정에서 어떤 축복을 누리게 되었는가(4:14-16)? 멘토링의 관계를 통해 누릴 수 있는 축복에 대해서 이야기를 나누어보자.


2. 당신의 삶에 영향을 주고 있는 영적 친구와 멘토

여러분이 예수님을 영접한 이후의 삶을 잘 생각해 보자. 가능하다면, 여러분에게 영적 우정, 영적 인도, 영적 멘토링, 영성 지도를 통해 도움을 준 사람들이 있는지 찾아보자. 이들의 도움이 여러분을 영적으로 어떻게 채웠는지 설명해 보라.

그런 뒤 그 사람들에게 당신의 영적 성장에 미친 그들의 역할을 감사하며 간단한 편지를 써보자. 그리스도 안에서 당신의 성장과정에서 이들이 제공한 도움에 대해서 감사를 표시하자.

다음의 질문들을 기도하면서 생각해보고, 일기 등에 여러분의 답을 적어보자.


- 지금 현 시점에서 여러분에게 가장 도움이 되는 영적 조력자는 어떤 사람들인가?(친구, 인도자, 멘토, 전문 사역가?)
- 당신의 삶에서 영적 조력자의 역할을 해 줄 수 있는 사람을 주변에서 찾을 수 있는가?
- 당신의 영적 성장에서 지금 거치는 과정에 필요한 영적 양육자를 보내 달라고 하나님께 기도하라. 하나님께서 여러분의 기도에 어떻게 반응하시는가를 나중에 확인해 보면, 여러분은 크게 놀랄 것이다.

읽으면 좋을 책들


Barry, William A. Spiritual Direction and the Encounter with God(New York: Paulist, 1992).

Biehl, Bobb. Mentoring: Confidence in Finding a Mentor and Becoming One(Nashville: Broadman & Holman, 1996).

Dyckman, Katherine and Patrick L. Carroll. Inviting the Mystic, Supporting the Prophet(New York: Paulist, 1981).

Peterson, Eugene H. Working the Angels(Grand Rapids: Eerdmans, 1987),「균형, 그 조용한 혁명」(좋은씨앗).

Stanley, Paul D. and J. Robert Clinton. Connecting: The Mentoring Relationships You Need to Succeed in Life(Colorado Springs: NavPress, 1992).

Wilkins, Michael J. Following the Master: Discipleship in the Steps of Jesus(Grand Rapids: Zondervan 1992).

# 8. 구속적 상담



"평강의 하나님이 친히 너희로 온전히 거룩하게 하시고
또 너희 온 영과 혼과 몸이
우리 주 예수 그리스도 강림하실 때에
흠 없게 보전되기를 원하노라"

(살전 5:23)

"우리는 '영적'인 문제와 '심리적' 문제를 분리시켜, 후자를 영적 차원과 아무 상관이 없는 분야처럼 대해서는 곤란하다. 인간의 영혼은 심리와 연결되어 있으며, 심리학적 문제와 육체적인 상태, 그리고 영적인 차원이 서로 깊이 연결되어 있다."

— 리처드 러블레이스(Richard F. Lovelace)[1]

"심리치료는 영적 성장의 발판을 만들어 줄 수 있으며, 더 나아가 하나님께 가까이 나가는 데 도움을 줄 수 있다. 그러나 심리치료는 우리를 구원해 줄 수 없다."

— 데이비드 베너(David G. Benner)[2]

최근 기독교계 안에서는 기독교 상담학을 포함한 심리 상담 전체에 대한 비판의 목소리가 높아지고 있다. 어떤 면에서 보면 이러한 비판은 다양한 그룹 간의 이해 갈등을 반영하며, 여기엔 심리 상담 학파간의 내부 갈등도 요인으로 작용한다. 그러나 심리상담을 통해 내적 문제들을 해결할 수 있었던 신앙인들은 이러한 상황에 대해 어떤 반응을 보여야 할지 혼란스러워 하고 있다.

그러나 신앙과 심리 상담은 근본적으로 한데 섞일 수 없는 것일까? 기독교 상담은 영성 훈련에 도움이 될 수 있을까?

심리상담에 비판적인 사람들은 심리학의 '잘못된 영향' 때문에, 우리도 모르는 사이에 설교의 역할을 빼앗고, 양육을 치료방법으로 대치해 버리게 만든다고 주장한다. 성령님을 통해 경험되는 하나님에 대한 경외감은 자아도취에 밀려나 버렸다. '심리학의 중심 주제인' 자아는 "하나님을 밀어내는 역할을 하고 있다"는 것이다.[3] 신앙을 심리학에 팔아먹고 있는 현실 때문에, 하나님께 드리는 예배는 자기 찬미의 우상 숭배시간으로 전락해 버렸다. 더 나아가 내적 거룩함은 심리적 자기 완성으로, 죄의 문제는 심리적 질환 혹은 자기 최면의 문제로 이해되고 있는 것이다. 이들은 기독교 심리상담 역시 인본주의적 심리학의 절대적인 영향력에서 벗어날 수 없다고 주장한다.

이들은 심리학이 삶을 인본주의적 시각에서만 본다고 비판한다. 세속적 심리학이 기독교 상담에 영향을 미치면서, 복음은 변색되고 성도들은 잘못된 길로 인도되고 있다고 이들은 걱정한다. 비판자들은 특히 심리치료학의 아버지인 지그문드 프로이드가 종교를 삶의 도피 장치로, 종교적 경험을 정신병의 일종으로 해석했다는 점을 주목한다. 독일 나치정권과 구소련에서도 정신의학을 인간을 억압하는 끔찍한 도구로 사용했다는 사실도 지적된다.

그렇다면 '무조건적인 복종'이나 성경 암송만으로는 사라지지 않는 내적 갈등이나 불안은 어떻게 처리할 것인가?

미국의 경우, 18세 이상 성인의 20%가 일종의 정신병을 앓고 있다고 전문가들은 지적한다. 제이 아담스(Jay Adams)와 데이비드 헌트(David Hunt) 같은 기독교 상담전문가들에 따르면 (천성적인 문제를 제외한) 모든 정서적 장애는, 죄의 작용 혹은 반작용의 결과라는 것이다. 이들은 정신병이란 따로 존재하지 않는다고 주장한다. 일부에서는 심리 장애를 치료하는 데는 성경으로 충분하기 때문에, 전문 심리상담 같은 것은 필요 없다고 주장한다. 건강하고 온전한 생활을 위해서는 하나님의 말씀이 우리에게 필요한 모든 것을 공급해 준다는 것이다. 한 설교자는 심리 상담가를 찾아가는 것은 말씀의 완전성을 공격하는 행위라고까지 가르치고 있다.[4] 더 나가서 십자가의 능력으로 죄에서 자유를 찾은 성도라면, 갈보리에서 예수님께서 이루신 역사에 새로운 뭔가를 더하는 행동을 해서는 곤란하지 않을까?(벧후1:3) 더구나 하나님께서는 우리를 이끄시고 치유해 주시는 위로자, 성령님을 보내주셨다. 요한도 "너희는 주께 받은 바 기름 부음이 너희 안에 거하나니 아무도 너희를 가르칠 필요가 없고 오직 그의 기름 부음이 모든 것을 너희에게 가르치며 또 참되고 거짓이 없으니 너희를 가르치신 그대로 주 안에 거하라"고 말하지 않았던가?(요일2:27)

그렇다면 실패함이 없으신 보혜사와 함께 하는 우리가, 실패 투성이의 다른 인간으로부터 영적 도움을 구해야 한다고 생각하는 것일까?

내 개인의견은 심리 상담을 영성 훈련의 도구로서 거부하는 태도가 틀렸다고 생각한다. 그러나 심리 상담의 원리와 장점을 살펴보기 전에, 우가는 말하고 있는 심리 상담이 과연 무엇을 의미하는 지부터 짚고 넘어가야 할 필요가 있다.

심리학은 아주 포괄적인 학문이기 때문에, 이 책에서는 지면상 '기독교 심리상담'만을 살펴볼 것이다. 우리는 '기독교 심리상담'을 "심리학과 경청, 관계, 조언 등을 통해 얻은 지혜를 사용하여 기독교인 상담자가 상대의 내적 건강을 회복시키는 사역"으로 정의한다.

일단 이런 정의를 발판으로, 신실한 신앙 헬퍼를 통해 주어지는 심리상담이란 어떤 것이며, 이들을 통해서 내적 건강을 회복하고 그리스도를 닮아가는 데 어떻게 도움을 얻을 수 있는 지 생각해 보기로 하자.

## 기독교 심리상담의 성경적 기초

비성도들에 의해 만들어진 심리학이, 그리스도를 닮아가는 것을 돕는 것까지는 기대하지 않더라도 조금이라도 우리의 영적 문제에 보탬이 될 수 있을까?

상담심리학 같은 비신앙적인 내용을 가지고 신앙생활에 적용하기 위해서는 먼저 하나님의 말씀에 근거한 부분을 찾아봐야 한다. 먼저 성경의 핵심 교리를 다섯 가지로 정리하여, 이것을 기초로 기독교 심리상담을 평가해 보자.

### 일반 계시

우리가 앞에서 꿈에 대해서 다루면서, '일반 계시'는 사람, 장소에 상관없이 하나님과 그 분이 만드신 창조 세계에 대한 가장 기본적인 지식을 전달한다고 말했다. 일반 계시는 창조 세계의 현상을 통해, 우리 속에 심어 놓으신 윤리적 의식을 통해, 그리고 인간의 경험을 통해서 모든 사람에게 전달된다. 시편 19편은 하나님의 창조질서의 위대함을 통해 자신을 드러내신다고 말한다(1-6절).

바울도 시대, 장소, 사람에 상관없이 제공되는 하나님의 일반 계시에 대해서 우리에게 많은 것을 가르쳐 주고 있다. 사도 바울은 성경을 접해 본 적이 없는 이방인들에 대해서 이렇게 말하고 있다.

> 이는 하나님을 알 만한 것이 저희 속에 보임이라 하나님께서 이를 저희에게 보이셨느니라 창세로부터 그의 보이지 아니하는 것들 곧 그의 영원하신 능력과 신성이 그 만드신 만물에 분명히 보여 알게 되나니 그러므로 저희가 핑계치 못할지니라(로마서 1장 19-20절)

로마서 2장에서는 하나님께서 모든 사람들에게 양심을 통해서 윤리적 진리를 깨닫게 하셨다고 설명한다(14-15절). 바울의 아레오바고 설교는 이방 헬라인들도 일반 계시를 통해 진리를 받아들이도록 도전한다(행 17:22-31). 바울은 일반 계시를 통해 믿지 않는 이방인들도 하나님과 창조세계에 대한 진리는 얻을 수 있다고 가르친다. 그러나 바울은 일반 계시로는 구원으로 인도되기 충분하지 않다는 점은 분명히 짚고 넘어간다.

일반 계시 교리에 따르면 모든 인간은 다양한 삶의 경험을 통해 상당한 수준의 진리를 접하게 된다. 복음주의계 성공회교도였다가 이후 가톨릭으로 옮겨간 페버(F. W. Faber, d. 1863)는 어디선가 인간의 학습 능력 자체가 '하나님의 일반 계시'의 일부라고 말한다. 그러나 구원은 특별 계시를 통한 진리를 접하지 않고서는 얻을 수 없다. 어쨌든 이 땅에 사는 인간에게 일반 계시가 없었더라면 우리의 삶은 정말 끔찍했을 것이다.

우리가 창조된 인간으로서 받은 소명을 '문화 명령'이라고 부른다(이후 하나님께서는 마태복음 28:19-20에서 예수님의 입을 통해서 복음을 전하고 제자를 삼으라는 '구원 명령'을 주셨다). 창세기 1:26, 28에 등장하는 문화 명령은 유대교-그리스도교 문화권에서 큰 영향을 미쳐왔다.

> 하나님이 가라사대 우리의 형상을 따라 우리의 모양대로 우리가 사람을 만들고 그로 바다의 고기와 공중의 새와 육축과 온 땅과 땅에 기는 모든 것을 다스리게 하자 하시고…… 하나님이 그들에게 복을 주시며 그들에게 이르시되 생육하고 번성하여 땅에 충만하라, 땅을 정복하라, 바다의 고기와 공중의 새와 땅에 움직이는 모든 생물을 다스리라 하시니라(창세기 1:26, 28)

다윗도 시편 8:6-8에서 문화 명령을 언급하고 있는데, 여러분이 직접 눈으로 확인해 보는 것이 좋을 것이다.

문화 명령의 내용은 하나님께서 성도나 비성도와 상관없이 모든 인간들에게 하나님의 청지기로서 이 땅을 섬기도록 위임하셨다는 것이다. 여기에는 모든 피조물의 선과 하나님의 영광을 위해서 진리를 추구하고, 창조 질서를 관리하는 임무가 포함되어 있다. 인간은 문화를 개발하고, 문명을 건설함으로써 문화 명령에 복종하게 된다. 하나님은 이 일이 결코 쉽지 않을 것이라고 예견하셨다(창3:19).

그러나 하나님으로부터 홀로 서길 원했던 인간의 교만함 때문에, 인간이 접할 수 있는 모든 자연 계시가 왜곡되기 시작했다. 자연과학과 사회

과학은 수많은 진리를 발견하는 도구로 사용되면서도, 동시에 많은 문제들을 만들어 내고 있다. 어떤 인간도 완벽할 수 없기 때문에, 그런 인간이 얻은 정보도 완전한 진리일 수도 없다. 여기서 내가 인용하려는 스위스 신학자 에밀 브룬너(Emil Brunner, d. 1966)의 신학은 내가 개인적으로 동의하지 않는 내용도 많이 포함되어 있지만, 그의 '근접 관계의 원칙'은 신학적으로 매우 유용한 개념이다. '근접 관계의 원칙'이란 "인간의 학문으로 영적 생활의 핵심에 가깝게 접근하면 할수록, 죄로 인한 왜곡은 더 심해진다"는 것이다.[5]

다음 그림에서 수평선은 인간 학문의 다양한 영역을, 수직선은 영적 생활의 이해폭을 의미하고, 수직 점선은 각 학문 분야에서 기독교적으로나 비기독교적 양쪽에서 각 시대가 이룬 업적을 가르킨다.

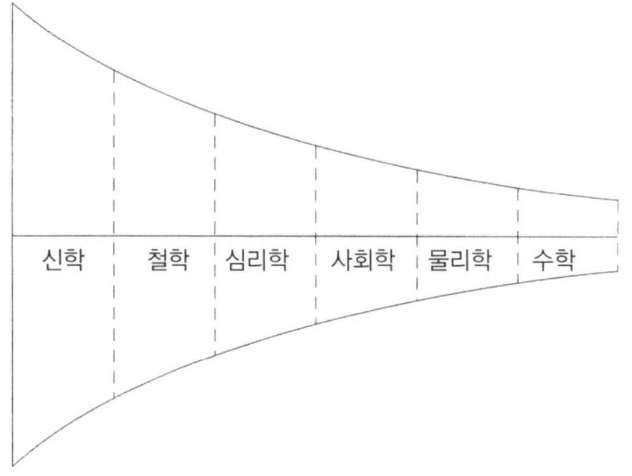


브룬너의 이론에 따르면 기독교인이나 불교도나 같은 영역에서 일하는 경우, 같은 답을 얻을 수 있다. 그러나 그림에서 왼쪽의 자연과학 영역에서 오른쪽의 사회학, 심리학, 철학 같은 사회과학 영역으로 옮겨갈수록, 인간의 죄성 때문에 만들어지는 해석의 관점이 점점 달라진다. 가장 갈등이 심한 영역은 신학이며, 여기에서 기독교인과 불교도는 전혀 다른 결론을 가지게 된다.

브룬너의 이론은 심리학을 포함한 모든 학문이 진리의 일부를 포함하고 있음을 잘 보여준다. 그러나 인간의 판단력은 죄로 인해 흐려지기 때문에, 진리의 왜곡도 피할 수 없다.

어쨌든 우리가 브룬너에게 반드시 배워야 할 교훈은 "심리학 속에는 많은 생산적인 진리와 오류가 한 데 어우러져 있다"는 사실이다. 기독교인들의 사명은 심리학을 비롯하여 모든 세속 학문에서 진리에 속하는 요소를 찾아내어 잘 사용하는 한편, 성경적 기준에 맞지 않는 것을 구별하는 것이다.

### 성경적 인간론

하나님의 형상을 닮은 인간은 하나의 통합체다. 통합체로서 인간은 물질인 육체 안에 영원불멸의 영혼이 '자리하는' 방식으로 합쳐진 아주 복잡한 존재다. "여호와 하나님이 흙으로 사람을 지으시고 생기를 그 코에 불어넣으시니 사람이 생령이 된지라"(창2:7). 예수님도 제자들에게 "몸은 죽여도 영혼은 능히 죽이지 못하는 자들을 두려워하지 말고 오직 몸과 영혼을 능히 지옥에 멸하시는 자를 두려워하라"고 말씀하셨다(마 10:28)

인간을 물질적인 육체와 비물질적 영혼의 결합으로 보는 성경적 인간관은 '이분론'으로도 알려져 있다. 일부에서는 데살로니가전서 5:23을 근거로 '삼분론'(인간이 세 가지 요소로 이루어져 있다는 이론)이 더 성경적이라고 주장한다. 개인적인 의견으로는 이분론이 삼분론보다 더 성경적이라고 생각한다. 어쨌든 바울은 삼분론에서 말하는 세 가지 요소를 하나로 묶어서 인간의 통합적인 본질을 설명한다(신6:5, 막12:30, 눅10:27 참조). 바울은 성도들이 주님이 재림하실 날까지 '전신을 다해' 거룩하고 순결한 삶을 지켜나가라고 권고한다. 하나님께서 삼위일체를 이루시는 것처럼, 인간도 아주 특별한 방법으로 통합체로 살아간다. 결국 어느 한 부분의 상처나 문제는 다른 부분에까지 영향을 미칠 수밖에 없다.

우리는 성경이 영과 혼을 자주 같은 뜻으로 사용한다는 점에 주목할 필요가 있다(욥7:11, 사26:9, 눅1:46 참조. 요12:27과 13:21을 비교해 보라). 영과 혼은 두 개의 독립된 존재라기 보다는, 인간의 내적 존재를 어느 각도에서 보는가에 따라 달라지는 두 가지 방법이라고 봐도 좋다. 종종 혼은 인간적인 관점에서 말하는 자아를 가르치는 단어로 쓰인다(욥30:25, 시42:6, 벧후2:8). 이에 반해 영은 하나님의 관점에서 자아를 볼 때 사용하는 단어로 등장한다(마27:50, 롬8:16, 고전14:14, 요일4:2). 이것은 인간의 내적 자아를 근본적으로 두 가지 다른 존재로 구분하는 것은 불가능하다는 점을 보여준다. 성경에 따르면 인간은 '혼과 영의 통합체'로 간주된다.[6] 영과 혼은 인간의 내적 자아를 다양한 각도로 이해하는 방법이다.

인간은 자신과 이웃을 대하는 수준만큼, 하나님과의 관계도 만들 수 있다. 인간은 '지성'을 통해 자신과 이웃뿐 아니라 하나님에 대해서도 사색한다. 잘못된 자아 이해는 결국 하나님에 대한 잘못된 이해로 이어진다. 인간은 자신의 심리적 특징을 그대로 반영해서 하나님, 자신, 이웃과 관계하는 것이다. 이웃에게 항상 공격적인 반응을 보이는 사람은 하나님에 대해서도 같은 반응을 보이기 마련이다. 다른 사람과의 관계가 불편한 사람은 하나님과의 관계도 편할 수 없다. 브룬너의 표현대로라면 "인간은 이웃과의 관계에서 생긴 문제와 상처를 하나님과의 관계에서도 그대로 끌어안고 있다."[7]

여기서 내가 말하고자 하는 것은, 감정적인 문제는 '반드시' 영적 건강에도 영향을 미친다는 사실이다. 동시에 심리적인 상처는 영적 성숙에도 장애물이 된다는 것이다. 그 반대 역시 사실이다. 심각한 영적 상처를 가진 사람은 정신적 육체적 기능에도 문제가 있기 마련이다.

그런 점에서 우리는 영혼을 다루는 법 뿐 아니라 심리적인 상처를 치료하면서 영적 성장으로 이어줄 수 있는 신앙 상담자가 절대적으로 필요하다.

### 일반 은혜

은혜란 하나님께서 자격도 없는 자에게 주시는 특혜를 말한다. 계시도 일반 계시, 특별 계시의 두 가지로 분류될 수 있듯이, 은혜도 일반 은혜, 특별 은혜의 두 가지로 분류될 수 있다. '특별 은혜'란 하나님께서 사랑을 받을 자격이 없는 죄인에게 베풀어주시는 배려를 가르친다(엡1:5-6). 우리 마음속에 계신 성령님은 죄인으로 하여금 자기 죄를 회개하고 그리스도를 영접하여 구원을 얻을 수 있게 만드는데, 우리는 이것을 특별 은혜라고 부른다(행18:27, 롬5:20-21).

이에 반해 '일반 은혜'는 인간의 단편적인 필요를 채우고,(시65:9, 마5:45, 행14:17) 인간이 생각할 수 있는 능력을 늘려주고(요1:9), 다양한 인간적 노력을 통해 진리를 발견할 수 있도록 허락하시는 하나님의 선하심을 통털어 이르는 말이다. 일반 은혜를 더 간단하게 정의하면, 인간 영역에서 바람직하고, 선하고, 도움이 될만 한 것은 모두 일반 은혜라고 말할 수 있다. 사도 야고보도 "각양 좋은 은사와 온전한 선물이 다 위로부터 빛들의 아버지께로서 내려오나니 그는 변함도 없으시고 회전하는 그림자도 없으시니라"고 말한다(약1:17). 플라톤, 섹스피어, 처칠 같은 위인들의 공적도 일반 은혜에 포함된다. 같은 맥락에서 철학, 심리학, 사회학 등의 공헌도 모두 하나님의 일반 은혜에서 나온 것이라고 설명할 수 있다.

칼빈(16세기)은 일반 은혜를 통해 비성도들도 탐구를 통해서 상당한 수준까지 진리를 파악할 수 있다고 말했다. 칼빈은 디도서 1장 12절 주석을 통해 일반 은혜를 이렇게 설명한다.

> (디도서가 대상으로 하는) 사람들은 저주를 두려워해서, 비기독교도로부터 아무것도 배우려고 하지 않았다. 그러나 모든 진리는 하나님으로부터 온 것이다. 이 때문에 아무리 악한 사람이라도 옳고 정당한 것을 말한다면, 우리는 이것을 하나님으로부터 온 것으로 간주하고 거부해서는 안될 것이다.[8]

칼빈은 비기독교인에게서 나온 지식도 성령 하나님의 역사라고 말하는 것이다. 그는 어디서 나왔던 간에 진리를 거부하는 것은 진리를 허락하신 성령님을 무시하는 처사라고 지적한다.

> 만일 성령 하나님만이 모든 진리의 유일한 근원이라고 믿는다면, 진리의 내용이 성령 하나님을 욕되게 하는 것이 아닌 이상, 누가 말하든 어디든지 진리 자체를 거부하거나 무시해서는 곤란하다.[9]

더 나아가 칼빈은 일반 은혜를 거부하는 신앙인들을 비판한다.

> 주님께서 신앙이 없는 자들의 업적과 공로를 통해서, 예를 들어 물리학, 수사학, 수학 같은 학문으로 우리를 도우시려고 한다면, 그 도움을 있는 그대로 받아야 한다. 우리가 이들 학문을 통해서 하나님께서 대가 없이 주시는 은혜를 무시한다면, 하나님은 우리를 나태하다고 심판하실 것이다.[10]

칼빈은 일반 은혜를 근거로, 일반 학문도 성경 속에 있는 하나님의 지혜를 설명하는 데 도움을 줄 수 있다고 주장했다. 그는 사람들이 "일반 학문을 통해, 하나님의 숨겨진 비밀에 더 깊이 갈 수 있다"고 가르쳤던 것이다.[11]

위대한 개혁주의 신학자 아브라함 카이퍼(Abraham Kuyper, d. 1920)의 말도 주목할 필요가 있다.

> 하나님께서는 일반 은혜를 통해…… 인간으로 하여금 구원과 관계없는 보편적인 선을 행할 수 있도록 허락하셨다. 이를 통해 인간은 죄의 영향에도 불구하고 선과 진리 그리고 아름다움이 거듭나지 않은 인생들 속에서 경험할 수 있도록 하셨다.[12]

위대한 개혁주의 변증가였던 워필드(B. B. Warfield, d. 1921)도 그리스도인들에게 인본주의적 학문을 깊이 탐구하는 것을 꺼려할 필요가 전혀 없다고 조언한다.

기독교인은 이성적 혹은 철학적 혹은 과학적 혹은 역사적 혹은 비판적 진리에 대해서 무조건적인 거부감을 보일 필요는 없다. 빛의 자녀인 우리는 모든 종류의 빛을 접할 수 있도록 항상 자신을 열어놓을 필요가 있다…… 우리에게 필요한 것은 이런 진리들에 대해 피상적인 관찰을 배척할 수 있는 용기일 뿐이다.

교회가 (보편적) 진리에 대해서 무관심한 자세를 가지는 것은 미래를 준비하지 않는 것이다. 교회는 종종 교회의 적들에게 자연, 역사, 철학 연구를 모두 맡겨버리는 실수를 범한다…… 교회는 진리를 찾는 데 꺼려할 이유가 없다. 그러나 현실적으로 교회는 이미 무지 속에서 두려워하며 거의 모든 것에서 손을 놓고 있다.[13]

초대교회부터 지금까지 교회는 구원과 관계없는 진리에 관해서는 비기독교인도 중요한 공헌을 할 수 있다고 가르쳐 왔다. 이 말은 기독교인들에게 '인본주의적'인 철학을 목회로 대신하라는 말이니라, 비신앙인들이 발전시킨 학문이라고 할지라도 이 속에 '바르고, 선하고, 도움이 될 만한 것'들이 있다면 우리의 필요에 잘 적용하라는 뜻이다. 하나님께서는 예수님을 이 땅에 성육신으로 보내시면서, 우리에게도 같은 원칙을 가지고 사역을 하도록 하신 것이다.

### 십자가와 성화

상담 심리를 영적 성장의 도구로서 사용해서는 곤란하다고 생각하는 사람들은 로마서 6장을 자주 근거로 제시한다. 믿음의 결단을 내리는 순간, 죄는 힘을 잃고 그리스도 안의 승리를 완벽하게 경험하게 된다는 것이다. 다른 말로 표현하면, 죄는 주님께 항복한 영혼을 더 이상 괴롭힐 수 없다는 뜻이다.

그렇다면 사도 바울이 로마서 6장에서 의도한 내용이 무엇인지부터 살펴보자. 로마서 3:21부터 5:21에 걸쳐, 바울은 십자가를 통한 그리스도의 칭의의 역사를 통해 "하나님의 의가 어떻게 준비되어 왔는지"를 설명한다. 이어지는 로마서 6장에서 8장은, 성령님께서 삶의 모든 면을 통해 성화시키시는 과정을 통해 "하나님의 의가 어떻게 경험되는지"를 설명한다. 로마서 6장에서 바울이 의도한 주제는 성도는 그리스도 안의 새로운 피조물로서 죄의 종보다는 의의 종으로 살아야 한다는 것이다. "그럴 수 없느니라 죄에 대하여 죽은 우리가 어찌 그 가운데 더 살리요"(2절). 바울의 관점에서 볼 때, 신앙생활은 죄의 억압적인 통치가 끝나면서 시작된다는 것이다.

바울은 이 점을 좀 더 구체적으로 설명한다. "그러므로 우리가 그의 죽으심과 합하여 세례를 받음으로 그와 함께 장사되었나니"(4절 전반). 영접하는 순간, 죄성은 성도를 더 이상 지배할 수 없기 때문에, 죄 속에 빠진 우리의 옛 자아는 그리스도와 함께 죽었다고 말할 수 있다. 이것은 "아버지의 영광으로 말미암아 그리스도를 죽은 자 가운데서 살리심과 같이 우리로 또한 새 생명 가운데서 행하게 하려 함"을 위해서라고 바울은 강조한다(4절 후반). 부활하신 그리스도와 연합한 성도 앞에서, 죄의 권세는 더 이상 힘을 쓸 수 없다. "다시는 우리가 죄에게 종노릇하지 아니하려 함이"며(6절), "죄가 너희를 주관치 못하리니 이는 너희가 법 아래 있지 아니하고 은혜 아래 있음이니라"(14절).

그렇다고 바울이 신실한 성도한테는 어려움이 생기지 않는다고 말하는 것은 아니다. 그는 로마서 6장을 통해 "더 이상 죄는 그리스도 안에 있는 성도를 지배할 수 없다"고 말하는 것이다. 이 단계에서 하나님의 영광은 아직 완성된 형태라고 말할 수 없다. 성도들은 아직도 옛 자아를 가지고 있기 때문에(롬6:6을 엡4:22, 골3:9과 비교해 보라) 죄의 유혹 앞에서 완전히 벗어나지 못한다(요일1:8, 약3:2). 죄는 성도를 지배할 수는 없어도 계속 영향을 미친다. 현실적으로 신앙생활은 죄와 내적 씨름을 가질 수 밖에 없고, 이로 인한 고통과 아픔도 종종 극단적인 수준까지 이를 수 있다(롬7:7-25, 갈5:17, 벧전2:11).

사도 바울은 여기서 거듭난 백성들에게 기다리고 있는 고통스런 나머지 여정을 설명하고 있다. "이와 같이 너희도 너희 자신을 죄에 대하여는 죽은 자요 그리스도 예수 안에서 하나님을 대하여는 산 자로 여길지어다"(롬6:11). 여기서 '여길지어다' 란 동사에 사용하는 시제는 현재형으로, 죄를 거부하고 그리스도를 따르기로 우리의 결정이 계속적으로 재점검 되어야 한다는 사실을 강조한다. 여기에 더해서 바울은 "그러므로 너희는 죄로 너희 죽을 몸에 왕 노릇하지 못하게 몸의 사욕을 순종치 말"(12절)라고 가르친다. 여기서도 주동사는 현재형을 사용함으로써, 죄에 대한 거부가 매일같이 반복되어야 함을 강조한다. 이어지는 13절도 잘 읽어보길 바란다. 영적인 균형과 성숙은 한 번만 자신을 포기한다고 해서 되는 것이 아님을 분명히 지적하고 있다.

영적으로 균형 잡힌 사람이 되려면, 하나님은 우리가 모든 종류의 은혜를 다 이용하길 기대하신다. 여기에는 하나님의 집인 교회에서 드리는 정기적인 예배, 건강한 영적 습관, 하나님의 말씀과 성령의 역사로 훈련된 기독교 상담가의 도움을 받는 것이 모두 포함된다. 성경은 우리가 사용할 수 있는 감성적, 영적 성장 도구를 모두 나열하고 있지 않다. 하나님은 육체적인 건강도 중요하게 여기셨다(신7:15, 시103:3, 마8:17). 그러나 성경은 육체적인 건강을 위해 구체적으로 무엇을 해야할 지에 대해서는 일일이 설명하지 않는다. 인간은 이미 수세기에 걸쳐 수많은 노력과 연구를 통해 건강과 장수에 도움이 되는 엄청난 의학적 성과를 얻었기 때문에, 우리는 이것을 성경이 요구하는 육체적 건강을 위해 사용해야 한다. 같은 맥락에서 기독교 상담도 평생동안 계속되는 영적, 감성적 성장을 통해 성도가 '옛 자아'를 버리고 '새 자아'를 가지도록 돕는 중요한 도구 중에 하나다(엡4:22-24, 골3:9-10).

## 섭리의 원리

하나님의 사랑은 인간에게 두 가지 방법을 통해 전해졌다. 하나님은 종종 자신의 초월적인 능력을 사용하셔서, 우리가 영적으로나 감성적으로 성숙할 수 있도록 만드신다(시107:20). 이런 식으로 드러나는 하나님의 섭리를 우리는 '하나님의 직접 간섭'이라고 부른다. 그러나 하나님은 불완전한 인간을 통해, 우리를 영적, 감성적으로 성숙하게 만드시는 경우가 더 흔하다. 이러한 하나님의 섭리를 '하나님의 간접적인 간섭'이라고 부른다. 부활하신 그리스도께서는 다마스커스행 길에서 반항하는 사울의 눈을 멀게 하신 사건을 여러분도 기억할 것이다. 여기서 주님은 무한한 능력을 직접 사용하여 그의 눈을 멀게 하셨듯이, 바로 사울을 회복시키실 수도 있었다. 그러나 그리스도는 아나니아라는 늙은이를 사울에게 보내어 치료하도록 하셨다(행9:1-19).

섭리의 도구로 비기독교인이 사용된다는 것은 좀 어색하지 않을까? 그러나 하나님은 실제로 그렇게 하셨다! 가장 대표적인 예가 바사(페르시아)의 고레스 대왕이다. 이방인 고레스는 기원전 539년 바벨론 제국을 멸망시킨 후, 포로 생활 중인 이스라엘을 해방시키고 예루살렘 성전을 세울 수 있도록 허락했다(대하36:22-23, 에스라 1:1-3). 성경은 하나님께서 이스라엘을 해방시키기 위해 고레스 대왕을 세우고 능력을 주셨다고 말한다(사45:1,4,5). 하나님은 직접 이렇게 말씀하셨다. "내가 의로 그를 일으킨지라 그의 모든 길을 곧게 하리니 그가 나의 성읍을 건축할 것이며 나의 사로잡힌 자들을 값이나 갚음없이 놓으리라 만군의 여호와의 말이니라 하셨느니라"(사45:13). 하나님을 믿지도 않던 고레스를 '나의 기름 부은 자'(사45:1), '나의 목자'라고 까지 부르셨던 것이다!(사44:28) C. S. 루이스도 "나는 예수를 믿지도 않은 사람들 덕분에 기독교인이 되었다"라고 고백한다.[14]

위대한 신학자 어거스틴은 하나님께서 놀라운 방법으로 사람을 통해 역사하시는 것을 보면서 이렇게 썼다. "하나님께서는 천사를 통해 원하는 것을 이룰 수도 있었다. 그러나 인간의 인격을 존중하시려고, 인간적인 도구를 통해 자신의 말씀을 인간에게 전하셨던 것이다."[15] 성육신을 통해 역사하신 하나님은, 인간을 사용하셔서 역사하시는 것을 더 좋아하신다.

루이스는 하나님의 무한한 능력이 직접 인간의 육체와 영혼을 치유할 수도 있다고 지적한다. 그러나 "하나님은 피조물들이 할 수 있는 일을 절대로 대신하시지 않는 것 같다. 하나님이라면 금방할 수 있을, 인간으로 하여금 실수를 거쳐가면서 아주 천천히 해 나가도록 인도하신다."[16] 사랑의 하나님은 의사, 영성 교사, 기독교 상담자 같은 영적 헬퍼들을 직간접적으로 사용하여 성도들을 완성시켜 나가신다. "심리상담가를 찾는 것은 모든 것의 답이 되는 하나님 말씀에 대한 부정이다"라고 설교하는 사람들은 성경적으로나 신학적으로 지지를 받을 수 없다.

위와 같은 사실을 전제한 상태에서 나는 세상 심리학의 전제와 결론들을 '무비판적'으로 받아들이는 태도 역시 바람직하지 않다는 점을 강조하고싶다. 성경적 기준에서 볼 때 문제가 없고, 철저한 연구를 토대로 한 심리학적 결과라면, 하나님께서 주신 선한 축복으로 감사하며 사용해야 할 것이다. 우리 기독교인들은 성경적 진리를 중심으로 붙들고 성경 외의 진리에 대해서는 경청하는 자세를 기울이면서도, 반성경적인 내용에 대해서는 명확한 거부 자세가 요구된다.

심리학이나 다른 일반 학문 속에서 진리를 찾기 위해서는 많은 훈련과 노력이 요구된다. 여기에 하나님의 도움이 더해질 때, 우리는 복잡한 인간 사회의 문제를 너무 단순화시켜 풀려는 유혹에서 벗어날 수 있다. 우리가 심리학에서 배운 교훈들을 사용하는 모험을 할 때마다, 하나님께서 직접 도와주실 것이다.

## 심리학과 영성 훈련

기독교 상담의 가장 큰 장점은 문제 당사자들에게 현실을 있는 그대로 보도록 만드는 데 있다. 이를 통해 개인의 영적, 감정적 회복에 방해가 되는 왜곡된 자기보호 본능을 극복하게 만들어 준다. 영적으로 사람을 망가뜨리는 자기보호 본능은 주로 다음 중 한 형태로 드러난다.

**'부정'** 어떤 사람은 현실을 '부정'함으로써 현실을 피해간다. 현실을 부정하는 사람은 "무슨 문제가 생겼는 지는 생각해 볼 필요가 없다. 하나님께서 다 알아서 처리 해 주실거야." 혹은 "나는 신앙인이니까, 문제는 있을 수 없어"라며, 문제 자체를 부정한다.

**'합리화'** 어떤 사람은 윤리적 책임을 피하기 위해 자기 변명 논리를 만들어 낸다. 이들은 "그때는 돈이 너무 필요했던 상황이어서, 어쩔 수 없이 거짓말을 해야만 했다"라든지 "나는 실수 투성이 인간에 불과하다. 하나님도 이미 알고 계시잖아. 남들 다하는 외도를 좀 했기로서니 하나님께서 신경이나 쓰시겠어?"라고 문제를 합리화시킨다.

**'책임전가'** 어떤 이들은 자신의 책임을 남에게 돌린다. "목사님이 나를 실망시키고 분노하게 만들었기 때문에, 내가 교회를 떠나기로 한 것은 목사님 책임이다"라든지, "내가 이렇게 화를 내는 것은 아들이 화날 짓을 했기 때문이고, 내가 폭력을 휘두른다고 해도 다 그 녀석 책임이다"라며 자신의 책임을 남에게 전가한다.

기독교 상담자는 먼저 상대가 자신의 믿음, 태도, 결정, 말, 행동에 따르는 책임을 제대로 인식하도록 도와주어야 한다. 상담을 받는 사람은 그 동안 자신이 얼마나 자기 중심적이고, 미성숙하고, 죄인이며, 현실을 제대로 파악하지 못하고, 바람직한 개선 방법에 무지했는 지를 깨달을 수 있어야 한다. 이러한 과정을 통해 상대가 하나님의 자녀로서 자기 정체성을 되찾고, 실제로 '실천하며 누리며 살아갈 수 있도록' 도와주어야 한다는 뜻이다. 영적 멘토로서 기독교 상담자는 상담인에게 해결방안을 실천하기 위해, 하나님께 구체적으로 어떻게 의지해야 할 지에 대해서도 조언해 주어야 한다. 이러한 조언을 통해 윤리적, 감정적 육체적 능력을 회복시키고, 영적으로 실패한 부분을 보다 성숙하고 건강한 신앙적 생활로 바꿀 수 있도록 도와주어야 한다.

영성 개발에 심리학이 공헌할 수 있는 부분은 많지만, 여기서는 가장 중요한 네 가지만 설명하려고 한다

## 심리학은 개인적인 독특성을 인식하는데 도움을 준다

성경은 사람은 개인마다 아주 독특한 특성을 가진 존재라고 가르친다. 심리학은 그 '이유' 와 '결과' 를 설명해 주는 데 효과적이다.

나의 친구이자 심리학자인 짐 벡 박사 (Dr. Jim Beck)는 "인간의 성격이 제기하는 엄청난 양의 의문들은 성경 계시 속에서는 답을 찾을 수 없다"라고 지적한다.[17] 오랫동안 철학자들과 심리학자들은 인간의 인격 유형에 대해서 많은 연구를 해왔다. 이 중 시중에 가장 널리 사용되고 검증된 성격 분석 방법으로는 바이어브릭스 방법(Myer-Briggs Type Indicator, MBTI)이 있다. MBTI는 인간의 성격을 크게 네 쌍의 유형으로 분류하고, 이를 통해 총 16가지의 성격 조합을 제시한다. 네 쌍은 각각 다음의 질문에 대한 답에서 만들어진다.

관심이 주로 어디로 향해져 있는가?

외향(E, Extroversion) - 내향(I, Introversion)

정보를 주로 어떻게 수집하는가?

감각(S, Sense) - 직관(N, Intuition)

어떻게 주로 결정을 내리는가?

사고(T, Thinking) - 감정(F, Feeling)

세상을 대하는 태도는 주로 어떤가?

판단(J, Judging) - 인식(P, Perceiving)

MBTI 분석에 따르면 외향적인 사람은 사람과 사물의 외적인 요소와 관계를 잘 맺는다(이런 부류의 사람이 선호하는 직장으로는 사업, 연예계 등이 있다). 이들은 다른 사람들과의 관계를 통해서 삶의 에너지를 충전한다. 내향적인 사람은, 사람과 사물의 내적인 면을 다루는 것을 좋아한다(여기에는 학자, 작가들이 해당된다). 이들은 고독과 개인적인 사색을 통해서 필요한 삶의 에너지를 얻는다. 내향적인 사람은 보다 감정적일 가능성이 높으며, "어거스틴 이후 서구 기독교의 영성 운동은 주로 내향적인 사람들에 의해 발전되어 왔다."[18]

'감각적인' 사람은 오감을 통해 접촉한 구체적인 경험을 통해서 정보를 수집한다. 이들은 관찰력이 뛰어나고, 실제적이고, 현실주의자들이다. (전문 운동선수, 공예가들이 여기에 속한다). '직관적인' 사람들은 환상과 직관 같은 심리적 기능을 이용하여 정보를 수집한다. 이들은 창조적이고, 도전적인 개성이 강하다. (발명가, 탐정 등이 여기에 속한다.)

'사고유형의' 사람은 감정적인 면을 배제하고 이성적이고 논리적인 사고를 통해 결정을 내리는 경향이 있다(교육자, 엔지니어 등이 여기에 속한다). 이들은 개념과 원칙을 중요하게 생각하기 때문에, 어떤 경우이든 맞는 것부터 따진다. 이에 반해 '감정적인' 사람은 주관적이고 감정적으로 결정을 내리는 경향이 있다(치료자, 목회자 등이 여기에 속한다). 이들은 가치를 중요하게 여기기 때문에, 남에게 해가 가지 않는 길을 선호한다.

'판단유형의' 사람은 조직적이고, 규칙적이고, 목적 지향적이다(회계사, 계리사들이 여기에 속한다). 이들은 문제를 명확하게 파악한다. '인식유형에 속한' 사람은 자발적이고 유연한 사고를 가진다(예술가들이 여기에 속한다). 이들은 행동 이전에 증거부터 확보한다.[19] 연구에 따르면 목회자들의 전형적인 유형은 ENFJ (외향적, 직관, 감정, 판단)라고 한다.

MBTI 분석법 같은 성격 분석방법들은 우리 기독교인들에게도 각자의 장점과 단점을 이해하는 데 많은 도움을 준다. 이러한 분석 방법은 삶속에서 역사하시는 하나님께 반응하는 방법을 찾는 데 좋은 자료를 제공한다. MBTI 같은 분석법을 잘 사용하면, 영성 훈련을 받을 때도 엉성한원칙이 아닌, 각자의 독특한 성격과 품성에 맞는 훈련을 체계적으로 준비할 수 있다.

예를 들어 외향적인 사람은 다른 형제자매들과 적극적으로 관계할 때에 빛을 발한다. 반면 내향적인 사람은 조용한 사색을 통해서 하나님과관계하는 것이 더 맞다. 사고가 발달한 사람은 신학 연구를 통해서도 영적 도전을 받을 수 있다. 반면 감각이 발달한 사람은 흥겨운 찬양이 취향에 더 맞을 것이다. 우리는 각자가 성격으로 맞는 영역을 잘 활용하여 믿음 생활을 해 나갈 수 있어야 한다.

그러나 영적 성장의 가능성이 가장 높은 부분은 일반적으로 덜 선호되거나 아직 개발되지 않은 유형에서 발견된다. 물론 이미 몸에 밴 습관이나 버릇을 바꾸는 것은 쉽지 않다. 그러나 예수님께서도 "네 마음을 다하며 목숨을 다하며 힘을 다하며 뜻을 다하여 주 너의 하나님을 사랑하고 또한 네 이웃을 네 몸과 같이 사랑하라"고 말씀하셨다. 다시 말해 하나님께서 창조하신 모든 기능과 능력을 다 동원해서 사랑해야 한다는 뜻이다(눅10:27).

아주 외향적인 사람도 성경 묵상, 사색, 일기 쓰기 등을 통해 새로운 영적 성장을 경험할 수 있다. 내향적인 사람도 사람과의 관계와 그룹 활동을 통해 새로운 영적 저력을 발굴하기도 한다. 감각적인 사람은 사색 기도 혹은 보다 마음으로 남에게 경청하는 훈련을 통해 그 동안 억눌려져 왔던 직관력을 개발할 수도 있다. 직관적인 사람은 자연과 과학 속에서 나타나는 하나님의 역사에 보다 관심을 쏟을 때, 더욱 성숙해진다. 또한 하나님께서 주신 오감을 다 사용해서 예배에 참여할 때 풍성한 경험을 더할 수 있다.

사고중심적인 사람은 감정적인 자극과 느낌을 이끌어내는 활동을 통해 감성적인 부분을 더 개발할 여지가 있다. 이를 위해서는 창조의 아름다움에 대해서 묵상하고, 시편을 가지고 기도하거나 탕자이야기나 잃어버린 양 같은 성경 비유들을 상상력을 활용해 묵상하는 것도 좋은 방법이다. 반면 직관이 발달한 사람은 다양한 양식의 예배(성례중심예배, 기도문중심예배, 사색적 예배 등)에 참석함으로써 신앙의 더 넓은 이해를 가질 수 있다. '감각이 발달한 사람'은 이성적으로 성경적인 세계관을 다듬어 갈 때, 더 큰 성장을 경험할 수 있다. '판단유형의 사람'은 다양한 영적 경험을 통해 풍성해질 수 있다. 이를 통해 예상하지 못한 하나님의 섭리에 대해서도 더 받아들일 수 있는 자세가 생긴다. '인식유형'은 영성 훈련을 좀 더 엄격하게 받음으로써 큰 도움을 받을 수 있다.

나는 각 개인이 가진 독특성과 복잡성에 대해서 생각할 때마다, 시편 기자의 고백이 떠오른다. "내가 주께 감사하옴은 나를 지으심이 신묘막 측하심이라 주의 행사가 기이함을 내 영혼이 잘 아나이다"(시편139편 14절).

심리학은 하나님에 대한 잘못된 이해가 영적 성장을 어떤 식으로 방해 하는지 보여준다.

하나님에 대한 인상은 주로 부모와 권위자와의 관계 경험을 통해 영향 을 받고, 이를 통해 장기적으로 영적 성장에 영향을 준다. 아이들은 부모 를 이해하는 방식으로 하나님을 이해하는 경향이 있다. 그러나 이로 인 해 하나님에 대한 인상이 왜곡되거나 잘못되면, 결국 성부 하나님과 신 뢰의 관계를 쌓아가는 데 감정적인 문제가 생긴다.

심리학계의 연구결과에 따르면, 풍성한 사랑과 안정과 보호를 받는 환 경에서 자란 아이는 하나님을 보다 신뢰하는 경향이 있다. 이에 반해 싸 늘하고 비판적 환경에서 자란 아이들은 하나님을 부정적으로 그리는 경 향이 커서, 하나님과 영적 관계를 만들 때도 많은 어려움을 겪는다. 부모 를 육체적으로나 감정적으로 멀게 느끼는 아이는 하나님을 거리감 있는 존재, 다가갈 수 없는 존재로 그리는 경향이 있다. 보호자가 주로 정죄하 고 지배하는 존재로 다가온 아이는 하나님을 두려워해야 할 독재자로 느 끼기 쉽다. 어릴 때 성적 학대를 받은 적이 있는 젊은 여성은 하나님께 마음을 열고 자신의 모습을 그대로 드러내는 데 큰 어려움을 겪는다. 하 나님에 대한 이러한 오해는, 복음으로 해결하기 전까지는 하나님과 사랑 과 관계를 만들어 가는 데 큰 장애 요인이 된다.

헨리 나우웬 같은 훌륭한 사람도 처음에는 하나님이 무자비한 권력자처럼 느껴져서 편하지 않았다고 고백한다.

내가 받은 최고의 영적 신학적 훈련에도 불구하고, 하나님을 위협적이고 두려운 존재로 느꼈던 나의 마음을 자유롭게 하지 못했다. 아버지 하나님의 사랑에 대해 지금까지 배워온 것으로는 내 위에 멋대로 권력을 행사하는 군주의 모습을 극복하기 어려웠다. 이 때문에 내가 느끼는 하나님의 사랑은 하나님의 힘에 대한 두려움으로 방해를 받았고, 하나님과 더 가까워지고 싶은 열망에도 불구하고 어느 정도 거리를 두는 편이 더 편하게 느껴졌다……

나를 마비시키는 하나님에 대한 두려움은 사실 인간이 경험하는 가장 큰 비극 중에 하나다…… 하나님 아버지가 두려움으로 다가오는 이상, 하나님은 항상 외부인으로 남아계시며, 내 안에 거할 수 없게 된다.[20]

앤디는 뛰어난 성적을 보여온 젊고 다재다능한 신학생이었다. 그는 졸업이 가까이 오자, 크게 성장중인 교회의 담임목사로 칭빙 받았다. 그러나 그는 학교를 떠나면서 나에게 하나님의 사랑을 받지 못하는 것 같다고 고백했다. 어쩔 때는 하나님이 자신을 배척하시는 것처럼 느낀다는 것이었다. 그는 자라면서 권위자에 대해 부정적인 인상을 가지고 있었고, 이 때문에 앤디를 뜨겁게 사랑하시며 그리스도 안에서 받아주신 하나님에 대한 성경의 분명한 메시지가 제대로 받아들여지지 않았던 것이다. 잘못된 하나님 상 때문에, 앤디는 결국 사역에 실패하고 그 교회를 떠났다.

과거의 감정적 상처는 배의 닻처럼 보이지 않게 우리의 발목을 붙들고 영적 성장을 방해한다. 우리가 이성적으로 하나님에 대한 성경의 메시지를 믿고 있어도, 마음으로는 받아들이기 힘든 경우도 많다. 이러한 갈등은 우리의 정신과 느낌 사이에서 자주 일어난다. 부정적인 경험 때문에 선하신 사랑의 주님을 바로 받아들이지 못하는 것이다. 그러나 건강한 심리학적 방법과 영적 훈련을 골고루 이용하는 유능한 기독교 상담자를 만나면, 왜곡된 하나님 상은 바로 교정되고 성령님께서 주시는 생명수를 맛보게 될 것이다.

## 심리학은 잘못된 죄의식의 파괴적인 영향력을 설명해 준다

서구 사회에서 죄의식의 문제는 점점 더 많은 사람들을 괴롭히고 있다.

나와 아내 엘시는 영국에서 사는 동안 자주 런던을 방문할 기회가 있었다. 한번은 공원을 산책하면서 보니 상자 위에 서서 설교를 하는 사람이 보였다. 그는 손가락으로 지나가는 사람을 가르치면서 "죄인들! 죄인들! 죄인들!"이라고 외쳤다. 어떤 사람들은 그를 신기한 눈으로 쳐다보았고, 일부에서는 인상을 찌푸리며 자리를 피했다. 그때 나는 옆에 있던 한쌍이 "그건 자기 생각이지"라고 수군거리는 소리를 들을 수 있었다. 신학자들과 기독교 심리학자들은 죄의식을 두 가지로 나눈다. 하나는 객관적 혹은 실제적 죄의식이고 다른 하나는 주관적 혹은 왜곡된 죄의식이다. 객관적 죄의식이란 실제로 하나님의 윤리명령을 어겼을 때 발생한다. 예를 들어 내가 이웃의 재산을 훔친 경우, 하나님은 나를 도둑죄로 심판하신다(출2:15, 막10:19). 객관적인 죄의식을 해결하기 위해서는 죄를 고백하고 행동을 바꾸고 하나님의 용서를 구해야 한다. 성경에서 주로 말하는 죄의식은 보통 객관적 죄의식이다.

왜곡된 죄의식이란 실제로는 하나님의 법을 어기지 않았음에도 불구하고 계속적으로 느끼는 죄의식을 가르친다. 왜곡된 죄의식 때문에 우리는 실제로 하나님께서 용서하셨음에도 불구하고 계속 심판 당하고 있다고 느낀다. 요한일서 3장 19-20절을 보면 왜곡된 죄의식에 대해서 설명하는 구절을 발견한다. 성경은 또한 왜곡된 죄의식이 사탄 의 근거 없는 비난 때문에 생길 수 있다고 말한다(계20:10). 왜곡된 죄의식은 종종 열악한 가정환경이나 잘못된 교회생활을 통해서도 생길 수 있다. 다른 친구들 앞에서 부모에게 망신을 자주 당한 아이는 왜곡된 죄의식에 시달리기 쉽다. 더 나아가 젊은이들에게 엄한 규제를 강요하는 율법주의적인 신앙생활은 왜곡된 죄의식을 조장할 수 있다.

기독교 심리학에 따르면 왜곡된 죄의식은 부정적인 자아상을 만든다. 이로 인해 대인관계는 진술해지기가 힘들고, 하나님의 용서를 받아들이기도 어렵고, 기도생활은 마비되고 하나님과의 관계는 깊이 있게 발전하기 힘들다. 규모가 크고 활발한 침례교회 목사였던 빌은 생활 속에서 바람직하지 않는 죄의식을 만들어내는 자신의 상황을 이렇게 설명했다.

나는 기독교 가정에서 자라났지만 집안 분위기는 은혜를 강조하는 편이 아니었다. 나는 칭찬과 사랑은 별로 받지 못하는 엄한 분위기에서 자라났고, 이 때문에 정서적, 영적 상처를 가지고 있었다. 정서적으로 완벽주의를 지향하는 부정적인 자의식을 가지게 되었고, 영적으로는 하나님께서 지금의 내 모습을 결코 받아주시지 않는 식으로 굳어져 갔다. 하나님은 완벽한 나만을 받아주시는 분처럼 보였다. 이 때문에 나는 청소년기 동안 엄청난 죄의식과 수치감으로 하나님께서 과연 나를 받아주실지 불안감에 시달렸다. 계속된 의심으로 고통 받으며, 나는 하나님께 자녀로 삼아달라고 셀 수 없을 만큼 많은 기도를 했다.

미니스와 마이어(Minirth & Meier)는 "왜곡된 죄의식에 시달리고 있는 수많은 성도들이 주님께 자신을 받아달라고 숨어서 간구하는 소리가 계속되고 있다. 이들은 하나님께서 무조건적으로 자신을 받아주실 것을 믿지 않는다"라고 지적한다.[21]

왜곡된 죄의식에 시달리고 있는 성도들은 회개로 당장 심리적인 위안을 받을 수 없으면, 하나님께 금방 실망하기 쉽다. 그러나 바람직한 신앙 상담은 왜곡된 죄의식과 수치심 때문에 생기는 파괴적인 자기 정죄의 늪에서 벗어나게 해준다. 참다운 치유는 하나님의 무조건적인 사랑을 따라 상담자가 무조건적인 사랑을 실천할 때, 이를 통해 하나님과 신뢰를 쌓아 가는 관계의 길을 열어줄 때 비로소 시작된다. 하나님의 정의와 자비를 경험한 사람은 죄의식을 벗어버리고 자신을 용서할 수 있다. 하나님께서는 이미 오래 전에 용서하셨던 바로 그 내용을 말이다(롬 8:1).

기독교 상담자는 상처를 가진 성도가 (항상 가지고 다니는) 잘못된 죄의식으로부터 벗어나도록 도와주고, 자기 중심적인 시각에서 발생하는 문제들을 극복할 수 있도록 도와준다. 상담자는 상담인에게 하나님 중심적인 삶을 실천함으로써 죄의 문제를 제대로 해결할 수 있도록 도와주어야 한다. 이들에게 좀 더 도움을 주려면, 영적 은사자들의 치유 기도를 받도록 연결해 주는 것도 좋다. 왜곡된 죄의식에 대한 하나님의 해결책은 기독교 상담자의 도움과 치유 기도다.

## 심리학은 완벽주의와 일중독의 악영향을 설득력 있게 보여준다

주변에서 흔히 발견되는 감정 장애인 완벽주의는 자신의 가치가 한치의 오차도 없이 맡겨진 일을 해냄으로 증명된다는 확신에서 나온다. 완벽주의자는 제대로 결과가 나오지 않으면 하나님께서 받아주시지 않는 것처럼 생각한다. 다른 말로 표현하면 하나님은 수준이 되는 사람들만을 대상으로 관계하시는 것이다! 예수님께서도 "그러므로 하늘에 계신 너희 아버지의 온전하심과 같이 너희도 온전하라"고 하지 않으셨는가!(마 5:48, 골1:28, 마19:21과 비교해 보라)

위의 구절에서 사용된 헬라어 원단어는 '성숙하다', '완성되다' 라는 뜻이다(고전2:6, 빌3:15 과도 비교해 보라). 그러나 제롬(Jerome, d. 420)은 이 헬라어를 라틴어로 번역하면서 '완벽하게 되다' 라는 뜻의 '배르펙투스' 라는 단어를 사용했다. 여기서 발생한 오해 때문에, 오순절파 등은 거듭남과는 따로 영적 축복을 받으면, 지금 당장 '죄에서 완벽하게 해방된 상태' 를 경험할 수 있다고 주장한다.

필립스(J. B. Phillips)는 완벽주의자들이 하나님을 '만점을 요구하는 분' 으로 오해하고 있다고 지적한다.[22] 완벽한 절대자이신 하나님 앞에서는 인간은 무엇을 하든지 부족하기 때문에, 자기 능력에 대해 깊은 회의감을 피할 수 없다. 영원히 도달할 수 없는 기대치 앞에서 절망감을 느낀 신앙인 중에는 죄의식과 정신적인 압박에 시달리는 사람들도 있다. 이들은 이 때문에 다른 사람들과의 접촉까지 피한다.

나는 최근 한 신문에서 "목회자의 탈진현상은 완벽주의와 관련"이란 제목의 기사를 읽은 적이 있다.[23] 기사에 따르면 최근 한 조사를 통해 조사대상 목회자의 약 84%가 일종의 완벽주의를 추구하는 것으로 나타났다. 또한 전체의 54%는 자신뿐만 아니라 남에게도 완벽할 것을 기대하고 있으며, 23%는 다른 사람들이 완벽하게 일을 처리하지 않으면 마음이 편하지 않다고 답했다. 더구나 10%의 목회자들은 자신이 용서 받을 수 없는 죄를 지어왔다고 대답한 것으로 나타났다.

완벽주의자는 일중독에 빠질 위험이 크다. 일중독자란 일 외의 생활에 부정적인 영향을 끼치면서까지도 일을 무리하게 감당하기 좋아하는 사람을 가르친다. 일중독자는 "하나님은 저에게 (쉬는 날이 끝나는) 월요일을 주셔서 감사합니다"라고 말한다. 미국의 경우, 약 천만 명의 일중독자들이 있으며, 이 중에는 목회자들도 많다. 내가 한때 출석했던 교회의 담임 목사는 성도들에게 온전히 봉사하고, 기도하고, 헌금하면 하나님께서 직접 "다가오실 수도 있다"고 가르쳤다. 우리가 헤라클레스 같은 초능력을 발휘할 때만이 하나님의 은혜가 주어진다는 식이다. 선교사들 중에는 자신을 '일꾼'이라고 생각하는 사람들이 있다. 나는 아프리카에서 선교사로 일하는 동안, 이런 딱지가 마음에 들지 않았다. 왜냐하면 이 표현 속에서는 그리스도의 종을 마치 일하는 기계, 존재 자체보다는 성과에 따라 평가되는 기계로 대하는 태도가 깔려있기 때문이다.

일 중독자는 겉으로 보면 헌신적이고 성실한 삶을 살고 있는 것처럼 보인다. 그러나 이들의 사생활은 쑥대밭인 경우가 허다하다. 일 중독자들이 보이는 강박증은 가족 관계를 비롯한 모든 관계를 어렵게 만들고, 과도한 일 때문에 하나님과 관계할 여유는 거의 사라진다. 결국 일중독증은 영적 무기력, 우울증, 그리고 장기적인 질병 등으로 겉으로 '그 탈진 상태'가 드러나기도 한다. "일 중독증에 빠진 목회자들은, 자신과 주변을 맘대로 휘두르려는 욕구가 강하기 때문에, 결국 자신의 성도들에게 의무를 엄하게 요구하는 교회의 독재자가 될 가능성이 높다. 이들은 의견이 조금만 다르거나 자신의 권위를 위협하고 있다고 느껴지면 가차없이 정죄한다."[24)]

일 중독증에 걸리면 일에 과도한 집착을 보이고, 감정적으로 자신을 억누르고, 사랑을 주고 받는 능력을 잃어버리고, 우울증 등을 드러내기도 한다. 목적의식이 강한 사람은 하나님과의 관계가 불안할 때가 많으며, 영적으로도 만족스럽지 못하다. 신앙인도 일 중독증에 걸릴 수 있으며, 그렇게 되면 생활은 불만족스럽게 된다. 미리스와 마이어는 미국 의사들의 약 90%, 목회자의 75%가 일 중독증 증상을 보인다고 진단한다.

신뢰할 만한 심리학 연구에 따르면, 인간 중에는 극단적으로 파괴적인 성격을 가진 부류가 있다. 바로 완벽주의, 왜곡된 죄의식, 일중독 그리고 과도한 집착을 보이는 부류가 이들이다. 다음의 그림은 이러한 성격들의 관계를 잘 보여주고 있다.

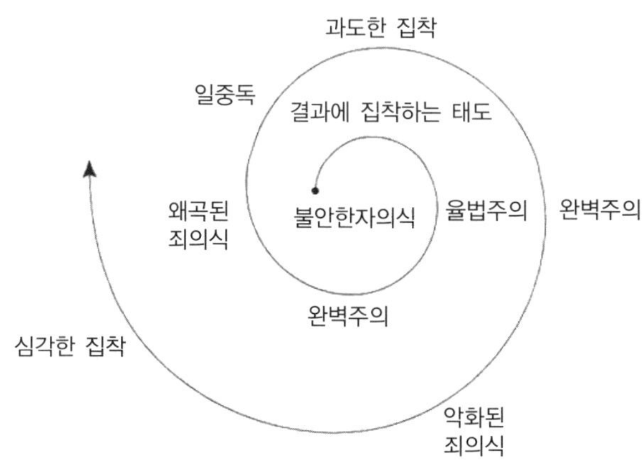


부모나 보호자가 자녀에게 조건부로 관계하며 키운 경우, 열등감에 빠지

기 쉽고, 남의 인정을 받기 위해 결과에 대한 집착이 커진다(결과에 집착하는 태도).

남의 인정을 더 받기 위해 열심히 일하는 사람은 주로 결과를 최대화 할 수 있는 방법을 철저하게 따른다. (율법주의)

100점이 아니면 전혀 만족하지 못하게 된다. (완벽주의)

실제 생활에서 완벽함이란 가능하지 않기 때문에, 어쩔 수 없이 왜곡된 죄의식에 쌓여 고민하게 된다. (노이로제 증세)

자신의 이러한 왜곡된 모습과 죄의식으로부터 도망가기 위해, 사람들은 끝없이 자신을 일에 던져 넣는다. (일 중독증)

일중독증이 심해지면, 강박증세를 보이는 완벽주의로 빠질 수 있다. (과도한 강박증)

이러한 증상들을 방치해 두면, 결국 파괴적인 연쇄작용을 통해 신경쇠약까지 이르기도 한다. 완벽주의와 일 중독증을 심리학적으로 풀기 위해서는, 환자가 경험하고 있는 문제를 이성적으로 분석하고, 감정상태를 파악하고, 드러난 행동에 주목할 필요가 있다. 기독교 상담자는 강박증 환자들에게 모든 문제의 근원이 되는 잘못된 사고방식부터 자각할 수 있도록 도와주어야 한다(막7:20, 빌4:8). 환자는 먼저 자신의 능력에 따라 인간의 가치가 매겨지는 것이 아님을 깨달아야 한다. 이 세상에서 완벽한 사람은 한 사람밖에 없으며, 그분의 이름은 예수님이시다!

기독교 심리상담가는 강박증세자에게 먼저 자신의 무가치함, 소외 경험, 하나님에 대한 분노 등을 그대로 표현하도록 유도한다. 이를 통해 점진적으로 이런 생각이 만들어내는 파괴적인 영향력을 무력하게 만드는 것이다. 상담가는 환자가 주일에는 반드시 쉰다든지, 보다 서로 이해해 주는 친구를 만든다든지, 여가활동을 더 즐기는 것 같은 생활 방식의 변화를 결단하도록 도와준다.

여기에 대해 필립스의 표현은 아주 걸작이다. "하나님만이 진정으로 완벽하신 분이지만, 그렇다고 해서 완벽주의자는 아니다. 하나님께서는 100%를 요구하신 적이 없다."[25] 영성 작가인 토마스 머튼도 이점을 정확하게 지적하고 있다. "(주님 앞에서) 우리가 그리스도와 하나가 되기 위해서는, 그리스도와 무관한 윤리적인 훈장 같은 것이 필요한 것은 아니다. 오직 믿음을 통해 우리 안에서 살아 역사하시는 그리스도를 통해서만이 완전해 질 수 있다."[26]

여러분은 나와 같이 여기까지 오면서, 이 장의 결론이 무엇인지 이미 눈치챘으리라 생각된다. 하는 일마다 조급증을 보이는 완벽주의적 성도들에게 오랜 시간을 걸쳐 기독교 상담을 잘 사용하면 확실한 감성적, 영적 성장을 가져올 수 있다. 여기엔 성경적인 기준에서 문제가 있을 것이 없다.


## 용기있는 한 목회자의 이야기


월튼 게디(Welton Gaddy)는 「위험에 처한 영혼: 목회자의 우울증 극복방법」(A Soul Under Siege: Surviving Clergy Depression)라는 책에서 정신병과의 고통스런 싸움을 감동적으로 고백하고 있다. 게디는 신학 학위만 여러 개를 가진 기독교 윤리학 박사다. 그는 신학교와 대학 등에서 가르치면서, 미국 남침례교 소속 여러 교회에서 목회를 직접하기도

했다. 오랫동안 게디는 성경 공부와 설교를 인도하고, 어려움에 처한 성도들을 상담하고, TV 설교방송에도 출연하고, 한 교회를 성공적으로 성장시켰고, 많은 집회의 연사로 활동하고, 교단 본부에서도 일하면서 책도 여러 권 썼다. 그의 친구들과 동료들은 게디를 유능하고, 능률적이고 믿을 만한 사역자라고 평가했다. 어떤 이들은 그를 '제 2의 빌리 그래함'라고까지 치켜세웠다.

그러나 게디는 이러한 사역이 내적으로는 너무 부담스럽게 느껴진 나머지 영적, 감성적, 육체적으로 거의 파산 상태까지 이르렀다고 솔직하게 털어놓았다. 게디는 다른 사람들을 만족시키고, 한치도 실수 없는 완벽한 사역자로서 자신을 연출하기 위해, 쉬지 않고 애써야 했다. 그는 모든 사람에게 모든 것이 되기 위해 혼신의 노력을 기울였다. 이런 위선적인 삶을 유지하기 위해서, 그는 '직장, 소명, 여가활동, 휴식방법'을 모두 일로 대신해야만 했다. 그러나 자신의 진짜 모습과 사람들의 기대치의 격차는 결국 더 이상 견딜 수 없을 만큼 크게 느껴졌다. 그럼에도 불구하고 게디는 "하던 것은 계속해야 한다"는 동료의 말처럼, 자신의 상태를 겉으로 드러내지 않아야 한다고 생각했다. 게디는 "표정관리도 내 직업의 일부"라고 생각했던 것이다.

그러나 게디 자신이 표현한 것처럼 스트레스, 불안, 관계의 문제, 자신과 남들에 대한 분노, 죄의식, 심각한 고혈압 증세, 우울증, 편집증 등이 점점 더 그의 삶을 지배하기 시작했다. 그가 깊은 씨름에 빠지게 되면서 생활의 행복과 즐거움도 사라져 갔다. 생동감 넘치는 영성은 의심과 회의로 바뀌어 갔다. 성도와 지도자들은 그에게 계속해서 좋은 결과만 만들기를 기대했다. 많은 사람들은 게디 같은 영적 지도자에게 내적 상처가 있을 것이라고는 상상조차 하지 않았다. 그러나 그의 내부가 무너지면서, 결국 사역을 감당한 능력도 사라지기 시작했다. 결국 그는 가족들의 도움으로, '일을 내려놓을' 결단을 내릴 수 있었고, 가까이 있는 정신병원에 검진을 받으러 갔다.

심리상담 결과, 게디는 만성 우울증과 관련 증상을 보이고 있었다. 그는 우울증 치료제를 복용하면서, 심리 치료와 집단 상담을 받았다. 대부분이 비기독교인 있었던 치료사들의 관심과 도움 덕분에, 그는 점차 자기보호 본능과 완벽주의를 극복하게 되었고, 결국 자기 감정으로부터 자신을 차단시켰던 위선의 껍데기를 모두 치워버릴 수 있었다.

그는 병원에서 만난 환자들이 보인 투명하고 솔직한 모습에 도전을 받고, 내적 깊숙하게 있는 욕구와 외부 도움의 필요성을 인정하기 시작했다. 그는 정신병원에서 전에는 경험하지 못했던 진정한 자기 발견의 기회를 가졌다. 그는 난생 처음으로 자신의 상처, 실수를 인정하고, 도움을 구하는 평범한 인간이 될 기회를 회복한 것이다. 그는 자신이 더 이상 로봇이나 구세주가 아니라는 사실을 받아들이기 시작했다. 게디는 그룹 치료를 통해 진정한 '공동체'를 경험했다고 고백했다. 그 동안 그가 일했던 교회에서 보다 더 솔직하고 투명하고 신뢰로 이어진 공동체를 말이다.

게디는 정신병원 입원기간 중에 "진정한 삶의 의미와 만족, 사역과 행복을 향해 나갈 수 있는 힘을 얻었다"고 말한다.[26] 수준 높은 교육과 많은 경험을 가진 이 사역자는 고레스 같이 신앙인이 아니면서도 하나님의 도구로 쓰여진 정신과 의사들에 의해 회복되었던 것이다. 게디는 우울증으로 시달렸던 자신의 과거를 돌아보면서, "나는 신앙이 걱정, 공포, 죄의식, 우울증과 극단적인 행동, 목적상실, 무의미함 같은 부정적인 감정들로부터 우리를 100% 막아주는 예방약이 아니라는 사실을 확인할 수 있었다"라고 말했다.[29]

## 임상 상담, 목회 상담, 영성 지도

영적 헬퍼가 관계하는 임상 상담, 목회 상담, 영성 상담이라는 세 가지 봉사사역은 서로 밀접한 관계를 가지고 있다. 이들은 서로 공통분모를 가지는 원모양을 그리고 있다.

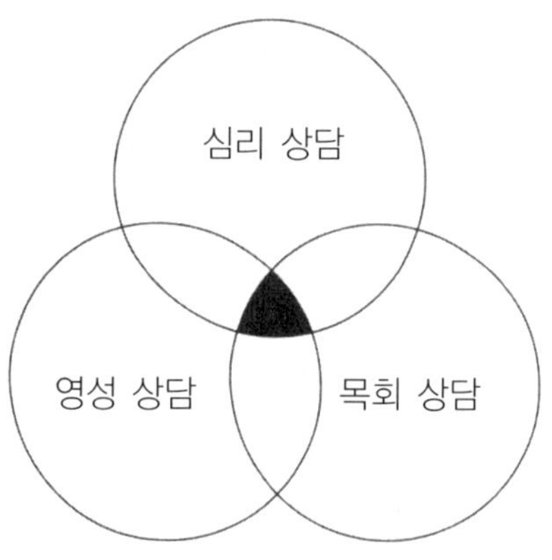


심리 상담은 주로 전인적으로 영향을 미치는 감정 문제를 해결하는 데 초점을 맞춘다. 기독교 치료자가 보여주는 공감, 용납, 위로의 자세는 치료 과정에 중요한 역할을 한다. 심리 상담에서는 문제의 원인을 내적 갈등으로 보고, 이것을 푸는 것을 목표로 한다.

목회 상담은 주로 교회나 병원을 통해서 이루어진다. 목회 상담은 목회자가 도움을 구하는 상대에게 삶의 근본적인 문제를 깨닫게 해준다. 여기서 문제는 가족 간의 갈등, 소명의식 결여, 혹은 건강상의 위기 등으로 드러난다. 목회 상담은 이러한 문제들을 하나님의 은혜로 풀어주는 것을 목표로 한다.

영성 상담은 세 가지 중 가장 오래된 상담이다. 앞에서 보았듯이 영성 상담이란 영적 은사를 가진 성숙한 신앙인이 다른 신앙인에게 그리스도 안에서 하나님과 관계하며 성숙해 갈 수 있도록 영적으로 돕는 방법 중에 하나다. 영성 사역자는 상대의 영적 변화에 촉매제 역할을 한다. 대상이 "자신의 자리를 박차고 나올 수 있도록" 돕고, 성령님을 따라 하나님의 길을 따라 갈 수 있도록 돕는다. 여기서는 모든 영적 성숙의 근원이며 우리를 채워주시는 분은 오직 하나님밖에 없음을 전제한다.

세 가지 사역 모두, 신앙적 성숙을 돕는 사역임에는 틀림없다. 각 사역은 나름대로 독특한 성격과 영역이 있다. 그러나 여러 가지 문제를 같이 발생하는 경우도 많기 때문에, 세 가지 사역이 같은 대상이나 동시에 사용될 때도 자주 발생한다. 이들 세 가지 상담사역은 각각 독특하면서도 서로 연결된 사역으로, 하나님께서 그의 자녀들의 온전한 회복을 위해 쓰시는 도구다. 목회 상담도 종종 영적 성숙에 방해가 되는 감정들을 처리한다. 영성 상담도 매일 만나는 문제를 다룰 수 있다. 그러나 영적 헬퍼라고 해서 이 세 가지 사역이 모두 전문가일 수는 없다. 그러나 세 가지 사역에 좀 더 골고루 준비되면 될수록, 하나님께서 원하시는 효과적인 사역을 할 수 있게 된다.

## 전문가 상담 vs 자원봉사

상담 전문가 레리 크랩(Larry Crabb)은 최근의 책 「끊어진 관계 다시 잇기」(Connecting: Healing for Ourselves and Our Relationship)에서 전문 상담가를 찾는 성도들에게 또 다른 대안을 제시한다. 크랩은 치료 상담 훈련을 받은 전형적인 전문상담가지만, 그는 심리적 문제를 가진 사람도 신앙 공동체의 형제 자매들과 제대로 연결될 때 큰 도움을 받을 수 있다고 지적한다. 친구가 던지는 한마디의 격려도 영혼을 치료하는 그리스도의 권능의 도구로 사용된다는 것이다. 물론 영적으로 아무리 건강한 사람이라도 그리스도의 이름으로 격려, 축복, 칭찬 등을 받으면 큰 힘을 얻고, 내적으로 변화되는 데는 예외가 아니다. 그리스도의 생명력이 한 사람에게서 다른 사람에게 전달될 때, 치유의 과정이 시작되고 이어진다. 크랩이 지적한 것처럼, 우리는 믿음의 공동체가 제공하는 헌신적인 영적 목회가 간절히 필요하다. 그러나 불행히도 현대 교회들은 이런 필요에 무관심한 듯, 고통 중인 이웃들을 치유할 만한 평신도 영적 헬퍼들을 많이 키워놓지 않았다.

상처 입은 이웃 중에는 다른 이의 도움이 필요하다고 느끼면서도, 이것을 어떻게 풀어나가야 할지 모르는 사람들도 많다. 심리적인 상처가 깊은 사람은 신앙 공동체로부터 건설적인 도움을 받을 수 있도록 자신의 깊은 속을 드러내기 힘들다. 다른 말로 표현하면 영적인 문제를 가진 사람일수록, 이웃의 진실한 도움을 받기 더 힘들다는 뜻이다. 심각한 정신 장애의 경우, 기독교 전문가의 도움을 받는 것이 필요하다. 이 경우도 지역 교회와 유기적인 관계 속에서 대상의 미묘한 영적 움직임까지도 파악할 수 있는 경험자가 진행하는 것이 좋다. 심각한 외상은 노련한 의사의 손길이 필요하듯, 내적으로 깊은 상처를 가진 사람도 전문적인 심리치료사의 도움이 필요하다. 지역교회가 영혼을 돌보는 사역을 제대로 감당하기 위해서는, 열정이 있으면서도 잘 준비된 평신도 사역자 뿐 아니라, 전문적으로 훈련되고 영적으로 깨인 기독교 상담자가 적은 숫자라도 반드시 있어야 한다.

## '내적 치유 사역'은 기독교적인가?

많은 사람들이 '내적 치유'로 알려진 사역을 통해 영적, 심리적 문제들을 해결할 수 있다고 말한다. 그렇다면 시중에 다양한 형태로 소개되고 있는 내적 치유는 신앙적으로 바람직한가?

내적 치유, 혹은 기억의 치유라고도 불리는 이 사역은 상담자가 신앙적인 긍휼의 마음을 갖고 상담과 기도를 통해 상대의 영적, 심리적 고통을 그리스도의 능력을 통해 문제의 근원부터 치료하도록 인도하는 사역이다. 과거의 상처가 현재의 영적 상태에 영향을 미친다는 생각은 성경적으로나 심리학적으로 근거가 충분하다. "사람의 심령은 그 병을 능히 이기려니와 심령이 상하면 그것을 누가 일으키겠느냐"(잠언18:14).

살면서 거치는 부정적인 경험을 통해 사람은 상처를 입기 마련이다. 내적 치유의 치료 대상에는 용서하지 못하는 마음, 질투, 인종적 편견 같은 자신 때문에 만들어진 상처도 포함된다. 그러나 이웃의 조소, 치욕적인 경험, 부모의 이혼, 성적 학대 같은 남에 의해 생긴 상처도 있을 수 있다. 부모로부터 칭찬보다 비판을 주로 받아왔던 자녀는 다른 사람뿐 아니라 하나님도 사랑하기 어렵게 된다. 그렇다면 심리적인 상처를 어떻게 찾아낼 수 있을까? 어떤 문제 앞에서 마음적으로 적절한 반응을 찾아내지 못하면 심리적 상처가 만들어진다. 복음의 치료 없이는 상처의 기억은 평생동안 우리를 좇아다닌다.

내적 치유 사역은 아그네스 샌포드(Agnes Sanford), 프란시스 맥넛(Francis MacNutt), 존 윔버(John Wimber), 존 샌포드(John Sanford), 데이비드 시멘즈(David Seamands), 린네 패인(Leanne Payne)을 비롯한 많은 영적 지도자들에 의해 발전되어 왔다. 존 윔버는 내적 치유를 "성령님께서 영적, 지적, 심리적으로 상처 받고 고통 받는 심령에게 죄의 용서와 심리적 갱신을 가져오는 사역"이라고 정의했다.[30] 인간은 누구나 죄에서 자유롭지 않기 때문에, 내적 치유 사역의 필요성은 점점 커져가고 있다.

그렇다면 구체적으로 치유를 위한 기도는 어떻게 답하는 것이 좋을까? 상처를 안고 있는 사람은 먼저 예수 그리스도를 구주로 신뢰하기로 다짐하면서, 기억나는 모든 죄를 회개해야 한다. 치유 기도는 성령님의 인도에 따라, 내적 고통의 원인 되는 상처의 기억들을 모두 끄집어내야 한다. 그러나 영적으로 민감한 대상의 경우, 고통스런 기억이 상대를 더 고통스럽게 몰아가지 않도록 조심할 필요가 있다. 상담자는 기도를 통해 하나님께 문제를 구체적으로 아뢰고, 상처를 하나님의 사랑으로 다시 채워달라고 간구해야 한다. 상담자는 상처를 치유하는 데 필요한 한 결단을 할 수 있도록 관련된 성경 예화나 사건들을 효과적으로 인용할 필요가 있다.

하나님의 치유와 채워 주시는 손길을 상징적으로 표현하기 위해 상담자가 상대의 머리에 손을 올리는 것도 좋은 방법이다(행8:17). 성경에 보면 예수님(눅4:40), 아나니아(행9:17), 바울(행28:8) 등은 치유가 필요한 사람들에게 안수를 사용했음을 볼 수 있다. 치유 기도는 머리에 기름을 붇는 의식과 같이 하는 것도 좋다(막6:13). 이것은 성령님의 축복을 상징한다(요일2:20, 27). 야고보서 5:14에 보면 초대교회는 병자에게 치유 기도를 하면서 기름을 부어주었다. 귀신 들린 사람을 치료하는 경우, 상담자는 그리스도의 구주 되심을 확신 시켜주는 성경 구절을 인용하는 것도 좋다(롬14:9, 빌2:11). 상담자는 그리스도의 권세로 악한 영들이 물리쳐지고, 주님의 사랑으로 만져달라고 기도해야 한다. 신약 복음서와 사도행전에 나오는 치유 사역의 삼분지 일은 귀신을 쫓아내는 사건이었음을 주목할 필요가 있다.

내적 치유 혹은 기억의 치유는 성경적으로나 신학적으로 충분한 근거를 가지고 있다. 구체적으로 첫째, 죄는 인간의 모든 면에 상처를 입힌다. 여기에는 영적, 육체적, 심리적 요소가 모두 포함된다(시32:3-4, 55:4-5). 두번째로는 하나님은 자신을 치유자라고 선포하셨다. "나는 너희를 치료하는 여호와임이니라"(출15:26). 주님께서는 전에 그랬듯이, 지금도 여러 가지 방법으로 그의 백성들을 계속 치유하신다.

셋째로 십자가를 통한 구원은 사람을 영적으로나 심리적으로 새롭게 만든다. 선지자 이사야는 고난 받는 종, 예수님에 대해서 말하면서, "그는 실로 우리의 질고를 지고 우리의 슬픔을 당하였거늘…… 그가 찔림은 우리의 허물을 인함이요 그가 상함은 우리의 죄악을 인함이라"(사53:4-5). 이 구절에 따르면 그리스도는 우리의 죄와 죄의 파괴적인 결과를 대신 지셨다고 말한다. 나는 "우리의 죄가 사해졌다"라는 복음의 약속은 인간의 모든 면에 영향을 미친다. 그러나 이러한 영향은 자동적으로 경험되는 것이 아니다. 하나님은 언제, 어떻게 치유의 손길을 뻗으실 지 직접 결정하신다.

복음서의 20%는 예수님의 치유 사역을 다루고 있다(전체 3779절 중 727절). 나사렛 회당에서 이사야 61장을 인용하시면서 하신 주님의 말씀도 전인적인 치유의 내용을 담고 있다. "주의 성령이 내게 임하셨으니 이는 가난한 자에게 복음을 전하게 하시려고 내게 기름을 부으시고 나를 보내사 포로된 자에게 자유를, 눈먼 자에게 다시 보게 함을 전파하며 눌린 자를 자유케 하고"(눅4:18). 예수님은 사탄을 쫓으시고(마9:32, 막1:23-27, 눅13:11-13), 육체적 질병뿐 아니라(마9:6) 심리적, 영적 상처도 치유하셨다. 예수님이 치유하신 두 명의 귀신들린 청년은 심각한 정신병도 앓고 있었던 것으로 보인다(마8:28-32). 복음서 기자들은 예수님께서 심리적 파산상태까지 포함한 '다양한 병'들을 치유하셨다고 적고 있다(마4:24, 막1:34).

나는 "하나님께서 나를 사랑하신다는 사실은 머리로는 이해할 수 있는데 가슴으로 경험할 수가 없어"라고 말하는 신앙인들을 종종 발견한다. 그러나 하나님께서는 그의 사랑을 경험하지 못하게 만드는 다양한 심리적 장애까지 치유하시는 분이다.

넷째로 하나님은 그의 백성들을 치유의 도구로 사용하신다. 복음서에 보면 "예수께서 열두 제자를 불러 모으사 모든 귀신을 제어하며 병을 고치는 능력과 권세를 주시고"라고 적고 있다(눅9:1). 예수님은 72명의 제자들에게 치유 사역을 위임하셨다(눅10:9). 초대교회 시대에는 베드로,(행5:15-16, 9:32-35, 36-41), 요한(행3:1-10, 4:7-10), 빌립(행8:6-7), 그리고 바울의 손을 통해(행14:8-10, 19:11-12, 28:8-9) 하나님의 치유의 역사가 계속되었다. 예수님은 현대 기독교인들에게 이렇게 말씀하신다. "내가 진실로 진실로 너희에게 이르노니 나를 믿는 자는 나의 하는 일을 저도 할 것이요 또한 이보다 큰 것도 하리니 이는 내가 아버지께로 감이니라"(요14:12).

여러분은 야고보서에 나오는 치유 방법을 알고 있는가? "너희 중에 병든 자가 있느냐 저는 교회의 장로들을 청할 것이요 그들은 주의 이름으로 기름을 바르며 위하여 기도할지니라 믿음의 기도는 병든 자를 구원하리니 주께서 저를 일으키시리라 혹시 죄를 범하였을지라도 사하심을 얻으리라 이러므로 너희 죄를 서로 고하며 병 낫기를 위하여 서로 기도하라 의인의 간구는 역사하는 힘이 많으니라"(약5:14-16). 야고보는 믿음의 기도와 함께 죄를 고백하면, 하나님의 치유의 효과가 육체적, 영적, 심리적으로 제대로 적용될 수 있다고 말한다. 상담자는 고통 중의 사람들이 치유의 근원 되시는 사랑의 하나님을 바라볼 수 있도록 도와주어야 한다.

영적, 심리적 치유를 위한 기도는 건강한 성경적 사역이다. 치유의 기도는 죄나 심리적 상처로 인해 우리의 영혼이 어그러지고, 하나님 앞에서 제자리를 찾지 못할 때 큰 힘을 발휘한다. 어거스틴은 처음에는 신약에 나오는 치유 이야기의 목적이 교회의 기초를 제공하기 위한 것이라고 생각했다. 그러나 그는 자신의 교회에서 여러 번 치유의 역사를 목격하면서 생각을 바꾸게 된다. 그가 죽기 3년 전에 쓴 「철회」(Retractions)라는 책을 보면, 이러한 생각의 변화가 눈에 띈다. 오늘날의 교회는 치유기도를 무시하고 있지만, 이제 은혜의 도구로서 이 방법에 다시 귀와 눈을 돌리는 사람들이 늘고 있다.

## 환상은 어떠한가?

일부 기독교 사역 단체들은 치유 기도의 일부로 환상을 사용한다. 그러나 신앙적으로 그렇게 해도 문제가 없을까? 기독교계는 그 동안 공개적으로 환상을 이상하게 이용하는 경우에 대해 강하게 비판해 왔다. 예를 들어 기독교는 샤머니즘에서 하듯이 원하는 결과를 만들어내는 방법으로 환상을 사용하거나, 오컬트에서 하는 것처럼 각자 안에 있는 영적 깨달음을 감지하는 방법으로 환상을 쓰는 것을 크게 비판해 왔다. 환상을 바르게 이용하려면, 먼저 하나님께서 주신 상상력을 이용해서, 문제에 답이 될만한 성경 장면들이 실제적이고 감각적으로 그려보는 습관을 가져야 한다. 예를 들어 우리가 상대의 영적 필요에 동정을 가져야 하는 상황이라면, 예수님께서 예루살렘을 향해 슬퍼하시고 우셨던 모습을 떠올리며 상대의 처지를 예루살렘으로 바꾸어 놓고 생각하는 것이다(눅 13:34-35).

그리스도께서 직접 세상에 인간의 모습으로 내려오신 성육신 사건을 기억한다면, 기독교적 환상은 그 자체로는 문제가 되지 않는다. 시간과 공간을 이용해 주님께서 베푸실 구원의 역사를 기억하라는 성경적 명령에 근거해서 볼 때, 환상은 활용될 가치가 있다. 성경만 보더라도 모세는 약속의 땅으로 들어가기 앞서 이스라엘 백성들을 모아, 출애굽에서 보여주신 하나님의 능력을 믿음의 눈으로 회상하는 시간을 가진다.

그들을 두려워 말고 네 하나님 여호와께서 바로와 온 애굽에 행하신 것을 잘 기억하되 네 하나님 여호와께서 너를 인도하여 내실 때에 네가 목도한 큰 시험과 이적과 기사와 강한 손과 편 팔을 기억하라 그와 같이 네 하나님 여호와께서 네가 두려워하는 모든 민족에게 행하실 것이요(신명기 7:18-19).

나중에 오는 모세의 명령에서도 비슷한 내용이 발견된다. "너희가 애굽에서 나오는 길에서 네 하나님 여호와께서 미리암에게 행하신 일을 기억할지니라"(신24:9). 모세는 이스라엘 민족에게 미리암의 죄를 물어 문둥병을 주신 사건을 다시 그려보라고 촉구한다(수12:10).

사도 바울이 성찬식과 관련된 조언을 통해서도, 십자가에서 고난을 받으신 예수님을 상상해 보도록 도전하는 내용이 담겨있다. "축사하시고 떼어 가라사대 이것은 너희를 위하는 내 몸이니 이것을 행하여 나를 기념하라 하시고"(고전11:24). 거룩한 목적을 위해 하나님께서 주신 상상력을 사용하도록 도전하는 내용은 고린도후서 4:18, 에베소서 3:20, 빌립보서 4:8 같은 곳에서 발견된다.

그리스도께서 우리의 죄를 슬퍼하시고, 치유의 손으로 만져주시는 장면을 상상해보면, 그분의 손길이 더 실제처럼 다가온다. 상상력을 이용해서 예수님의 치유 능력을 더 실제적으로 경험하면, 그분께서 우리 삶에서 주신 사명도 더 효과적으로 할 수 있다. 이렇게 환상을 사용하면, 성경이 제공하는 은혜를 강하게 느낄 수 있게 된다.

## 정리

신앙을 통해 심판은 면해도, 정신적인 질환에서까지 완전히 자유로워 진다고 장담할 수는 없다. 하나님은 제대로 해석되고 적용된 기독교 심리상담을 통해서 그의 자녀들을 치유하신다. 성경적인 토대를 가진 심리학은 심리적, 영적 문제들을 진단하고, 효과적인 치유 방법을 제공한다.

교회는 기독교 심리상담 사역이 필요하다. 정신적인 상처는 하나님의 사랑과 은혜를 제대로 체험할 수 없도록 방해한다. 심리적 상처로 인해 하나님과 이웃과의 관계에 쓰여져야 할 에너지는 다른 곳으로 낭비되기 쉽다. 정신적인 문제를 겪고 있는 신앙인은 하나님의 선하심을 경험하기 힘들다. 걱정에 빠져있는 성도는 이웃을 섬길 여력이 없다. 폭넓은 지식과 성경이해를 가진 상담가는 상대에게 심리적인 위로 이상을 제공한다. 이들은 거듭남과 내적 성화는 인간 심리에 계속적인 영향을 미친다는 사실을 주목한다.

나는 이장을 마치면서, 심리학도 영성적 관점처럼 신앙을 '모 아니면 도'로 보는 오류를 피하게 만든다는 점을 강조하고 싶다. 이런 생각에 여러분도 동의한다면, 일부가 문제가 있다고 전체를 버리는 오류는 피할 수 있을 것이다. 사실 인간이 사용하는 도구는 그것이 심리학이든 신학이든 간에 부분적으로 맞고 부분적으로 틀린 점을 가지고 있다. 물론 분명하게 분별할 수 있는 경우, 신앙인은 반드시 진리를 따르고 거짓을 거부해야 한다. 여기엔 바른 지식, 냉철한 분별력, 깊은 기도가 반드시 필요하다.

상담 심리학과 신학은 제대로 이해되고 적용될 때, 서로 적이 아닌 친구가 될 수 있다. 목숨을 걸고 상대에게 시비를 걸기보다는, 두 영역은 하나님께서 원하시는 정신적, 영적 성장을 돕기 위해 잘 결합될 필요가 있다.

미국 위튼대 심리학 교수인 마크 맥민(Mark McMinn)은 보다 효과적인 '영적 양육과 치료'를 위해서 기독교 상담가는 심리학, 신학, 기독교 영성훈련, 세 가지 모두를 배워야 한다고 지적한다. 이 세 가지 영역 중 하나라도 부족한 상담가는, 다리 하나가 없어진 삼각의자처럼 제대로 사역을 할 수가 없다.[31] 맥민은 기독교 상담가들에게 성경과 기독교 신학, 교회사뿐만 아니라 영성 훈련도 충분한 훈련이 필요하다고 지적한다. 영혼을 돌보는 사역은 '다중능력'이 요구된다는 것이다.[32]

이제 우리는 다음 장으로 향하면서, 다음과 같은 결론을 정리해 본다. 예수 그리스도게 자신을 항복하고, 건강한 영적, 심리적 습관으로 양육되고, 필요에 따라 진실한 영적 헬퍼에게 도움을 받는 사람만이 건강한 영혼을 소유할 수 있다. 순례자의 영적 여정에는 이런 것들이 반드시 필요하다.


## 직접 해 보기


1. 자신의 심리적 성장과정을 더듬어 보자.

먼저 자신의 삶을 돌아보면서, 불안, 우울 같은 심리적인 어려움을 겪었던 시절과 건강, 기쁨, 남에 대한 정열 같은 심리적으로 균형을 맞추고 있었던 때가 언제였는지 찾아보자. 이것을 도표로 만들어 심리적인 상승기와 하강기를 그려보자. 심리적 상태를 표시한 줄을 제 1장에서 만든 영적 발자취 도표와 비교해 보자.

- 당신의 영적 자취와 심리적 자취는 얼마나 비슷하게 전개되고 있는가?
- 이 도표가 당신의 정신 건강과 영적 상태의 관계를 잘 보여주고 있는가?
- 성경을 보면서, 심리적 건강이 영적 상태에 또 그 반대의 방향으로 어떻게 영향을 미치는지 생각해 보자.

2. 지금까지 하나님에 대해 오해했던 것이 있었는지 생각해보자.

여러분은 사랑의 하나님과의 관계를 계속적으로 방해하는 장애물들이 삶의 사방에 깔려 있음을 느낄 것이다. 일부 장애물은 하나님에 대한 오해 때문에 발생한 것일 수도 있다. 먼저 여러분의 삶을 돌아보면서, 부모나 목회자 등에 의해 직간접적으로 만들어진 하나님에 대한 오해가 있다면, 성령님께 모두 기억나게 해 달라고 기도하자. 이밖에도 하나님을 오해하도록 만든 경험들이 있다면 기억을 되살려보자. 예를 들어 하나님을 엄격한 재판관, 완벽주의자, 혹은 멀리 느껴지는 존재 등으로 느꼈던 경우 말이다.

- 여러분을 영적으로 가장 힘들게 했던 하나님에 대한 오해는 어떤 것인가?
- 이러한 잘못된 하나님에 대한 이미지가 당신과 하나님과의 영적 관계에 어떤 영향을 미쳤는가? 장기적으로 여러분의 영적 성장에 미치는 영향은? 당신의 사역에 미친 영향은 없었는가?
- 하나님에 대한 오해를 극복할 수 있는 방법을 아는가? 한 가지 좋은 방법은 기도를 통해 성경에 나타난 하나님의 성품을 묵상하는 것이다. 여

러분은 하나님의 성품에 대한 좋은 책들을 통해, 도움을 얻을 수도 있
다. 그래도 하나님에 대한 오해가 풀려지지 않는다면, 여러분의 영적 헬
퍼에게 가서 문제를 털어놓고, 함께 기도하라. 하나님께서는 치유의 기
도를 통해 우리의 영을 흔드는 잘못된 이미지들을 모두 고치신다.

## 읽으면 도움이 될 책들

Benner, David G. Care of Souls: Revisioning Christian Nurture and Counsel(Grand Rapids: Baker, 1998),「정신치료와 영적탐구」(하나의학사, 2000).

Blazer, Dan. Freud vs. God: how Psychiatry Lost Its Soul and Christians Lost Its Mind(Downers Grove, Ill.: InterVarsity, 1998).

Collins, Kenneth J. Soul Care: Deliverance and Renewal Through the Christian Life(Wheaton Ill.: Victor, 1995).

Crabb, Larry. Connecting: Healing for Ourselves and Our Relationships(Nashville: Word, 1997),「끊어진 관계 다시 잇기」(요단, 2002).

McMinn, Mark R. Psychology, Theology, and Spirituality(Wheaton: Tyndale House, 1996),「심리학, 신학, 영성이 하나된 기독교 상담」(두란노, 2001).

Payne, Leanne. The Healing Presence(Wheaton, Ill.: Victor, 1989), Restoring the Christian Soul Through Healing Prayer(Wheaton, Ill.: Crossway, 1991).

Seamands, David A. Healing of memories(Wheaton, Ill.: Victor, 1985),「상한 감정과 억압된 기억의 치유」(조이선교회출판부, 1989).

# 9. 영성 고전을 통해 배우는 지혜



"이러므로 우리에게 구름같이 둘러싼 허다한 증인들이 있으니
모든 무거운 것과 얽매이기 쉬운 죄를 벗어버리고
인내로써 우리 앞에 당한 경주를 경주하며"

(히브리서 12:1)

"영성 고전은 예수 그리스도의 모습처럼 자신을 다듬고 양육하는 데, 바로 사용할 수 있는 실제적이면서도 영적인 지혜의 창고다."

– 피터 툰(Peter Toon)[1]

삶의 의미와 목적을 잃고 방황하는 현대 사회 속에서, 많은 사람들은 영적 문제의 답을 찾기 위해 '마음속'으로 눈을 돌리고 있다. 이와 동시에 나타나는 재미있는 사실은 사람들의 관심이 '과거'로 돌려지고 있다는 점이다. 과거로부터 폭풍과 광야 같았던 시간들을 극복한 선인들의 지혜를 배우려는 것이다.

방향과 목적 없이 헤매는 문화적 혼돈 시대를 살면서, 보다 많은 신앙인들이 옛 영성 고전 속에 숨겨진 지혜에 눈을 돌리고 있다. 많은 이들이

고전을 다시 보면서, 자신의 영적 갈급함을 채우려고 한다. 마이클 다우니(Michael Downey)가 지적했듯이 "지금과 같은 문화적 환란과 변혁기에는 과거의 지혜가 점점 더 환영 받는 경향이 있다."[2]

특히 지난 몇년간 기독교 영성 고전에 대한 관심이 특별히 더 커졌다. 피터 툰(Peter Toon)은 이 분위기를 정확히 표현한다. "하나님과 가까이 동행했고, 그 경험을 마음에 와 닿게 전달하는 재능을 가진 수많은 선배들을 통해 우리는 감당할 수 없을 만큼 많은 유산을 받았다.[3]

그러나 일부에서는 영성 고전을 거북하게 받아들인다. 사용되는 언어나 표현도 이상하고, 전개되는 논리와 개념도 낯설기만 하다. 어떤 사람들은 영적 고전들이 대개 들어본 적도 없는 교단을 배경으로 한다는 점을 들어 의심을 풀지 않는다. 사실 영성 고전 중에는 별로 들어본 적이 없는 사막의 교부, 신비주의자, 수도사, 주교, 성인들에 의해 쓰여진 것도 많다.

그렇다면 이들은 신뢰해도 괜찮은가? 이들이 증거하는 신앙을 신뢰할 수 있을까? 영성 고전을 통해 그리스도와 동행하는 삶을 더 발전시키고 신앙의 깊이를 늘리는 데 도움을 얻을 수 있을까?

우리가 영성 고전들을 향해 마음의 문을 열고 대할 수 있다면, 그 속에 있는 생명력, 고난, 사랑, 방황, 하나님, 교회에 대한 교훈 뿐 아니라, 곤고하고 혼란스런 자아에 대해서도 많은 것을 배울 수 있다.

### 영성 고전을 읽으면 좋은 이유

"지난 2천년 동안 쓰여진 영성 고전들을 지금도 읽을 수 있는 것 우리에게 정말 큰 축복이다. 이 말은 기독교 신앙이 이천년 전까지 거슬러 올라가는 흐름의 일부라는 뜻이기도 하다. 우리 앞에 살았던 신앙 선배들과 이 줄기를 공유하게 된 것은 모두 성령님의 은혜다. 많은 신학자들은 기독교 영성의 역사야말로 모든 인간이 공유하는 영적 갈증과 영적 기대감을 가장 잘 드러낸다고 지적한다. 현대를 사는 신앙인들은 영성 고전을 통해 기독교의 위대한 자산인 신앙 위인들과 대화할 수 있게 된다. 이를 통해 우리가 접하는 자산의 가치는 "모든 무거운 것과 얽매이기 쉬운 죄를 벗어 버리는 데(히12:1) 도움을 준다.

C. S. 루이스는 아주 열성적인 영성 고전의 팬이었다. 지금도 그렇지만 루이스가 살아있던 때도 찢어지고 먼지 쌓인 책보다는 새책을 더 좋아했다. 그러나 루이스에겐 새책과 헌책 중 무엇을 고를지 고민할 이유가 없었다. "새책은 아직도 검증단계에 있다고 할 수 있다…… 그러나 헌책은 수세기에 걸쳐 이미 수많은 신앙인들을 통해 검증된 책이다."[4]

영성 고전을 통해 얻을 수 있는 두번째 혜택은 "기독교 영성의 주요 흐름을 접할 수 있다"는 점이다. 영적 고전을 읽어보면 교부시대, 중세, 동방정교, 종교개혁기, 로마 가톨릭, 오순절 운동 등의 다양한 영성들을 접한다.

물론 이런 제목만 봐도 의심스러운 눈길을 보내는 사람도 있다. 그러나 나를 포함한 수많은 복음주의자들은 다양한 기독교 전통을 보여주는 영성 고전을 통해 자신의 영적 씨름에 중요한 답을 찾아내고 있다. 다우니(Downey)도 "기독교 영성들은 채굴을 기다리는 광맥 같다. 기독교 역사에 등장하는 영성 신학은 이 광맥을 다시 파내고 파낸 결과다"라고 지적한다.[5]

일단 낯선 기독교 전통들에 대한 오해와 선입견을 벗을 수만 있다면, 오랫동안 성령님을 통해 하나님의 종들에게 주신 아름다운 영적 지혜를 제대로 들을 수 있게 된다.

영성 고전을 통해 얻을 수 있는 세번째 혜택은 "영적 지혜자의 글을 통해 각 개인이 얻는 축복"이다.

그러나 많은 이들이 이렇게 질문한다. 영감으로 쓰여진 성경이 있음에도 불구하고, 영성 고전까지 읽을 필요가 있을까? 만일 그렇다면 이런 질문도 나와야 한다. 성경을 읽는 데 성경주석이 왜 필요한가? 물론 여기에 대한 답은 간단하다. "성서학자들이 오랜 연구와 기도를 통해 발견한 지혜에서 도움을 얻기 위해서"다. 성경을 읽을 때도 주석의 도움을 얻듯이, 성숙해지려는 성도는 영성 고전 속에서 나타나는 작가들의 영적 성숙의 씨름과 교훈을 통해 도움을 얻게 된다.

마지막으로 "영성 고전은 문화적으로 매여버리는 경향이 강한 우리의 신앙에 일정한 자극을 준다." 인간은 정도의 차이는 있을지 몰라도, 모두 자신이 속한 문화에 갇혀 산다. 인간은 자신이 속한 환경의 가치와 기준을 그대로 반영하고 사는데, 여기에는 문화적 편견도 마찬가지다. 이 때문에 우리는 성경이 가르치는 내용 중에서 내가 속한 문화에 더 어울리는 부분만 강조하고 다른 것을 소홀히 하는 경향이 있다. 예를 들어 자본주의 사회에서는 부자가 되는 것은 최고의 선이다. 그러나 우리와 다른 시대와 전통을 배경으로 한 영성 고전들은 우리에게 '세상적인 부'와 '하늘의 진정한 부'를 구분하라고 가르친다(눅16:11). 서구사회의 생활 방식은 소비 중심이다. 그러나 영성 고전들은 이러한 공허한 생활태도 대신, 하나님을 더 깊이 체감하며 자족하며 살라고 가르친다.

루이스는 모든 시대가 그렇듯이 우리도 수많은 맹점과 왜곡을 가지고 세상을 보고 있다고 지적한다. "(현실 왜곡을 교정할 수 있는) 유일한 치료제는 과거의 바람이 우리 마음속에 계속 영향을 미치도록 열어놓는 것이다. 그리고 이것은 고전을 읽음으로서만이 가능하다."[6] 영성 고전은 성경을 보다 분명하게 이해하도록 만들어 주고, 그리스도와 관계를 더 깊게 하고픈 욕구를 심어준다.

## 영성 고전을 애용했던 복음주의 지도자들

존경 받은 복음주의 지도자 중에는 영성 고전을 읽고 연구하여, 적극적으로 자신의 삶과 사역에 적용한 사람들이 많다. 이 중에서 특별히 내가 속한 개혁주의 전통 안에서, 영적 고전을 중요하게 생각하던 세 명의 대표적인 지도자들을 살펴보자.

### 존 웨슬리

존 웨슬리는 18세기 대각성운동의 지도자이자, 현대 복음주의의 선구자라고 할 수 있다. 웨슬리는 교리(성경적 진리에 대한 믿음)와 신비적 경험(하나님의 사랑에 대한 경험), 그리고 실천(이웃에 대한 관심)에 균형을 맞춘 신앙을 가지기 위해 노력했다. 학자들은 웨슬리가 개신교의 구원신학과 고대 가톨릭의 성결운동을 성공적으로 결합시켰다고 평가한다.

웨슬리에게 있어서 가장 중요한 교과서는 성경이었다. 동시에 그는 영성 고전에 대해서도 많은 관심을 가졌다. 1750년, 웨슬리는 「기독교 선집」(The Christian Library)이라는 50권짜리 책을 컴퓨터와 워드프로세스도 없이 출판했다! 과거의 대표적인 영성 고전에서 발췌한 글로 만들어진 이 엄청난 전집은 지금까지도 감리교 뿐 아니라 다른 교파의 수많은 신앙인들에게 큰 도움을 주고 있다. 웨슬리가 좋아했던 영성 고전 중에는 (가톨릭계) 교부의 글도 많이 포함되어 있었다. 토마스 아 캠퍼스의 「그리스도를 본받아」(The Imitation of Christ), 아빌라의 테레사가 쓴 「영혼의 성」(The Interior Castle), 프란시스 데 살레스(Francis de Sales, d. 1622)가 쓴 「거룩한 생활 입문」(An Introduction to the Devout Life), 프랑스와 페늘롱(Francios Fenelon, d. 1715)이 쓴 「온전한 그리스도인」(Christian Perfection), 웨슬리의 친구였던 성공회교도 윌리엄 로우(William Law, d. 1761)가 쓴 「거룩한 삶으로의 초대」(A Serious call to a Devout and Holy Life) 등도 웨슬리의 목록에 포함되어 있다. 웨슬리는 툴러(Tauler), 몰리나(Molina), 파스칼(Pascal), 로렌스 수사, 귀용 부인(Madam Guyon) 등의 글도 좋아했다. 웨슬리는 이러한 고전들을 통해 보다 깊이 있게 그리스도를 묵상하고, 보다 진지하고 영적인 삶을 추구할 수 있었다고 고백한다.

웨슬리는 대각성 운동으로 엄청나게 많아진 사역에도 불구하고, 영성 고전들을 따로 편집할 시간을 할애했다. 그는 영성 고전이 성도의 지속적인 성장에 절대적으로 필요하다는 생각에 이런 노력을 기울인 것이다.


## A. W. 토저

크리스천 얼라이언스(Christian Alliance)계 목회자였던 토저도 영성 고전을 귀하게 생각했던 사람이다. 그는 성경적 설교, 선교, 실천적인 영성을 위해 헌신했던 거룩한 지도자였다.

토저는 학교라고는 고작 5년밖에는 다녀본 적이 없었지만, 대신 영성 고전을 통해 많은 것을 배웠다. 전기 작가 데이비드 팬트(David J. Fant)는 토저가 "하나님과의 보다 깊은 관계"를 추구했던 친구들에게 준 35권 추천도서 목록을 소개한다.[7]

아사나시우스(Athanasius, 동방교회 교부, d. 373)의 「성육신」(On the Incarnation)

어거스틴의 「고백록」(Confession)

클레르보 버나드의 「하나님의 사랑」(On the Love of God), 「가장 귀한 노래」(Song of Songs)

마이스터 에크하르트(Meister Eckhart, 도미니크수도회, d. 1327)의 「교훈서」(Talks of Instruction)

리처드 롤리(Richard Rolle, 가톨릭, d. 1349)의 「생활의 교정」(Amendment of Life)

존 툴러(John Tauler, 도미니크수도회, d. 1361)의 「설교집」(Sermon)

헨리 서소(Henry Suso, 도미니크수도회, d. 1366)의 「영원한 지혜의 책」(Book of Eternal Wisdom)

장 반 뤼스브룩(Jan Van Ruysbroeck, 가톨릭, d. 1381)의 「아름다운 영적 결합」(Adornment of the Spirit Marriage)

월터 힐튼(Walter Hilton, 어거스틴파수도회, d. 1396)의 「사랑의 매」(The Goad of Love), 「온전함의 척도」(The Scale of Perfection)

무명인(가톨릭, 14세기)의 「신비의 구름」(The Cloud of Unknowing), 「독

일 신학」(Theologia Germanica)

놀위치의 쥴리안(Julian of Norwich, 가톨릭, d. 1413)의 「하나님의 사랑의 계시」(Revelations of Divine Love)

쿠사의 니콜라스(Nicholas of Cusa, 가톨릭, d. 1464)의 「하나님의 비전」 (The Vision of God)

토마스 아 캠피스의 「그리스도를 본받아」

십자가의 존의 「갈멜산의 승천」(The Ascent of Mt. Carmel)

프란시스 데 살레스의 「거룩한 생활 입문」

제콥 보힘(Jacob Boehme, 개신교, d. 1624)의 「그리스도의 길」(The Way of Christ)

랜슬렛 엔드류(Lancelot Andrewes, 성공회, d. 1626)의 「개인 묵상」 (Private Devotions)

로렌스 수사의 「하나님의 임재 연습」

마이클 몰리노스(Michael Molinos, 가톨릭, d. 1696)의 「영적 지도」(The Spiritual Guide)

프랑스와 패늘롱의 「온전한 그리스도인」

아이삭 왓츤(Isaac Watts, 개신교, d. 1748)의 「시」(Poems)

프래드릭 패버(Frederick Faber, 가톨릭, d. 1863)의 「시」(Poems)

토마스 캘리(Thomas Kelly, 퀘이커교도, d. 1941)의 「묵상의 말씀」(A Testament of Devotion)


여러분도 토저의 추천도서들이 주로 가톨릭 교도들에 의해 쓰여졌다는 사실을 눈치챘을 것이다. 대부분은 중세에 쓰여진 책들이다. 이 중에는 토저와 같은 국적인 미국인이 쓴 책, 20세기에 쓰여진 책도 각각 한 권 뿐이다(모두 토마스 캘리의 책이다). 물론 토저는 위의 책 내용을 모두 동조하는 것은 아니었다. 그는 다만 이들에게서 발견되는 약간의 교리적 문제는 영성 고전을 통해 얻을 수 있는 엄청난 영적 유익에 비하면 충분히 상쇄될만 하다고 생각했을 뿐이다. 토저의 추천도서는 주로 신비주의자들에 의해 쓰여졌고, 주제로는 침묵 묵상, 그리스도와 내적 관계, 영적 능력, 영적인 지도 같은 것을 다루고 있다.

책과 설교를 통해 신비주의적인 색채가 강한 영성 고전이 유익할 수도 있다는 것을 자주 주장해온 토저에 입장에 대하여, 같은 교파에 속한 사람들이 어떤 반응을 보였을까? 토저의 전기작가는, 주변 교인들은 영성 고전을 통해 경험적이고, 그리스도 중심적인 영성을 받아들이는 데 적극적이었다고 전한다. 린 해리스(E. Lynn Harris)는 토저의 「신비주의적 측면에 관한 연구」에서 같은 결론을 내린다. "토저의 영성 고전 추천목록은 영적 깊이와 성숙을 원하는 현대 개신교도들에게도 크게 도움이 될 수 있다."[8]


### 리처드 포스터

리처드 포스터는 복음주의계에서 가장 인기 있는 작가다. 그의 베스트셀러들 속에서 발견되는 풍성함과 실용적인 지혜들은 전세계 수많은 신앙인들을 감동시켜왔다. 포스터는 기독교 영성 고전을 통해 교훈들을 찾아 왔다. 그는 기독교 내부의 주요 영성운동을 모두 활용했다. 포스터는 진리가 있는 곳이면 교단에 상관없이 귀를 기울였다.

최근 출판된 「리처드 포스터가 묵상한 신앙 고전 52선」(Devotional

Classic, 1993)에서 포스터와 제임스 브라이언 스미스(James Bryan Smith)는 기독교사의 영성 지도자들을 크게 다섯 유형 – 기도로 충만한 삶, 덕있는 삶, 성령 충만한 삶, 긍휼의 삶, 말씀 중심의 삶 – 으로 분류했다. 최근에 나온 포스터의 「생수의 강」(Streams of Living Water, 1998)에서는 위의 분류를 재정리해서 6개로 나누고, 이것을 영성 공동체운동을 위해 자신이 직접 설립한 르노바(REVOVARE) 사역의 훈련 원칙으로 삼았다. 그에 따르면 이들 여섯 개 영성 흐름의 장점들을 삶에 반영하면, 온전한 인격에 이를 수 있다는 것이다. 성경시대부터 지금까지 이들 여섯 개의 주요 영성 흐름은 시대에 상관없이 공존해 왔다.

**묵상의 전통**: 사도 요한, 니사의 그레고리(Gregory of Nyssa, d. 395), 누시아의 베네딕트(Benedict of Nursia, d. 547), 이에보의 아일레드(Aeldred of Rievaulx, d. 1167), 노위치의 쥴리안(Julian of Norwich, d. 11413), 십자가의 존, 로렌스 형제, 귀용부인(d. 1717), 프랑수와 페늘롱, 리시우의 테레사(Teresa of Lisieux, d. 1897), 토마스 캘리, 토마스 머톤, 헨리 나우웬.

**성결의 전통**: 사도 야고보, 터툴리안(Tertullian, d. 225), 나지안주스의 그레고리(Gregory of Nazianzus, d. 389), 존 캐시안(John Cassian, d. 435), 클레르보의 버나드, 토마스 아 캠피스, 리처드 백스터, 윌리엄 로우, 존 웨슬리, 한나 윗톨 스미스(Hannah Whitall Smith, d. 1911), 드미트리히 본 훼퍼.

**성령운동의 전통(Charismatic Tradition)**: 사도 바울, 몬타누스(Montanus, 2세기), 대 그레고리(Gregory the Great, d. 604), 아시시의 프

란시스(Francis of Assisi, d. 1226), 리처드 롤리, 조지 폭스(George Fox, d. 1691), 찰스 웨슬리(Charles Wesley, d. 1788), 선다 싱(Sundhar Singh, d. 1929), 데이비드 두 플레시스(David du Pleiss, d. 1987), 오럴 로버츠(Oral Roberts, d. 1918), 존 윔버(John Wimber, 1997).

**사회정의의 전통:** 교회의 집사제도, 구호자 존(John the Almgiver, d. 619), 벵상 드 폴(Vincent de Paul, d. 1660), 존 울먼(John Woolman, d. 1772), 윌리엄 윌버포스(William Wilberforce, d. 1833), 데이비드 리빙스턴(David Livingston, d. 1873), 플로렌스 나이팅게일(Florence Nightingale, d. 1910), 테레사 수녀, 마틴 루터 킹(Martin Luther King, Jr, d. 1968), 데스몬드 투투(Desmond Tutu, d. 1931), 장 바니에(Jean Vanier, d. 1928).

**복음전도의 전통:** 사도 베드로, 안디옥의 이그나티우스(Ignatius of Antioch, d. 107), 아사나시우스, 밀라노의 암브로스(Ambrose of Milan, d. 397), 제롬, 어거스틴, 마틴 루터(Martin Luther, d. 1546), 하이드리히 쯔빙글리(Huldrych Zwingli, d. 1531), 존 칼빈, 조지 윗필드(George Whitefield, d. 1770), 윌리엄 캐리(William Carey, d. 1843), 찰스 H. 스펄전(Charles Haddon Spurgeon, d. 1892), 무디(Dwight L. Moody, d. 1899, C. S. 루이스, 빌리 그래함(Billy Graham, d. 1918).

**성육신의 전통:** 나사렛 예수, 오리겐(Origen, d. 254), 다마스커스의 존(John of Damascus, d. 749), 레오나르도 다빈치(Leonardo da Vinci, d. 1519), 미켈란젤로(Michelangelo, d. 1564), 존 밀턴(John Milton, d. 1674),

요한 세바스천 바하(Johann Sebastian Bach, d. 1750), 게오르그 프레드릭 헨델(George Fridric Handel, d. 1759), 표도르 도스토예프스키(Fydor Dostoyevski, d. 1881), 다그 하마슐드(Dag Hammarskjold, d. 1961), 알렉산드르 솔제니친Aleksandr Solzhenitsyn, d. 1918).

포스터의 영성 고전 추천목록을 보면, 다양한 시대와 기독교 전통을 모두 포용하고 있음을 여러분도 발견할 수 있을 것이다.

## 종교개혁 이전의 영성 고전 대표작

지금부터 풍성한 영적 유산을 담고 있는 대표적인 영성 고전들을 몇 개만 소개하려고 한다. 작가들의 배경과 함께, 하나님과의 관계를 깊게 하는 데 도움이 될 만한 내용도 같이 소개하려고 한다.

### 교부시대: 어거스틴(d. 430)

독일의 교회사가 아돌프 본 하르낙(Adolf von Harnack)은 어거스틴을 사도 바울과 루터 사이에 존재했던 가장 위대한 인물이라고 말했다. 어거스틴이 보여주었던 복음전파의 열정, 심오한 교리, 영성에 대한 관심은 이후 천오백년 서구 기독교 역사에 엄청난 영향을 미쳤다.

북아프리카에서 태어난 어거스틴은, 어머니 모니카의 오랜 기도와 밀라노 주교 암브로스의 설교를 듣고 23세가 되던 해, 기독교도가 되었다. 뛰어난 지성, 깊이 있는 영성, 모범적인 거룩의 삶을 모두 갖추었던 어거스틴은, 이를 바탕으로 엄청난 양의 신학서와 경건서를 남겼다. 그가 남긴 엄청난 책 중에서, 우리는 그리스도 안에서 영적으로 성숙해 가는 신자라는 주제에만 초점을 맞추어 보려고 한다.

그의 「산상수훈 주석」(Commentary on the Lord's Sermon on the Mount)은 그리스도 안에서 성숙한 인격으로 나가는 일곱 단계를 제시한다. 어거스틴은 아사야 11:2-3에 나오는 「성령의 일곱가지 은혜」와 마태복음 5:3-10에 나오는 「칠복」, 그리고 마태복음 6:9-13의 「주기도문의 일곱가지 구성요소」를 잘 엮어서 자신의 주장을 펼쳐나간다. 그는 영적 성숙에 관련된 모든 과정은 하나님에 의해서 인도된다는 점을 강조한다(성령의 은혜). 능력의 성령님께서는 모든 성도의 가슴 속에 새로운 법을 새겨주셨다(칠복). 새로운 법은 성령님의 도움으로 우리의 삶 속에서도 실천할 수 있게 되고, 주기도문을 통한 기도 훈련은 새로운 법을 항상 기억하며 살도록 도와준다.

그리스도를 받아들이는 결단은 영적 성숙으로 향하는 첫 번째 단추라고 할 수 있다. 새신자는 하나님에 대한 거룩한 경외감을 경험한다. 성경에서도 "주님을 경외함은 모든 지식의 근본"이라고 말한다(잠9:10). 주님을 경외하는 자만이 영적으로 경험해 질 수 있기 때문에, 어거스틴은 '거룩한 경외감'을 통해 경험하는 은혜(사11:2, 3)와 "심령이 가난한 자는 복이 있나니 천국이 저희 것임이요"(마5:3). 같은 칠복의 내용을 한데 묶어서 설명한다. 하나님을 경외하는 겸손한 신앙인은 "하늘에 계신 우리 아버지여 이름이 거룩히 여김을 받으시오며"라고 기도한다는 것이다(마6:9).

그리스도 안에서 성숙해지는 두번째 단계는 겸손한 자세로 성경 말씀을 배우는 것이다. 우리는 하나님만을 위해 하나님을 사랑하고, 남을 위해 남을 사랑하는 법을 성경을 통해 배운다. 어거스틴은 참다운 경건은 온유함의 정도로 판단된다는 점을 강조하면서, 성령의 두번째 은혜인 '선함(온유의 다른 표현)'(사11:2)과 칠복의 축복을 연결시킨다. "온유한 자는 복이 있나니 저희가 땅을 기업으로 받을 것임이요"(마5:5). 이러한 겸손과 거룩을 갖춘 신앙인은 "나라에 임하옵시며(하나님 나라가 이 땅에 오시옵소서)"라고 기도할 준비가 된, 다시 말해 예수님의 재림 심판을 기다릴 수 있는 준비가 된 사람이다(마6:10).

세번째 영적 성장의 단계는 죄로 인해 생기는 영적 악영향을 이해하고, 자신이 아직도 이겨내지 못하고 있는 악의 문제를 통탄해 하는 것이다. 이를 위해 어거스틴은 '(자신의 상태를 깨닫는) 지식'이라고 하는 성령님의 선물(사11:2)을 "애통하는 자는 복이 있나니 저희가 위로를 받을 것임이요"라는 칠복 내용과 결합시켜서 생각한다(마5:4). 우리의 불완전한 능력과 하나님의 완전함 사이에 있는 엄청난 격차를 이해하는 신앙인은 "뜻이 하늘에서 이룬 것 같이 땅에서도 이루어지이다"라고 기도한다(마6:10).

성숙으로 향하는 네번째 단계는 죄와 싸우고 의를 추구하는 힘겨운 과정을 가르친다. 어거스틴은 "강인함 혹은 능력"같은 성령의 은혜를(사11:2) 팔복 중 "의에 주리고 목마른 자는 복이 있나니 저희가 배부를 것임이요"과 연관시킨다(마5:6). 청렴하게 살기를 진심으로 원하는 사람이라면 "오늘날 우리에게도 일용할 양식을 주옵시고"라는 기도를 하게 된다. 이것은 단순히 밥을 구하는 기도가 아니라 죄와 사탄 과의 전투에서 이기기 위해 필요한 하나님의 지원을 구한다는 뜻이다.

다섯번째 단계는 성령님이 주시는 영적 깨달음이다. 이를 통해 성도의 삶은 사랑을 기준으로 살아가게 되고, 주님께서 주신 사랑의 명령을 실천할 수 있게 된다. 사랑은 우리의 마음을 순결하게 만들고 하나님을 볼 수 있도록 시야를 열어준다. 성도는 이렇게 열어진 시야를 통해 이웃에게도 진정한 사랑과 자비를 베풀 수 있게 된다. 이 때문에 어거스틴은 "(하나님의 지혜대로 사는) 모략과 재능"의 축복(사11:2)을 칠복 중 "긍휼히 여기는 자는 복이 있나니 저희가 긍휼히 여김을 받을 것임이요"와 연관시킨다(마5:7). 이 단계에 이른 성도는 "우리가 우리에게 죄 지은 자를 사하여 준 것같이 우리 죄를 사하여 주옵시고"라고 기도하게 된다(마6:12).

성숙에 이르는 여섯번째 단계는 사랑을 통해 삶이 순결해 지는 것이다. 이를 통해 우리는 자기 자신의 모습 속에서 하나님의 형상을 볼 수 있는 눈이 열린다(엡1:18). 다르게 표현하면 사랑을 통해 역사하는 믿음은 우리의 마음을 깨끗하게 만들고, 하나님을 볼 수 있도록 인도한다는 것이다. 어거스틴은 '지혜'의 축복(사11:2)을 팔복의 "마음이 청결한 자는 복이 있나니 저희가 하나님을 볼 것임이요"의 내용과 연관시킨다(마5:8). 일반적으로 사람은 죄로 인해 하나님을 볼 수 없지만, 이 단계까지 이른 성숙한 성도는 그 단계에서 떨어지지 않도록 "우리를 시험에 들게 하지 마옵시고"라고 기도한다(마6:13a).

이 모든 과정의 마지막 단계는 삶을 살아가는 데 실제적으로 가장 필요한 지혜를 구하는 삶이다. 진정한 지혜는 '히브리어로 샬롬' (평화라는 뜻)을 성도의 삶에 선물하며, 그리스도 안에서 점점 그 분을 닮아갈 수 있도록 인도한다. 어거스틴은 '지혜' (사11:2)의 축복은 팔복 중 "화평케 하는 자는 복이 있나니 저희가 하나님의 아들이라 일컬음을 받을 것이요”와 연관시킨다(마5:9). 하나님의 ‘샬롬’이 사탄 의 공격 앞에 흔들리고 있음을 아는 단계의 성도라면 “다만 악에서 구하옵소서”라고 기도한다(마6:13).

어거스틴은 그리스도 안에서 일곱 단계의 성숙 과정을 통해, 일곱 가지 성령의 축복, 팔복, 그리고 주기도문 속에 들어있는 일곱 가지 간구 내용을 잘 결합시켜, 하나님의 거룩, 사랑, 능력, 배려, 사역에 대해서 설득력 있게 설명하고 있다. 결론적으로 성숙한 성도는 지혜를 통해서 그리스도의 형상을 자기 안에서 새롭게 드러내게 된다.

### 중세시대: 클레르보의 버나드(d. 1153)

버나드는 교회가 낳은 가장 위대한 인물 중 하나다. 그는 종교개혁이 일어나기 4백년 전에 이미 종교개혁자적인 삶을 살았다. 루터는 버나드를 세상에서 가장 경건한 수도사이자 예수님을 가장 잘 전했던 설교자라고 평가했다. 칼빈도 버나드에게 어거스틴 다음으로 가장 많은 관심을 보였다. 존 오웬, 리차드 박스터, 토마스 맨톤 같은 청교도 지도자들도 버나드를 자주 인용했다. 이들은 버나드의 삶에서 우러나온 설교가 이성적, 실천적, 영적 열정이 가장 잘 조화된 예라고 격찬했다. 클레르보의 버나드는 사후 850년 동안 글을 통해 사람들의 존경을 계속 받아왔다.

프랑스의 귀족가문에서 태어난 버나드는 성경 뿐 아니라 논리학 같은 다양한 세속 학문에도 정통했다. 버나드는 25세가 되던 해, 프랑스 클레르보의 수도원장으로 임명된다. 이후 그가 직접 설립한 수도원만도 60개, 설립을 지원한 수도원은 수백 개에 이른다. 그의 감동적인 설교는 많은 신앙인들을 수도원 공동체에 들어가도록 만들었다.

어거스틴에 심취했던 버나드는, 구원 과정에서 나타나는 하나님의 은혜로운 인도를 항상 강조했다. 버나드가 지은 찬양들은 오랫동안 많은 성도들에게 축복을 전달하는 도구가 되었다. 그의 대표적인 찬양으로는 〈주님, 당신을 생각하며〉(Jesus, The Very Thought of Thee), 〈상처 받은 거룩한 머리〉(O Sacred Head New Wounded), 〈예수여 사랑의 마음으로 기뻐합니다〉(Jesus, Though Joy of Loving Heart) 등이 있다.

〈사랑의 하나님에 관하여〉(On Loving God)과 미완으로 남은 〈가장 귀한 노래〉(Song of Songs)는 버나드의 글 중에서 최고로 꼽힌다. 먼저 〈사랑의 하나님에 관하여〉부터 살펴보도록 하자. 버나드는 삼위일체이신 하나님만이 사랑의 원천임이라고 지적한다(요일4:16). 하나님의 사랑은 우리의 구원을 위해 인간으로 오신 영원한 아들을 통해 가장 잘 드러난다(요일3:16, 요3:16, 요일4:9-10). 버나드는 하나님께서 인간에게 다가온 방법이자, 인간이 하나님께 다가가는 방법은 오직 사랑뿐이라고 생각했다. 버나드는 이 책을 통해 하나님과 관계를 더 깊게 하기 위해 거쳐야 하는 4단계의 사랑을 설명한다.

첫째 단계의 사랑은 "자신을 위해 자기 자신을 사랑하는 사랑"이다. 인간은 본능적으로 자신을 먼저 사랑한다. "네 이웃을 네 몸과 같이 사랑하라"(레19:18, 마22:39, 롬13:9, 갈5:14, 약2:8). 버나드는 자신을 먼저 사랑할 수 없는 인간은, 하나님도 이웃도 사랑할 수 없다는 사실을 발견했다. 보다 깊은 사랑을 경험하기 위해서는 먼저 자기 사랑부터 시작되어야 한다는 것이다. 이 첫단계의 사랑은 자신을 위한 자기 사랑, 곧 '미성숙한 사랑'이기도 하다. 그러나 인간은 자기만을 사랑하는 것으로는 영적으로 만족할 수 없기 때문에, 곧 하나님을 찾아 나서게 된다.

두번째 단계의 사랑은 "우리 자신을 위하여 하나님을 사랑하는 사랑"이다. 선하신 하나님은 우리의 유익을 위해 매일같이 역사하신다. 하나님은 우리의 필요를 채워주시고(사58:11), 우리를 문제에서 건저 내시고(시50:15), 우리의 기도를 들어주신다(시116:10). 인간은 그리스도께 도움을 구하기 위해 그분께 눈을 돌리고 관심을 가진다. 그러나 하나님은 이런 우리를 보호하신다. 두번째 단계의 사랑은 '이기적인 사랑' 다시 말해 자신을 위해 하나님을 사랑하는 사랑이다. 그러나 하나님을 이렇게 찾는 것으로는, 잠시의 행복은 가능해도 우리 속에 있는 하나님에 대한 깊은 갈망은 채워지지 않는다. 보다 높은 차원의 사랑이 요구되는 것이다.

세번째 단계의 사랑은 "하나님을 위해 하나님을 사랑하는 사랑"이다. 주님의 선하심을 경험한 사람은(시34:8), 은혜 자체보다 은혜를 주시는 이를 더 그리워하게 된다. 주님에 대한 이해가 깊어지면, 하나님의 모든 것을 사랑할 수 있게 된다(아5:16). 그렇게 되면 우리는 하나님의 위로보다는 위로의 하나님 자체를 사모하게 된다. 영적으로 하나님 외에 다른 것을 원하지 않게 된다는 뜻이다. 그러나 하나님만을 바라보며 하나님을 사랑하는 성도는, 자연스럽게 이웃들도 사랑할 수 있게 된다. 이야말로 '이타적인 사랑', 바로 하나님만을 생각하는 하나님에 대한 사랑인 것이다.

사랑의 네번째 단계는 "하나님을 위해서 우리 자신을 사랑하는 사랑"이다. 사랑의 하나님께서는 우리를 사랑하신다. 이를 확신하는 사람은, 자신을 하나님께 완전히 내어드리는 용기를 낼 수 있다(골3:3). 주님께 자신을 완전히 내어드린 성도는 주님과 마음, 정신, 의지 등 모든 면에서 하나가 될 수 있다(고전6:17). 여기서 예수님의 명령은 실천으로 옮겨진다. "네 마음을 다하고 목숨을 다하고 뜻을 다하고 힘을 다하여 주 너의 하나님을 사랑하라"(막12:30). 이 단계의 사랑이야말로 하나님을 위해 자신을 사랑하는 '완전한 사랑'이다. 사랑의 네번째 단계는 주님의 재림과 함께 궁극적으로 경험하게 될 하나님의 순결하고 완벽한 사랑을 미리 맛보게 해주는 단계다. 버나드는 이런 사랑이 실현되기 위해서는 "하나님만이 사랑을 받게 될 때, 그 분을 위해서가 아니라면 자신을 사랑하지 않을 때"만이 가능하다고 말한다. 하나님을 사랑하는 자에게 주어지는 참다운 축복은 바로 하나님 자신이다. 영원히 하나님을 사랑하는 자들에게 주어지는 영원한 축복이 바로 이것인 것이다."[9]

클레르보의 버나드는 역사적 정통 복음에 충실했던 사람이다. 그는 믿음과 성결과 실천의 사람, 교회의 위대한 영적 아비로서 교회사에 등장한다. 그의 신학 중에 동의할 수 없는 부분이 있다해도, 그의 영성 고전은 우리에게 하나님을 더 깊이 사랑하는 마음을 가질 수 있도록 도전한다.

## 종교개혁 시대 이후 대표적 영성 작가들

지난 4세기 동안 거쳐간 많은 영성 고전 중에서, 별로 유명하지는 않지만 내용적으로 풍성한 영성을 보여주는 두 명의 작가를 소개한다.

### 기독교 신비주의: 아빌라의 테레사(d. 1582)

테레사는 말씀을 실천하는 삶을 살면서, 동시에 그리스도의 친밀한 관계를 누리는 일에 균형을 잃지 않았던 사람이었다. 테레사의 글은 현대 그리스도인들도 예수님을 보다 깊이 배우도록 도전한다.

테레사는 1515년 스페인 아빌라에서 태어났다. 20세 때 테레사는 구약

성경의 주인공들이 하나님을 만났던 갈멜산의 이름을 따서 만든 수녀회인 카멜파의 수녀가 된다. 테레사는 「고백록」과 「그리스도를 본받아」를 읽으면서 영적으로 많은 도전을 받았다. 결국 자신이 속한 수녀원 생활에 만족할 수 없었던 테레사는, 기도와 명상에만 집중하는 14개의 수도원을 세웠다. 그녀의 가장 중요한 작품은 「영혼의 성」(The Interior Castle)으로, 그리스도 안에서 펼쳐지는 인간의 영적 발달과정을 설득력 있게 설명하고 있다.

테레사는 이 책에서 영혼의 상태를 설명하기 위해 7개 구역으로 나누어진 중세 성채를 비유로 사용한다. 성의 출입구는 기도를 상징한다. 성의 중심에 위치한 일곱 번째 방은 영혼의 중심, 바로 하나님과 가장 깊은 대화를 나누는 자리를 의미한다. 거듭난 사람은 영적 여정을 떠나기 앞서 먼저 성문을 나서야 한다. 테레사는 성 안으로 들어오는 과정을 가지고, 우리를 사랑하시는 하나님과 그 사랑을 받는 우리의 관계가 발전되는 과정을 설명한다. 먼저 영적 우정의 과정을 지나면(1-3번째 방), 영적 연애관계로 이어지고(4-5번째 방), 이것은 영적 결혼으로 마무리된다(6-7번째 방). 그럼 지금부터 책의 내용을 자세히 살펴보도록 하자.

**영적 우정:** 그리스도를 막 영접한 성도는 먼저 '첫번째 방', 경건 서적을 읽고, 기도하고, 다른 기독교인들과 교제를 나누는 단계로 들어간다. 여기서는 영적인 즐거움을 경험하기도 하지만, 아직도 옛 자아의 지배는 계속된다. 젊은 성도는 위로나 개인적인 필요 때문에 그리스도에게 끌리기도 한다. 이런 사람도 하나님을 만날 수 있지만, 아직은 하나님과 관계가 다 만들어졌다고 말하기는 이르다. 테레사는 첫 번째 방의 상태를 이

렇게 설명한다. "첫번째 방으로 들어간 영혼은 아직도 이 세상에 영향을 받으며, 세상의 헛된 쾌락, 명예, 위선에 깊이 물들어 있다."[10] 마태복음 6:21은 첫번째 방에 거하는 사람의 상태를 설명하고 있다.

두번째 방에 들어간 신앙인은 아직도 외적인 것에 끌려 다닌다. 이단계의 믿음은 연약하고 흔들리기 쉽고, 짧고 상투적인 기도밖에는 하지 못하고, 봉사는 철저하게 자기 중심적이다. 사탄은 경제적 안정과 세상적 지위를 가지고 이들을 유혹하기 때문에, 성도들은 내적으로 심각한 가치관의 갈등을 겪게된다. 영적으로 그리스도를 향하는 쪽과 세상으로 돌아가려는 쪽의 갈등이 시작되는 것이다. 신앙인은 자신이 누리는 개인적인 축복 때문에라도 신앙을 버리지는 않는다. 그러나 아직도 그리스도 안에 진정으로 거하는 상태는 아니다(요15:4-5).

세번째 방에 위치한 신앙인은 위대하신 하나님께 감히 대들지 않는다. 그러나 이들은 겉으로 보기엔 이웃을 돌보는 '훌륭한 신앙인' 들임에도 불구하고, 내적으로는 아직 하나님과 친밀한 관계를 누리고 있지 못하다. 영적인 갈등은 이전 단계와 다르지 않다. 이런 사람은 세상적인 명예와 그리스도 사이에서 갈등한다. 종종 그리스도인 되기 위해 이런 고통을 겪는 것이 과연 필요한지 회의에 빠지기도 한다. 이 단계의 성도들은 아직도 깊은 내적 기도를 통해 하나님으로부터 오는 평안을 누리지 못하는 사람들이다. 세번째 단계의 신앙인은 자주 영적인 사막 혹은 영적인 암흑에 빠지는 경험을 한다. 그러나 이러한 영적 갈증은 하나님과의 더 깊은 관계의 필요성을 알려주시는 하나님의 배려이기도 하다. 그러나 많은 신앙인들이 이 단계를 극복하지 못한 채, 이 정도의 신앙이 신앙생활의 전부라고 착각을 하며 산다.

**영적 연예:** 네번째 방은 그리스도와의 관계를 강화해 가면서 상당한 영적 발전을 경험하는 장이다. 성령님께서는 우리를 침묵 기도를 통해 내적으로 우리를 인도하시고, 이를 통해 주님과의 친밀한 만남은 깊어진다. 이제 '가슴'은 은혜를 경험하는 수단이 된다. 테레사는 연애에 빠지면, 지성이 아니라 가슴이 지배하게 된다고 지적한다. "먼저 자신의 생각을 내려놓고, 사랑의 품속으로 자신을 던져야 한다. 위대하신 주님께서는 우리 영혼에게 무엇을 해야할 지를 직접 가르쳐 주신다."[11] 이 단계의 성도는 매일 새롭게 경험하는 주님께 매혹된 나머지, 세상으로부터 점점 멀어져 간다. 하나님께서 초대하신 친밀한 관계에 자기 것으로 만든 사람은 달콤한 영적 향기에 취해 살게 된다. 주님의 사랑을 받는 우리는 애가서가 표현한 것처럼 도저히 말로는 설명할 수 없는, 직접 체험할 필요가 있는 신비의 세계 속으로 들어가게 되는 것이다.

'다섯번째 방'에 들어간 성도는 그리스도와 깊은 대화와 교제를 할 수 있을 만큼 하나님께 초점을 맞춘 사람이다. "하나님은 우리의 영혼의 안에 자리를 잡으시고…… 내가 하나님 안에 그리고 하나님이 내 안에 있다는 사실을 의심할 수 없도록 만드신다."[12] 테레사는 그리스도 안에서 일어나는 영적 변화를 누에고치와 비교한다. 애벌레는 먼저 누에고치를 만들고, 그 안에서 아름다운 나비로 변화한다. 바울은 이러한 영적 변화를 골로새서 3장 3-4절을 빌어 설명한다. 아래는 테레사의 표현이다.

하나님의 위대하심을 경험한 사람, 조금이라도 그 분과 같이한 경험을 한 사람, 침묵의 기도를 제대로 경험해 본 사람은 진정한 영적 변화를 경험한다…… 그러나 내가 여러분에게 말할 수 있는 것은 영혼은 자신의 변화를 인식할 수 없다는 것이다. 전에 있는 이상하게 생긴 애벌레가 있던 자리에, 아름다운 하얀 나비가 대신 자리하고 있다는 사실 밖에는 볼 수 없기 때문이다. 그러나 바로 이것이 변화의 증거다. 영혼은 이 변화가 얼마나 좋은 것인지 눈치채지 못한다.[13]

세상을 떠나 주님과 하나 되려는 갈망을 안고 침묵 기도에 들어가면 영혼은 놀랍게 변화된다(빌1:21-23). 사랑에 빠진 관계, 사랑 받는 자는 사랑하는 자가 얼마나 서로 큰 변화를 통과하게 되는 지는 쉽게 확인할 수 있다(겔48:35). 테레사는 아주 적은 수의 성도만이 이 단계까지 이른다고 생각했다. 그러나 고치를 벗은 나비 자신은, 막상 자신의 변화를 안식하지 못하고 있는 상태다. 하나님과 이웃에 대한 사랑이 아직 더 깊이 자라야 할 부분이 있기 때문이다.

**영적 결혼:** 여섯번째 방은 하늘나라에 계신 신랑에 대한 사랑이 심화되는 장소다. 신부는 자신의 죄와 신랑의 사랑에 대한 자신의 반응이 얼마나 부실한지를 절감하게 된다. 신부는 하늘나라의 신랑과 하나가 되길 사모한 나머지, '사랑에 상처를 입는' 상태에 이른다. 신부는 신랑과 보다 깊은 결합의 시간을 기다리는 동안, 모세가 불타는 가시덤불에서 경험한 것 같은 그리스도로부터 온 감격적인 비전을 직접 경험하기도 한다. 이 단계에는 보통 육체적인 고통과 핍박이 따라온다. 이제 사랑 받는 자는 고통을 통해 세상에 대한 매력을 떨쳐버리고, 하나님만으로 만족하는 법을 배우게 된다. "모든 고난은 신랑 하나님과 같이 있기 원하는 신부의 갈증을 더 깊게 만들어준다."[14] 1세기에 살았던 초대교회 성도들과

순교자들은 여섯번째 단계까지 이르렀던 것 같다.

하나님과 우리의 영혼간의 영적 결혼은 '일곱번째 방'에서 완성된다. 성의 가장 중심부에 위치한 성역인 일곱 번째 방에서, 결혼을 통해 두 사람이 하나가 되듯이 성도는 하나님과 하나가 된다. 테레사는 이러한 결합을 두 개의 초가 하나로 합치면서 만들어내는 불꽃과 비교한다. 바울도 이 상태를 고린도전서 6:17을 통해 설명하고 있다. "주와 합하는 자는 한 영이라" 이렇게 사랑 받는 자와 완전한 교제를 경험하게 되면, 영적 환희가 다시금 따라온다. 여기에는 영적 갈급함을 경험하지도, 사탄의 공격에 의한 방해도 불가능해진다. 이제 성도는 구세주의 마음과 의지에 따라 움직인다. 사랑 받는 자는 이제 그리스도의 노예이자 어려운 이웃을 섬기는 종이기를 자청한다.

테레사는 이렇게 말한다. "(일곱번째 방에서) 하나님께서 우리 영혼에게 말씀하실 내용은 너무도 큰 비밀이자 엄청난 애정의 표현으로…… 감히 비교할 거리가 떠오르지 않는다. 내가 말할 수 있는 것은 주님께서 이 순간을 고대하고 계시며, 어떤 영적 비전과 하늘의 영광, 만족보다 더 큰 것을 가지고 우리를 맑이 할 준비를 하고 계신다는 것이다."[15]


테레사의 영적 여정 일곱단계는 근거가 있는 설명일까? 「영혼의 성」은 철저하게 그리스도 중심적으로 쓰여진 글이다. 여기에서 묘사된 성도의 사명은 철저하게 그리스도와 이웃의 필요에 초점을 맞추고 있다. 동시에 테레사는 우리가 축복을 받을 만한 자격이 전혀 없음을 강조한다. 우리가 경험하는 모든 것은 하나님으로부터 온 선물일 뿐이다. 어쨌든 영적 성장 단계에 대해 그녀가 설명한 신비한 경험을 통해 우리는 무엇을 배울 수 있을까? 이러한 경험은 현대인들에게는 낯설지만, 사실 모세, 이사야, 바울, 요한 같은 성경인물들은 흔하게 경험했던 것들이다. 근대에 와서는 영국의 침례교 설교자 스펄전(19세기)도 자신이 경험한 신비와 이에 따른 고통을 이렇게 고백한다.

> 주님의 비전과 계시를 보고 듣고, (바울처럼) 삼층천까지 올라가보고, 천국을 직접 목격하고, 인간이 감히 입에 담을 수 없는 특별한 하나님의 음성을 들었다고 해서, 고난 같은 것은 완전히 벗어나게 될 것이라고는 기대하지 말아라. 이러한 특권은 항상 같이 따르는 심한 고난을 통해 균형을 맞추게 되어 있다. 하나님께서 지금까지 여러분을 순풍에 돛단배처럼 순조롭게 인도하셨다면, 이어 계속 배가 균형을 잡고 나갈 수 있도록 모래주머니를 잔뜩 넣어주실 것이다(돛단배들은 짐을 적게 실은 경우, 배의 안정을 위해서 배 바닥에 모래주머니를 싣는다: 역주)[16]

테레사는 「영혼의 성」이란 책을 통해 우리에게 그리스도를 향해 더 나가라고 도전한다. 나는 이 책의 내용을 모두 동의하지는 않지만, 영적 생활에 필요한 중요한 교훈을 포함하고 있다고 생각한다. 테레사는 신앙생활이란 믿음, 기도, 노력을 통해 계속적으로 성장함으로써 그리스도와 가까워져 가는 과정임을 보여준다. 테레사가 말한 것처럼 "그리스도 안에 있는 영혼은 우리가 상상할 수 있는 것 이상을 할 수 있다."[17] 성도는 보다 저차원적인 사랑에서 벗어나 그리스도에게 자신을 내어드림으로써 좀 더 영적으로 발전되어야 한다(요3:30). 고통과 아픔은 성숙과 거룩을 위해서 반드시 따라오는 요소다. 결국에는 하나님의 자녀들에게 말할 수 없는 영광이 그리스도와 함께 따라올 것이다. 바울이 말한 대로 "기록된 바 '하나님이 자기를 사랑하는 자들을 위하여 예비하신 모든 것은 눈으로 보지 못하고 귀로도 듣지 못하고 사람의 마음으로도 생각지 못하였다' 함과 같으니라 오직 하나님이 성령으로 이것을 우리에게 보이셨으니 성령은 모든 것 곧 하나님의 깊은 것이라도 통달하시느니라"(고전2:9-10).

### 사색적 전통: 토마스 머톤(d. 1968)

지적인 성도라면 토마스 머톤의 책을 안 읽어 본 사람이 없을 것이다. 그는 교계에 영적인 방향을 제시했던 20세기의 예언자였다. 일부에서는 머톤을 기독교, 비기독교를 통털어 우리시대에 가장 큰 영향력을 미친 지적, 영적 인물로 평가한다. 머톤의 글은 성도들에게도 하나님의 마음을 읽도록 도와주고, 상처 받고 방황하는 세상의 필요에 귀를 기울이도록 만든다.

형식적으로 신앙생활을 했던 프랑스 개신교도 가정에서 태어난 머튼은 미국 콜롬비아 대학을 다니는 동안 그리스도를 만났다. 머튼은 그 후 신부가 되어 미국 켄터키주에 있는 트라피스트 수도원에서 평생동안 사역을 했다. 그는 영적 생활과 관련 주제로 육십 권의 책과 수많은 글들을 썼다. 그는 아시아를 돌며 강의여행을 하던 중 감전사로 55세기를 일기로 사망했다.

머튼은 믿음을 통해 하나님께서 죄를 용서하시는 은혜를 직접 체험했다. 그는 평생동안 '스스로 있는 자' 이신 하나님을 경험하며 살려는 열정을 가졌던 사람이다. 머튼은 평생동안 "말로 표현할 수 없는 따뜻한 사랑과 하나님의 자녀로서 특별한 자존감을 느낄 수 있도록 해주신" 예수님의 구원에 대해 많은 글을 남겼다. 다시 말해 "유일한 성부 하나님의 아들께서 십자가에 대신 달려 죽으시기까지 우리를 사랑하시고, 이를 통해 그의 사랑과 하나될 수 있는 길을 열어주신 사랑"에 대해 묵상하는 글을 주로 썼던 것이다.[18] 머튼은 명목상으로만 기독교 문명이 이름을 달고 있는 서구 문화의 위기에는 복음만이 유일한 희망이라고 생각했다. 그의 글들은 성경 본문과 다양한 신학자와 영성 지도자들로부터 발췌한 내용으로 가득하다.

26세가 되자 머튼은 세상적인 야망을 포기하고 하나님의 뜻을 찾아 공동체 생활을 선택한다. 그는 먼 옛날 고독한 광야생활을 통해 하나님을 만나려고 했던 사막 교부들의 발자취를 따르기로 결심한다. 그는 트래피스트 수도사들의 도움으로 마태복음 13:45-46에 나오는 영적 진리를 찾아다니면서, 고린도후서 5장 17절에 설명된 그리스도 안의 새 사람다운 풍성한 삶을 누리기 위해 노력했다. 그가 수도원을 선택한 이유는 묵상, 다시 말해 하나님께 조용히 사랑의 마음으로 귀를 기울이고 친밀한 관계를 만들기 위해서였다. 그에게 있어서 사색 기도는 "그 동안 '구원하신' 우리를 사랑하시고, 우리 곁으로 직접 찾아오신 분께 의지하는 방법"이었다.[19] 성도는 바른 묵상을 통해 하나님의 사랑으로 목을 축이게 되고, 이웃에게까지 나누어 줄 수 있는 생명의 샘물 역할까지 할 수 있게 된다.

머튼은 혼돈과 무질서 속에 있는 세상에 대해 큰 책임감을 느꼈다. 그가 살았던 시대의 신문 톱기사 중에는 아우슈비츠, 히로시마, 베트남의 비극 등이 포함되어 있다. 머튼은 세계 전역에서 고통 받는 사람들을 보면서 큰 아픔을 느꼈다. 그는 사회적, 정치적, 인도주의적 모순이 드러날 때마다 그리스도인으로서 외면할 수 없었다. 머튼은 기독교적 비폭력사상을 내걸고 평화와 정의의 운동을 펼쳐나갔다. 그러나 그는 진정한 사회 개혁은 오직 그리스도를 통한 개인적인 변화를 통해서라는 사실을 확신했다. 머튼은 "우리는 먼저 내적으로 새롭게 변해야 한다. 그런 뒤, 새로운 삶을 주시는 성령님, 그리스도의 성령님, 하나님으로부터 온 성령님을 좇아 행동할 수 있어야 한다"고 주장했다.[20]

머튼은 기독교인이 사회에 공헌하는 방식은 반드시 배려와 묵상의 정신으로 이루어져야 한다고 강조했다. 머튼이 강조하는 이상적인 사회 참여란 '행동과 묵상'이 같이 가는 것이다. 그는 말씀을 좋아했던 마리아와 행동파였던 마르다가 같은 집에 살았던 자매였던 점을 강조한다. 머튼은 "묵상은…… 가장 호소력 있는 사회적 실천으로 이어주는 역동적 영성의 창고 역할을 한다"고 말한다.[21]

머튼은 현대 기독교인들에게 수도원 생활을 심각하게 고려해 보라고 권유한다. 무슨 의도로 그런 말을 했을까? 이 말은 바쁜 가정생활과 직장생활 중에서도 반드시 영적으로 '고독'의 공간을 만들 필요가 있다는 뜻이다. 여기서 말하는 고독이란 주변에 사람이 없는 상태가 아니라, 하나님과 함께 하는 상태를 말한다. 수도원 생활에 관심을 가지라는 말은 보다 더 끈끈한 '공동체'적 삶을 살아야 한다는 뜻이기도 하다. 성도는 '성도의 교제'라는 양육 과정을 통해 하나님 나라의 일원이 된다. 일반 사회에서 살아가는 성도들은 "성경을 더 열심히 공부해야 할 필요"가 있다. 하나님의 기록된 말씀만이 우리에게 제대로 그리스도를 보여주기 때문이다. 이 땅의 수도원들은 '예배' 면에서도 좋은 모델이다. 절기별 예배문을 잘 활용하면 교회의 다양한 신앙고백과 전통을 빠짐없이 경험할 수 있다. 이밖에도 수도원은 '사색 기도'를 개발할 수 있는 환경을 마련해 준다.

그러나 머튼은 말년에 동양 영성에 많은 관심을 가지기 시작했다. 그는 기독교와 불교, 힌두교 같은 동양 종교의 공통분모를 찾기 위해 노력했다. 그는 기독교적 사색과 선불교의 명상이 같은 목표를 지향하고 있다고 생각했다. 둘 다 왜곡되고 자기착각에 빠진 자아의 실체를 벗겨서, 진정한 자아를 발견해 주는 도구라는 것이다. 선불교와 기타 동양 신비주의자들은 '직관'을 통해 득도를 하면 참다운 현실을 발견할 수 있다고 가르쳤다. 소비에 미쳐있는 서구사회에 환멸을 느낀 머튼은 불교의 교훈에 기울고 있었다. 그는 동양 종교의 지도자들과 대화를 나누면서 불교와 기독교 사이에는 모순이 없다는 결론 내렸다. 달라이 라마를 만나러 떠나는 길에 머튼은, 자신은 설교하러 가는 것이 아니라 대화를 통해 진리를 발견하러 간다고 말했다.

그렇다면 머튼의 글을 복음주의자들은 어떻게 사용해야 할까? 도움이 될 만한 부분이 있을까? 여러분도 알다시피 상황은 간단하지 않다.

그리스도와의 관계, 기도 생활 같은 이슈를 다른 머튼의 책들은 내용상 아주 건전하다. 예를 들어 「삶과 거룩」(Life and Holiness)같은 책은 영적으로 큰 감동을 전해준다. 머튼은 이 책이 "우리 안에 계신 하나님의 은혜와 능력의 빛을 주제로 삼고 있다. 구체적으로 우리의 마음을 깨끗하게 만들고, 그리스도 안에서 하나님의 진정한 자녀답게 변해가고, 이웃을 돕고 하나님의 영광된 도구로 살아가는 법"을 다루는 책이라고 말한다.[22] 루이스는 머튼의 책들을 높이 평가하고 있다. "나는 여러분처럼 미국의 트레피스트 수도사 토마스 머튼의 글, 「사람은 혼자서 살 수 없

다」(No Man is An Island)을 읽고 큰 감명을 받았다." [23]

그러나 동양 종교에 대해서 쓴 「신비주의자들과 동양종교의 교사들」
(Mystic and Zen Masters, 1967)을 보고 나면 머튼의 대한 평가는 바뀐
다. 우리는 여기서부터 머튼의 입장에 동조할 수 없다. 이 책은 기독교와
불교의 공통점을 찾고 종교(특히 기독교의 경우 교파)간의 대화가 가능
하다고 주장한다. 그러나 그는 불교가 하나님으로 가는 길로 인도해 줄
수 있다고 말함으로써, 성경적 입장에서 크게 벗어나고 있다. 불교와 기
독교가 크게 다르지 않다고 말한 머튼의 입장은 문제가 있다. 불교는 인
격적인 창조자이신 하나님의 존재와 신과의 인격적인 만남의 가능성을
부정한다. 본질적으로 불교는 일종의 허무주의다. 잘 알려진 참선 교사
가 직접 인정했듯이 "참선은 아무것도 가르치지 않는다." 참선의 하나님
은 해탈이다. 다시 말해 욕망을 없애면서 자아까지도 같이 포기하도록
가르치는 것이다. 불교의 주장이 옳다면, 하나님 아버지께서는 아들을
이 땅에 보내셔서 십자가에 죽게 하시고 무덤에서 부활시킬 필요는 전혀
없게 된다. 불교가 구원의 길을 제공한다면, 예수님께서 "내가 길이요,
진리요 생명이니 나로 말미암지 않고는 아버지께로 올 자가 없느니라"
고 말씀하실 리가 없다(요14:6). 달라이 라마도 "불교는 불교지 기독교와
같아 질 수는 없다"라고 강조하기까지 했다.

이 유명한 20세기 영성 작가에 대해 내가 느끼는 불편함을 여러분도
공감하리라 기대한다.

## 정리

영성 고전은 성경보다 덜 중요한 자료임에는 틀림없다. 그러나 이런 고전을 쓴 뛰어난 저자들을 통해, 성경에 있지만 그 동안 놓치고 지나갔던 영적 진리를 다시 한번 깨닫는 데 도움이 될 것이다. 이런 기능을 통해 영성 고전은 성도의 영적 생명력을 회복시키는 중요한 자원이 된다. 영성 고전은 영성 목회를 하려는 사람뿐 아니라, 교회에 성화의 신학의 회복시키고 성도들에게 실제적인 변화를 성령을 통해 경험하도록 하는 데 큰 도움이 된다.

알리스터 맥그라스는 자신이 속한 복음주의 운동은 신학과 전도 분야에서 중요한 역할을 했다고 자부하면서도, "복음주의는…… '신학'에 실제적인 힘을 주는 '영성' 분야에서는 너무 약했다. 여기에 우리의 심각한 약점이 있다"라고 고백한다.[24] 물론 가톨릭과 성공회 교회주의자들(중세적 전통을 강조하는 성공회 일파: 역주)는 개인적인 결단을 통한 회심 부분을 소홀하게 다루어왔다. 복음주의는 논리와 교리중심적인 영성을 가지고 있었기 때문에, 기독교 신앙을 신학적으로 해석하는 데는 매우 성공적이었다. 그러나 감성적인 영성을 강조하는 영성 전통에 속한 사람들은 하나님의 마음을 우리보다 더 깊이 경험해 왔다. 우리는 각자가 가진 육체적 한계를 자인하고, 서로의 장점과 유익을 배우고 수용할 필요가 있다.

우리는 내가 속한 교단만이 진리를 독점하고 있다고 믿고 싶을 것이다. 그러나 이러한 생각은 더 많은 문제를 만들어 낸다. 결론적으로 다른 기독교 전통의 증언에 더 귀를 기울이도록 격려하는 세 명의 존경 받는 복음주의 지도자들을 소개하면서 마치고자 한다.

J. B. 필립스는 도전적인 소책자 「너무 작은 하나님」(Your God is Too Small)에서 이렇게 썼다.

> 어떤 교단도 하나님의 은혜를 독점할 수 없으며, 누구도 참다운 기독교 인격을 만들어내는 유일한 정답을 가지고 있지 않다. 삼자적 관점에서 보면, 하나님은 어떤 틀에도 매여 계시지 않는다. "성령의 바람은 어디로 갔다 어디로 가는지 아무도 모른다" 이런 하나님이 인간이 정한 규정에 매여 계실 리가 없다.[25]

## C. S. 루이스도 이렇게 말한다

> 기독교는 인간을 기계로 볼 때 완벽한 운영 방식이라고 할 수 있다. 그러나 우리는 나름대로 독특한 이유에서 완벽한 운영방식에서 벗어나 있지만, 자기 식으로 사용하는 방법만이 정답이라고 말하고 싶어 한다. 이러한 사실은 기독교와 관련된 모든 영역에서 드러난다. 사람은 자기가 보는 진리의 한 면에 너무 빠진 나머지, 나머지는 외면해버린다. 이 때문에…… 사람들은 전혀 반대입장에서 싸우면서도 자신이 기독교편에 서 있는 것처럼 말할 수 있는 것이다.[26]

유진 피터슨도 "모든 교파와 종교들은 각각 맹점을 가지고 있다"라고 지적한다. 바로 이점 때문에 "모든 교파는 나름대로 발굴해야 할 영적 보화를 가지고 있다"고 말할 수 있다.[27] 이 지도자들은 하나님 앞에서 그의 백성들에게 갖춰야 할 영적 균형을 위해 모든 자원을 모아 사용할 필요가 있음을 지적한다.

리처드 러블래이스(Richard Lovelace)는 같은 내용을 날카롭게 지적하고 있다.

> 우리는 다른 기독교인들에게 더 귀를 기울일 필요가 있다. 기성 개신교파들, 가톨릭, 정교회 성도들은 우리가 가지지 못한 성경적 유산을 많이 유지해 왔다. 이들은 우리의 회개가 필요한 곳들을 더 깨달을 수 있도록 문제를 분명하게 보여주기도 한다.[28]

우리는 다른 교파의 것이라고 할지라도, 우리에게 도움이 될 전통들에 귀를 기울일 필요가 있다. 초대 교부들, 중세 신비주의자들, 종교개혁과 가톨릭 종교개혁의 영적 지도자들, 대각성운동기 지도자들 그리고 사회 개혁적인 자유주의 기독교의 예언자적 목소리까지, 성경적 균형과 참다운 영성을 회복시키기 위해 우리에게 도전하는 소리들이다.

우리는 마음과 생각을 열고 이들 영성 고전들을 읽어나갈 때, 다양한 기독교를 함께 활용할 방법을 배우게 된다. 나는 기독교 고전을 읽을 때마다, 거기서 발견되는 영적 은혜에 고개를 숙이게 된다. 나는 진정한 성도들을 그리스도의 몸으로 연합시키는 거리가 분열시킬 거리보다 많다는 것을 확인할 수 있다. J. I. 패커는 복음주의자들은 다른 교파에 대한 거부감을 극복하고 "개신교는 종교개혁과 복음주의적 유산뿐 아니라, 그 동안 무시해 왔던 교부시대, 중세, 청교도, 복음주의적 유산를 포함한 기독교 유산 전체를 다시 강조할 필요가 있다"라고 지적한다.[29]

마지막으로 나는 영성 고전을 읽음으로써 하나님으로부터 소외된 성도들을 다시 회복하시는 한 가지 방법을 발견할 수 있다고 말하고 싶다. 예수님께서는 제자들과 마지막 만찬을 나누시면서 큰 소리로 아버지께 이렇게 말씀하셨다.

> 아버지께서 내 안에 , 내가 아버지 안에 있는 것같이 저희도 다 하나가 되어 우리 안에 있게 하사 세상으로 아버지께서 나를 보내신 것을 믿게 하옵소서 내게 주신 영광을 내가 저희에게 주었사오니 이는 우리가 하나가 된 것 같이 저희도 하나가 되게 하려 함이니이다 곧 내가 저희 안에, 아버지께서 내 안에 계셔 저희로 온전함을 이루어 하나가 되게 하려 함은 아버지께서 나를 보내신 것과 또 나를 사랑하심 같이 저희도 사랑하신 것을 세상으로 알게 하려 함이로소이다 (요17:21-23)

그리스도 안에서 한 몸의 정신으로 신앙 고전들을 읽도록 여러분에게 권하고 싶다.

## 직접 해보기

1. 책을 골라 읽는 법을 연습해 보자.

여러분이 속한 교단 밖의 기독교 전통과 저자들의 글을 골라보자. 어떤 책을 볼지 잘 모르겠다면 아래의 인물 중에 하나를 선택하는 것도 좋다. 개인적으로 복음주의자들이 반드시 읽어봐야 할 영성 고전으로 토마스 아 캠피스, 로렌스 수사, 헨리 나우웬, 장 바니에 같은 이들의 책을 읽어보도록 권하고 싶다. 여러분이 고른 책을 꼼꼼하고 기도하는 마음으로 읽어보자.

- 이 책을 통해 여러분은 하나님의 선하심과 영적 생활에 대해 새로운 발견을 한 것이 있는가? 여기서 발견되는 영적 보석들이 여러분의 영성에 어떤 도움을 주고 있는가?
- 우리는 모두 흠도 많고 우리가 속한 문화와 상황의 결과물이다. 여러분이 읽은 책에서 개인적으로 동의할 수 없는 내용이나 전통, 신학 같은 것이 발견되는가?
- 읽은 책을 간단히 결론부터 추려보자. 여러분이 읽은 책 속에서 발견되는 영적 지혜와 유익함이 여러분이 발견한 신학적 문제보다 더 큰가? 신앙인은 모든 책을 잘 분별해서 잘못된 것과 선을 잘 구분해서 읽을 필요가 있다.

2. 당신은 지금 영적 여정의 어느 부분에 와 있는가?

테레사가 「영혼의 성」을 통해 설명하는 영적 발전 단계를 요약한 장들을 다시 읽어보자. 시간이 있다면 「영혼의 성」을 직접 구해 읽어보는 것도 좋다. 별로 길지도 않고 읽기가 어렵지도 않은 책이다.

- 영적 발전 과정을 일곱 단계로 나누어 설명하는 테레사의 모델은 여러분 자신의 영적 상태를 이해하는 데 도움을 주는가?
- 테레사가 그리스도와의 관계를 단계적으로 설명하는 것을 볼 때, 여러분도 영적으로 더 성장할 여력을 발견하게 되는가?

- 여러분이 신뢰할 만한 친구에게도 테레사의 영적 발전과정 모델을 소개하라. 그런 뒤 친구에게 지금 여러분이 위치한 영적 '방'이 어디인지를 평가해 달라고 부탁해 보자. 친구의 평가와 여러분 자신의 진단은 같은가? 입장을 바꾸어 보도록 하자. 친구의 영적 상태에 대한 여러분의 평가를 말해주자. 서로의 영적 성장과 유익을 위해서 잠시 기도의 시간을 가져보자.

## 읽으면 좋을 책들


Foster, Richard J & James Bryan Smith, Devotional Classics: Selected Readings for Individuals and Groups(San Francisco: HarperSanFrancisco, 1993),「리처드 포스터가 묵상한 신앙 고전 52선」(두란노, 1998).

Hazard, David. Rekindling the Inner Fire Devotional Series(Minneapolis: Bethany, 1991).

Hinson, E. Glenn. Seekers After Mature Faith: A Historial Introduction tot he Classics of Christian Devotions(Waco, Tex: Word Books, 1968).

Miller, Calvin. Walking with the Saint: Through the Best and Worst Times of Our Lives(Nashville: Thomas Nelson, 1995).

Toon, Peter. Spiritual Companions: An Introduction to the Christian Classics(Grand Rapids: Baker, 1990).

Shelly, Bruce L. All the Saints Adore Thee: Insight Form Christian Classics(Grand Rapids: Zondervan, 1988).

# 10. 지속적인 영적 성장의 길

Getting On with the Spiritual Journey



"이 세상에 사는 동안 우리는 항상 어디론가 가고 있는 방랑객으로 산다. 항상 앞으로 가야만 하는 존재라는 뜻이다. 항상 가보지 못한 곳을 향해 가길 원하는 방랑자는 지금 있는 자리에 만족하지 않는다. 만일 지금의 자리에 만족하는 자리라면, 이미 그는 방랑자가 아니다. 만일 '이것을 충분해' 라고 말하고 있다면 다음에 갈 곳이 없기 때문일 것이다. 방랑자는 계속 걸어 앞으로 나가, 목표로 향해 가려고 시도한다."

– St. 어거스틴[1]

나는 지금까지 영성 중심의 신앙을 회복해야 할 필요에 대하여 나름대로 의견을 제시했다.

그리스도를 좇아가는 길이 마치 한 가지 밖에 없는 것처럼 생각할 필요는 없다. 오랫동안 다양한 신앙인들을 통해 하나님께서 자신을 드러내신 방법들을, 나는 여러분도 직접 시도해 보도록 권장하고 싶다. 믿음 안에서 형제 자매된 여러분이 보다 나은 영적 상태와 성숙에 이루도록 도전하려는 것이 이 책의 주목적이다.

마이클 다우니(Michael Downey)는 지난 수백 년에 걸쳐 내려온 기독교 영성훈련 방법들을 검토한 뒤, 다음 같은 조언을 우리에게 주고 있다.

> 역사와 전통을 가장 유용하게 이용하기 위해서는, 이들을 통해 항상 똑같은 답만 찾거나 이미 진리로 받아들여진 내용을 확인하는 선에서 멈춰서는 것은 곤란하다. 도리어 각각의 상황에서 등장하는 인물, 움직임, 글의 역사적인 맥락을 진지하게 살펴보면서 나름대로의 의의를 찾으려고 노력할 때, 우리는 역사와 전통을 통해 가장 많은 교훈을 얻을 수 있다.[2]

나는 과거의 방법을 똑같이 흉내내면서 독자들을 지루하게 만들고 싶지는 않다. 내가 원하는 것은 이 책을 통해 정통 신앙, 비전, 예언자적 목소리를 담아 여러분에게 영성 신앙을 회복해야 할 필요성을 전하고 싶은 것이다.

## 당신은 영적으로 만족하십니까?

오늘날 우리는 삶을 만족하며 의미를 찾는 데, 과거보다도 더 후퇴한 상태에 있는 것 같다.

이러한 인간의 갈증에 대해서는 아주 오래 전에 쓰여진 전도서도 적나라하게 지적한다. 인간이 경험할 수 있는 모든 것을 누렸던 솔로몬이었지만, 그도 하나님을 떠나서는 내적인 만족을 느낄 방법이 전혀 없다고 고백한다. 지식(전12:12), 인간적인 지혜(1:16-18, 2:12-15) 엄청난 노력과 성공(2:17-23), 쾌락(2:1-2, 7:4), 성적인 만족(2:8), 재물(2:8, 5:10-16) 집과 땅(2:4-6)같은 것들로도 사람의 내적 공허함을 채워줄 수는 없다는 것이다. 미국의 가장 부자 중의 한 사람에게 누군가가 이렇게 질문했다 "얼마나 더 많은 돈이 있어야 만족하시겠습니까?" 그러자 그는 "아주 조금만 더 있으면 됩니다"라고 말했다고 한다. 전도서는 이미 수천년 전에 이런 반응을 예상하고 있었다. "은을 사랑하는 자는 은으로 만족함이 없고 풍부를 사랑하는 자는 소득으로 만족함이 없나니 이것도 헛되도다"(전5:10). 우리 주변의 풍요로운 도시와 집들을 자세히 살펴보길 바란다. 사람들은 멋진 집에 너무나도 많은 '것' 들을 쌓아놓고 살지만, 거기에서 '행복' 을 찾아보기는 힘들다. 아무리 매끈한 외모를 가진 사람이라도 내적인 공허함을 숨길 수는 없다.

전도서는 우리에게 하나님과의 관계가 살아있지 않고서는 어떤 것도 "바람을 쫓는 것"과 다르지 않다고 말한다(전도서는 이것을 아홉 번이나 강조한다. 1:1, 2:11, 4:4). 세상의 어떤 것도 인간을 만족시킬 수 없다. 전도서 저자는 "헛되고 헛되고 헛되니 모든 것이 헛되도다"라고 강조한다(전도서의 저자인 솔로몬은 이런 표현을 35번이나 사용한다. 1:2, 9:9, 12:8과 비교해 보라). 하나님 없이는 만족스런 삶이란 없음을 깨달은 솔로몬은, 하나님이 없는 삶은 죽어버리거나(4:2), 아예 태어나지 않았던 편이 더 나을 것이라고까지 말한다(4:3).

우리가 직시해야 할 사실은 이렇다: 하나님은 인간 속에 영원을 사모하는 마음을 주셨기 때문에(3:11) 한순간의 쾌락으로는 영원을 추구하는 인간의 영혼을 만족시킬 수 없다는 것이다. 하나님을 중심으로 하지 않은 삶, 하나님과 교제하며 살지 않은 삶은 계속 실망할 수밖에 없다.

다행히도 솔로몬은 절망의 메시지만을 던지고 있지는 않는다. 인간은 하나님의 품안에서 삶의 행복과 의미를 찾을 수 있다는 것이다(2:24-25, 5:18-20). 솔로몬의 아버지인 다윗도 이렇게 말했다. "주의 인자가 생명보다 나으므로 내 입술이 주를 찬양할 것이라…… 골수와 기름진 것을 먹음과 같이 내 영혼이 만족할 것이라 내 입이 기쁜 입술로 주를 찬송하되"(시63:3, 5). 우리를 만족시킬 수 있는 유일한 것은 '하늘의 떡'이다(시105:40). 그 떡이 바로 예수님이며(요6:41), 예수님이 하신 것처럼, 아버지 하나님께서 우리에게 자신을 가르치시고 의지하도록 가르친 대로 할 때 우리의 영혼은 비로소 채워지게 된다.

그렇다면 나는 이렇게 여러분께 질문하고 싶다. 여러분은 내적으로 만족하며 살고 있는가? 여러분 마음속 한 곳의 빈 공간을 살아 계신 하나님과 관계하며, 그분의 은혜와 선하심을 경험하는 것으로 채우며 살고 있는가?

## 당신도 채워지길 원하는가?

영적으로 갈증을 느끼고 있다면 그 영혼은 아직 살아있으며 희망이 있다는 증거다. 바울은 내적으로 느끼던 갈증을 이렇게 표현한다. "내가 그리스도와 그 부활의 권능과 그 고난에 참예함을 알려하여 그의 죽으심을 본받아"(빌3:10).

시에나의 캐서린(Catherine of Siena, d. 1380)은 하나님과의 대화하는 상상을 글로 적었다. 하나님께서는 캐서린에게 "너에게 보여준 새로운 생명력, 욕망, 소유, 사랑, 눈에 보이는 것, 행복은 지금 이 순간부터 나를 원하는 사람들을 위해 주어질 것이다."[3] 캐서린은 마음을 열고 평생동안 전심으로 주님께 헌신하며 살았다. 그녀가 보여준 가난한 사람에 대한 헌신적인 봉사는 그리스도와의 개인적인 관계에서부터 넘쳐 흘러나온 것이다.

하나님을 초대하고 환영하는 곳이면 어디든지 하나님께서 자기 집으로 삼으신다. 우리가 진정으로 하나님을 원한다면, 하나님은 반드시 우리 마음으로 들어와 주신다. "이제 주린 자는 복이 있나니 너희가 배부름을 얻을 것임이요"(눅6:21). 이를 위해 우리가 해야 할 일이란 바로 마음을 열고 채워달라고 구하며 기다리는 것이다.

아빌라의 테레사는 성도는 하나님의 사랑의 품으로 자신을 무조건 던져야 한다고 말한다.

> 여기엔 어떤 비밀이나 마술, 비법 같은 것은 없다. 우리의 행복은 오직 하나님의 의지를 행하는 데 달려있다. 하나님은 우리를 강요하지 않으신다. 하나님은 단지 우리가 주는 것만을 받으실 뿐이다. 그러나 하나님은 우리가 온전히 그 분께 우리 자신을 드리기 전까지는 우리의 하나님이 되시지 않는다.

> 여기서 핵심은 하나님께서 채워주실 수 있도록 우리 마음을 먼저 비우고 드려야 한다는 점이다. 이렇게 할 때 엄청난 변화가 온다! 능력의 우리 성부 하나님께서는 우리와 하나가 되시고, 우리를 변화시키신다. 창조자와 피조물이 하나가 되는 것이다.[4]

여러분은 하나님의 품에 자신을 온전히 맡긴 적이 있는가? 그런 적이 없다면 지금이라도 그렇게 해보자! 편하게 하나님을 받아들이면서, 부분적으로 받지 말고, 전체로 받아들여야 한다.

### 새로운 습관을 가진 존재

계속적인 영적 회복을 경험하려면, 먼저 영적 훈련이나 습관을 기를 필요가 있다. 정기적인 운동은 건강에 큰 도움이 되듯이, 오랜 영적 훈련은 영적인 성숙을 가져다 주는 데 큰 힘이 된다. 영적 성장에는 반드시 영적 단련이 필요하다.

"실천을 심으면 습관을 추수하고 습관을 심으면 성품을 추수한다"라는 유명한 속담도 이를 뒷받침한다. 지속적으로 성장하는 신앙인은 나름대로 침묵훈련, 묵상, 통성/침묵기도, 영성 고전 읽기 같은 습관을 익힐 필요가 있다. 영적 성장은 하나님의 인도와 우리의 신뢰가 서로 반응할 때 일어난다. 바울이 말했듯이 "항상 복종하여 두렵고 떨림으로 너희 구원을 이루라 너희 안에서 행하시는 이는 하나님이시니 자기의 기쁘신 뜻을 위하여 너희로 소원을 두고 행하게 하"신다(빌2:12-13). 어거스틴이 본 대로, 하나님이 우리를 찾아내시기 전에는 우리가 하나님을 찾아낼 수 없다는 놀라운 사실을 기억하자.

### 끊임없이 주님만을 바라보라

그리스도는 단순히 신앙 생활에서 다루는 하나의 주제가 아니다. 그리스도의 인격을 우리 안에 키워 가는 것이야말로 신앙의 본질이자 핵심이다. "기독교는 그리스도를 의미한다"라는 구호는 단순히 광고용이 아니다. 온전한 영성은 그리스도를 통해서, 그리스도와 함께 그리고 그리스도 안에서만 만들어진다. 다시 말해 그리스도를 '통해' 우리의 칭의와 화해가 이루어지고(롬5:9), 그리스도와 '함께' 기도와 봉사가 가능하고(마28:20), 그리스도 안에서 주님과 역동적으로 하나가 된다(요14:20, 고후5:17)

여러분은 진심으로 영적으로 회복되길 원하는가? 그렇다면 먼저 그리스도를 찾고, 그리스도를 마음의 중심에 두자. 루터는 그리스도인이란 '작은 예수' 라고 표현했다. 루이스는 이 개념을 더 발전시켜서 이렇게 말한다. "하나님은 당신을 마치 작은 예수를 보듯이 보신다. 그리스도는 당신 옆에서 당신을 그리스도로 만드시는 분이다."[5]

우리는 구주와 계속 교제함으로써 작은 예수가 될 수 있다. 우리가 그리스도에 초점을 맞추고 주님과 항상 함께 거하는 삶을 살 때, 주님의 은혜는 우리의 인격 속으로 깊이 들어와 우리를 내부로부터 변화시킨다. 그리스도인은 영원히 그리스도와 함께 하는 사람들이다. 그렇다면 우리는 당연히 그리스도의 영광을 항상 경험할 수 있지 않을까? 아시시의 프란시스는 작은 예수로 살았다. 전기작가들은 이 위대한 중세 성자의 삶을 이렇게 표현했다. "그는 항상 예수님에 대해서 생각했다. 그의 입에도, 귀에도 눈에도 손에도 모두 예수님이 계셨다. 예수님은 모든 면에서 그와 동행하셨다."

신실하게 배우는 자세로 주님을 따를 때, 우리도 작은 예수가 된다. 주님 앞에서 내 자신을 죽이고 내 미래를 모두 맡기면, 주님에 대한 사랑도 깊어진다. 주님께서도 이렇게 말씀하셨다. "아비나 어미를 나보다 더 사랑하는 자는 내게 합당치 아니하고 아들이나 딸을 나보다 더 사랑하는 자도 내게 합당치 아니하고 또 자기 십자가를 지고 나를 좇지 않는 자도 내게 합당치 아니하니라"(마10:37-38). 토마스 아 캠피스의 「그리스도를 본받아」를 읽어 보면 다음과 같은 멋진 표현이 등장한다.

> 많은 사람들이 하늘 나라를 사모했지만, 그 중 소수만이 실제로 주님의 십자가를 걸머졌다. 많은 사람들이 주님의 위로를 원했지만, 그 중 소수만이 심판을 준비하고 있었다. 많은 사람들은 주님과 잔치에 함께 하길 원했지만, 그 중 소수만이 주님과 금식하기 원했다. 모든 이들이 주님과 함께 기뻐하길 원했지만, 그 중 소수만이 주님을 위해 고난을 견디어냈다…… 많은 사람들이 주님의 기적에 열광했지만, 그 중 소수만이 십자가의 오욕을 같이 나누었다.[7]

아빌라의 테레사도 "영성의 사람이 되길 원한다면, 먼저 십자가를 진 그리스도의 종이 되어야 한다. 하나님께서는 주님께서 인도하시는 생명의 길보다 더 큰 은혜를 준비하시지 않으셨다"라고 지적한다.[8]

결론적으로 우리는 그리스도께서 복음을 통해 보여주신 대로 그 분을 본받음으로써 작은 예수가 되어야 한다. 바울은 고린도 교인들에게 이렇게 편지했다. "내가 그리스도를 본 받는 자 된 것같이 너희는 나를 본받는 자 되라"(고전11:1). 끊임없이 성장하는 신앙인이 되려면 예수께서 성부 하나님께 보인 헌신을 본 받아야 한다. 그리스도의 인격, 가치관, 행동, 인간 관계를 깊이 묵상하면서 기도로 따라가는 사람이 되어야 한다.

프랑스와 페늘롱도 "우리는 그리스도를 반드시 닮아가야 한다. 그 분이 사신대로 살고, 그분이 생각했던 대로 생각하고, 그분의 형상대로 우리를 맞춰나가야 한다. 이렇게 할 때만 우리의 성화가 보장된다"라고 말했다.[9] 다시 한번 「그리스도를 본받아」를 인용한다면, "삶과 행위에서 그리스도를 본 받아라. 이것이야말로 우리가 빛을 찾고 어두움을 피하는 방법이다. 그렇다면 구체적으로 어떻게 해야할까? 전적으로 주님의 삶을 따라 살자."[10]

## 영적인 풍성함을 구하라

우리는 성부 하나님께 사랑 받고, 그의 아들에 의해 구원 받고, 성령님에 의해 새롭게 된 성도들이다. 그러나 최근 조사에 따르면 미국의 기독교인 중 겨우 33%만이 하나님을 삼위로 이해하고 있는 것으로 나타났다.[11] 무엇보다도 가장 큰 문제는 우리의 안팎에서 역사하시는 성령 하나님을 제대로 이해하는 사람이 적다는 점이다.

전에도 언급했듯이 감정몰입에 거부감을 느끼는 복음주의자들은 성령님의 인격과 사역을 무시하는 경향이 있다. 그러나 신약 성경은 성령에 대해서 삼백 번 이상이나 언급하고 있다. 그러나 우리가 불성실하게 이 점을 충분히 주목하지 못한 까닭에, 삼위일체를 말하면서도 성령은 무시되고 예수님의 하급 보조원 정도로 그려지고 있다. 미국의 가장 큰 복음주의적 교단의 지도자는 나에게 이렇게 고백했다. "우리 교단의 교회들은 성령에 대해서 두려움을 가지고 있답니다."

그러나 진정한 영성은 성령님에 의해서만 만들어진다. 성령님은 성도의 삶에 하나님의 능력을 부어주시는 분이다(눅24:49, 행1:8). 바울도

"이는 우리 복음이 말로만 너희에게 이른 것이 아니라 오직 능력과 성령과 큰 확신으로 된 것이니 우리가 너희 가운데서 너희를 위하여 어떠한 사람이 된 것은 너희 아는 바와 같으니라"고 말한다(데전1:5). 하늘로부터 '기름 부어 주시는 자'이신 성령님은 악한 육신의 포로가 된 우리 마음의 벽을 허무시는 분이다. 삼위 중에 '능력 주시는 분'이신 성령님은, 능력을 상실한 종교에 '능력을 가득히 부어' 주신다. 바울은 무덤에서부터 예수님을 부활하킨 능력이 성도들 속에도 있다는 놀라운 주장을 펼친다(롬8:11). '불'이신 성령님은 우리의 삶에 생명의 불을 붙이시고, 자연법칙과 현실과 육체가 아닌 이 땅을 넘어 하늘나라를 바라보며 영적인 삶을 살 수 있도록 도와주신다. 성령님께서 우리에게 오시면, 꿈은 현실이 되고, 낙심한 영혼은 다시 채워지며, 슬픔은 만족으로 변한다.

복음서를 읽어보아도 성육신 하신 하나님의 아들은 공생애 동안 철저하게 성령님께 의지하셨다. 예수님은 사탄의 유혹을 이기신 후에, 나사렛 회당으로 들어가 이사야 61장을 읽으셨다. "주의 성령이 내게 임하셨으니 이는 가난한 자에게 복음을 전하게 하시려고 내게 기름을 부으시고 나를 보내사 포로된 자에게 자유를, 눈먼 자에게 다시 보게 함을 전파하며 눌린 자를 자유케 하시고……"(눅4:18). 하나님의 아들도 자신의 소명을 위해 성령님께 의지했다면, 우리는 어떠해야만 할까?

사도행전에서 나타나듯이, 예수님의 추종자들은 성령님의 능력에 의지하는 삶을 살았다. 교회의 확장과정은 교회가 "성령에 충만했다"는 단순한 사실에서 출발한다(행2:4, 4:8, 5:3, 5:55, 9:17, 11:24). 성령에 능력을 받는 전도자들은 담대하게 복음을 전하고(행4:31), 죄인들을 회개시키고(2:37, 11:24), 마귀를 쫓아내고(5:16, 8:7), 구원의 기적을 만들어낸

다(12:3-17, 16:25-26). 사도신경에도 "성령을 믿사오며"라는 구절이 나
온다. 어느 신학자가 지적한 것처럼 "성령님에 대한 언급이 신경에 포함
되기 오래 전부터, 초대 교회는 성령님에 대해 생생한 경험을 가지고 있
었다."[12]

성경은 성령님이 하나님께서 그의 백성에게 준 '선물'이라고 가르친
다(행2:38, 10:45, 11:17). 좋은 관계에 있는 사람으로부터 온 선물은 기
꺼이 받기 마련이다. 그렇다면 하나님의 성령님께서 주시는 엄청난 선물
을 받는데 왜 주저해야 하나! 성경 말씀은 은혜의 선물에 대해 우리가 어
떻게 반응해야 할 지를 분명히 가르치고 있다. 우리는 성령님을 거역하
거나(행7:51), 소멸해서는 곤란하다(데전5:19). 이것을 불복종하면 하나
님의 성령님을 슬프게 하는 것이다. "하나님의 성령을 근심하게 하지 말
라 그 안에서 너희가 구속의 날까지 인치심을 받았느니라"(엡4:30). 우리
는 성령을 욕되게 함으로써 하나님의 사랑하는 아들이 하신 일을 무의미
하게 만드는 행동을 해서는 안될 것이다(히10:29).

성경은 분명히 우리에게 성령의 은사를 받으라고 권한다(롬12, 고전
12-14, 엡4). 성령님은 교회에 혼란을 만들기 위해서가 아니라 성도들이
서로 잘 봉사할 수 있도록 '카리스므스(은사)'를 주셨다. 바울은 디모데
에게 이렇게 말한다. "네가 우리 주의 증거와 또는 주를 위하여 갇힌 자
된 나를 부끄러워 말고 오직 하나님의 능력을 좇아 복음과 함께 고난을
받으라"(딤후1:6). 하나님은 아주 세밀한 조각 맞추기를 하듯이, 교회에
필요한 영적 은사들을 효과적으로 공급하신다(고전12:18). 각각의 은사
들은 하나님의 계획에 반드시 필요한 존재다.

동시에 하나님께서는 성령 충만하라고 명하셨다. "오직 성령의 충만을

받아라"(엡5:18). 우리는 여기서 한 발자국 더 나아가 성부 하나님의 뜻에 따라 인도될 수 있도록 성령님께 우리의 마음문을 열어야 한다(행8:29, 롬8:14, 갈5:18). "만일 우리가 성령으로 살면 또한 성령으로 행할찌니"(갈5:25). 마지막으로 우리 안에서 성령의 열매를 맺을 수 있도록, 우리 자신을 '내어드리라고' 성경은 권고한다. "오직 성령의 열매는 사랑과 희락과 화평과 오래 참음과 자비와 양선과 충성과 온유와 절제니 이 같은 것을 금지할 법이 없느니라"(갈5:22-23). 주님의 삶 속에서 나타난 영적 열매들은 모든 성도의 삶에서도 나타날 것이라는 희망을 주신 것이다(마7:15-20).

우리가 매일같이 생명을 주시는 성령님을 받아들일 때 참다운 만족을 누리게 된다. 성령님은 보이지 않는 '생명수' 역할을 하셔서, 포도나무인 예수님으로부터 가지인 우리에게 생명력을 전해 주신다. 하나님의 은혜로 우리의 마음이 열릴 때, 성령님은 우리 안으로 흘러 들어오신다.

마술사 시몬은 그리스도를 영접했다. 사도들의 놀라운 기적을 목격하자, 시몬은 돈으로 성령님을 사려고 했다(행8:9-24). 얼마나 바보 같은 짓인가! 하나님의 성령님은 도저히 돈을 주고는 살 수 없다. 성령님은 하나님의 사랑의 선물로, 예수님을 따르는 모든 사람 안에 거하시는 분이다. 성령님으로 믿음으로 우리를 받아주시고, 아무런 조건 없이 우리를 만족시키신다.

그렇다면 영적 회복은 전적으로 성령님을 영적으로 어떻게 초대하는가에 달린 것이다. 성령님께서 마음의 중심에 거하는 사람은 내부로부터 점진적인 변화를 경험한다. "우리가 다 수건을 벗은 얼굴로 거울을 보는 것같이 주의 영광을 보매 저와 같은 형상으로 화하여 영광으로 영광에 이르니 곧 주의 영으로 말미암음이니라"(고후3:18). 성령님은 우리의 눈을 열어 하나님의 마음을 깨닫고, 영적으로 그리스도를 직접 체험하도록 만드신다. "성령님께서 실제로 우리를 거룩과 경건한 자로 바꾸신다는 것"을 생각해 보면 얼마나 신나는 일인가! "그런즉 누구든지 그리스도 안에 있으면 새로운 피조물이라 이전 것은 지나갔으니 보라 새것이 되었도다"란 말이 어느 시점이 되면 우리에게도 적용된다는 것이다(고후 5:17).

예수님을 영접하기 전의 어거스틴은 윤리적으로 아주 타락한 사람이었다. 그리스도를 만난 뒤, 그는 전에 사귀던 애인과 다시 마주칠 기회가 생겼다. 서로 눈이 마주치자 고개를 돌리는 어거스틴을 보며, 전 애인은 "어거스틴, 그때 나예요"라고 말을 걸었다. 그러나 그는 "그러나 나는 그때 내가 아니랍니다"라며 계속 길을 갔다고 한다.[13]

우리가 하나님과 깊은 사랑에 빠지기 원한다면, 죽어 있는 과거의 자아와 죄로부터 돌이켜 '새로운' 사람이 되고 싶다면, 먼저 성령님의 영향 아래로 들어가야만 한다. 토저는 성령님이 빠진 기독교는 이단만큼이나 위험하다고 지적한다. 어거스틴의 예에서 보듯이, 하나님께 의지적으로 항복하는 삶을 살기 위해서는 먼저 성령님의 충만함을 받아야만 한다.

여기서 아이삭 왓츠가 1709년에 쓴 흥거운 찬송, 〈성령이여 하늘의 비둘기 같이 오소서〉(Come Holy Spirit, Heavenly Dove)의 한 구절을 같이 묵상해 봤으면 한다.


성령이여 오소서, 하늘의 비둘기 같이

생명을 주시는 당신의 능력으로

구주의 사랑으로 성령의 날개를 피소서

우리의 차가운 가슴을 덮어주소서

## 신학적으로 바로 서라

처음부터 나는 균형 있게 복음을 적용하는 삶을 살아야 한다고 주장했다. 옛날에도 그랬지만, 요즘의 일일신문을 봐도 우리가 얼마나 쉽게 균형을 잃을 수 있는 지가 잘 드러난다. 앞에서 언급했듯이 기독교 영성은 인간의 모든 면-가슴, 머리, 손, 혹은 지성, 존재, 행동-을 모두 포괄한다. 말씀을 통해 지적으로 하나님을 이해한 사람은, 반드시 가슴으로도 그리스도와 깊은 사랑을 경험하고 변화를 체험해야 한다. 영적인 비전과 열정이 불붙은 마음을 가진 사람은 그리스도께서 보여주신 대로 세상으로 나가 봉사해야 한다. 이렇게 할 때에 우리는 하나님의 말씀을 알고, 그리스도를 사랑하고, 아버지의 의지를 행하는 자로서 부름 받은 소명을 제대로 완수할 수 있다.

그러나 신학적인 문제를 소홀히 해서는 곤란하다. 영성과 단절된 신학은 마르고 황량한 학문이 되기 쉽다. 그러나 신학과 단절된 영성은 쉽게 엉터리 종교로 전락할 수 있다. 신학과 영성은 서로간에 힘이 되는 통일체가 되어야 한다.

일부 영성 운동가들은 신학을 거북하게 여긴다. 그러나 우리는 성경이 경고한 대로 교리적인 모호함이 가져다주는 위험을 조심해야 한다(딤전 1:10, 6:3, 20). 영성이 깊어지면 깊어 질수록, 전통적인 기독교 교리에 보다 단단한 뿌리를 내릴 필요가 있다. 영성 운동을 하더라도 반드시 사도 신경과 니케아신경이 규정하는 진리를 그대로 보전할 의무가 우리에게 있다. 우리는 그리스도의 가르침뿐만 아니라 어거스틴, 루터, 칼빈, 조나단 에드워드, 스펄전, 파커 같은 건강한 신학자들의 교훈에도 충실해야 한다.

우리는 영적 갱신과 만족을 좇다가, 절대적인 진리와 윤리를 부정하는 '포스트모던니즘'에 빠져서는 곤란하다. 우리는 아무런 문화를 통해서 혹은 자신에게 익숙한 문화를 무비판적으로 사용해서도 그리스도를 만날 수 있다고 가르치는 '상대주의'도 조심해야 한다. 그리스도만을 통해 얻을 수 있는 하나님의 길을 비기독교적인 영성과 섞어버리는 '혼합주의'의 위협도 조심해야 한다.

영적 갱신을 원한다면, 먼저 교리를 순수하게 지키는 데에도 열심을 내야 한다. 영적 성숙함에 이르기 위해서는 먼저 신학과 영성을 건강하게 결합시키는 작업이 필요하다(심리학도 마찬가지다). 우리는 하나님 앞에서 모두 신실한 신학자 겸 거룩한 성도가 되어야 한다. 사도 바울은 고린도 교인들에게 "만일 누가 가서 우리의 전파하지 아니한 다른 예수를 전파하거나 혹 너희의 받지 아니한 다른 영을 받게 하거나 혹 너희의 받지 아니한 다른 복음을" 전하는 사람이 있을까 조심하라고 경고한다(고후11:4). 바울은 동역자 디도에게도 "오직 너는 바른 교훈(교리)에 합한 것(삶)을" 권고한다(디2:1).

## 나가야 할 길을 계획하자

젊은 프란시스는 초라하고 다 무너져 가는 아시시의 성 데미안 교회에서 기도를 드리고 있었다. 예배를 드리는 동안 그는 성령님이 역사하시는 것을 느꼈고, "나의 교회를 새롭게 하라"라는 하나님의 음성을 들었다.

당시 무명 인사였던 프란시스는 들었던 음성을 있는 그대로 이해해서, 무너져 가는 교회당부터 복구하기 시작했다. 그러나 시간이 지나면서 그는 하나님의 명령이 단순히 교회 건물을 보수하라는 수준에 머물지 않음을 깨달았다. 살아 계신 하나님의 성전인 모든 성도들의 영적 상태를 다시 새롭게 만드는 사명을 프란시스에게 주신 것이다. 그는 하늘로부터의 사명을 받아들여 아시시라는 작은 지방 도시의 경계를 넘어 전 세계에 영향을 미친 그리스도 중심적인 개혁운동을 시작했다. 그는 교회와 세상의 담을 허물어 가난한 자들과, 중세 유럽사회에서 '접촉해서는 안될 사람'으로 취급되었던 문둥병자들을 돌보기 시작했다. 프란시스는 성령님의 인도에 따라 그리스도를 닮아가는 자가 되어갔고, 지금까지도 교회가 가장 존경하는 인물로 남게 된 것이다.

그러나 프란시스의 믿기 전 모습은 타락한 망나니, 놀기 좋아하는 청년, 그의 아버지가 어렵게 번 돈을 게으른 술친구들과 낭비하는 청년이었다. 프란시스는 처음부터 하나님과 동행했던 사람이 아니었다.

나는 아시시의 프란시스를 볼 때마다 우리가 가야할 방향을 보여주는 몇 가지 교훈을 발견한다.

첫째로 영적 갱신은 특별한 소수, 특히 목회자, 수도사 같은 사람만이 누리는 특권이 아니다. 영적 갱신은 아주 평범한 신앙인도 누리도록 되어있는 특권이다. 구원의 축복은 믿음으로 받은 모든 영혼들이 마땅히 누려야 할 권리이기도 하다. 모든 성도는 멍에의 땅, 애굽을 떠나 축복과 풍성한 땅, 가나안으로 들어가도록 부름을 받았다.

둘째로 기독교 영성은 인간의 모든 면에 영향을 미친다. 기도를 통해 그리스도를 인격적으로 만나고 영적 회복을 경험한 사람은, 이웃을 섬기고 싶은 의욕이 강해진다. 왜냐하면 영적으로 회복된 사람은 자신을 포기하기 때문이다. 진정으로 영적인 사람은 '아주 독특한 사람'(Ec-centric)이면서도 '자기 중심적이 아닌'(Ex-centric) 한 사람이 아닐까 생각한다. 이런 사람들은 가난한 자, 사회정의, 외부인들의 권리, 환경을 돌보고 이를 모두에게 설득한다. "사람아 주께서 선한 것이 무엇임을 네게 보이셨나니 여호와께서 네게 구하시는 것이 오직 공의를 행하며 인자를 사랑하며 겸손히 네 하나님과 함께 행하는 것이 아니냐"(미가서 6:8). 영적 갱신을 추구하다 보면 당연히 사회의 필요와 실천까지 관심을 가지게 된다.

세번째로 영적 갱신은 자기 부인을 요구한다. 예수님과 프란시스의 모습으로 계속 성장하기 원하는 성도는 하나님과 이웃을 위해 자기 삶을 포기해야 한다. "이에 예수께서 제자들에게 이르시되 아무든지 나를 따라 오려거든 자기를 부인하고 자기 십자가를 지고 나를 좇을 것이니라 누구든지 제 목숨을 구원코자 하면 잃을 것이요 누구든지 나를 위하여 제 목숨을 잃으면 찾으리라"(마16:24-25).

그리스도와 보다 깊은 관계를 경험하게 되면, 성령님은 자기의 유익보다는 남의 유익을 구하지 않고는 견딜 수 없는 부담을 우리에게 주신다(고전10:24).

네번째로 영적인 변화를 위해서는 변화에 긍정적인 자세를 보여야 한다. 우리가 섬기는 분은 살아 계시고, 역동적으로 역사하시는 주님이다. 하나님께서 프란시스를 깨닫게 하셨던 것처럼, 우리는 항상 새롭고 의외의 방법으로 역사하시는 하나님을 따를 준비를 해야 한다. 우리가 새로운 지혜, 새로운 인도의 방법을 가지고 굳어져버린 나의 삶을 도전하시는 하나님께 마음을 열 때, 우리는 비로소 영적으로 성숙해 질 수 있다. 하나님은 항상 우리를 도전하시고 변하시키기 위해 준비하신다. 지속적으로 성장하는 신앙인은 하나님을 따라 한 번도 가보지 않은 미지의 영적 세계에도 발을 딛어야 한다. 변화는 편안하지 않지만, 진보에는 필수적인 요소다.

다섯번째로 영적 회복에는 용기가 필요하다. 영적인 신앙인은 하나님 나라를 위해서 세심하게 준비되면서도, 위험을 감수할 수 있는 사람이어야 한다. 우리가 바람직한 위험을 감수하지 않을 때, 성령님의 역사는 제한된다. 아빌라의 테레사는 이렇게 도전한다. "우리 주님께서는 용기 있는 영혼을 찾고 사랑하신다. 우리가 내적 욕구에 대해 너무 조심스럽고, 겁을 내면 자신의 영적 운명을 다 경험할 수 없다. 왜냐하면 너무 적은 것만을 구하기 때문이다."[14]

마지막으로 진정한 영적 변화는 공동체 안에서 일어난다. 서구문화는 개인주의에 너무 집착한 나머지, '성도간의 교제' 라고 하는 신앙 성장의 가장 중요한 기초를 무시해왔다. 바울도 이렇게 말한다. "그의 안에서 건물마다 서로 연결하여 주 안에서 성전이 되어가고 너희도 성령 안에서 하나님의 거하실 처소가 되기 위하여 예수 안에서 함께 지어져 가느니라"(엡2:21-22).

계속 성장하는 신앙인 뒤에는 또 다른 헌신된 신앙인의 도움이 발견된다. 여러분이 영적으로 활발한 공동체에 속해있지 않다면, 다시 말해 영성 개발을 위해 새로운 방법을 시도하는 공동체에 속해 있지 않다면, 먼저 하나님께 새로운 실천과 삶을 위해 당신의 열정을 같이 나눌 수 있는 예배 공동체로 인도해 달라고 기도하자.

## 축복의 시간

하나님은 나름대로 계획 속에서 우리를 축복하신다. 어떤 이들은 우리가 엄청난 영적 대각성의 시작되는 시대에 살고 있다고 생각한다. 나 역시 하나님이 성령님을 통해 해 왔고, 또 하실 영광스런 역사의 일부가 되고 싶다. 여러분은 어떠한가?

여러분이 하나님과 만족한 관계를 가지고자 하는 갈증이 있다면, 이제 축복의 시간이 바로 앞에 왔다는 사실을 기억하자. 지금까지 여러분은 어디로 어떻게 가야 할 지 안내되었다. 이제 그리스도와 더 깊은 관계를 경험하는 사람들과 함께 같이 나갈 준비가 되어 있는가?

이 책을 마치면서 나는 이렇게 기도하고 싶다.

영광의 성부 하나님, 주님 품에 갈 때까지는 삭힐 수 없는 불안함을 우리 마음에 주신 것을 감사드립니다!

주님, 이 시간 우리 각자를 성령님의 도구로 계속 다듬어 주셔서, 시간이 가면 갈수록 성자 예수 그리스도의 선하심, 사랑, 의로운 능력이 우리에게서도 나올 수 있도록 인도하여 주옵소서! 다른 전통, 다른 교파의 신앙인과도 교제의 공동체를 회복시켜 주시옵소서. 우리로 하여금 당신을 좇아 영적으로 훈련받는 데 충실하도록 인도하시고, 어지러운 세상에서 하나님을 섬기기 위해 마땅히 가야할 방향을 속히 깨달을 수 있도록 도와주시옵소서.

아버지 하나님께 가까이 나가길 원합니다. 매일 당신의 영원한 선하심을 볼 수 있는 새로운 시야를 주셔서, 오직 주님만을 예배함으로 능력을 얻을 수 있도록 하옵소서. 아멘

## 직접 해 보기

1. 당신만의 영성 훈련 계획을 세워보자.

이 책, 특히 마지막 장을 읽으면서, 그리스도 안에서 영적 성장을 위한 자기만의 계획을 기도하며 만들어보자. 보다 분명한 영적 목표와 구체적인 방법들을 계획에 넣어보자. 목표가 없는 사람은 성취할 것도 없음을 기억하자. 일차적으로 주님과 보다 깊은 관계를 발전시키겠다 같은 목표를 포함시킬 수 있다. 이를 위해서 침묵, 성경 묵상, 다양한 기도 훈련, 그리고 일기를 위해서 매일 삼십분 정도를 계획하는 것도 좋다.

여러분의 훈련 계획을 일기장 같은 곳에 적어보자. 이와 함께 정기적으로 부분별 영적 성장 정도, 기도 응답, 가지고 있는 문제들을 같이 적어보자. 정기적으로 적은 내용을 다시 확인해 보는 습관이 필요하다. 일기 쓰기를 즐겨라!

여러분의 영적 성장을 위해 최선의 방법을 찾으려면, 영적 헬퍼나 친구, 멘토에게 계획을 자문 받는 것이 좋다. 여러분이 어떤 모임에 이미 속해 있다면, 모임 멤버들에게 상담을 받는 것도 좋다. 친구나 그룹원들이 정기적으로 당신의 실천상태를 확인하도록 하는 것도 도움이 된다.

- 당신의 영성 개발 계획에는 어떤 내용이 포함되어 있는가?

- 이러한 목적을 이루기 위해 적절한 방법을 찾았는가?

- 영적 목표를 이루기 위해 삶에서 어떤 구체적인 변화가 필요한 지를 생각해 보자.


## 읽으면 좋을 책들


Chan, Simon. Spiritual Theology: A Systematic Study of the Christian Life(Downers Grove, Ill.: InterVarsity, 1998),「영성신학」(IVP, 2002).

Jones, Timothy. 21 Days to a Better Quit Time with God(Grand Rapids: Zondervan, 1998).

Mulholland, M. Robert. Invitation to a Journey: A Road Map for Spiritual Formation(Downers Grove, Ill.: InterVarsity, 1993).

Thomas a Kempis. The Imitation of Christ, ed. Donald E. Demarary(Grand Rapids: Baker, 1983),「그리스도를 본받아」(크리스챤다이제스트, 2000).

Tozer, A. W. The Divine Conquest(New York: Revell, 1950).

참고문헌


## 1장

1) Mark R. MacMinn, *Psychology, Theology, and Spirituality in Christian Counseling* (Wheaton, Ill.: Tyndale House, 1996), p.258

2) Robert A. Johnson, *Inner Work: Using Dreams and Active Imagination for Personal Growth* (San Francisco: Harper & Row, 1986), p.133.

3) Richard J. Foster, *Celebration of Discipline* (San Francisco: Harper & Row, 1988), p.7.

4) Augustine, *Confession*, 7.10. *Augustine Day by Day* (New York: Catholic Book Publishing Co., 1986), p.33에서 재인용

5) Augustine, Confession, 1.13. *Augustine Day by Day*, p.33에서 재인용


## 2장

1) Brennan Manning, *Abba's Child: The Cry of the Heart for Intimate Belonging* (Colorado Springs, Colo: NavPress, 1994), pp.38-39.

2) *The Orange Country Register*, 1995년 4월 23일자

3) "Buddhist Practices Make Inroads in the US," *The Christian Science Monitor* (1997년 11월 3일자), p.9.

4) Timothy Jone, "Great Awakenings," *Christianity Today* (1993년 11월 8일자), p.24.에서 인용

5) Harvey Cox, *Fire From Heaven* (Reading, Mass.: Addison-Wesley, 1995), p.301.

6) "Rooms for Reflection," *USA Weekend*, 1998년 4월 3-5일자

7) *The Denver Post*, 1997년 8월 4일자

8) Augustine, *Confession*, 3.1. *Augustine Day by Day* (New York: Catholic Book Publishing Co., 1986), p.112에서 인용

9) Henri Nouwen, *Making All Things New* (San Francisco: Harper & Row, 1981), p. 36.

10) A. W. Tozer, *The Pursuit of God* (Harrisburg, Penn.: Christian Publications,

1982), p.50.

11) William D. Hendricks, *Exit Interviews: Revealing Stories of Why People Are Leaving the Church* (Chicago: Moody, 1993).

12) Dallas Willard, *The Spirit of the Disciplines* (San Francisco: Harper-SanFrancisco, 1988), p.18.

13) "Buddhist Practices make Inroad in the US," p.9.

14) Alister MacGrathe, *Evangelicalism and the Future of Christianity* (Downers Grove, Ill.: InterVarsity, 1995), 8장

15) Augustine, Soliloquies, 1.15. *Augustine Day by Day*, p.130에서 재인용

16) Manning, p.141.

17) Alister McGrath, *Spirituality in the Age of Change* (Grand Rapids: Zondervan, 1994), p.9.

18) "Toronto Blessing: Is It a Revival?," *Christianity Today* (1995년 5월 15일자), p.51

19) C. S. Lewis, "Introduction," to St. Athanasius, *The Incarnation of the Word of God* (New York: Macmillan, 1946), pp.6,7,9.

20) Charles Hummel, *Fire in the Fireplace* (Downers Grove, Ill.: InterVarsity, 1993), p.93.

21) Augustine, *Confession*, 10,26. *Augustine Day by Day*, p.78에서 재인용


## 제 3장

1) James L. Snyder, *In Pursuit of God: The Life of A. W. Tozer* (Camp Hill, Penn.: Christian Publications, 1991), p.159에서 재인용

2) Gordon S. Wakefield, ed., *The Westminster Dictionary of Christian Spirituality* (Philadelphia: Westminster, 1983), p.361

3) C. S. Lewis, *The Screwtape Letters, The Best of C. S. Lewis*(Grand Rapids: Baker, 1969), p.54에서 재인용

4) Thomas Moore, *Care of the Soul: A Guide for Cultivating Depth and Sacredness in Everyday Life* (New York: HarperCollins, 1992), p.xv

5) Moore, p.xvii

6) Augustine, *Confession*, 1.1. *Augustine Day by Day* (New York: Catholic Book

Publishing Co., 1986), p.177에서 재인용

7) www.chopra.com/gnabout.htm 참조

8) "Deepak's Instant Karma," *Newsweek* (1997년 10월 20일자), p.56

9) Francis Schaeffer, *True Spirituality* (Wheaton, Ill.: Tyndale, 1972), p.14

10) Henri Nouwen, *A Cry for Mercy* (New York: Doubleday/Image, 1983), p.15

11) Richard J. Foster, *Celebration of Discipline* (San Francisco: Harper & Row, 1978), p.27

12) Richard F.Lovelace, "Evangelical Spirituality: A Church historian's Perspective," *Journal of the Evangelical Theological Society* 31/1(1988년 3월), p.35

13) Michael S. Horton, *In the Face of God* (Dallas: Word, 1996), p.21

14) Michael S. Horton, "The Subject of Contemporary Relevance" in *Power Religion*, ed Michael S. Horton (Chicago: Moody, 1992), p.337에서 인용

15) Horton, *In the Face of God*, p.198

16) *John of the Cross, Spiritual Canticle*, trans. E. Allison Peers (Garden City, N.Y.: Doubleday/Image, 1961), pp.55-56

17) *John of the Cross, Ascent of Mt. Carmel*, trans. E. Allison Peers (Garden City, N.Y.: Doubleday/Image, 1958), pp.163-164 어거스틴의 신학적 입장을 재정립하여 종교 개혁의 기반을 제공한 보나벤투라 Bonaventure (13세기)는 하나님께 영적으로 나아가는 과정을 이렇게 설명한다. "자신을 초월하지 못하는 사람은 만족할 수 없다. 이것은 육체의 초월이 아니라 심적인 초월상태를 의미한다. 그렇지만 보다 높은 차원의 힘에 도움을 받지 않고는 초월은 불가능하다. 아무리 우리가 내적으로 많은 진보를 하고 있다하더라도, 하나님의 도움이 같이 하지 않고서는 아무런 열매도 없다.... 기도야말로 하나님께 나아가는 근본이자 어머니역할을 한다." *The Soul's Journey into God* (New York: Paulist, 1978), in *Classics of Western Spirituality*, pp.50-60에서 인용

18) 존 웨슬리 John Wesley의 설교 "결혼만찬 On the Wedding Garment"을 참조할 것 "종교는 정통 교리나 바른 논리로만 이루어지는 것은 아니다.... 기독교의 가장 중요한 신조 세가지- 니케아 신조, 사도 신경, 아사나시우스 신조를 다 외우는 사람이라고 해도 전혀 신앙하고 무관할 수 있기 때문이다."

19) Stephan Charnock의 글, I.D. E. Thomas compiled, *The Golden Treasury of*

*Puritan Quotations* (Chicago: Moody, 1975), p.163에서 인용

20) Brennan Manning, *Abba's Child: The Cry of the Heart of Intimate Belonging* (Colorado Springs: NavPress, 1994), p.156

21) David Hesselgrave, *Communicating Christ Cross Culturally* (Grand Rapids: Zondervan, 1978), p.231

22) C.J.H. Hingley, "Evangelical and Spirituality", *Themelios 15*호(1990년 4-5월 호), p.87

23) Hingley, p.89


## 제 4장

1) A. W. Tozer, *The Pursuit of God* (Harrisburg, Penn.: Christian Publications, 1982), p.36.

2) A. W. Tozer, J. L. Snyder, *In Pursuit of God: The Life of A. W. Tozer* (Camp Hill, Penn.: Christian Publications, 1991), p.220에서 인용

3) C. S. Lewis, *Mere Christianity* (London: Geoffrey Bles, 1952), p. 130

4) William D. Hendricks, *Exit Interviews: Revealing Stories of Why People Are Leaving the Church* (Chicago: Moody, 1993), 1장, 19장.

5) Morton Kelsey, *Christo-Psychology* (New York: Crossroad, 1982), p.11.

6) Tozer, *Pursuit of God*, p.13.

7) Augustine, *Confession, 3.1. Augustine Day by Day* (New York: Catholic Book Publishing Co., 1986), p.112에서 재인용

8) Lynn DeShazo. 1995 Integrity's Hosannah! Music/ASCAP

9) Abraham Kuyper, *New Unto God: James C. Shapp* (Grand Rapids: CRC Publication, 1997), p.16에서 재인용

10) 대표적인 예로는 Michael Downey, *Understanding Christian Spirituality* (New Work: Paulist, 1997), p.91

11) C. S. Lewis, *Surprised By Joy* (New York: Harcourt, Brace, 1956), p.177.

12) J. B. Phillips, *Your God Is Too Small* (New York: Macmillan, 1961), p.91

13) Meister Eckhart: David Manning White, *The Search of God* (New York: Macmillan, 1983), p.125에서 재인용

14) William A. Barry & William J. Connolly, *The Practice of Spiritual Direction*

(San Francisco: HarperCollins, n.d.), p.75

15) Peter Kreeft, *Christianity for Modern Pagans* (San Francisco: Ignatius Press, 1993), p.325

16) A. W. Tozer, *Man: The Dwelling Place of God* (Harrisburg, Penn.: Christian Publications, 1964), p.32

17) A. W.Tozer, *That Incredible Christian* (Harrisburg, Penn.: Christian Publications, 1964), p.85

18) C. S. Lewis, *A Grief Observed* (New York: Seabury, 196), p.59

19) Winfried Corduan, *Mysticism: An Evangelical Options?* (Grand Rapids: Zondervan, 1991), p.32

20) Anthony Campolo, *How to Be Pentecostal Without Speaking in Tongues* (Callas: Word, 1991), p.48

21) 러블레이스에 따르면 "신비주의란 하나님과의 만남을 포함한 다양한 신앙적 경험을 추구하는 흐름을 가르치는 용어"라고 정의한다. Richard F. Lovelace, *Dynamics of the Spiritual Life* (Downers Grove, Ill.: InterVarsity, 1979) 이에 반해 토저는 신비주의자란 단순히 하나님과 동행하는 경험을 구하는 사람이라고 정의한다. A. W. Tozer, Snyder, *In Pursuit of God*, p.157에서 인용

22) Augustine, *Confessions*, 12.16. *Augustine Day by Day*, p.172에서 인용

23) Donald G. Bloesch, *The Struggle of Prayer* (Colorado Springs: Helmers & Howard, 1988), p.7 블로쉬는 이어지는 10페이지에서 이렇게 말한다. "종교개혁 전통을 따르는 사람이라도 신앙에 신비주의적인 요소가 있음을 인정한다. 그러나 여기서 말하는 신비주의란 엄밀한 조건이 따라붙는데, 바로 인간 역사로 들어오신 하나님의 중계자가 보여준 계시를 받아들이는 믿음을 통해서라는 조건이다."

24) Chuck Colson, "A Pilgrims' Progress: Chuck Colson Speaks Out on...Chuck Colson," *Jubilee* (1998년 여름호), p.9

25) Frank Whaling (ed), *John and Charles Wesley, The Classics of Western Spirituality* (New York: Paulist, 1981), p.5

26) Charles Wesley, "Love Divine, All Loves Excelling," *Presbyterian Hymnal* (Louisville, Ky.: 19910), 376장

27) A. W. Tozer, George Sweeting (ed)., *Great Quotations and Illustrations* (Waco, Tex.: Word, 1985), p.140에서 재인용

28) Charles Wesley, Whaling, *John and Charles Wesley*, p.279

29) Tozer, Snyder, p.157

30) John Murray, *Redemption Accomplished and Applied* (Grand Rapids: Eerdmans, 1955), p.167


## 제 5장

1) Dietrich Bonhoeffer, *Meditating on the Word*, ed. David McI. Gracie (Cambridge, Mass.: Cowley, 1986), p.30

2) "How the World Sees Us" *The Denver Post*, 1997년 6월 15일자

3) Thomas Moore, *Care of the Soul* (New Yrok: HarperCollins, 1992), p.286

4) Morton T. Kelsey, *Adventure Inward* (Minneapolis: Augusburg, 1980) p.49.

5) Henri Nouwen, *With Open Hands* (Notre Dame, Ind.: Ave Maria, 1972), p.36

6) Thomas a Kempis, *The Imitation of Christ*, ed. D. Demaray (Grand Rapids: Baker, 1982), p.93

7) John of the Cross, "The Sayings of Light and Love", *The Collected Works of St. John of the Cross*, trans. K Kavanaugh & O. Rodriguez (Washington, D.C.: ICS Publications, 1991), p.92

8) Mother Teresa. Bruce L. Shelley, *All the Saints Adore Thee* (Grand Rapids: Zondervan, 1988), p.111

9) Donald G. Bloesch, "Prayer", *Evangelical Dictionary of Theology*, ed. Walter A. Elwell (Grand Rapids: Baker, 1984), p.867

10) John Calvin, *Institutes of the Christian Religion, The library of Christian Classics*, vol.21, ed. John T. McNeill (Philadelphia: Westminster, 1960), pp.853-854 (3권 20장 4번)

11) Morton T. Kelsey, *The Other Side of Silence* (New York: Paulist, 1976), p.97

12) Henri Nousen, *A Cry For Mercy* (new York: Doubleday/Image, 1983), p.47

13) Jonathan Edwards, *Images or Shadows of Divine Things*, ed. Perry Miller (Greenwood Press: Westport, Conn.: 1977), p.133

14) Kelsey, *The other Side of Silence*, p.100

15) Peter Toon, *Meditating as a Christian* (London: Collins, 1991), p.100 영국의 복음주의 지도자 힝글리 G. H. Hingley도 묵상이 기도의 매우 유익한 준비과정이 될 수

있다고 인정했다. ("Evangelicals and Spirituality" Themelios 15 1990년 4-5월호, p.87)

16) J. I. Packer, *Knowing God* (Downers Grove, Ill.: InterVarsity, 1973), p.23

17) Richard Baxter, *The Saints' Everlasting Rest* (New York: American Tract Society, 1758), p..405-406

18) Baxter, p.429

19) Bonheoffer, p.32

20) Toon, p.62

21) Toon, p.183

22) Frederick W. Faber (1814-1863) in *Presbyterian Hymnal* (Louisville, Ky.: Westminster/John Knox, 1990), no. 298

23) Isaac Watts (1674-1748) *Presbyterian hymnal*, no.172

24) John Calvin, *Institutes of the Christian religion*, p.112 (1권 11장 12번)

25) Leland Ryken, *Culture in Christian Perspective* (Portland: Multnomah, 1986), p.33

26) "Sacred Images all the Rage in Secular Shops", *The Denver Post*, 1997년 12월 24일자

27) Henry Ward Beecher, George Sweeting, ed., *Great Quotes And Illustrations* (Waco, Tex.: Word, 1985), p.149에서 재인용

28) Francis Schaeffer, *Art and the Bible* (Downers Grove, Ill.: InterVarsity, 1973), p.61

29) Oxwald Chambers, *My Utmost for His Highest* (new York: Dodd & Mead, 1943), p.42

30) 미국 뉴저지주 지방법원 1977년 10월 29일자 판결과 필라델피아주 상고법원 1979년 2월 2일자 판결내용

31) Gordon R. Lewis, *What Everyone Should Know About Transcendental Meditation* (Glendale, Calif.: Regal, 1975), pp.64-65


## 제 6장

1) Thomas Merton, "The Inner Experience: Christian Contemplation," *Cistercian Studies*, 18.3 (1983), p.210

2) Henri Nouwen, *The Way of the Heart* (New York: Seabury, 1981), p.81

3) John Calvin, *Institutes of the Christian Religion, The Library of Christian Classics,* vol. 21, ed. John T. McNeill (Philadelphia: Westminster, 1960), p.897 (3권 20장 33부)

4) Avery Boorke, "What is Contemplation?" *Weaving* 7.4 (1992년 7-8월호), p.10

5) R. Rpaul Stevens, "Poems for People Under Pressure: The Apocalypse of the John and the Contemplative Life," *Alive to God* (Downers Grove, Ill." InterVarsity, 1992), p.87. 패닝턴의 정의도 사색을 이해하는 데 도움이 된다. "사색이란 마음을 여는 작업, 반응하는 작업, 우리 존재가 완전히 현조하는 주님께 드려지는데 조금이라도 방해되는 것들을 모두 치우는 작업, 이를 통해 주님께서 우리에게 다가오시도록 하는 작업이다." Basil Pennington, *Centering Prayer* (Garden City, New York: Doubleday/Image, 1980), p.86

6) John Cassian, Conferences I.8 in *The Classics of Western Spirituality* (new York: Paulist, 1985), p.43

7) Anselm, Proslogion, 1장 in St. *Anslem′s Proslogion,* Trans, by M.J. Charlesworth (Notre Dame: university of Notre Dame Press, 1979), p.111

8) John Owen, *The Works of John Owen,* ed. William H. Goold (London & Edinburgh: Johnstone & Hunter, 1850-57), vol.1, p.286

9) Richard Baxter, *The Saints Everlasting Rest* (new 쌔가: American Tract Society, 1758), p.421

10) Richard Baxter, p.429

11) Richard Baxter, p.430

12) Richard Baxter, p.334

13) Richard Baxter, p.473

14) Brother Lawrence, *The Practice of the Presence of God,* ed. Donald E. Demaray (New York: Alba House, 1997), pp.19-20

15) Brother Lawrence, p.52

16) Brother Lawrence, p.54

17) Brother Lawrence, p.56

18) Ole Hallesby, *Prayer* (Minneapolis: Augsburg, 1931), pp.146-147

19) James M. Houston, "Spirituality," *Evangelical Dictionary of Theology,* ed.

Walter A. Elwell (Grand Rapids: Baker, 1984), p.1050 본문의 내용은 다음과 같다 "청교도운동이 문화적인 영향력을 상실한 이유는 설명하기가 쉽지 않다. 그러나 한 가지 설명 가능한 이유는 이들이 기도를 설교처럼 하는 데 큰 무게를 두었다는 점이다. 묵상을 중요하게 여기면서도…사색적인 훈련에 대해서는 가톨릭의 영향을 우려한 나머지 상당히 부정적으로 봤다. 이들이 사색적인 훈련도 같이 활용했더라면, 보다 풍성하고 오랫동안 영향력을 유지하는 영성으로 남아있었을 것이다."

20) Thomas Merton, *Seeds of Contemplation* (Westport, Conn.: Greenwood Press, 1979), p.71 "시인은 시를 창조하기 위해서 자기 안으로 들어가야 한다. 묵상자는 다시 창조되기 위해서는 창조자 속으로 들어가야 한다"

21) A. W. Tozer, *Pursuit of God* (Camp Hill, Penn.: Christian Publications, 1982), p.96-97

22) Augustine, *Solioquies*, 2.1.1 in *the Nicene and Post Nicene Fathers* vol. 7 (Peabody, Mass.: Hendrickson, 1994), p.547

23) Joel S. Goldsmith, *Practicing the Presence* (San Francisco: Harper & Row, 1958) 이 책은 범신론적으로 명상을 정의하고 있다.

24) *Rejoice in the Lord* (Grand Rapids: Eerdmans, 1985), p.244

25) "A Matter of Faith," *Dallas Morning News*, 1997년 11월 2일자

26) Larry J. Peacock, "Knee-Bent Wonder: The Art of Contemplative Simplicity," *Weaving* 3 (1990년 5-6월호), pp.31-33

27) Richard Lovelac, *Dynamics of Spiritual Life* (Downers Grove, Ill.: InterVarsity, 1979), p.345

28) Baxter, *The Saints' Everlasting Rest*, 13장 4부: *The Westminster Dictionary of Christian Spirituality*, ed. Gordon S. Wakefield (Philadelphia: Westminster, 1983), p.39에서 인용

29) C. S. Lewis, *Mere Christianity* (new York: Macmillan, 1976), p.65

30) C. S. *Lewis, Miracles*, (New York: Macmillan, 1948), p.194

31) Robert A. Johnson, *Inner Work* (san Francisco: Harper & Row, 1986), pp.100-101

32) "Newest Path ot Happiness: Labyrinth," *Denver Post*, 1998년 5월 10일자

34) Lauren Artress, *Walking a Sacred Path: Rediscovering the Labyrinth as a Spiritual Tool* (New York: Riverhead Books, 1995), p.3 이 책은 자유주의적인 성

공회교도의 관점에서 쓰여졌다는 문제가 있지만, 아주 이해하기 쉬운 입문서다.

35) Artress, p.67

36) Artress, p.52

37) Artress, p.22

38) Tozer, pp.9-10

39) Alan Jones, *Exploring Spiritual Direction* (San Francisco: Harper & Row, 1982), p.125

40) Augustine, City of God, 19.19, in *The Fathers of the Church*, vol.24 (Washington, D.C.: Catholic University of America Press, 1954), p.230

41) Clark Pinnock, *Flame of Love* (Downers Grove, Ill.: InterVarsity, 1996), pp.121-122


## 제 7장

1) Douglas Webster, *Finding Spiritual Direction* (Downers Grove, Ill.: Intervarsity, 1991), p.13

2) Richard J. Foster, *Celebration of Discipline* (HarperSanFrancisco, 1988), p.185

3) "The Unique Journey of Spiritual Companioning", *USA TODAY* (1998년 8월 11일자) 이 기사는 인터넷에서 'spiritual guide (영성지도)' 란 단어를 검색해 보면 엄청난 수의 싸이트들이 개설되어 있다고 보도했다.

4) Michael J. Wilkins, *Following the Master: Discipleship in the Steps of Jesus* (Grand Rapids: Zondervan, 1992), p.279

5) Aelred of Rievaulx를 인용한 곳은 Jerome M. Newfelder & Mary C. Coelho, eds., *Writings on Spiritual Direction* (new York: Seabury, 1982), p.517이다

6) Jamaes Melvin Washington, ed., *A Testament of Hope: The Essential Writings of Martin Luther King, Jr.* (San Francisco: Harper & Row, 1986), p.517

7) Richard J. Foster, *Prayer: Finding the Heart's True Home* (HarperSanFrancisco, 1992), pp.252-253

8) Thomas a Kempis, *The Imitation of Christ*, ed. Donald E. Demaray (Grand Rapids: Baker, 1982), p.18

9) John of the Cross, *Spiritual Maxims and Sentences*, Neufelder & Coelho, p.5

에서 인용

10) Jeremy Taylor, Reginald S. Ward A *Guide for Spiritual Director* (Oxford: Mowbray, 1958), p.9에서 인용

11) Eugene H. Peterson, "The Summer of My Discontent," *Christianity 째용*, (1990년 1월 15일자), p.30

12) Eugene H. Peterson, *Working the Angels: The Shape of Pastoral Integrity* (Grand Rapids: Eerdmans, 1987), p.1

13) Jmaes houston, "The Independence Myth," *Christianity Today* (1990년 1월 15일자), p.32

14) Bernard of Clairvaux, Joseph de Guibert, *The Theology of Spiritual Life* (new York: Sheed and Ward, 1956), p.155에서 인용

15) Houston, p.32

16) Baron Friedrich von Hugel, *Essays and Addresses on the Philosophy of Religion*, Neufelder and Coelho, p.8에서 인용

17) C. Welton Gaddy, *A Soul Under Siege: Surviving Clergy Depression* (Philadelphia: Westminster/John Knox, 1991), p.56

18) Michael Ramsey, *The Charismatic Christ* (New York: MorehouseBarlow, 1973), p.46

19) John of the Cross, "The Living Flame of Love" in *The Collected Works of St. John of the Cross*, trans K. Kavanaugh & O. Rodriguiez (Washington, D.C.: ICS Publications, 1991), p.685

20) Teresa of Avila, Neufelder & Coelho, p.43에서 인용

21) John Cassian, *Conferences*, I.20 in *The Classics of Western Spirituality* (new York: Paulist, 1985), p.55

22) *The Denver Post*, 1998년 9월 15일자

23) Dietrich Bonhoeffer, *Life Together* (New York: Harper & Row, 1954), p.97-99

24) Henry T. Blackaby & Claude V. king, *Experiencing God* (Nashville: Broadmand & Holman, 1994), p.31

25) Denis Duncan, ed. *365 Meditations by J. b. Phillips for This day* (Waco, Tex.: Word, 1974), pp.32-34

26) Francis J. Houdek, *Guided by the Spirit* (Chicago: Loyola, 1995), p.88-89

27) Teresa of Avila, *The Interior Castle, The Classics of Western Spirituality* (new York: Paulist, 1979), p.xvii

28) C. S. Lewis, *A Grief Observed* (New York: Seabird, 1961), p.37

29) Henry J. M. Nouwen, *The Return of the Prodigal Son* (New York: Image, 1993), p.21


# 제 8장

1) Richard F. Lovelace, *Dynamics of Spiritual Life* (Downers Gorve, Ill.: InterVarsity, 1979), p.220

2) David G. Benner, *Psychotherapy and the Spiritual Quest* (Grand Rapids: Baker, 1988), p.158

3) Kenneth J. Collins, *Soul Care: Deliverance and Renewal Through the Christian Life* (Wheaton, Ill.: Victor Books, 1995), p.36

4) Gil Rugh, "Psychology: The Trojan Horse" 미국 나브라스카주 링컨시에 있는 인디언 힐스 교회에서 행한 설교에서

5) Emil Brunner, *Revelation and Reason* (London: SCM Press, 1947), pp.383–385

6) Benner, pp.108–111

7) Benner, pp.116–117

8) John Calvin, *Commentaries on the Pastoral Epistles* (Grand Rapids: Eerdmans, 1959), pp.300–301

9) John Calvin, *Institutes of the Christian Religion, The Library of Christian Classics*, vol. 20, ed. John T. McNeill (Philadelphia: Westminster, 1960), pp.273–274 (2권 2장 15번)

10) Calvin, *Institutes*, p.275 (2권 2장 16번)

11) Calvin, *Institutes*, p.53 (1권 5장 2번)

12) Frank Vandenberg, *Abraham Kuyper* (Grand Rapids: Eerdmans, 1960), p.207를 참조할 것

13) B. B. Warfield, "Incarnate Truth," *In Selected Shorter Writings*, 2 vols. (Nutley, N.J.: Presbyterian & Reformed, 1970-1973), vol.2, pp.463–465

14) C. S. Lewis, *Mere Christianity*, p.150

15) Augustine, *Christian Instruction, Prologue*, 6, *in The Fathers of the Church*,

vol. 2 (Washington, D.C.: Catholic University of America Press, 1947), pp.23-24.

16) C. S. Lewis, "The Efficacy of Prayer," *His* (1959년 5월호), p.8

17) James Beck, *Jesus and Personality Theory* (Downers Grove, Ill.: InterVarsity, 1999), p.19

18) Roy M. Oswald & Otto Kroeger, *Personality Type and Religious Leadership* (Washington, D.C.: The Alban Institute, 1988), p.107

19) 독자들 중에 자신의 성격 유형을 알고 싶은 사람이 있으면 Oswald & Kroeger의 책에 나오는 질문에 답을 달아보면 손쉽게 자기 유형을 알 수 있다. p.10-16

20) Henri J. M. Nouwen, *Return of the Prodigal Son* (New York: Doubleday/Image, 1992), p.121 나우웬과 비슷한 맥락에서 토마스 머튼도 이렇게 말한다. "하나님을 우리한테는 개인적으로는 아무런 관심도 없는 아주 엄하고, 차가운 법 집행자, 통치자, 재판장, 주인으로 볼 뿐, 아버지로 이해하지 않는다면, 신앙 생활을 하는 데 큰 불편함을 격게 될 것이다." Thomas Merton, *Life and Holiness* (Garden City, N.Y.: Doubleday, 1964), p.31

21) Frank Minirth 외, *The Workaholic and His family* (Grand Rapids: Baker, 1984), p.56

22) J. B. Phillips, *Your God is Too Small* (New York: Macmillan, 1961), p.30

23) *The Denver Post*, 1998년 2월 21일자

24) Minirth, pp. 133-134

25) Phillips, p.32

26) Merton, p.65

27) C. Welton Gaddy, *A Soul Under Siege: Surviving Clergy Depression* (Louisville: Westminster/John Knox, 1991), p.27

28) Gaddy, p.139

29) Gaddy, p.26

30) John Wimber, *Power Healing* (San Francisco: HarperCollins, 1987), p.80

31) Mark R. McMinn, *Psychology, Theology and Spirituality in Christian Counseling* (Wheaton: Tyndale House, 1996), pp.9-12. 맥민은 11페이지에는 "심리적으로 증상을 분석할 줄 알고, 신학적 원칙으로 무장되었으면서도, 영적 훈련을 받은 삼당자만이 영적으로 갈급한 상태에 있는 환자들에게 최선의 치료법을 찾아낼 수 있다"

라고 덧붙인다.

32) McMinn, p.270


## 제 9장

1) Peter Toon, *Spiritual Companions* (Grand Rapids: Baker, 1990), p.1

2) Michael Downey, *Understanding Christian Spirituality* (New York: Paulist, 1997), p.53

3) Toon, p.5

4) C. C. Lewis, "Introduction" To St. Athanasius, *The Incarnation of the Word of God* (New York: Macmillan, 1946), p.6

5) Downey, p.68

6) Lewis, "Introduction", p.7

7) 추천도서 목록은 E. Lynn Harris, *The Mystic Spirituality of A.W. Tozer* (san Francisco: Mellen Research University Press, 1992) 부록 1 p.139에 나온다. 원 목록에는 현대 독자들에게 너무 낯선 책들이 포함되어 있어서, 이 책에서는 토저의 원 목록에서 일부를 제외시켰다.

8) Harris, p.133

9) *Bernard of Clairvaux: Selected Works*, trans G. R. Evans, in *The Classics of Western Spirituality* (New York: Paulist, 1987), pp. 199-200

10) Teresa of Avila, *The Interior Castle*, in *The Claisscis of Western Spirituality* (new York: Paulist, 1979), p.44

11) Teresa of Avila, p.81

12) Teresa of Avila, p.89

13) Teresa of Avila, p.93

14) Teresa of Avila, p.126

15) Teresa of Avila, p.178

16) C. H. Spurgeon, "A Wafer of Honey," *Spurgeon's Expository Encyclopedia*, 15 vols (Grand Rapids: Baker, 1978),, vol. 8, p.289

17) Teresa of Avila, p.42

18) Thomas Merton, *Life and Hoiness* (Garden City, N.Y.: Doubleday/Image, 1964), pp.64-65

19) Thomas Merton, *Contemplative Prayer* (Garden City, N.Y.: Doubleday/Image, 1971), p.29

20) Merton, *Life and Hoiness*, p.57

21) Thomas Merton, "The Contemplative Life," *Dublin Reivew 223* (1949년 겨울호), p.99

22) Merton, *Life and Holiness*, p.7

23) C. S. Lewis, *Letters to an American Lady* (Grand Rapids: Eerdmans, 1967), p.99

24) Alister McGrath, "Borrowed Spritualties" *Christianity Today* (1993년 11월 8일자), p.20

25) J. B. Phillips, *Your God is Too Small* (New York: Macmillan, 1960), p.80

26) C. S. Lewis, *Mere Christianity* (New York: Macmillan, 1960), p.80

27) Eugene Peterson, "Spirit Quest," *Christianity Today,* (1993년 11월 8일자), p.30

28) Richard F. Lovelace, "Evangelical Spirituality: A Church Historian's Perspective", *Journal of the Evangelical Theological Society* 31/1 (1988년 3월호), p.35

29) J. I. Packer, *A Quest for Godliness: The Puritan Vision of the Christian Life* (Westchester, Ill.: Crossway, 1990), p.13

## 제 10장

1) Augustine, Sermon, 169.18. *Augustine Day by Day* (New York: Catholic Book Publishing Co., 1986), p.17

2) Michael Downey, *Understanding Christian Spirituality* (New York: Paulist, 1997), p.72

3) Catherine of Siena, *Set Aside Every Fear,* complied by John Kirvan (Notre dame: Ave Maria, 1997), p.193

4) Teresa of Avila, *Let Nothing Disturb You,* Complied by John Kirvan (Notre Dame: Ave Maria, 1996), p.180–181

5) *C. S. Lewis, Mere Christianity* (London: Geoffrey Bles, 1952), p.153

6) "St. Francis of Assis," *The Westminster Dictionary of Christian Spirituality,*

ed. Gordon S. Wakefield (Philadelphia: Westminster, 1983), p.157

7) Thomas à Kempis, *The imitation of Christ*, ed. Donald E. Demaray (Grand Rapids: Baker, 1982), pp.103-104 (2권 11장)

8) Teresa of Avila, pp.186-187

9) Cited in Sherwood Wirt, ed., *Spiritual Disciplines* (Westchester, Ill.: Crossway, 1983), p.75

10) Thomas a Kempis, p.11 (1권 1장)

11) "Living in the Holy Spirit", *Newsweek* (1998년 4월 13일자), p.59

12) E. Schweitzer, Leon Joseph Suenens, *Ecumenism and Charismatic renewal* (Ann Arbor, Mich.: Servant, 1978), p.28에서 인용

13) C. Douglas Weaver, ed., *From Our Christian Heritage* (Macon, Ga.: Smyth & Helwys, 1997), p.55를 참고할 것

14) Teresa of Avila, pp.144-145

**영혼을 생기나게 하는 영성**

**저자 : 브루스 디마레스트 / 역자 : 김석원**

발행처 : **쉴만한물가**

전화 : (031)955-4421 / 팩스 : (031)955-4432

공급처 : **미스바출판유통**

전화 : (031)955-4433 / 팩스 : (080)300-9191

**값 16,000원**